那須岳と白山を結ぶ

中央分水嶺を歩く

全115ルートの踏破記録

高見沢賢司

まえがき

　この記録集は、40年余にわたって地味な山歩きをしてきた結果を、中央分水嶺（太平洋側水系と日本海側水系を分ける嶺）のトレースという形でまとめたものです。古い記録や、資料の残っていないものもあり、各ルートで精粗があることをご容赦いただきたい。この記録集について、あらかじめ付記したいことがあるので項目に分けてみました。

1　中央分水嶺を完全に忠実にトレースできたものではないことをまず記したい。近くに登山道や林道などがあればそこを歩いたこともあるし、ルートを間違えて大きくそれてしまったこともあります。また浅間山のように登山そのものができない場合もあります。別荘地やゴルフ場など様々な社会的状況は、地形と同様、受け入れていかざるを得ないと思います。

2　次いで先達者が少なくとも3名おられることを記したい。この方々を抜きにしては語れません。細貝さん（ルートNo.7）、執行さんと細川さん（ともにルートNo.64）の方々で、それぞれの記録文の中で紹介させていただきました。いずれの方もお会いしたことはありませんが、私の分水嶺歩きに大きな影響を与えてくださった方々で、私にとってははるかに及ばない存在です。

3　そして、おそらく全ルート踏破を目指して、現在歩いている方がいるはずです。雑誌やインターネットで伺う範囲でも1名か2名はおられると思う。私自身は、自分の体力を考えると全ルートは無理と思うが、現在は福島県の中央部と福井県・岐阜県境の両白山地を当面の目標にトレースを伸ばしているところです。

4　山行記録の中で記したように、「Yamaga1ban MHC」というプレートを佐久の山や木曽の山でも見つけました。お互い知りあうことのない方々ですが、同じような山歩きをしている方がいることを知ってうれしい気持ちになりました。

5　古い記録もあり、現在の様子とは大きく異なっている場合があります。登山道、林道、植生も変化しているはずです。もしこの記録を参考に登る場合、こうした状況の変化を考えておくほか、読図の力を必要とする場合が多いので、十分な下調べをして行ってください。

　中央分水嶺を明確に意識するようになったのはここ数年です。それまではカメラを携行することが少なかったので、写真も少ない。古い記録の写真の多くは同行した友人が撮影したものです。それでも写真があるのは全体の3分の1くらいにとどまりました。視覚で説明した方がいいのですが、それが出来ないのは残念です。写真のほか名前の掲出には連絡のつく範囲でご了解をいただきました。今まで登山にお付き合いいただいたお礼に合わせ、引き続き分水嶺にお付き合いいただければありがたいとおもいます。

高見沢賢司

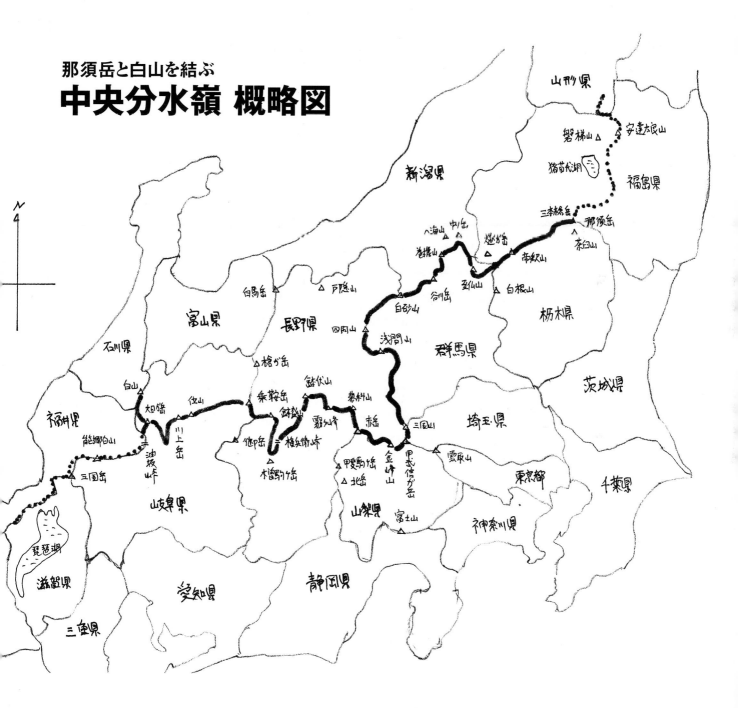

もくじ

ルート No.1~9
那須岳~尾瀬

1	那須連峰	三倉山~三本槍~南月山	10
2	那須連峰	三倉山~男鹿岳	13
3	福島県と栃木県の県境	山王峠~男鹿岳~日留賀岳	17
4	福島県と栃木県の県境	山王峠~高土山	21
5	福島県と栃木県の県境	高土山~荒海山	23
6	福島県と栃木県の県境	安ヶ森峠~荒海山	31
7	福島県と栃木県の県境	安ヶ森峠~帝釈山	34
8	帝釈山脈縦走	大清水~帝釈山	38
9	尾瀬	大清水~鬼怒沼~尾瀬沼~大清水	41

ルート No.10~21
尾瀬~白砂山

10	尾瀬	至仏山、アヤメ平、尾瀬沼、燧ケ岳	46
11	越後三山~尾瀬	中ノ岳~平ヶ岳~至仏山~笠ヶ岳	49
12	越後三山	八海山~中ノ岳~丹後山	54
13	上越国境	小穂口の頭~木谷山~丹後山	57
14	上越国境	小穂口の頭~下津川山~巻機山	59
15	上越国境	清水峠東~朝日岳 JP ~大烏帽子山~巻機山	62
16	谷川連峰	白毛門~朝日岳~清水峠~蓬峠	64
17	谷川連峰	蓬峠~谷川岳~平標山	66
18	上越国境	三国峠~三国山~平標山	68
19	上越国境	三国峠~稲包山~三坂山~三国スキー場	70
20	上越国境	三国スキー場~セバトの頭~上の倉山~上の間山	72
21	上越国境	野反湖~白砂山~上の間山	74

ルート No.22~38
野反湖~浅間山

22	野反湖西岸の山	弁天山~高沢山~三壁山	78
23	志賀高原~野反湖	赤石山~大高山~野反湖	79
24	志賀高原	鉢山~赤石山~寺小屋峰~ブナ平スキー場	82
25	志賀高原	横手山~鉢山~志賀山	83
26	上信国境	横手山~万座山~高山村牧	85
27	上信国境	御飯岳~破風岳	87
28	上信国境	パルコール嬬恋~浦倉山~破風岳~毛無峠	88
29	上信国境	米子の滝~浦倉山~四阿山~根子岳~米子の滝	90
30	上信国境	四阿山~御飯岳	92
31	上信国境	鳥居峠~四阿山	94
32	上信国境	湯の丸高原・角間峠~鳥居峠	96

33	上信国境	上田市角間温泉～烏帽子岳～湯の丸山～角間温泉	98
34	上信国境	湯の丸山～烏帽子岳	100
35	上信国境	篭の登山～水の塔山～池の平	101
36	上信国境	車坂峠～水の塔山～高峰山～車坂峠	103
37	浅間山	車坂峠～黒斑山～車坂峠	104
38	浅間山	火山館～黒斑山～蛇骨岳～火山館	105

ルートNo.39～68

佐久の山

39	軽井沢町	鼻曲山～群馬県境道路～小浅間山	108
40	軽井沢町	鼻曲山、離山	110
41	軽井沢町	峠～碓氷峠の群馬県境	111
42	軽井沢町	黒岩山～碓氷峠の群馬県境	113
43	軽井沢町	八風山～和美峠の群馬県境	115
44	佐久の山	八風山～物見岩	117
45	佐久の山	内山峠～内山牧場	119
46	荒船山	内山峠～星尾峠	120
47	佐久の山	兜岩山	121
48	佐久の山	田口峠～兜岩山	122
49	佐久の山	小唐沢山～田口峠	123
50	佐久の山	樺見山付近	124
51	佐久の山	樺見山～余地峠～矢沢峠	126
52	佐久の山	大上峠～矢沢峠	128
53	佐久の山	大上峠～十石峠	129
54	佐久の山	十石峠～大仁田越	131
55	佐久の山	四方原山～十石峠	132
56	佐久の山	栂峠～武道峠	134
57	北相木村	武道峠～弥次の平～石仏～御座山	136
58	南相木ダム東方の群馬県境	石仏～大蛇倉山～高天原山	139
59	川上村	三国峠～三国山～高天原山	143
60	秩父の山	三国峠～十文字峠	145
61	奥秩父	十文字峠～甲武信岳～金峰山	146
62	奥秩父	瑞牆山～金峰山	148
63	奥秩父	八丁平～小川山	150
64	川上村	高登谷湖～小川山	151
65	川上村	高登谷湖～信州峠	154
66	川上村	信州峠～横尾山	156
67	野辺山	平沢峠～鞍骨山～シャトレーゼスキー場	158
68	野辺山	JR最高地点付近の中央分水嶺	160

ルートNo.69〜84
八ヶ岳と中央高原

69	八ヶ岳	**赤岳県界尾根**	164
70	八ヶ岳	**南八ヶ岳赤岳周辺**	166
71	八ヶ岳	**渋の湯〜黒百合平〜硫黄岳〜行者小屋**	167
72	北八ヶ岳	**白駒池〜天狗岳**	168
73	北八ヶ岳	**北横岳〜高見石〜白駒池**	169
74	北八ヶ岳	**大河原峠〜北横岳**	171
75	蓼科山	**大河原峠登山口**	172
76	蓼科山	**女神茶屋登山口**	173
77	中央高原	**八子ヶ峰、三峰山**	174
78	中央高原	**大門峠〜 2in1 スキー場駐車場**	176
79	霧ヶ峰	**八島湿原〜大門峠**	177
80	霧ヶ峰	**車山〜鷲ヶ峰〜和田峠**	179
81	中央高原	**和田峠〜塩嶺峠**	181
82	塩尻と伊那の間	**善知鳥（ウトウ）峠〜塩嶺峠**	183
83	塩尻と伊那の間	**善知鳥（ウトウ）峠〜霧訪山**	185
84	塩尻と伊那の間	**霧訪山〜牛首峠**	187

ルートNo.85〜97
木曽の山

85	牛首峠と坊主岳をつなぐ稜線	**牛首峠〜遠見場**	190
86	牛首峠と坊主岳をつなぐ稜線	**朝日ヶ峯〜遠見場**	192
87	坊主岳と木曽平沢をつなぐ稜線	**坊主岳〜楡沢山**	194
88	木曽と伊那の間	**坊主岳〜経ヶ岳**	197
89	木曽と伊那の間	**権兵衛峠〜経ヶ岳**	200
90	木曽と伊那の間	**権兵衛峠〜馬返し**	203
91	中央アルプス	**木曽駒、宝剣岳付近**	205
92	奈良井宿	**姥神峠〜中央アルプス茶臼山〜大樽避難小屋〜羽渕**	207
93	奈良井宿	**姥神峠〜鳥居峠**	211
94	奈良井宿	**奈良井宿〜分水嶺〜鳥居峠〜奈良井宿**	212
95	塩尻市	**小曽部のカラタキの峰〜中央分水嶺〜奈良井駅**	214
96	塩尻市〜木祖村	**小曽部のカラタキの峰〜鉢盛山峰越林道の峠〜木祖村味噌川ダム**	217
97	朝日村登山口	**鉢盛山**	220

ルートNo.98〜102
奈川の山

98	松本市奈川	**野麦峠スキー場〜鉢盛山**	224
99	松本市奈川	**境峠〜野麦峠スキー場**	227
100	松本市奈川	**月夜沢峠〜野麦峠スキー場**	229
101	松本市奈川	**月夜沢峠〜野麦峠**	232
102	中央分水嶺の最高地点	**野麦峠〜乗鞍岳〜岐阜県日影平山**	235

ルートNo.103〜110
岐阜県の山

103	岐阜県の中央分水嶺	**かぶと山〜日影平峠、牛首山など**	240
104	岐阜県中央部の山	**高山市街の南に連なる稜線**	243
105・110	天空遊歩道	**位山三山、大日ヶ岳**	247
106	岐阜県中央部の山	**西ウレ峠など**	251
107・109	庄川の源流域	**西ウレ峠の西方尾根〜山中峠、ひるがの高原、見当山**	255
108	庄川の源流域	**鷲ヶ岳〜烏帽子岳**	261

ルートNo.111〜115
白山への道（中央分水嶺から派生）

111	石徹白	**大日ヶ岳〜丸山**	266
112	石徹白	**石徹白の大杉〜丸山、野伏ヶ岳**	269
113	白山山系 美濃禅定道ルート	**石徹白の大杉〜三の峰**	272
114	白山山系	**白山南縦走路〜赤兎山**	275
115	白山山系	**白山と北縦走路**	278

2018/6/22

ルート No.1〜9

那須岳〜尾瀬

Nasudake Oze

那須連峰
1 三倉山〜三本槍〜南月山

■期日／1998年10月30日〜11月1日　■メンバー／L:高見沢、宮尾

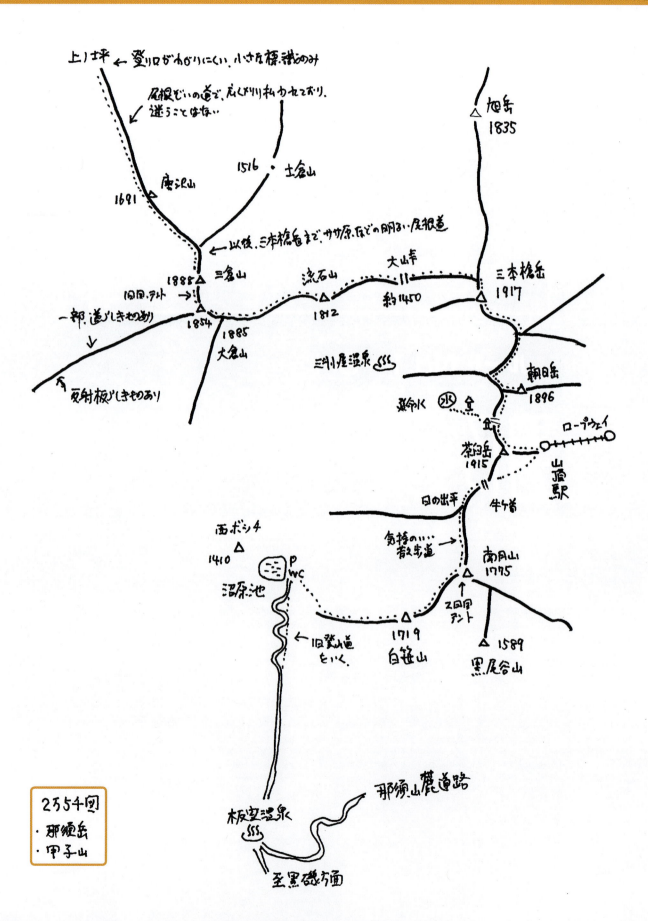

中央分水嶺登山
Chyuo Bunsuirei Tozan

10月30日 晴れ

長野駅【6：44発】🚄 大宮 🚃 栗橋 🚃 板倉東洋大前 🚃 会津田島駅【11：48着、12：20発】🚕 上の坪登山口【12：42着、13：00発】👢 唐沢山【15：57着、16：15発】👢 三倉山【17：08通過】👢 コル【17：15着、テント泊】⛺

東武線の乗り換えが予定通りできるか不確実の部分があったが、結果オーライになった。会津田島は初めての町。駅は新しくて大きい。2階の食堂で腹ごしらえ。周囲の山々は穏やかで高原の町という感じである。

上の坪登山口は小さな標識があるのみで道もわかりにくい。見落としてしまいそうだが、タクシーの運転手さんが承知していたので心配はなかった。杉林の急登からミズナラ林の急登へと、とにかく尾根沿いにまっすぐ登る。いわゆる鉄砲登りだ。迷うことはないが、一気に高度を稼ぐ。尾根が平らになると右側斜面では伐採作業中で、登山道沿いには作業用のワイヤーが張ってあった。時折そのワイヤーが動くので注意が必要だ。2ピッチ目からは主にヒノキのような針葉樹に変わる。一部右側へトラバースするが再び尾根に出る。

唐沢山は北側の展望がある。初めて見る山々であるが、雲が多いのが残念である。。樹の間越しに南の方の県境を見ると、一部に道らしきものがある。近くへ行ったらよく観察したい。（結局、以後はガスになってしまい確認できなかった。）

そろそろテント場を見つけなければいけないが、天気がいいので、できるだけ先へ行くことにする。地図では1888mピークの南側のコルあたりの等高線間隔が広いので、そこを目標にする。行ってみると登山道の脇は笹薮。しかし平らなので登山道の上にテントを張らせてもらった。夜間には雨という予報だったが、降る様子はない。星が出ていた。風も無く静かな夜だ。上の坪からここまで、道は広く、刈り払われていて迷うことはない。注意すべき個所もない。

10月31日 霧、強風、のち快晴

テントサイト【6：05発】👢 大倉山【6：35通過】👢 流石山の西のピーク【7：22着、7：35発】👢 大峠【8：18着、8：36発】👢 北方稜線への分岐【9：45着、9：55発】👢 三本槍岳【10：10通過】👢 清水平【10：42着、10：55発】👢 朝日岳往復 峰の茶屋【12：06着、12：35発】👢 避難小屋【12：42着、12：45発】👢 延命水【13：00着、13：05発】👢 避難小屋【13：23着、13：40発】👢 峰の茶屋【13：58着、14：05発】👢 茶臼岳山頂【14：40着、14：50発】👢 トラバース道の中間【15：16着、15：30発】👢 牛ヶ首【15：45通過】👢 南月山【16：20着、テント泊】⛺

朝方まで星が出ていたのに、出発直前になって雨がぱらつき始めた。ガスも出てきて、展望が全くなくなってしまった。笹原の中の道を行く。1854mピークから県境尾根が派生しているが全く偵察できない。トレースも見当たらない。県境縦走は笹の藪漕ぎになりそうだ。1885mピークには「大倉山」という標識があった。会津側と黒磯側とで山の呼称が異なるということだったが、1888mが三倉山、1885mが大倉山ということで落ち着いたのだろうか。会津田島で乗ったタクシーの運転手さんも「三倉山」と言っていた。

時折ガスが晴れ、南側の視界が広がることがある。那須連山がその時姿を見せる。西よりの風でやや冷たい。

大峠で初めて登山者を見かけた。その人は三本槍岳の方へ登って行った。北方稜線への分岐あたりから風が強くなってきた。振り返ると、昨日の三倉山から三本槍岳の間は笹原か草原、せいぜい潅木程度で、明るい気持ちのいい稜線である。三本槍岳は吹きさらしで強風。「日本百名山完登」という持参の旗をやっと広げて写真を撮ってもらっている中高年夫婦がいた。お祝いの一言でもいうべきか否か、複雑な気持ちである。風が強いのですぐに下り始めた。ハッと気が付いた時

11

には高見沢のザックカバーがない。強風に飛ばされてしまったのだ。どこで飛ばされたのかもわからない。

熊見曽根あたりの風はものすごく強い。まっすぐは歩けない。時々足元がよろめく。低気圧が過ぎた後の季節風の吹き出しのようなものだろうか。かつて富士山で体験したことがあるのと同じくらいだ。この強い西風は峰の茶屋まで続いたが、その中を中高年者など一般の人が大勢登ってきているのには驚いた。朝日岳へ登ったころにはガスはだいぶ晴れてきた。

峰の茶屋で大休止。小屋の陰で風を避ける。登山者がたくさんいる。天候はすっかり晴れになった。ここで水をどうするか考えた。昨日2人で8ℓあった水が今は2.5ℓ。一昼夜で2人で5.5ℓ使った。ロープウェイ駅で水を期待していいか不安だったので、延命水まで汲みに行くことにした。すぐ下方に避難小屋が見えるのでそこから大した距離ではないだろう。その避難小屋までザックを背負って下り、延命水までは水筒だけ持って往復した。風の当たらない明るい道で気持ちのいいところだ。延命水で5.5ℓ補給し重くなったザックで峰の茶屋に戻り、茶臼山へ。風はまだ強いがだいぶおさまってきた。御鉢めぐりコースを歩いてからロープウェイ駅の方向に降る。軽装の人が大勢登ってくる。その人たちと分かれトラバース道に入ると、途端に人は少なくなった。牛ヶ首以南ではだれもいなかった。

日の出平がいいところだ。ほとんど平らで潅木と草地の中の散歩道をゆっくり行く。南月山まで行き、南の方向の夜景がみられるところにテントを張りたい。山頂にいい場所があったのでそこにテントを張る。16：44日没。おそらく尾瀬の燧ヶ岳だろう、そのすぐ南あたりに輪郭のはっきりした陽が沈んでいく。夜景は近いのが黒磯だろう。北の方向に見えるのは白河か、南の遠くは宇都宮だろうか。風のない静かな夜だった。

11月1日 晴れ

テントサイト【6：05発】··· 🥾 白笹山【7：25着、7：35発】··· 🥾 沼原駐車場【8：37着、8：55発】··· 🥾 分岐【10：00着、10：10発】··· 🥾 板室温泉【11：00着、12：00発】··· 🚌 黒磯駅【12：40着、12：44発】··· 🚃 宇都宮 🚃 大宮 🚄 長野駅【16：35着、解散】

寝過ごしてしまった。日の出は雲があって見えなかった。会津国境稜線は霞んでいてよく見えない。沼原は広い無料駐車場と広い芝の園地でトイレがある。管理人はいない。板室温泉へは、一部車道を行くが、途中から旧登山道に入る。入り口に標識があるのでそれに従っていく。「板室温泉への道は木橋の流失と土砂崩落のため通れません。途中から乙女の滝へ下ってください。」とあったが、大したことはあるまいと、板室温泉への道を下る。確かに木橋は朽ち、崩れ、流失していたが、水量がないのでどうということはない。温泉街の直前で靴を脱いで川を渡ったが、膝下まで。長靴ならそのまま渡れそうだった。温泉側からの登山口にはロープが張ってあった。湯に浸かってゆっくりする。バスはガラガラ。那須の広い土地に感心する。平地林が多い。長野県とは基本的に土地の条件が違う。

リーダー報告

強い風には驚いた。その中を軽装でたくさんの中高年が登るなんてもっと驚いた。分水嶺縦走の偵察も兼ねていたが、霧のためできなかった。例年になく雪が遅いとのこと。会津田島で乗ったタクシーの運転手さんの話では、この時期2回くらい三倉山の冠雪があるが、今年はまだないとのこと。初冬というより晩秋の山歩きだった。残りは完全な藪山ばかり。2泊3日くらいに区切ってトレースしたい。しかし、幕営地以外でテントを張ったこと、少し気が引けます。日程上そうなってしまったのだが。

那須連峰
2 三倉山〜男鹿岳

■期日／1999年5月2日〜5日　■メンバー／L:高見沢、SL:宮尾、M:笠井

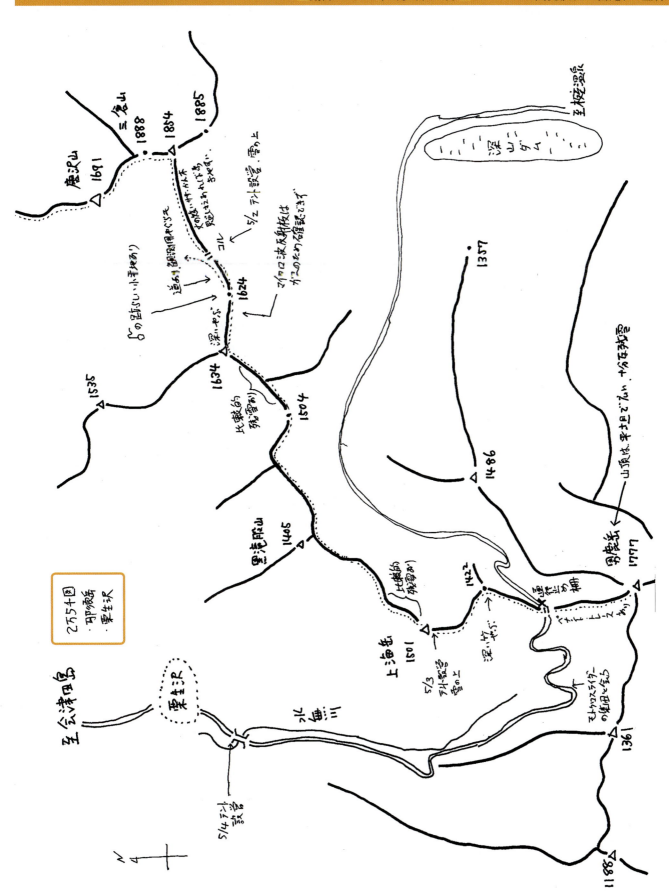

5月2日 快晴

長野駅【6：43発】━━大宮 ▭▭ 栗橋 ▭▭ 板倉東洋大前 ━━会津田島駅【11：58着、12：05発】🚗三倉山登山口【12：25着、12：30発】👢唐沢山【15：45着、16：00発】👢三倉山【17：10通過】‥‥コル【18：43着、テント泊】⛺

昨年10月末の那須岳縦走時とほぼ同じ列車を乗り継いで奥会津へ。東武線は混んでいて湯西川温泉あたりまで立ちっぱなし。行楽シーズンだからだ。会津田島駅では客が少なく、タクシーも手持無沙汰の様子。運転手さんの話では、今年の雪はやや少なめとのこと。来る途中、電車の窓から見る山には雪がほとんどなく少々心配していた。しかし、登山口から最初のピッチの休憩地あたりで残雪が現れ始め、水の心配がなくなった。

唐沢山からは猪苗代湖が見えた。遠く雪をかぶった山は飯豊連峰か。昨年来た時より展望がいい。三倉山を過ぎ、1854mピークから藪漕ぎ開始。膝から腰までの丈で楽だ。トレースらしきものも所々ある。見通しが利くので気分的にもいい。遠方には雪を残した男鹿岳のずんぐりした山容が見える。遠い。その手前に上海岳、黒滝股山。この稜線には雪がほとんどない。1634mピークの平頂には切れ切れに雪が繋がっている。

今日はコルまで。遅い時刻なので休まずに下る。コル近くになって深い竹藪に入ってしまった。稜線の北側に出ると藪は薄く短くなる。一つの教訓である。コルの雪田にテント設営。さあ水つくりと思ったがコンロに火がつかない。代わりにタンクの上の部分から生ガスが漏れてしまう。テントの中では危険なので外に出して気化させた。今度こそと繰り返しても同じ結果。さあ、せっかくの登山も明日は下山かと思った。ポンピングして点火するとわずかに火がつく。だましながら暖をとったり水を作ろうと、その弱い火を使って炊事を始めた。ご飯を炊き始めて20分くらいしたころ急に火勢が戻った。ノズルに詰まっていた何かが取れたようだ。これで一安心。明朝もコンロがこんな具合では縦走をあきらめるしかないと考えていたので気持ちが明るくなった。コンロの具合がよければ縦走できる。このコンロは5月1日に高見沢が自宅で点火確認しそのまま冷ましてケースに入れてきたものである。なぜこうなったかわからない。燃料が多すぎたかと思い、タンク内の燃料を減らして使った。このトラブルのため夕食が済んだのは21時過ぎ。遅い就寝となった。

5月3日 ガスのち高曇り、夕方小雨

コル【5：40発】‥‥1634mピーク【8：37着、8：55発】‥‥黒滝股山【13：55着、14：05発】‥‥1445mピーク【17：05着、17：10発】‥‥上海岳南側【17：50着、テント泊】⛺

4：20起床。コンロの調子はいい。テントから少し藪をくぐって尾根の北側に出ると立派な道があった。「三倉山反射板」という小さな木のプレートもある。おそらく麓の音金から番屋川沿いに道が通じているのだろう。昨日唐沢山からもこの道は確認して置いた。

やがて太陽電池のパネルを付けた観測機器のある櫓に着いた。この辺りから道があいまいになり始め、小さい草地でその道も消えてしまった。2万5千図上のアンテナの位置らしい。那須岳からは大きな白い反射板がこの西側に見えた。そこまではしっかりした道があるはずだと探したが見つからなかった。少し戻って残雪のルートに入ってみたがやはりダメ。

結局いきなりすごい藪漕ぎになった。今回の縦走中最も厄介な藪だった。平らな地形で広く、シャクナゲが密生。竹藪よりさらに始末が悪い。おまけにガスで視界はせいぜい50m。磁石と地図で方向を確認しながら進む。昨日見たところでは、北側に雪が繋がっていたがそれもどこかわからない。最初からこれではいったいどうなることか。最悪の場合は先ほどの道から下山するしかない。幸いなのは時間が十分あること。

中央分水嶺登山
Chyuo Bunsuirei Tozan

悪戦苦闘の末1634mピークに着いた。枯れ木にブリキのペナントがついていた。大学WVのものもある。三角点の標石は確認できなかったが、標識の一つに1634mとあったので安心した。アンテナ跡地から約1キロ、丸2時間かかった。

　磁石で方向を確認し、下る尾根を定める。かすかにトレースもある。尾根の分岐や広い部分はその都度磁石でチェック。ガスさえ晴れればこんな必要はないのに。

　尾根の北側に途切れながらも続く残雪を見つけた時には、思わず「ラッキー！」。1504mのピーク手前までは順調に下れた。雪のおかげだ。次第にガスも晴れてきた。スパッツを外し雨具を脱ぐ。男鹿岳方面も見えるが、天候が下り坂のせいか雲が多い。それでもこれから進むルートが見えるというのはいい。ペース配分や目標を決めやすい。尾根が広くないため、藪は比較的薄く、歩きやすい。しかしピークへの登りの部分はきつい。今日の予定は黒滝股山。しかし天候とペースを考え、上海岳前後までを目標にする。宮尾さんと笠井さんが交替でトップを務め、そのあとから高見沢がヨロヨロ付いていく。1445mピークを過ぎると上海岳まで雪が繋がっていた。上海岳の南に進み、雪を削ってテント設営。ピッケルと鋸使用。小雨が当たり始めていた。高見沢はバテてしまい、食欲がないので、お茶とみそ汁のみ。

5月4日　小雨、夜は雨

テントサイト【5：30発】👞峠【8：30着、9：05発】👞男鹿岳【11：10着、11：25発】👞峠【12：43着、13：00発】👞栗生沢集落の手前【16：40着、テント泊】⛺

　小雨だが男鹿岳は見える。歩き始めてすぐの分岐で下山ルートを誤ったが、後続の宮尾さんの指摘で修正。1422mピークでは深い竹藪に苦労する。結局、峠のすぐそばまで踏み跡はなかった。峠は広い。廃車が1台。栃木県への下り口に鉄柵があり通行止め。すぐ先に崩落個所がある。福島県側からはバイクのトレースが何本もある。足跡もある。こちらの方が安全らしい。下山は栗生沢とする。Lがバテているし、4日～5日の天候が悪い予報なので下ることにするが、その前に男鹿岳を往復する。1つのザックに必要なものを集め交替で背負うことにする。

　登り口にペナントがあり、かすかながらもトレースもある。思ったより人が入っているらしい。上がるにつれ雪が増え、半分から上はほとんど雪の上を歩けた。この連休のものと思われる下山者のトレースもあり、スムースに山頂に着いた。最初は山頂が分からなかったが引き返して確認。ガスが濃くなってきて展望は全くない。登ってきたトレースを忠実にたどって峠に戻った。ピッケルは1本しか用意していなかったので急な雪面の下りはブッシュを縫うように下った。

　峠から長い林道歩き。1時間ほど下った時、モトクロスライダーの集団が登ってきた。23人。峠まで往復したらしく、この後我々を追い抜いて下って行った。こうした人には大川林道コースとして知られているらしい。栗生沢で乗ったタクシーの運転手さんはそう話してくれた。小雨に打たれながら、春浅い会津の山の中をくだる。3年くらい前にもそうしたことがあった。長い長い林道を黙ってただ歩く。途中の沢で炊事用の水を確保。人家近くにテントというわけにもいかないと、橋のたもとの平地に設営。自動車が1台登ってきてほどなく下って行った。それきりの静かなところだ。夜間、雨が強い。

5月5日 朝のうち雨のち晴れ

テントサイト【6:20発】🥾 栗生沢集落【6:40着、7:10発】🚗 会津田島駅【7:20着、7:39発】🚃 会津高原駅 🚃 栃木駅 🚃 桐生駅 🚃 高崎駅 🚃 長野駅【15:08着】

　早朝の会津の農村。田植時だ。ドジョウやサワガニのいそうな土の水路が懐かしい。公衆電話を探すがない。偶然タクシーがある家があったので、近くにいたおばあさんに聞くと、昨夜は遅く帰ってきたから頼むのはどうだか、とのこと。確かにそうだ。しかし考えた挙句このタクシーに頼むことにした。7時を過ぎれば普通のサラリーマンなら起きるだろう。鍵の掛けられていない玄関の前で頼むと、快く応じていただいた。最初は奥さんがパジャマ姿のまま出て見えた。9時出勤とのこと。玄関で話している間にご主人は支度をはじめていてすぐに出発。

　会津田島に着いたところで、時間があるので会津高原で温泉に入ることにした。ところが温泉は9時とか10時に開くとのこと。笠井さんが交渉して「滝見の湯」というところで早朝に入れさせてもらえることになった。1人400円。まだ湯船に湯がたまっていないがさっぱりできた。

　帰りの列車は都会に帰る人で混み始めていた。列車を乗り継いで長野へ。

リーダー報告

　帰りに栗生沢で乗ったタクシーの運転手さんの話では、このコースには大学WV部の常連があるらしい。この時期、那須の方から縦走してきて栗生沢からタクシーを使うとのこと。そういえば「正部員養成」と銘打ったプレートが1634mピークと男鹿岳にあった。

　最初は残雪がないのではと心配だったが、水には不自由しなかった。もっと残雪が多ければスピーディーな縦走ができる。今年の雪は平年よりやや少ないというのが麓の方の話だった。なお、会津田島と板室温泉を結ぶこの道は、夏にはブルドーザーで整備され通行可能になる、それでも県は通行止めという看板を出しておく。というのが運転手さんの話だった。

　男鹿岳までで下山した。天候の崩れは大したことはなかったが、妥当な変更だと思う。年に1回、この時期にしかプランできない山行でした。懲りずに付き合っていただいた2人に感謝します。

福島県と栃木県の県境
3 山王峠〜男鹿岳〜日留賀岳

■期日／2002年5月3日〜6日　■メンバー／L:高見沢、SL:宮尾、M:笠井

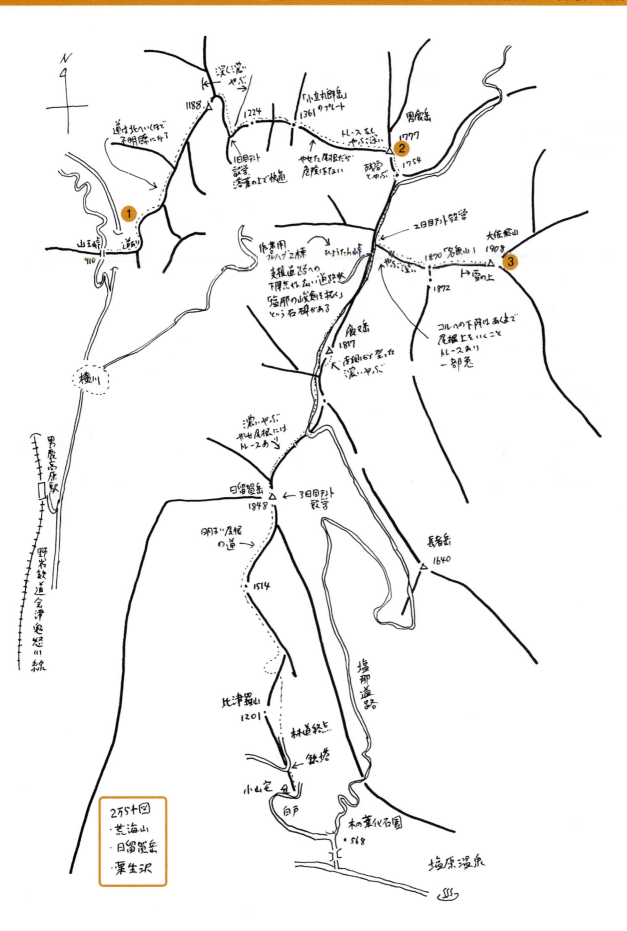

5月3日 快晴のち曇り

長野駅【6:43発】→大宮→栗橋→板倉東洋大前→男鹿高原駅【11:19着】→食堂で昼食【11:40着、12:10発】→山王峠への旧道（12:40着、12:50発）→山王峠【13:00通過】→休憩3回→1188mピーク【16:20着、16:30発】→1220mピーク【17:15着、テント泊】

栗橋まではいつも通り着いた。いつものように東武線に乗り換えようとしたが、駅舎が改築されJRの切符は途中で回収されてしまった。東武線に乗ってから車内で切符を買えばいいと考えていたのに、あわてて券売機にお金を入れるが、笠井さんが使った券売機以外は新藤原までしか買えない。階下にはその列車が入線しており、泡を食った。駅員に話したらそのまま乗るようにとのこと、登山靴でドタドタ階段を駆け下り「待ってください」と叫んでやっと飛び乗った。高見沢は危うく階段を踏み外して転倒するところだった。板倉東洋大前駅で快速に乗り換える。混んでいてザックを前において立ち続ける。これも毎度のことだ。しかしいつもより混み方が少ないように思う。その代わりいつまでたっても空いてこない。川治湯本を過ぎてようやく座れた。

男鹿高原駅での下車は我々3人のみ。切符の回収箱があるのみ。今回が最終回だから記念に切符はもらっておく。1泊目は水がないので、ポリタンクに詰めていく必要がある。途中の食堂でそばを食べ、そこで水をもらうことにした。高い水かもしれない。1人4〜5ℓ、いっぺんにザックが重くなった。峠を目指して舗装道路をひたすら歩く。

山王峠からは尾根上に刈り払い道があった。ラッキーだ。北上するにつれてその刈り払いもなくなり、トレースも不明瞭になるが、藪は薄く、歩きやすい。1188mピークまでは順調にきた。ここは細貝さん（33ページ参照）がテントを張ったと記録にある場所だ。我々のテント予定地はすぐ東に見えるが、ここからの藪は手強かった。根曲り竹を主体に本格的藪漕ぎとなった。1220mピークは地図で読んだ通り平坦な場所もあり、テント適地だった。乾いた枯葉の上にテントを張った。気持ちのいい場所だ。よく眠れた。1日目の行程では、北西方向に家老岳、東方に男鹿岳〜日留賀岳の稜線が見えるが、全般的に樹林の中で展望は良くなかった。十分な水を持ってきたので心置きなくお茶などをいただいた。

①最初は尾根すじに道がある。新緑の明るい尾根だ。

5月4日 曇り一時小雨

テントサイト【5:50発】→1224mピーク【6:24着、6:35発】→休憩1回→1361mピーク・小立九郎岳【8:45着、9:00発】→休憩4回→男鹿岳【13:11着、13:30発】→大佐飛山への分岐点【14:58着、テント泊】

朝、テントには雨がポツポツ当たる。予報では全国的に曇り、しかし大崩れはない。トレースはないが、尾根は狭く、藪もそれほどひどくはない。小ピークごとに休みを取る。1361mピーク近くには古いワイヤーがあった。林業に使われたものだろう。山頂には青いブリキプレートに「小立九郎岳」とある。この辺りの山域で何度も見たM型のもので、MWVとあり、「新人養成」ともある。察するにどこかの大学のワンダーフォーゲル部が毎年トレースしているのではないだろうか。そうした山岳部があるとすればうれしい。

男鹿岳の登りにかかる前に、やせた尾根があるように地図では読める。万一のためザイルも用意してきたが、尾根上には太い針葉樹もあり、危険はない。南側をトラバース気味にトレースがあったりする。斜面は急だが、岩場は見えない。もっとも、藪や木立で見通せないのだが。地図では南側のすぐ近くまで林道が来ているが全く見えない。北側の林道は3年前に歩いたところだ、これは樹間から見える。

中央分水嶺登山
Chyuo Bunsuirei Tozan

10時半ころから男鹿岳の登りにかかった。相変わらず藪でトレースは見えない。針葉樹の大木の間で休む。根曲り竹を分けながら行くしかない。下りには方向を見失う恐れが大きい場所だ。そのうちに傾斜が落ち、竹もまばらになってきた。雪が出てくれば目途がつく。展望も出てきた。振り返ると七ヶ岳、その後ろに会津駒連峰、雲の下に霞んではいるが遠望できた。

男鹿岳では1人の登山者を見かけたが、我々が着くころには南の方へ行ってしまった。3年ぶりの男鹿岳山頂、今回は展望がある。那須、三倉、大佐飛も見える。天候は回復してきた。後、今日の行動は楽だ。

1754mのピークでは南東尾根を下り始めてしまった。登り返して南西尾根を下る。

笹の中にトレースもある。下りきったところで林道に降りた。その近くで水流があったのでポリタンク満タンに汲む。林道を歩いていると、中年の単独行者がやってきて、これから男鹿岳に登り横川へ戻るという。時間的に遅すぎると思っていたら案の定、その後引き返してきて横川へ下って行った。

テント予定地には、乾いた路面が出ていて、先行テントが一つ。この方も明日大佐飛山に登るとのこと。宇都宮市の方で北の方から林道を歩いてきたとのこと。夕方になると再び雨。北風で寒い。フキノトウをみそ汁に入れたが、苦かった。

②男鹿岳山頂

5月5日 風強く、雨のち一時晴れ

テント【5：47発】・休憩1回・1870mピーク・名無山【7：30着、7：35発】・大佐飛山【8：40着、9：00発】・名無山【9：55着、10：00発】・コル【10：30着、10：40発】・テントサイト【11：00着、休憩、テント撤収、12：40発】・鹿又岳【13：40着、14；17発】・林道屈曲部【14：40着、14：50発】・休憩1回・日留賀岳【16：13着、テント泊】

朝から雨。風もある。隣のテントの方は5時前に出発した。雨具上下を着て、笹藪を分けてまず下り始めた。ここで一つ失敗。あくまで尾根上の雪のないトレースを下るべきだった。雪があって下りやすかったのでそちらへ行ったら、一つ南寄りの尾根に入ってしまった。トレースがあるように見えたからだ。雪が切れ、深い藪。ガスを透かせて見ると左手に尾根があり、1870mピークにつながっている。藪をトラバースしてその尾根に戻った。

コルには「水場」の小さいプレートがあった。

1870mピークへの登りにはトレースとペナントがある。この地域の最高峰、大佐飛山に登る物好きがやはりいるのだ。しかしトレースといっても明瞭ではない。笹藪と針葉樹の中をまっすぐ登る。幸いにも雪のないルートだ。下りの心配がない。塩那道路から見ると全山雪に覆われていて、下降時の急斜面が気になっていたからだ。また針葉樹の山なので、藪もそれほどひどくない。傾斜が緩くなってくると雪が出てきた、格段に歩きやすい。山頂には「名無山」というプレートがあった。便宜的につけた名前かもしれない。雨とガス

は相変わらずだ。地図と磁石で方向を確認した。トレースもある。大佐飛山に向かって下り始めるとすぐに先行の人と出会った。2時間15分で着いて戻ってきたところだとのこと。スパイクの付いた長靴が快適そうだ。クマよけの鈴も付けている。

コルまでは雪と藪のミックス。藪の中にトレースらしきものがあるが、全般に藪は深く濃い。ペナントはない。コルからはほぼ雪のルートが取れる。大佐飛山山頂までゆっくり歩く。山頂には昨日の日付で真新しい木製プレートが立ち木にくくりつけられていた。横浜市などからの5人の名前が記されている。ガスのため展望はなく、風も冷たい。もう少し待てば晴れそうだが、下山とする。

名無山を下ってくると晴れ間が出てきた。塩那道路が見えてきた。

道路に着くと、隣のテント

③大佐飛山山頂

はひっくり返っていた。テントを乾かすためにやったのかと思っていたら風のせいらしい。私たちがテントの中で休んでいたら、塩那道路の南の方から戻ってきて、「名無山からの下山ルートを間違え、いったん沢に下ってから登り返してきた。」とのこと。この方もテントを撤収し12時半ころには北へ出発していった。

晴れてきたが風は強い。テントを撤収し南へ向かう。道路には残雪があり、道路下の急な崖までスロープになっていたら心配だったが、そうしたところはなかった。残雪が少ないせいだろうか。横川への下り口（ひょうたん峠）にはプレハブが2棟、雨風はしのげる。大きな石碑もある。この道路は全長50キロ、半分くらいは自衛隊が工事をしたとある。昨日まで辿った尾根を見下ろせる。尾根筋に天然林があるのみでほかは植林地だ。山王峠の付近は標高が低く、どこが分水嶺かよくわからない。荒海山が屹立している。1500m足らずの山だが、この付近では目立つ。私には因縁の山だ。会津駒、尾瀬、日光、そして飯豊方面、那須、よく見える。

鹿又山山頂はすぐ近くだが道がない。ハイマツとシャクナゲなどの藪で、丈は低いが濃い。雪と藪をこいで強引に登った。南側から行くと藪の下にトレースらしきものは感じられたが、よくわからない。山頂には三角点標石と朽ちた木枠があった。

予定では塩那道路の屈曲部までだったが、時間があるし、山頂にはテント設営可能なので、日留賀岳へ向かう。コルまではトレースがあったが登りは藪。笹藪だけのうちはいいが、ハイマツなどの灌木が混じってくると厄介だ。トップを交替しながら行く。上部の尾根は痩せていて1か所小さい岩場があった。やせた尾根では踏み跡がはっきりしている。藪の中ではあるが、ずっと歩きやすくなった。雪の上で一休みの後山頂へ。

山頂は狭い。祠と石碑の間にテントを張る。風が強いのでしっかり固定した。東側に雪があったのでそれで水を作る。夜になると、那須、宇都宮だろうか関東平野の夜景がきれいだ。西側にも灯りの集まりが見えたが、寒くてゆっくり眺める気はしなかった。夜中ずっと風が強く眠れなかった。晴れていて冷え込んだ。テントの外は凍結していた。

5月6日 快晴

日留賀岳【5：40発】・・・（休憩1回）・・・林道終点【8：00着、8：05発】・・・鉄塔【8：30通過】・・・石碑で休憩・・・小山宅【9：00頃】・・・塩原温泉役場前【10：45着、11：43発】・・・西那須野駅【12：20着、12：45発】・・・大宮駅・・・長野駅【16：01着、解散】

朝、相変わらず風が強いが、展望はいい。ここからは一般登山道を下る。正面に高原山山群を見ながら、明るい林の中を行く。風は冷たいが気持ちのいいところだ。下るにつれ、山菜取りや登山者と会う。林道終点で迷った。登山道は別にあるものと思ったが、結局林道を下るしかなかった。高圧送電線鉄塔の下から一般道に入り、小山宅に出る。前面に広々とした畑、周りの新緑、正面に高原山というぜいたくなお宅だ。このお宅の庭が一般の駐車場になっている。いろいろお話を伺った。パンフレットもいただいた。

塩原温泉までさらに歩き、温泉を探す。地図を片手に捜したが、時間帯が悪く、掃除中とかでなかなか入れるところがない。露天風呂も教えられたが、すぐそばを歩道が通り、動物の糞が散らかっているのでやめた。観光案内所で教えてもらって、やっと風呂に入れた。バスの時刻が気になり、ゆっくりとはできないがさっぱりした。笠井さんの粘りに感謝だ。バス、JR、新幹線と乗り継いで長野へ。会津方面の分水嶺踏破はこれで終了。ありがとうございました。

リーダー報告

水は1人4〜5ℓ持って行ったので不自由しなかった。小さくたためるプラスチックの専用の袋が便利だ。ザイルは使わなかった。ピッケルは実質的には使わなかった。アイゼンは持って行かなくて正解だった。分水嶺登山も実質的にはこれで終了。

4 福島県と栃木県の県境
山王峠～高土山

■期日／2000年4月22日～23日　■メンバー／L:高見沢、SL:宮尾

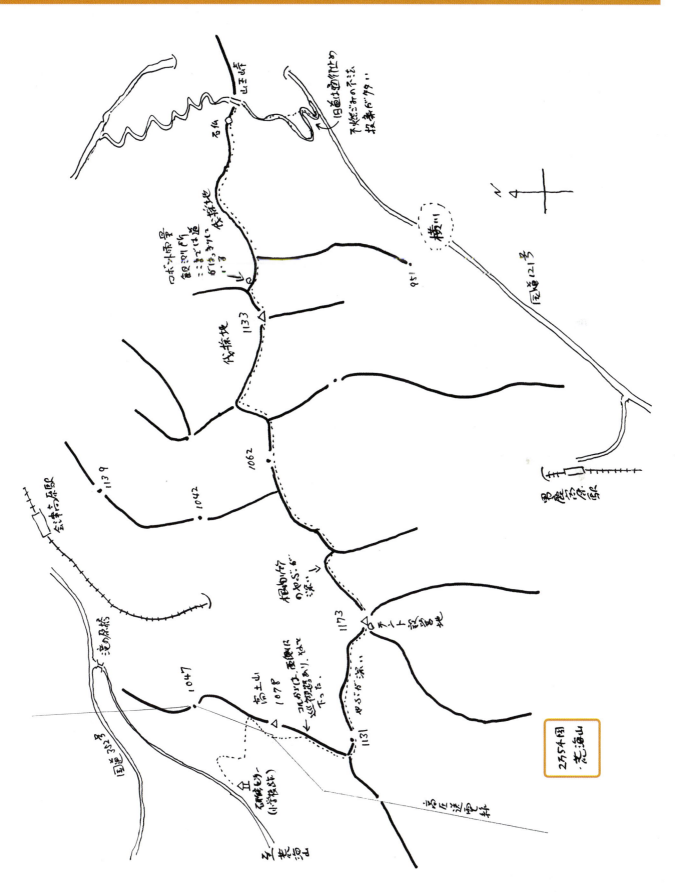

4月22日 快晴

長野駅【7:50発】→大宮→栗橋→板倉東洋大前→男鹿高原駅【12:15着】→食堂で昼食【12:35着、13:05発】→山王峠【13:55通過】→休憩4回→1173mピーク【18:02着、テント泊】

　予定より1時間遅らせて出発。関東平野ではケヤキの新しい緑が鮮やかだ。春が進んでいる。栗橋で時間があったので駅前に出てみたが変哲のないところだ。しかし、静御前の墓があるとのこと。板倉東洋大前で快速に乗り換え。GW時や連休時と違い空いている。男鹿高原駅は無人駅。切符も渡さないまま駅を出た。何もない。道路があり周りは山林のみ。国道121号に出て少し行くと食堂があったのでうどんをいただく。店の人に男鹿岳への登山道を聞くと横川牧場から塩那道路へ登る道があるとのこと。

　山王峠の旧道に入り峠に向かう。廃棄物がたくさんある。興ざめだ。旧道は鎖で通行止めだが、歩いていく分には構わない。山王峠から西側の尾根には踏み跡がある。明瞭な道だ。石仏があった。「弘化三年、三依の大黒屋」とある。会津西街道の名残だろう。

　1050mピークを巻いたところで休憩（14:25着、14:40発）。福島県側は伐採されていて展望がいい。尾根上の道も歩きやすい。1133mピークの手前で休憩（15:12着、15:30発）。このピークの東側にロボット雨量観測所がある。ここまでの道は申し分なく歩きやすい。雪も残っている。そこからは少し藪がかかってくるが、尾根上にトレースらしきものが続き、白いビニールテープのペナントも続いている。

　1070mくらいの地点で休憩。男鹿高原駅に続く尾根を分岐する地点である。ここまで、予定よりずっと早いペースできた。藪が深い区間は短いので苦にならない。できれば1173mピークまで行くことにする。

　980mのコルを過ぎた平坦なピークで休憩（17:10着、17:20発）。この先、尾根が広くなり、ペナントも見失ってしまった。藪を透かしてルートを探す。一時は竹藪に入るがそんなに長い時間ではなかった。

　1173mピークは地図で読んだ見込みに相違して、平坦なところがない。山頂は竹藪。少し南西尾根に下ったところにテント設営。残雪を取ってきて水を作る。荒海山の尖ったピークもだいぶ近くなった。乾いた落葉の上のテントは快適だ。久しぶりによく眠れた。

4月23日 晴れのち雨

テントサイト【7:05発】→1131mピーク【7:54着、8:13発】→高土山の西側【8:46着、9:00発】→会津高原駅【10:18着、10:52発】→栃木→高崎→長野駅【16:01着、解散】

　昨日遅くまで歩いたが、その分2日目はゆっくり迎えられた。天気は晴れ。日中は雨の予報だが、気持ちのいい朝だ。藪尾根ではあるが歩きやすい。トレースやペナントもある。1か月前に来た地点の雪は全く消えていた。結局、輪カンジキもピッケルも全く不要だった。高土山とのコルまで尾根上の藪をくぐって行くが、巡視路があったので、以後これを行く。

　下りはオートキャンプ場へ下ることにした。尾根通しに行くと50mくらいの標高差の登りがあるし、通ったことのない方を行きたかったからだ。ミズナラの林の中を下ってキャンプ場に着いた。雨が当たり始めたので雨具の上着をかぶって車道を駅まで行く。駅で留守本部に下山を連絡した。

　残雪は早すぎず、遅すぎず、時期はベストだった。藪は思ったより薄く、展望のいい楽しい尾根歩きが出来た。乾いた落葉の上のテントもいい。軽い荷物なら1日で全行程を歩けるだろう。1か月前と比べ、こんなに雪が消えてしまうとは思わなかった。荒海山での事故を考える。あの山でと、あの尖ったピークを眺めた。山王峠の旧道沿いのごみには興ざめだ。峠から男鹿岳へのコースは来年5月に行きたい。雪がないだろうから、1日目は水を持参するしかないだろう。

5 福島県と栃木県の県境
高土山～荒海山

■期日／2000年3月18日～20日　■メンバー／L:高見沢、SL:宮尾、M:小古井

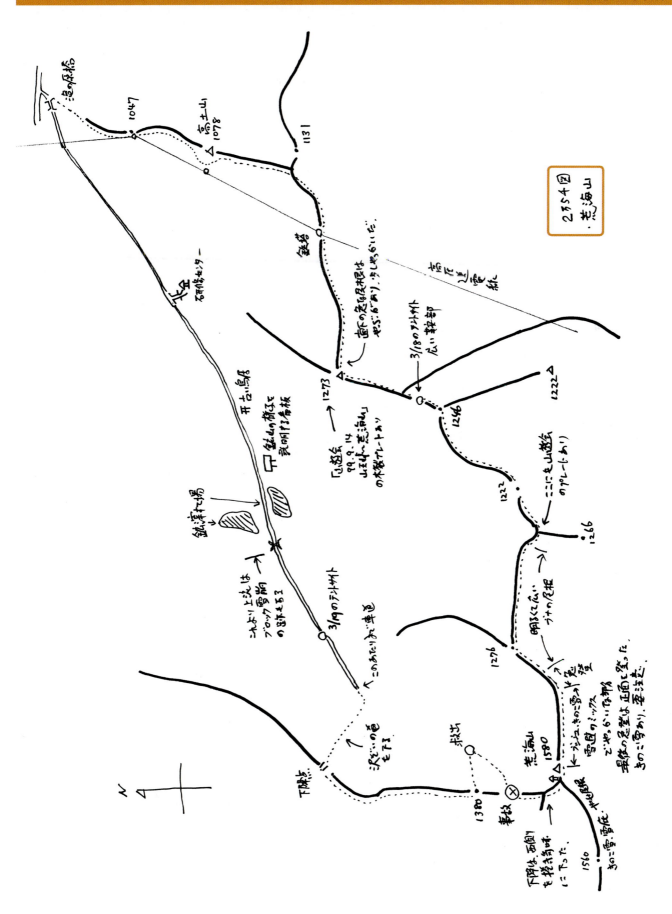

3月18日 快晴

長野駅【6：43発】🚄 大宮 🚄 栗橋 🚄 板倉東洋大前 🚄 会津高原駅 🚶 滝の原橋【12：30着、12：40発】🚶 鉄塔No84【13：30通過】🚶 休憩1回 🚶 県境稜線【15：18着、15：35発】🚶 鉄塔No89【16：00通過】🚶 休憩1回 🚶 1246mピークの北側コル【17：40着、テント泊】⛺

新幹線、宇都宮線、東武線と乗り継いで会津高原駅へ。駅前でうどんを食べてから出発。積雪は50センチくらい。店のおばさんによると山の方は先日だいぶ積もったとのこと。思ったより多い。登山口である滝の原橋から輪カンジキを着ける。トレースはない。カラマツ林の中に道がある。小さな沢は工事用パイプで組んだ橋を渡る。トレースのない斜面を読みながらジグザグに登る。雪は湿っていて20センチくらい沈む。ある程度は締まっているので歩きやすい。稜線に出るところは1メートルくらいの雪壁になっていた。標高1000mでもこんなになるとは予想外だ。その分ラッキーでもある。薮に悩まされなくて済む。

高土山までは巡視路に従っていく。高土山は平凡な雑木のピークだ。これから先は道がないのか、雑木の間を縫っていくようになった。しかし雪のおかげで歩きやすい。

県境稜線で一休み。山王峠方向はブナなどの雑木の尾根でやはり藪漕ぎになりそうだ。鉄塔を過ぎ登りにかかる。1273mピークの直下で一休み。尾根もやせてきて、ブッシュ混じりの急登で藪漕ぎだと時間がかかりそうだ。ピークからは再び歩きやすい雪の尾根。山頂に「山遊会、1999.9.14、山王峠～荒海山」という木製プレートがあった。この山域を注目していた人がほかにもあったと知り楽しくなった。

明日の天気は下り坂とのことなので、できるだけルートを先に延ばした。広い鞍部にテント設営。順調な1日だった。

3月19日 晴れ、高曇り、夕方曇り

テントサイト【6：40発】🚶 1222mピーク【7：36着、7：50発】🚶 休憩1回 🚶 荒海山【11：20着、12：20発】🚶 事故発生【12：45】🚶 救出【13：30～13：50】🚶 1380mピーク【14：45着、14：55発】🚶 1350m地点【15：50着、16：00発】🚶 下降地点【17：00着、17：05発】🚶 林道【18：05着、テント泊】⛺

天気予報では夕方から雨。朝方に眠ってしまい出発が遅くなってしまった。昨日と同様輪カンジキ着用で行く。10～20センチ沈むがほとんど沈まないところもある。歩きやすい。荒海山のとがったピークをどう登るのか考えながら行く。1260mのピークで尾根筋は西へ向きを変える。ここにも「山遊会」のものと思われる木製プレートがあり、「荒海山」方向に矢印が付いている。1276mピークの前後はブナ林の明るい尾根だ。急斜面を登ったのち、尾根の様子が変わる。やせ尾根で、ブッシュ、キノコ雪、雪庇、雪壁のミックスで時間がかかる。雪がないと藪漕ぎで厄介なところだろう。

荒海山の最後のピークはどこも急斜面。結局尾根通しの正面を行く。宮尾さんが弱層テストをしてみると10センチくらい下で雪の層ははっきり分かれた。あまりよくない。キノコ雪が2か所あり急な壁になっている。ここはピッケルワークとステップ切りを慎重に

やって登りきった。頂上稜線は平坦な雪の稜線だ。山頂の看板のところで1時間の大休止。3年前にたどった西側稜線は痩せた雪稜とブッシュで一層手ごわそうだ。日留賀岳、男鹿岳、遠くに大倉、三倉の白い姿。家老岳、北側正面には七ヶ岳、西方に田代、帝釈、枯木山、大嵐山、土倉山。展望は申し分ない。遠くは霞んで見えないのが惜しい。山頂の小屋は一部が出ているのみ。

下山は登山道沿いに降る。宮尾トップ。雪庇を避けブッシュを縫って進む。急斜面だ。急斜面の最後の部分は高見沢が先行し、バックステップで下る。下った後、尾根は平坦になる。西側は針葉樹林帯でその中に道はある。しかし雪のためルートは不明。稜線上の雪堤を行く。高見沢、宮尾、小古井の順である。宮尾さんは「登山道は左の樹林の中だ」と高見沢に言った。ルートをそちらに取ったらどうかという意味だが、大丈夫だと思い、そのまま進む。雪庇を警戒して樹林寄

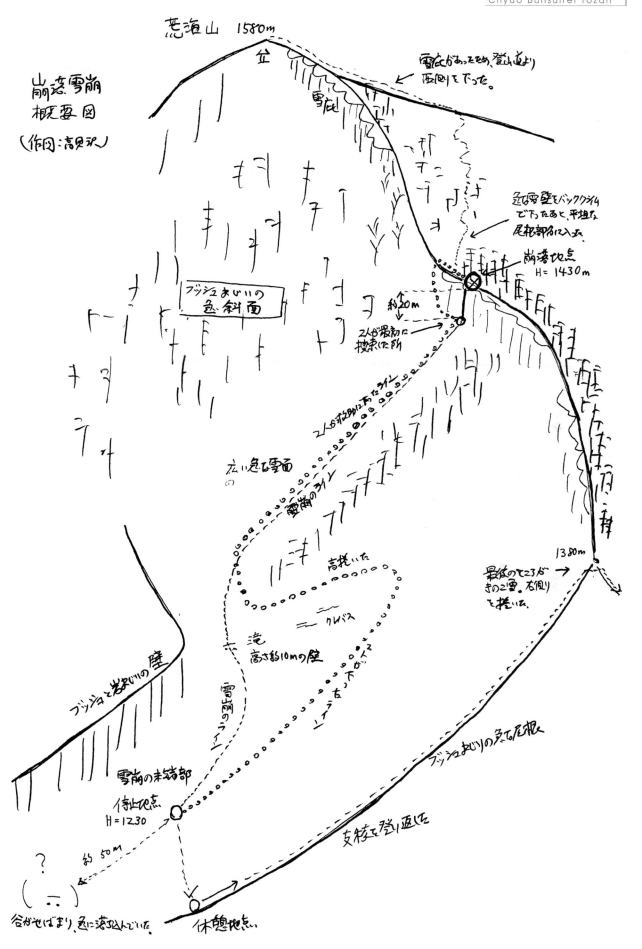

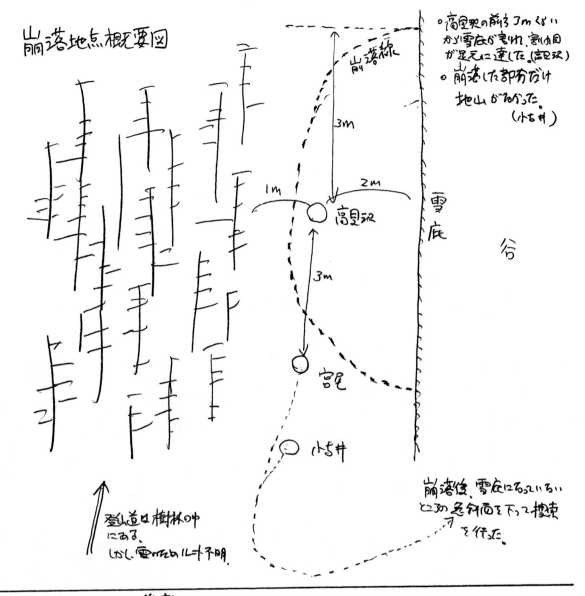

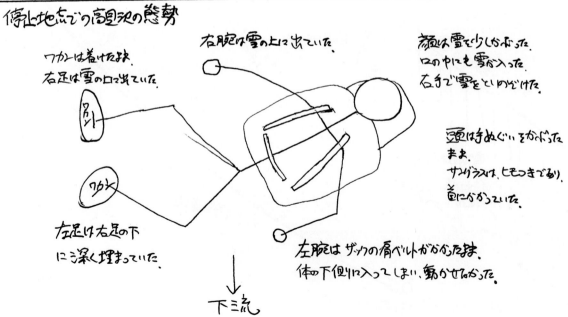

りではある。高見沢の前方3mくらいのところに亀裂が入り、高見沢のところまで一気に崩れた。あっという間だった。

高見沢の記録

　亀裂は特段の音もなく始まった。前方の雪のブロックの崩落を目撃。その下には横に倒されたブッシュが見えた。ブッシュに支えられた雪の上を歩いていたのだ。足元まで崩落が達し、体が雪のブロックと一緒に落ち始めた。しまった、やってしまった、どれくらい落ちるだろうか、下は岩壁なのか、ブッシュはどうなっているのか。立った姿勢のまま落ちた。ドスン、ドスンという衝撃が体にもあったし、音もあったと思う。雪のブロックと一緒に落下、転落したのだから体にブロックも当っただろう。何度も衝撃はあった。ブロックにもまれながら雪崩になったと思う。

　自分の態勢がどうだったかはわからないが、雪崩になったらしく、顔に雪がかぶさり始めた。「呼吸をする空間だけは確保する」という教えに気づいた。手を口の前に持っていくがうまくいかない。口に入ってくる雪を吐き出し、吠えるように声を出しながらその努力をしたが効果の程度はわからない。幸いあおむけの状態だった。

　少し流れが整ったらしい。あおむけの状態で自分の目と同じ高さで波打ちながら流れていく雪崩が見えた。その中に自分もいる。このまま止まれば何とかなる。窒息しなくて済む。助かる、死なずに済む。

　しかし再び雪崩は急斜面を落下した。体はおそらく空中を落ちたのだろう。視界も遮られ呼吸確保の態勢も取れないまま、再び体は強い衝撃を受けた。再び雪にもまれた。そして間もなく流れは止まった。この間どういうことをしたか覚えていない。今度はだめか、今度は窒息するのか、こんな小さい山で、そんな落胆が少しあった。停まった時の態勢は、あおむけで左側を下流側にし、右腕は雪の上に出ていた。顔に雪がかぶさり口の中にも入っていた。すぐ雪を払った。自由に呼吸ができるようになった。せいぜい10センチくらいだったのだろう。ザックを背負い、輪カンジキを着け、オーバー手袋を着け、サングラスをかけ、頭には手ぬぐい。右手にループを作って持っていたピッケルだけはなくなっていた。体はどこも痛くない。ただ埋まっただけだ。これは幸運だ。

　右手はザックのベルトがかかっているので動かせる範囲は小さい。頭と右腕と右足だけ、ほかの部位はびくともしない。顔の周囲の雪を取り除くのも知れている。小さいすり鉢のようにできただけだ。何とか脱出しないと。大声で「おーい」と叫んだが上の方からは反応がない。2人は心配しているだろう。声だけでも聞こえれば状況は全く変わるのに。右ひじを使って雪をへこませやっとのことでザックのベルトから右肩だけ自由にできた。自由度は大きくなったがそれでも雪を除ける範囲は小さい。右足を引き寄せて右手でワカンジキをほどいた。これを使って雪を掘れる。しかし右手一本では力が入らない。少しずつ塊にしてすり鉢の外へ投げる。この作業を繰り返す。

　何度か声を出しているうちに上から反応があった。助かった。

　あと雪を掘れるとすればサングラスのガラスを使うしかない。雪の表面は私自身の除雪作業のためにだんだん固くなってしまう。上着は溶けた雪で濡れて寒くなってきた。上のコールも頻繁になり、雪壁の上に小古井さんの姿が見えた。右腕を上げ大声で場所を知らせた。下から見ると雪壁は下れそうに見えたが、上からは無理とのことで、高巻いてから下ってきた。早く来てほしいと思った。宮尾さんの姿も見え、2人が高巻いていく姿を目で追った。

　やがてすり鉢状の縁の上に小古井さんの顔が見えたので安心。早速左足の方を掘り始めてもらった。しかしどのくらいの深さか掘る者にはわからない。ピッケルを慎重に使う。宮尾さんにはザックの方を掘ってもらう。ピッケルの石突やピックでお互い怪我をしないように気を付ける。ザックの方が浅いため先に掘り出せた。ウエストのベルトも外し、上半身だけ自由になった。左足は右足の下のため、しかも深いため時間がかかった。輪カンジキの先端は50〜70センチ埋まっていた。最後は輪カンジキを引っ

27

張ってもらうと同時に自分でも動いてようやく脱け出せた。

このままの場所では危険なので近くの尾根に移動した。私は輪カンジキを一つ手に持っただけで先行した。私のザックは宮尾さんが背負い、小古井さんが宮尾さんのザックを抱えてきてくれた。私は震えていた。上着はびっしょりになっていた。下着はウール、下半身は雨具を着ていた。濡れた上着だけ脱ぎ、小古井さんに持ってもらい、宮尾さんからフリースの上着を借りて着た。その上に冬用のダブルヤッケを着て震えは収まった。宮尾さんから飴を2つもらい口に入れた。雪崩の停止地点より50m下流は両側が狭まり、滝のような地形である。そこを落ちたらこんなこんな幸運はなかったかもしれない。

宮尾・小古井の記録

雪庇崩落・・・12：45下降開始・・・雪庇直下で捜索・・・12：55声が聞こえ、下降する・・・13：10埋まった場所に到着・掘り出し開始・・・13：30救出完了・尾根へ撤退・・・休憩・・・13：50支稜を登り始める・・・14：45尾根上に出る

荒海山から北に向かって降りる。天気は晴れ、無風、視界良好。登山道は雪に埋もれて全く分からない。急斜面で、時折バックステップで降りる。標高1450m付近で急斜面は終わり、緩い上りの尾根になる。左側は急斜面で樹林、右側は切れて谷になっている。短い雪庇が張り出している。高見沢、宮尾、小古井の順で2～3mの間をあけて樹林に沿って歩いていた。

突然高見沢Lの叫び声がした。私の足元から先の雪面が割れて、雪の塊とともに高見沢Lが立ったままの姿勢で落ちていくのが見えた。雪煙が収まると約20メートル下方に雪塊が重なり、深い谷が左の方へ続いているのが見えた。「おーい！」と呼ぶが返事はないし姿も見えない。呆然とする。

「下に降りよう」という小古井氏の言葉で我に返る。時刻を確認する。数十メートル戻ったところで谷に降りられるところがあった。急いで落下した地点に行く。等身大の雪塊がいくつかあり、重い雪が堆積している。ここから雪が流れた跡があり、下流は岩壁の裾を巻いて向こうに消えている。雪面に何かないか探すが見当たらない。流されたのかここに埋まっているのか判断できない。数か所でスカッファンドコールをするが反応なし。掘るしかないと思い雪塊をピッケルで崩し始めるが、重く締まった雪で短時間ではどうにもならない。絶望感が起きる。その時谷の下の方から「おーい、おーい」と2度声が聞こえた。喜んで小古井氏と一緒に「おーい、おーい」と何回も叫ぶが返事がない。怪訝に思いながらも、2人ともはっきり聞いたのだから下降することにした。

谷は全体に雪がついていて輪カンジキを履いて下れる。100m以上下ったところで滝になり、谷は右に曲がって先は見えない。ここで呼ぶとすぐに返事があり生きていると分かり安堵する。滝は下れないので左岸を高巻く。雪が厚いので輪カンジキで登降できる。高巻の途中で樹の間越しに谷が見えるようになったので状況を聞く。けがはしているか・・・「けがはない。歩けると思う。」装備はあるか・・・「ある。ピッケルを失くした。」声ははっきり聞こえるが姿が見えない。その時高見沢Lが雪面から腕を出して振ったので位置が分かった。立ちあがっているものと思っていたが、埋まっていたのだ。急いでおり、掘り出しにかかった。

顔と胸の雪はなかった。自分で除いたらしい。湿った重い雪で押さえつけられていてなかなか掘り出せない。輪カンジキを着けたままの左足が深く潜っていて難渋した。けがをしないように慎重に掘り出した。沢の左岸の小高い安全な場所で休む。ザックを背負って自力で歩けるので安心した。

ここから尾根に向かって支稜がある。上までは見通せないが登れると思われる。私と小古井氏が交替でラッセルする。小さなキノコ雪や樹が生えている急登だが、雪がついているので輪カンジキで登れる。尾根に出る地点で2mくらいの雪壁になっていて、行き詰まる。崩しにかかるがだいぶ時間がかかりそうだ。小古井氏が右側のやや不安定な雪の斜面を10mほどトラバースしたので、それに続いてトラバースして尾根に戻ることができた。

中央分水嶺登山
Chyuo Bunsuirei Tozan

アクシデント対応

救出後の行動記録

　救出が完了したので尾根に登り返すことにした。高見沢はピッケルがない。何よりもショックが残っているのでラストで行く。宮尾、小古井が交替でトレースを作る。ブッシュ混じりの急登である。高見沢は落ちていたブナの枝を杖にした。少しはピッケルの代わりにもなる。稜線に出る部分はキノコ雪でやむなく巻いた。少し不安定な場所だった。そこで一休みして尾根沿いに降る。時間はあるし、天気は下り坂なので下まで降ってしまいたい。

　雪庇を避け樹林の中を縫って下る。歩きにくく時間はかかる。しかし事故の直後なので間違っても雪庇にのらないよう慎重になる。1250mから下になると尾根の様子は変わり、東側の傾斜も緩く、ブナなどの大きな樹が雪堤のすぐ下にあるようになった。

　下降点は標識がたくさんあるし、地形的に明瞭な鞍部である。しかしここからは沢筋のコースであり、雪が不安定だ。両側の斜面からブロックが落ちた跡もある。沢筋の真上は空洞になっている場合が多いのでどちらかの斜面をトラバースしながら下る。出合いの沢は水量が少なく石の上を渡れた。林道に入りうす暗くなり始めた雪道を行く。橋ではなくコンクリート路面がそのまま川になった場所の傍でテント設営。斜面から雪が落ちた跡はないところだ。水は川から汲む。夜半過ぎから風も出てきて雪になったようだ。

3月20日　雪一時晴れ

林道のテントサイト【6：45発】‥‥研修センター・キャンプ場入り口【7：50着、輪カンジキを脱ぐ、8：00発】‥‥会津高原駅【8：50着、8：54発】🚃栃木駅🚃高崎駅🚅長野駅【14：14着、解散】

　朝起きても高見沢の体調に変化はない、よかった。時折地吹雪が吹く中を下る。この辺りは住友鉱業が戦後20年間ほど銅、鉛、亜鉛、硫化鉄を採掘したところだ。最盛期には2300人が生活し、学校もあった。その跡地が今は研修センターなのだろう。テントがひと張、2人の人がいる。ほかにトレースもない。研修センターから下ではちょうどタイヤドーザーが除雪作業中。駅に着くとすぐに列車があったので、留守本部への電話は栃木駅で入れた。3月27日に今回の事故反省会を開くことにし、長野駅で解散。

リーダー報告

　大きな事故を起こしてしまった。日常、遭対委員長として偉そうなことを言っているが恥ずかしい限りです。全く幸運にも大事に至らなかったがそれは結果に過ぎない。この雪堤はこのくらい山寄りに歩けば大丈夫と考えた結果、その判断が誤っていた訳だから、もっと用心深さ、謙虚さが必要だ。直前に宮尾さんから示唆があったように樹林の中の登山道沿いに降ればよかったが、歩きにくいのは避けたかった。落ちた時から止まるまでせいぜい30秒くらいだろう。雪で窒息して死ぬのかと思った。県連の事故例でも同じようなのがあったことを思い出し、家族のことを思ったり、こんなところで死ぬなんてばからしい、遭対委員長なのにとうとうやってしまった、死ぬとはこういうことか、下に岩場は、ブッシュは・・・いろいろ考える間も、ドスン、ドスンと体に衝撃があった。視界も定まらないうちに、呼吸確保だけはしようと思った。雪をかぶると窒息死が現実のものに感じられた。これは死ぬかも・・・そう思った。

　いったん視界が定まった。そのまま止まってほしいと思った。しかし再び滝のように落ちた。停まって、少し息苦しかった。顔の上の雪を払いのけ自由に呼吸できた時、死ななくて済んだと思った。

リーダー報告

　雪崩の危険を冒して下って、探しに来てくれた２人に感謝します。声の反応があった時、これで助かったと思った。岩場も大きな木もなく、崩落した雪の量も少なかったことが幸いしたと思う。12年前の堂津岳でも幸運にも軽傷で済んだ。こんな幸運が２度もあるのはどういうことか。もう登山をやめろということか。事故の後、下山しながら、あるいは車中であるいは家で何度も考えた。そして性懲りもなく、すぐ隣のルート（高土山〜山王峠）のプランを考えている。一層慎重にしないと三度目の幸運はないから。

今回の体験から言えること

1 樹林帯寄りを歩いたとはいえ、それでは不十分だった。雪庇の向こう側にブッシュが出ていても、それは曲げられた木の枝に過ぎないこと。

2 雪庇は、ひさしのように突き出した部分だけが落ちるのではなく、根元から崩落する。

3 雪崩に巻き込まれたとき、呼吸空間を確保する努力は必要だ。

4 雪崩に巻き込まれたとき、衣類は濡れて体温を奪う。雨具を着ていれば体温の損失で大きな差がある。

5 ピッケルは肩から取るほうがよい。両腕を少しでも自由にするために。

6 ナイフとホイッスルは首から下げ、胸のポケットに入れておくのがよい。一番とりやすい場所だから。

福島県と栃木県の県境
6 安ヶ森峠～荒海山

■期日／1996年12月30日～1997年1月1日　■メンバー／L:高見沢、SL:宮尾、M:小古井

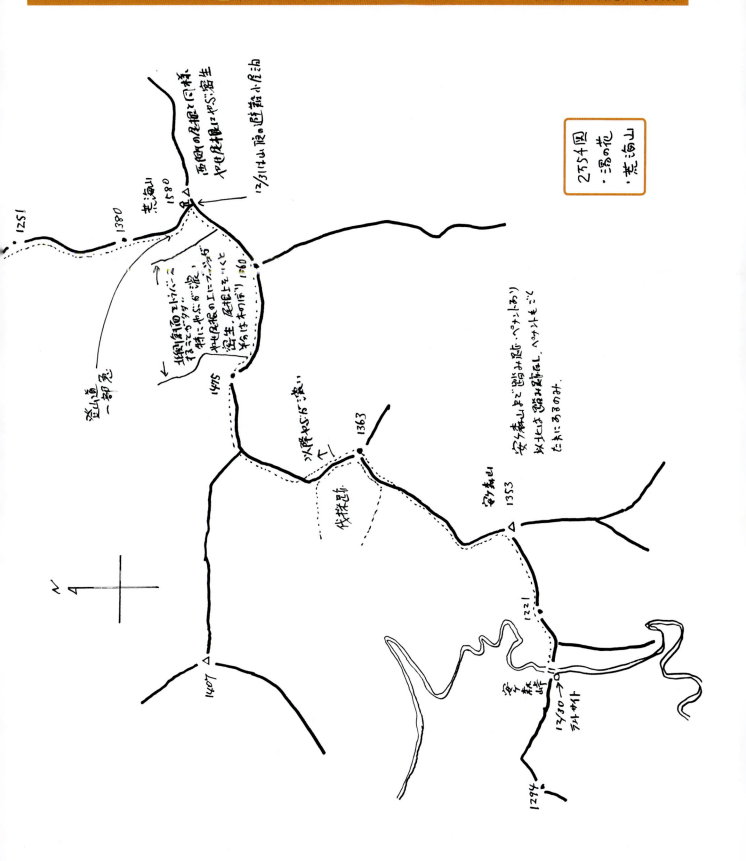

12月30日 快晴

長野駅【6：21発】・・・高崎駅【8：18着、8：35発】・・・栃木駅【10：09着、10：31発】・・・湯西川温泉駅【11：59着、12：20発】・・・判久ホテル前【12：50着発】・・・休憩3回・・・安ヶ森峠【15：50着、テント泊】

信越線、両毛線、東武線とつないで湯西川温泉駅着。この駅は地下駅だ。結構客が多い。休憩所前がバス停。タクシー2台が客を集めて湯西川温泉へ行ってしまうとほかに車はない。旅館の車が一人1000円で客を集めて白タクをやっている。結果的にはその白タクかタクシーに乗って林道を奥まで行ったほうがよかった。やむなくバスに乗車。判久ホテル前バス停で下車。このバス停は休むような場所ではないので、100mほど戻ったところから林道に入り、道の屈曲部にスペースがあったのでそこで休憩。（林道の入り口はバス停前の食堂の方に教えてもらった。）

雪が薄く積もった道を黙々と歩く。暖かくて5月のようだ。峠の少し手前にスペースがあったのでそこにテント設営。乾いた路面にテントを張ろうかという話もあったが、結果的にはそうしなくてよかった。16：30頃、湯西川温泉の方からジープが来て峠を越えて行ったからだ。まさかこんな時期に車が来るなんて。夕食後、小古井さんから「神々の指紋」の話を聞いた。

12月31日 快晴

安ヶ森峠【6：30発】・・・安ヶ森山【7：36着、7：50発】・・・標高1360mピーク手前のコル【8：47着、9：00発】・・・標高1480mピーク南側【10：05着、10：15発】・・・標高1475mピーク西端【11：25着、11：40発】・・・標高1530mピーク【12：35着、12：50発】・・・標高1560mピーク東側のコル【13：39着、14：00発】・・・山頂のすぐ西側の小ピーク【14：58着、15：10発】・・・荒海山【15：35着、避難小屋泊】

踏み跡から尾根筋に取りついた。スパッツだけ着用。ライトブルーのペナントがある。安ヶ森山頂近くはトレース不明瞭。安ヶ森山に来て初めて荒海山が見える。すぐ近くに見えるが、実はこれからが大変だった。しかも正面に見えるのは手前の1560mのピークで、本峰は隠れて見えない。トレースもほとんどなくなった。昼には荒海山に着くかもしれないという期待もあったが、それは「とらぬ狸の何とやら」だった。標高1360mピーク手前のコルあたりは明るい落葉樹林でまだいい。西側斜面は伐採跡が広がっている。標高1480mピークの南側からいよいよ藪が濃くなってきた。雪と藪でなかなか進めない。雪堤が発達している時期なら楽だろうが、1480mピーク付近はひときわ藪がひどい。途中から輪カンジキ着用。

とにかく黙々とラッセル、藪漕ぎしかない。尾根が広いうちはまだいい。やせ尾根にブッシュが密生したところは半分木登りだ。輪カンジキを履いたままの木登りはとてもできない。やせ尾根のコルで輪カンジキを脱ぎ、ブッシュに備える。積雪期にはブッシュにキノコ雪が出来て厄介な尾根に変わるだろう。

地図で見るより尾根は複雑で、小さなピークが4つほどあったように思う。再び輪カンジキ着用。北側斜面をトラバースすることにした。斜面は結構急で、しかもここもブッシュをくぐり、跨ぎ、押し付けたり曲げたり、力勝負だ。もっぱら小古井さんにトップを頼む。尾根上に戻るたびにブッシュに負けて北側斜面のトラバースを強いられる。1時間近くかけても、2万5千分の一図上で1.2～1.5cmしか進めない。山頂のすぐ西側の小ピークあたりでようやく比較的トラバースしやすい斜面に入り、ここを斜上して尾根上に出た。山頂はすぐそこだが、一休みだ。夏道なら5分とかからないところだが、あとは尾根の上を行ける。とにかくまず休みたい。

荒海山頂にようやく到着。石碑と看板がある小さな山頂だが、展望は確かにいい。東端の三角点ピークまで行って、明日のルートを目視する。今日と同じようなやせ尾根がすぐ先に見える。それから先は普通の尾根らしいが、遠くの方は良く見えない。山頂のすぐ北側に小屋がある。3人用テントを中に張って一息入れる。スペースはちょうどいっぱいだ。3人とも膝から

下は靴の中までグショ濡れ。16時の天気図を取ると、明日から天気は崩れるとのこと。今日の様子、明日行く予定の尾根、雪の状況、気温などを考えて明日は下山と決定。紅白歌合戦のラジオ放送を聞いて9時ころ就寝。外は快晴、村の灯も見える。

1月1日 快晴

荒海山【7:10発】……休憩1回……下降点【9:30着、9:45発】……休憩1回……会津高原駅【12:07着、12:47発】🚌栃木駅【14:47着、15:02発】🚌高崎駅【16:30着、16:39発】🚄長野駅【18:23着、解散】

　4時半過ぎに起床。平らな床の上は落ち着ける。静かな夜だった。出発の準備をしてから、山頂で初日の出を迎えた。6時55分、霞のような雲海の中から日が登ってきた。ほかには誰もいない穏やかな初日だ。会津駒ヶ岳や燧ケ岳が真っ白だ。

　今日はオーバーヤッケ上下と輪カンジキを着用して下山開始。ブッシュと樹林の中の道だ。一部急なところもあるが、丁寧に下ればいい。2ピッチ目で、登ってくる2人パーティーに会った。日帰りだそうだ。今朝こぼしてしまった白ガスをふき取ったテイッシュをドアの外に置き忘れてきたので、その回収をお願いした。輪カンジキは外した。

　下降点からは沢沿いに降る。少し荒れたところもあるが、滑らないように気を付けて行けばいい。下の沢に着くとすぐに大きな堰堤があり、そこまで林道が来ている。スキーのトレースもある。途中から車の轍も現れてきた。鉱山跡まで来ると車が2台停まっていた。

両方とも福島ナンバー、この車が先ほどの2人のものだろう。林道を黙々と歩いて、エスケープルートに予定していた尾根の対岸あたりで休憩。県境尾根がすぐそこに見える。ルート観察をすると、1273mピークからの尾根は急だし、下部は砂防ダムの湛水地だからルートとしては不可だ。高圧送電線鉄塔のある尾根の方がよさそうだ。

　袋口集落の中を通ると、郵便配達のアルバイトらしい人が年賀状を配っていた。今頃長野でもそうだろう。会津高原駅では中国系らしい若者グループがいたが、観光旅行らしい。全く言葉が分からない。列車を乗り継いで長野へ。途中、高崎駅でも、働きに来ているらしい東南アジア系の男が10人くらい乗ってきて、上田で降りた。こちらも全く言葉はわからない。信越線は結構混んでいて、軽井沢、小諸でようやく座れた。長野駅で解散。

　県境をトレースするという点では4分の1くらいしか達成できなかった。藪が思ったよりひどかったこと、雪が腐って濡れてきたこと、1月1日は気温が高く、2日から冬型になること、などから途中下山した。雪の多い3月から4月の方が適期と思うので改めてプランしたい。ただし、荒海山の東と西の尾根は痩せておりその上にブッシュがあるのでキノコ雪になりやすいと思う。そうなるとなかなか手ごわくなる。標高の低い山なので登山適期を研究して計画すべきだろう。3日間とも好天で、初日の出も良かった。藪漕ぎはきつかったが雨も雪も降らず助かった。

7 福島県と栃木県の県境
安ヶ森峠〜帝釈山

■期日／2000年5月3日〜6日　■メンバー／L:高見沢、SL:宮尾、M:笠井、小古井

5月3日 晴れのち曇り、一時小雨

長野駅【6:43発】……大宮……栗橋……板倉東洋大前……湯西川温泉駅【11:02着、11:10発】……安が森峠【11:50着、12:20発】……コル【13:35着、13:45発】……1398mピークの手前【14:45着、15:00発】……1370mあたり【15:50着、テント泊】

　板倉東洋大前駅で快速に乗り換えた。昨年ほどの混雑ではないが、ずっと立ちっぱなし。最後の30分くらいは座れた。湯西川温泉駅は地下ホーム。階段を上がったところが改札口、ここで栗橋からの料金を払った。予約しておいたタクシーに乗車。途中で「霊水」をポリタンクに入れた。「タクシーでいけるところまで・・・」のつもりが結局安が森峠まで入れた。福島県側からも車が来ており、通行可能だった。福島県側は厚い雲、関東側は晴れ間ものぞく。

　峠から1294mピークあたりまで踏み跡がはっきりしていた。1398mピークとのコル近くになって小屋跡があった。細貝さん（注）が泊まったという炭焼小屋かもしれない。その後次第に藪が深くなった。1398mピークの肩は雪堤。雨が降り出した。明日の行程が長いので今日中にできるだけ進むことにする。しかし1370mあたりで下降すべき方向がはっきりしなくなった。地形的に分かりにくいうえに、ガスで視界が利かないためだ。予定より早いが雪堤上にテントを張った。この新しいテント(スタードーム)は明るくて快適だ。

5月4日 曇り一時晴れ間、時々小雨

テントサイト【5:35発】……1200mコルの手前【6:10着、6:25発】……コルを過ぎて1269mあたりの台地【6:50着、7:10発】……1560mピークの西のコル【8:07着、8:20発】……1692mピークの西のコル【9:07着、9:20発】……枯木山の南の肩【9:35着、9:40発】……枯木山【9:55着、10:00発】……枯木山の南の肩【10:15着、10:30発】……1706mピークの東のコル【11:25着、11:40発】……1662mピーク【12:16着、12:30発】……1663ピーク東側【13:30着、13:47発】……田代林道【14:25着、テント泊】

①2日目。テントサイトから今日これから向かう枯木山方向の尾根筋を望む

　天候は曇り。しかし展望は利く。樹林が邪魔で正確な方向は読めないが、大まかにはわかる。雪堤を降り、笹藪に入った。下りながらルートを修正して、細い尾根に着いた。栃木側は崖になっているが、会津側は樹林なのでその樹林の中を行く。時折陽も射す。

　1200mのコル付近は深い竹藪。今回の山行中一番の藪だった。しかしすぐに1250mの台地に出た。以降は雪上のルートである。ここからピッケルを使う。雪庇に気を付けながら雪の尾根を一気に登る。会津側からは冷たい風が来る。尾根の北側を行く部分では一部急斜面もある。

　枯木山の南の肩は広くない。ザックを置いて山頂往復。途中には広いところもある。

　南の肩からは尾根の笹藪の中を行く。道があるわけではないが、丈が短いので歩きやすい。1706mピーク

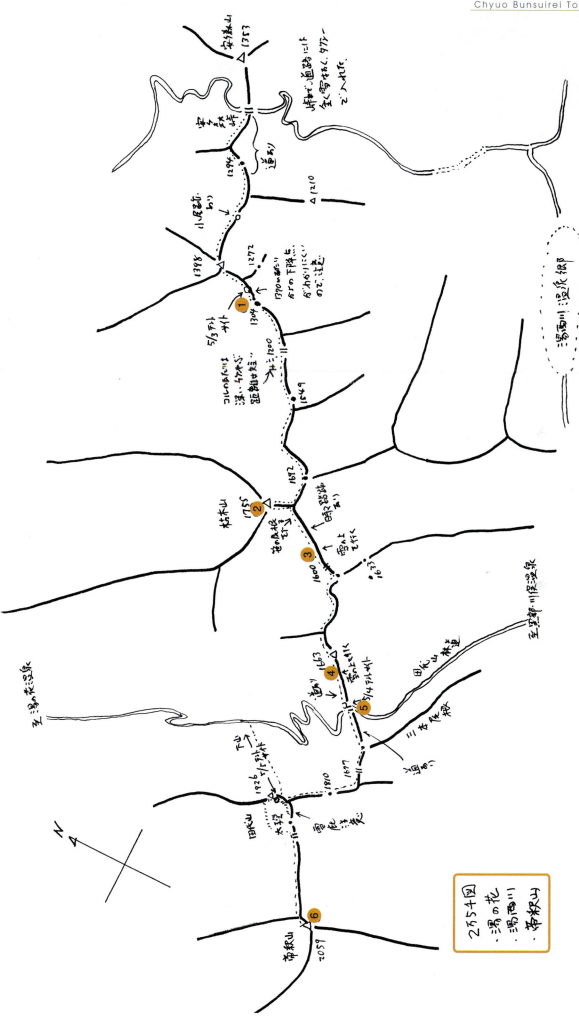

②枯木山山頂

までの部分では時々道があった。古い道らしい。1662mピークまでは明るく広い雪の尾根。真に春山らしい気分になった。雪堤と藪を交互にたどる。藪は笹の丈も短く、薄い。田代林道近くになると刈り払いされた道があった。天候がよくないので、少し早いがこの林道にテントを張る。夕方から晴れ間が広がり、快晴になった。田代山からの下山ルートを観察・研究し、登山道より少し北側の尾根が第1候補になった。

③雪堤を行く。快適な稜線だ

④左手前方には林道の峠が近づき、右手奥には田代山

5月5日 快晴

テントサイト【5:55発】・・・🥾・・・三本尾根の頭【6:40着、7:00発】・・・🥾・・・田代山南のコル【7:52着、8:15発】・・・🥾・・・田代山【8:40着】・・・🥾・・・テント設営【9:20終了】・・・🥾・・・帝釈山【10:40着、11:10発】・・・🥾・・・田代山避難小屋・弘法大師堂【12:00着、12:15発】・・・🥾・・・テントサイト【12:35着、テント泊】⛺

⑤3日目の朝、テントサイトにした林道の峠。田代山がくっきり

　林道からは尾根沿いに登山道がある。時々雪堤に隠されるが、これを辿って思ったより早く三本尾根の頭に着いた。4年前に尾瀬の方から縦走してきたときには歩きにくく藪だったが、その時はこの道を外れてしまったのだろうか。田代山の台地に出る直前は急斜面だ。慎重にキックステップを切る。
　湿原は雪の原。下山口付近の樹林の中にテントを張った。1人分のトレースが登ってきて、下っている。昨日か今朝通ったものらしい。テント設営後、ザック1つだけで帝釈山へ。山頂は雪稜で南側はすごい急斜面だ。4年前に比べ明らかに雪が多い。展望は申し分ない。目の前には会津駒ケ岳の長大な白い姿がある。那須岳の噴煙も確認できる。

⑥帝釈山山頂

　テントに戻って、シュラフ、靴、靴下、スパッツを

木にかけて乾かす。快晴無風。ほかに誰もいない静かな雪原。テントの中でゴロゴロしたり、あたりを歩いたり、春山を久しぶりに味わった。夕方6時半近く、越後三山の中ノ岳の北に沈む夕陽を見届けてからテントに入った。

5月6日 快晴のち曇り

テントサイト【5:30発】・・林道【6:15着、6:25発】・・湯の花温泉【9:30着、10:30発】🚗会津高原駅【10:55着、11:48発】🚃栃木🚃高崎🚃長野駅【17:05着、解散】

小田代までは登山道のある尾根を下る。そこからは一昨日研究した尾根を下る。雪があるので快適に下れる。林道に出たところでアイゼンを脱ぎ、後は長い林道歩き。4年前に比べこの辺りは雪が少ない。山菜取りや釣り人が入ってきている。4年前、雨の中を下った時とだいぶ違う。

水引の集落では水引清水で水を飲む。ポリタンクに汲んでいたおじさんがいた。大宮ナンバーの車だったから、この地域出身の方かもしれない。湯の花温泉に着いたときちょうど会津高原駅行きのバスが出るところだった。温泉に入りたかったし、すぐに次のバスがあるものと思って乗らなかった。しかしバスは午後までなし。結局タクシーを手配した。それから風呂に入りビールで乾杯。飲みきらないうちにタクシーが来てしまった。会津高原に着いた頃すっかり酔いが回ってしまい、料金メーターを読み間違えてしまった。運転手さんからあと1000円といわれて気づいた。恥ずかしい限りだ。

会津高原駅で留守本部へ連絡。一路長野へ。

これで会津方面は山王峠〜男鹿岳を残すだけになった。ゆっくり楽しみながら歩きたい。藪は思ったほどではなかった。雪堤もしっかり残っており歩きやすかった。3日目は申し分ない好天に恵まれ、春山を久しぶりに満喫できた。若い2人に比べ遅れがちになったがそれほど無様なことにならなくてよかった。冬から体力づくりに努めてきた結果だと思う。

＊細貝さん（注）細貝栄さん。
1974年5月19日〜6月21日に那須岳〜谷川岳〜浅間山の県境尾根単独縦走を行った。山岳雑誌「岳人」1976年5月号に「孤独の縦走280キロ」として記録が掲載された。私もこの記録を読み、一気にはできないが小刻みに同じルートを歩いてみようと思ったのがそもそもの始まりである。それが中央分水嶺トレースに発展した。藪漕ぎのグレードについては、この細貝さんの記録によることがほかの山行記録でも見られる。私にとっても藪漕ぎの先達である。

8 帝釈山脈縦走
大清水～帝釈山

■期日／1996年5月2日～5日　■メンバー／L:高見沢、SL:前島、M:笠井、ほか1名

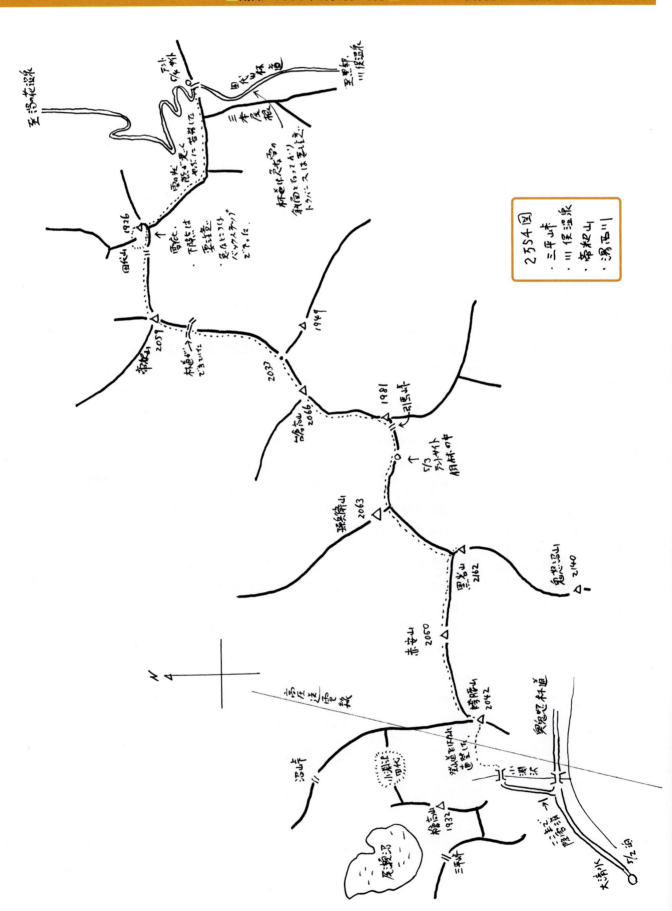

中央分水嶺登山
Chyuo Bunsuirei Tozan

5月2日 雨のち晴れ

長野駅【17：18発】🚄→高崎駅【19：12着、19：32発】🚄→沼田駅【20：18着、20：45発】🚕→大清水【21：50着、テント泊】⛺

　あさま32号は先行車両の遅れのため、10分遅れで発車。高崎駅で上越線に乗り換え。谷川岳へでも行くのか登山者の姿もあり、意外に混んでいる。立ち蕎麦、おにぎり、弁当でそれぞれ夕食とする。沼田駅では小雨。長野より天候の回復が遅いようだ。駅前のタクシーに乗って大清水へ向かう。このころには雨は上がり、月が出ている。タクシー代17,180円。大清水に着き、休憩所の軒下にテントを張る。ほかにも1パーティーがすぐそばにテントを張った。雨は上がり星も見える。夜間、車の到着が頻繁。朝見ると、2か所の駐車場に計70～80台が来ていた。

5月3日 快晴

大清水【5：20発】🥾→小淵沢田代への林道入り口【6：05着、6：20発】🥾→小淵沢田代入り口【7：20着、7：30発】🥾→袴腰山【9：25着、9：40発】🥾→赤安山【11：10着、11：20発】🥾→黒岩山【13：15着、13：38発】🥾→孫兵衛山(東峰)【15：20着、15：30発】🥾→孫兵衛の東1キロくらい・1915mピークの手前【15：55着、テント泊】⛺

　4：20起床。快晴。除雪された道を約1時間で小淵沢田代への分岐まで行く。そこまでで除雪はおしまい。林道を北上し橋を渡って間もなく小淵沢田代入り口の標識があった。途中でテントのフレームが落ちていたが、そのまま置いてきた。

　小淵沢田代入り口からは林道を離れるので、ここからアイゼン着用。後ろから中年男女の2人パーティーが来た。夏道はわからないので、地図を見ながらルートを検討した結果、袴腰山へ直登することにした。沢状の部分の方がコースを読みやすいので、そうした地形を狙ってほぼ直登。山頂の展望は言うまでもない。この辺りの山は針葉樹に覆われているからスキーで滑るにはあまり向かないかもしれない。歩くならいいが。黒岩山を往復。山頂は三角点と周りの岩が露出していた。地図ではわからなかったが小さな岩峰があったり急な下りがあったりで、あまり素直な山ではない。

　今日中に引馬峠まで行きたいと思っていたが、足取りが鈍くなってきた。「前島、高見沢は孫兵衛の三角点を往復し、その間に笠井他1名が先行してテント設営」という行動をいったんは決めたが、孫兵衛の頂稜は樹林が密で往復の気力もそがれてしまった。結局、4人一緒に先へ進むこととし、孫兵衛の三角点はあきらめた。北側の斜面に入ると雪が柔らかく足が深く埋まり歩きにくい。樹林の中の雪は十分には締まっていないようだ。

　引馬峠まではいけないが、天気図の都合もあるのでテントを設営。展望がないのが惜しいが、広いコル状の地形のところでテントサイトには申し分ない。16時の天気図では明日から下り坂。野菜たっぷりの夕食で満腹。餃子鍋が好評だった。夜間は風もなく暖かい。田代山からの下降は視界が利かないと危ないので、明日昼までにはそこを下ってしまいたい。

5月4日 曇り

テントサイト【4：40発】🥾→1981mピーク【5：20着、5：30発】🥾→台倉高山【7：07着、7：22発】🥾→2033mピーク【8：10着、8：20発】🥾→コルから少し上がった地点【9：07着、9：20発】🥾→帝釈山【10：05着、10：25発】🥾→田代山手前のコル【13：15着、13：30発】🥾→三本尾根の頭【14：02着、14：15発】🥾→田代山林道【15：10着、テント泊】⛺

できるだけ早く出発したいので、3時起床。期待していたほどには雪が締まっておらず、樹林の中の歩きは大変かもしれない。最初の1981mのピークに立つ。昨日まではるかに遠かった帝釈山も次第に近くなってきた。しかし、やはり樹林帯の中の雪は締まっておらず歩きにくい。台倉山は今日2つ目の大きな登り。途中1回休んで登り終えほっとする。すぐ北側には同じくらいの高さのピークがある。真っ白なピラミッドのようだ。先を急ぎたいのでこれはトラバースする。
　いよいよ帝釈山が目の前になった。と、手前のコルには立派な林道があった。雪が消えて一部は路面が出ている。桧枝岐村と栗山村を結ぶものだが、ここまで作る必要があるのだろうか。ここに道があるなら帝釈山も平凡な山になってしまった。コルから少し上がったところで休憩し、後は一気に山頂へ。山頂に立つと、西側正面に会津駒ヶ岳の真っ白で長大な尾根がでんと構えていた。曇り始めたが展望は十分利く。これから向かう枯木山、荒海山、那須連山、高原山、今まで全く意識したことのない山々だが、興味が湧く。日光の山はひときわ高くそびえている。やはりこの辺りでは大きい。男体山、女峰山、太郎山、白根山などひときわ高い。昨日までの尾根を振り返る。ずーっと樹林におおわれている。越後の山とは違う。天気は今日1日くらい持ちそうだ。下降地点のことは天候的には心配なくなった。
　田代山頂の小屋は屋根だけでていた。広い雪原に出たところで頂上台地の南側の縁を進む。下降地点を見つけるためだ。しかし灌木の中では雪が薄く、ズボッと沈んでしまい歩きにくい。幸いにも下降点のところは雪庇もなくすぐに分かった。気を付けてバッククライムダウンで下った。下りきったところで一息。曇り空がだんだん暗くなってきた。
　1750mくらいから下になると雪が薄くやわらかくなってきた。雪堤も途切れがちになり、やむなく藪の中を歩くので体力の消耗が激しい。だいぶバテてきた。三本尾根の頭からは下りのみ、30分で着くだろうと思っていたが、藪と不安定な雪のため思いのほか手間取ってしまった。藪の中でアイゼンを外す。
　やっとの思いで林道到着。バテ具合や明日の天候のことを考えると安ヶ森までは無理だろう。今日中にあと2キロほど先のコルまで行こうと考えていたが、ここでテント設営とする。法面から石が落ちてこないところを選び、路上に設営。南へ続く林道は雪の急斜面のトラバースが必要で、下山ルートとしてはちょっと嫌な感じ。明日の行動をどうするか、意見を出し合ったが、結局明朝の天気を見てから決めることになった。16時の天気図、19時の天気予報いずれも雨の確率100％。急ぐことはないので5時起床に決めた。

5月5日　雪のち雨、のち晴れ

テントサイト【7:30発】→水引【10:30着、10:40発】→湯の花温泉【11:10着、12:30発】→会津高原駅【13:00着、13:52発】→栃木→高崎→篠ノ井→長野駅【19:49着】

　朝から雨。視界は50m。やがて雪に変わった。朝食を済ませてから行動を決めることにし、まず腹ごしらえ。地図で調べた結果、林道を北へ下って、水引の集落へ出るのが一番近くて安全だろうとなった。まるで冬山のような降雪の中、林道を下る。屈曲部はショートカットし、ひたすら歩く。土砂崩れのところもあったが普通に通れた。水引の集落近くになって釣り人のテントと車があった。水引ではビニールシートを張った駐車場をお借りして雨宿り。湯の花温泉でタクシーを予約。その間に温泉に入った。雨に濡れた体には熱いくらいだ。会津高原駅で腹ごしらえ、留守本部へ電話。後は列車を乗り継いで長野へ。関東平野の新緑が目にしみる。青空は広がったものの、日光や上州の山は雲をかぶったままだった。

リーダー報告

　天候が悪くなったため下山せざるを得なかったが、不完全燃焼の感じがあります。一定の力量のそろったメンバーですので、リーダーとしては自分自身の体力だけ考えておけばよかったので気は楽でした。それでも結局バテてしまい体力の差を改めて感じました。春浅い奥会津の山里は初めてみました。那須までの山並みが一層親しく思えるようになりました。

尾瀬
9 大清水〜鬼怒沼〜尾瀬沼〜大清水

■期日／1996年10月10日〜13日　■メンバー／L:高見沢、SL:宮尾、M:小古井、ほか1名

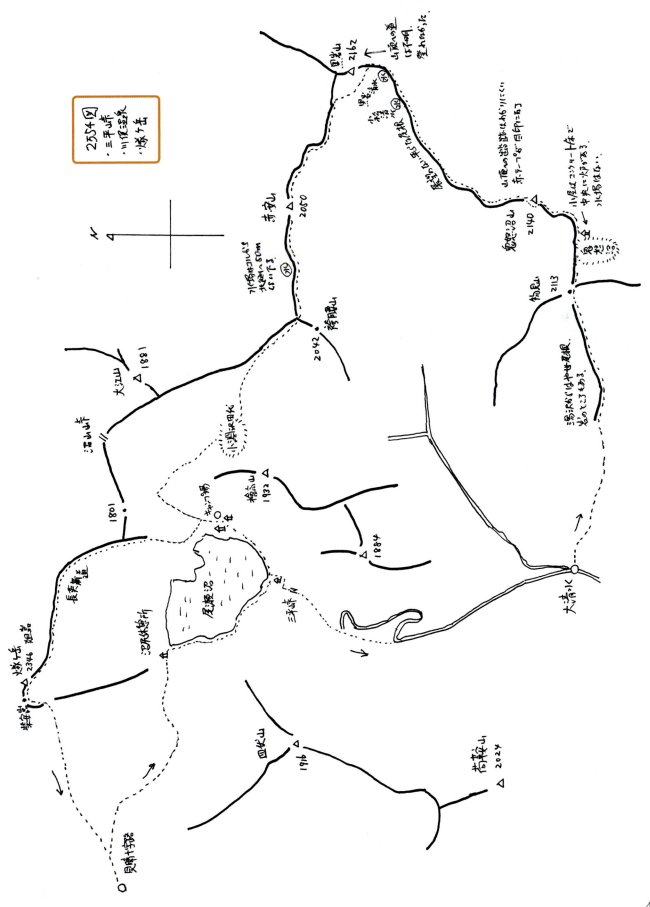

10月10日 快晴

長野市【5：15発】🚌 須坂駅【5：25着、5：30発】🚗 T宅【5：40着、5：45発】🚗 群馬県高山村【8：00着、給油】🚗 大清水【9：35着、10：00発】👢 湯沢【10：55着、11：05発】👢 休憩2回 👢 物見山【14：18着、14：25発】👢 避難小屋【14：50着、避難小屋泊】

　須坂市のT宅で合流。留守本部を頼んであったUさんがちょうど新聞配達に来たので、出発を見送ってもらった。途中、給油をしたり、運転を交替しながら大清水着。休憩所近くの駐車場は満杯。少し戻って河川敷に駐車した。ヘリコプターも駐機してある広いところだ。指導標識を確認してから出発。湯沢で水を補給。4人で合計12ℓほどを持った。

　物見山へ登る尾根は予想通りやせていて、雪が着いたら下りはいやらしいところだが、登る分にはこの時期なら問題はない。標高1950mくらいで休憩していたら、中年夫婦が下ってきた。この先も道は悪そうだ。

鎖場はないが、岩のところもある。さらに小休憩を2回取って物見山到着。落葉しているので北側はある程度展望がある。

　避難小屋への道が分からなくなり、結局元に戻って湿原側から小屋に到着。ほかに同泊者はカメラ撮影に来た55歳の方一人。夕方に若い2人が来たがこちらは外にテントを張った。小屋の中はコンクリート床で窓はない。中央に炉があるため4人用テントは張れない。2〜3人用が限度だ。テントとツエルトを敷き、そのうえでシュラフに入った。暖かくて静かな夜だ。

10月11日 朝のうちガス、のち晴れ

避難小屋【6：40発】👢 鬼怒沼山【7：15着、7：20発】👢 休憩1回 👢 小松清水【8：45着、9：00発】👢 分岐【9：38着、10：15発】👢 赤安山とのコル付近【10：48着、11：00発】👢 赤安清水【12：05着、12：30発】👢 休憩【13：25着、13：40発】👢 尾瀬沼キャンプ場【14：40着、テント泊】⛺

　小屋から北へ行く道に入ると、登山道に出た。ガスに包まれているが、晴れてきそうな気配だ。鬼怒沼山頂への道はわかりにくい。テープペナントが所々にある程度だ。最低鞍部を過ぎたところで休憩。展望はない。この先もずっとこんな調子だった。アップダウンのない尾根をただ歩く。

　小松湿原は樹林の中。少し離れたところにテント場になりそうなところがあった。湿原らしきものはないし、展望もない。黒岩清水を過ぎ「黒岩山」という標識があった。ここが田代山方面への分岐点である。ザックを置いて、黒岩山頂を往復すべく右側の踏み跡に入るが、水平方向にかすかな道らしきものが続くだけで、一向に山頂に着かない。東側をかなり回り込んでも様子は変わらず、むしろ踏み跡は心細くなった。山頂をあきらめ、分岐へ戻った。藪が濃いので山頂はあきらめる。今度は縦走路に従って黒岩山の西斜面を進む。ガイドブックには展望の良い露岩があるというが、い

つまでたっても出てこない。結局、樹林の中、赤安山とのコル近くで休憩。

　赤安山の登りになると、帝釈山や黒岩山の展望があるが、それも一時のみ、再び樹林の中に入った。赤安清水には一人の登山者が休憩中。水場は北側の急斜面を50mくらい下る。袴腰山の北側を巻いて台地上のところに出ると、樹林というより笹が多くなり、明るくなった。送電線下を通って大清水へ下る道を過ぎたところで休憩。歩き始めて間もなく小淵沢田代に着いた。ほかに登山者の姿はない。木道も荒れている。休むところもないのでそのまま大江湿原へ下る。大江湿原に入った途端、大勢のハイカーがいた。

　尾瀬沼キャンプ場は空いていた。アルコール類を適宜買ってきて、今日の疲れをいやす。予報では降水確率70％と言っているが、天気図を書いてみるとそんなに悪くない。期待したい。

中央分水嶺登山
Chyuo Bunsuirei Tozan

10月12日 快晴

尾瀬沼キャンプ場【6:00発】→休憩【7:00着、7:10発】→ミノブチ岳【8:00着、8:15発】→俎嵓【8:30着、8:45発】→柴安嵓【9:00着、9:10発】→休憩【10:00着、10:15発】→見晴らし十字路【11:10着、12:00発】→沼尻【13:20着、13:45発】→三平峠下【14:40着、14:48発】→キャンプ場【15:10着、テント泊】

　快晴だ。長英新道を登るが、ぬかるみが多く歩きにくい。ミノブチ岳からの展望は申し分ない。日光の山々が朝日の中、シルエットになってよく見える。しかし西や南の方はすでに雲の中に沈んでいて上州武尊山は山頂しか見えない。

　俎嵓山頂で行動予定を変更し、見晴らし新道を下り尾瀬ヶ原を見てから尾瀬沼に戻ることにする。時間は十分あるし、メンバーの希望もあって遠回りすることにした。柴安嵓に着くころには尾瀬ヶ原は雲の下になり、平ヶ岳も半分雲をかぶってしまった。ちょうど下から来た人たちのラッシュに遭って、みるみる山頂は人で埋まって行く。

　見晴らし新道の急坂を下る。沢状の地形を下るが水はない。展望は全くない。今自分がどこらあたりにいるのか見当をつけるのも難しい。やがてブナ林に入った。黄葉が見事だ。今回の縦走で見た最高の黄葉だ。曇り空なのが残念だが、やはりブナ林は明るくていい。見晴らし十字路では大勢のハイカーに交じってベンチでゆっくり休む。ここから尾瀬沼まで200mの標高差がある。半分くらいは木道で、登山者も多い。沼尻に着くころには再び天気は良くなった。真正面にナデッ窪、その上に燧ケ岳がそびえる。沼尻の休憩所もにぎやかだ。池の南岸を回ってキャンプ場に戻る。湖面を眺めながらゆっくり歩く。木道の下の流れに5センチくらいのイワナが見える。生態に詳しいTさんの話になるほどと頷くことしきりだった。

　18時ころから雨。何もすることがないので19時に就寝。

10月13日 曇りのち晴れ

キャンプ場【6:30発】→三平峠【7:05着、7:10発】→三平橋【7:58着、8:10発】→大清水【9:00着、9:16発】→昼食【11:15着、11:45発】→須坂市【14:20着、14:25発】

　朝、雨は上がっていた。曇り空だが大丈夫そうだ。晴れ間が少しずつ広がって行く。三平峠から下り始めて間もなく、展望が広がった。ブナの黄葉がいい。秋晴れの空の下、山々の黄葉を眺めながら一路長野へ。

リーダー報告

　尾瀬はやっぱりいい。ブナの黄葉も良かった。天気はまずまずで時間的にもゆとりがあったので、秋を満喫できたと思う。新人向けにも尾瀬はいいだろう。柴安嵓から見晴らし十字路へ下ったのは計画外の行動である。時間、体調、天候、意欲いずれもそろっていたので足を延ばした。最初から計画して置いても良かった。

私が使った地図である。右下の部分は尾瀬ヶ原。利根川の最北端流域の山並みが中央分水嶺で、越後三山の近くまで北上するが、少し手前の大水上山で反転して南へ向かう。越後三山周辺は晩秋初冬や残雪期に何回も通った。雪の状態が悪くて、入口で引き返したこともある。

ルート No.10〜21

尾瀬〜白砂山

Oze
Shirasunayama

尾瀬
10 至仏山、アヤメ平、尾瀬沼、燧ヶ岳

■期日／2018年8月17日～19日　■メンバー／L:高見沢、SL:宮尾、M:峯村

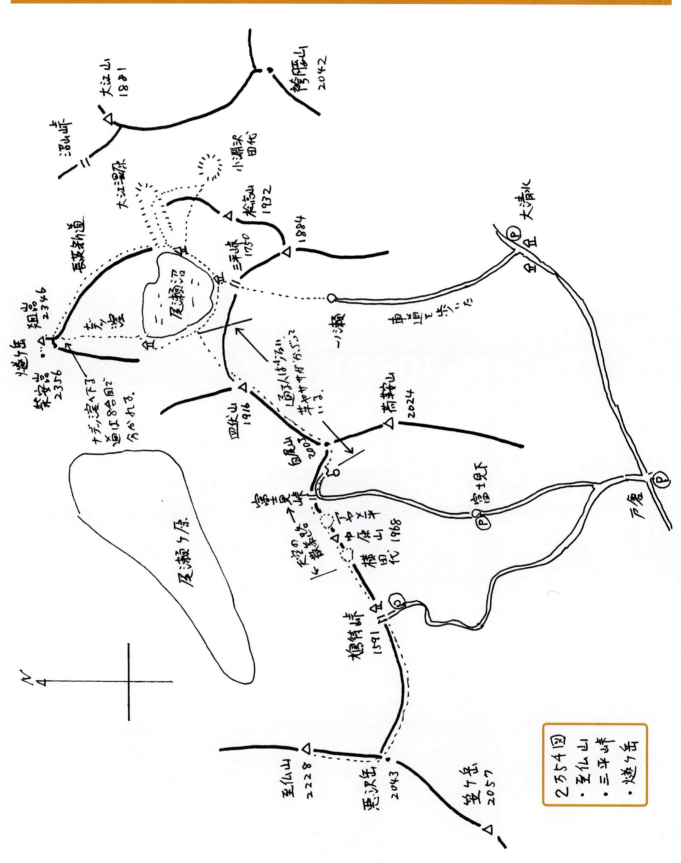

中央分水嶺登山
Chyuo Bunsuirei Tozan

8月17日 晴のち雨

長野市【5：40発】🚗 須坂、鳥居峠経由 🚗 戸倉【9：45着、シャトルタクシー、9：57発】🚐 鳩待峠【10：17着、10：30発】👢 休憩1回 👢 至仏山【13：30着、13：40発】👢 小至仏山【14：20着、14：30発】👢 休憩1回 👢 鳩待山荘【16：10着、泊】

戸倉の駐車場に車を入れる。バスもタクシーも１人当たり料金は同じ。乗合いの大型タクシーは客がいっぱいになると随時出発し、次々と鳩待峠に向かう。非常に効率的だ。(この時期は平日ならマイカーも鳩待峠へ行ける。土日はマイカー規制あり。ハイシーズンは平日もマイカー規制あり。) 小屋は宿泊者を受け入れる準備ができていないので、到着したことだけ告げて、至仏山に向かう。雲は多いが晴れ間もあり、好天を期待していく。しかし登るにつれて雨模様になって

きた。

蛇紋岩の滑りやすい道、雨で、ヌルヌル、ツルツル。稜線は風も強く、もちろん展望もない。全く期待外れになってしまった。峠に戻ると雨は降っていないが、山頂は依然として雲の中。小屋に入ってからは雨が降ってきた。小屋は私たちのほかに男性１名の宿泊のみ。かつての鳩待峠のにぎわいがうそのようだ。平日とはいえ少々さみしい。

8月18日 快晴

鳩待山荘【7：05発】👢 休憩1回 👢 アヤメ平【9：10着、9：30発】👢 富士見小屋【9：45着、10：05発】👢 休憩2回 👢 皿伏山【12：37通過】👢 大清水平【13：20通過】👢 尾瀬沼周回路【13：37着】👢 尾瀬沼山荘【13：55着、14：10発】👢 長蔵小屋【14：30着、14：45発】👢 小淵沢田代【15：30着、15：45発】👢 長蔵小屋【16：45着、泊】

朝から快晴。小屋の脇から登山道に入り、アヤメ平へ。途中の横田代から始まる展望と草原がとてもいい。ちょうどいいくらいの風もあり、尾瀬のもう一つの魅力だ。富士山をはじめ、青い山並みが一望。かつて裸地化してしまったアヤメ平も地道な復元努力のおかげでほぼ回復している。尾瀬沼、尾瀬ヶ原と並ぶ散策ポイントだと思う。

近くにある富士見小屋は閉鎖されて久しい。建物は痛み、登山者の減少の象徴のようだ。富士見峠下から歩いてきたという登山者に聞いたら、小屋の親父さんも年を取ったからねえ、とのこと。かつてを知る方のようだった。小屋からマイクロウエーブ反射施設までは車道があるが、こちらへ来る人はほとんどいない。小屋から尾瀬ヶ原へ下るのが普通のようだ。マイクロウエーブから東の道は、歩く人が少なく、草や笹に覆われ始めている。展望もないし歩く魅力には乏しい。尾瀬沼までの間で会ったのは女性２人組のみ。道も荒

れていて誰にも会わないだろうと思っていたから少々意外だった。

長蔵小屋で宿泊の手続きをしてから、小淵沢田代へ。当初の計画に入っていなかったが、時間があるし、より中央分水嶺に近いコースをトレースしたいと思い、昨日決めておいた。

小淵沢田代は中央分水嶺の真上にある。南と北に緩やかに傾斜していて、中央に池塘があり、おそらくその水は、南は利根川水系へ、北は尾瀬沼から只見川を経て阿賀野川へ。中央分水嶺はこれから西へ、檜高山、1884m 三角点、三平峠と続くが、この間は道もないし、雪のある時期に歩くのもつらいので、分水嶺もここは幅を持って考えることにしている。

大江湿原を通って長蔵小屋へ。大江湿原を守るように鹿柵が作られている。これも新しい変化だ。小屋のよく手入れされた木の床と階段、良き時代のままだ。

47

8月19日 快晴

長蔵小屋【6：40発】・・・休憩2回・・・俎嵓【9：27着、9：35発】・・・柴安嵓【9：52着、10：15発】・・・俎嵓【10：30着、10：35発】・・・沼尻休憩所【12：04着、12：17発】・・・三平峠【13：30着、13：40発】・・・一ノ瀬【14：30通過】・・・大清水【15：10着、15：50発】🚌戸倉【16：05着、16：15発】🚗道の駅八ッ場ふるさと館で休憩🚗長野市【20：20着、解散】

今日はハードワークだ。最新の地図情報では燧ヶ岳往復で予定より2時間かかりそうだからだ。しかし、気合を入れて歩いたおかげか、ほぼ当初予定時間で登れた。問題は下降時に起きた。8合目でナデッ窪へ下る道を高見沢が勘違いし、ミノブチ岳まで行ってしまったために宮尾さんと離れ離れになってしまった。ナデッ窪を先に降る格好になってしまった宮尾さんを追って、滑りやすい岩の道を峯村さんと2人、下に向かって声をかけ笛を吹き、登ってきた人に宮尾さんのことを聞きながら、ひたすら降った。宮尾さんも先行していた2人を追って遅れまいと急いだことだろう。追いつくのは容易ではない。様子を知った足の速い登山者が、宮尾さんに事情を話してくれ、12時少し前にようやく追いついた。

高見沢が下降点を勘違いしていたことのほか、狭い登山道でほかの登山者グループの間に分かれて入ってしまい、間隔をあけてしまったことを反省している。

ともかく合流でき、沼尻の休憩所で一休み。隣は韓国からの登山者グループだった。時代は変わってきた。後は一路大清水へ。一ノ瀬からはシャトルタクシーがあったが、乗らずに歩いた。大清水は宿泊小屋が1軒と観光案内所が開いているのみ。車も登山者もかつてと大違いだ。さびしい気もするが、かつての大にぎわいが異常だったというべきなのだろう。

帰路、休憩で八つ場ダムの建設地で道の駅へ。ここも大きく変わりつつある。

リーダー報告

好天に恵まれ、当面の分水嶺歩きの最後のパーツが出来ました。お付き合いいただいた2人に感謝します。22年ぶりの尾瀬はかつてとだいぶ変わっていた。でもやはり尾瀬はいい。高い山に登らなくてもいい山歩きができる。オーバーユースの時代から落ち着いた利用の時代になったのかもしれない。

中央分水嶺登山
Chyuo Bunsuirei Tozan

越後三山〜尾瀬
11 中ノ岳〜平ヶ岳〜至仏山〜笠ヶ岳

■期日／1995年5月2日〜6日　■メンバー／L:高見沢、SL:小古井、M:木内、笠井

5月2日 快晴

北信合庁【20：30着、20：35発】🚗 三国川ダム【22：40着、テント泊】⛺

　小古井車を北信合庁駐車場に残し、笠井車で出発。ダム管理事務所から十字峡の中間点くらいまで車は入る。さらにゲートの脇を通って入ってみるが、ほどなく雪で通行不能。戻って、ゲート近くでテント設営。夜間、何台も車が入って行った。

5月3日 薄曇り

三国川ダム【4：45発】👢 十字峡【5：10着、5：15発】👢 千本松直下【7：00着、7：15発】👢 三合目【7：50着、8：05発】👢 四合目【8：30通過】👢 日向山頂直下【9：05着、9：20発】👢 分岐【12：00着、12：20発】👢 コル【13：52着、14：05発】👢 兎岳と小兎岳のコル【14：55着、テント泊】⛺

　笠井車を置いて出発。まずまずの天気だ。十字峡登山口のポストに計画書を入れた。丹後山方面へ三国川沿いの道を行く登山者がいるが、雪崩は大丈夫なのか。標高1000mくらいからはほとんど雪の上を歩くようになった。日向山南面の大きな急斜面がきつい。キックステップで登る。中ノ岳はガスで見えなくなってきた。

①日向山から中ノ岳へ向かう

　小天正は雪がなく、登山道を登る。続いて高度感のありそうな雪稜だが、ガスでよくわからない。続いて夏路の急登。雪の斜面がなくてほっとする。分岐へ出る少し前から再び雪の斜面。
　分岐はガスのため視界50m程度。無雪期と違って東側は分厚い雪庇。クレバスに気を付けながら南へルートを取る。トレースらしきものはある。途中まで登山道は確認できたが、ルートを見失ってしまった。どうやら西寄りの斜面に入ってしまったらしい。おかしいと気づいてルートを探していると、ガスの中から、キックステップの音が聞こえる。声をかけると意外に近くから「登り返した方がいい」とアドバイスがある。登り返して待っていると、ガスの中から単独行の人が登ってきた。すぐ下の雪壁がルートであるとのこと。ガスの時には迷いやすい場所らしい。雪壁は10mくらいの高さで、上部の2〜3mはほぼ垂直。壁をスコップで崩し、ザイルをフィックスして下った。下った近くから夏道が続いていた。コルまでは東側に張り出した雪のルートを下る。先ほどの単独行の人のトレースを確認しながらガスの中を行く。
　コルで一休み。計画では今日はここまでだが、明日の天気が期待薄なので先へ進んでおくことにする。兎岳と小兎岳のコルは、夏には小さい池がある窪地なのに広い雪田になっている。やむなく根曲り竹藪の近くに雪を掘って平らにし、テント設営。藪とはいっても背が低いので風を遮る役には立たないが、気は心だ。テントに入った後、雨が強くなった。夜間風が強く、テント内につるしたスパッツが振り落された。16時にとった天気図では朝鮮半島、中国は好天。そう悪くはならないだろうとみて、明朝5時出発とした。

49

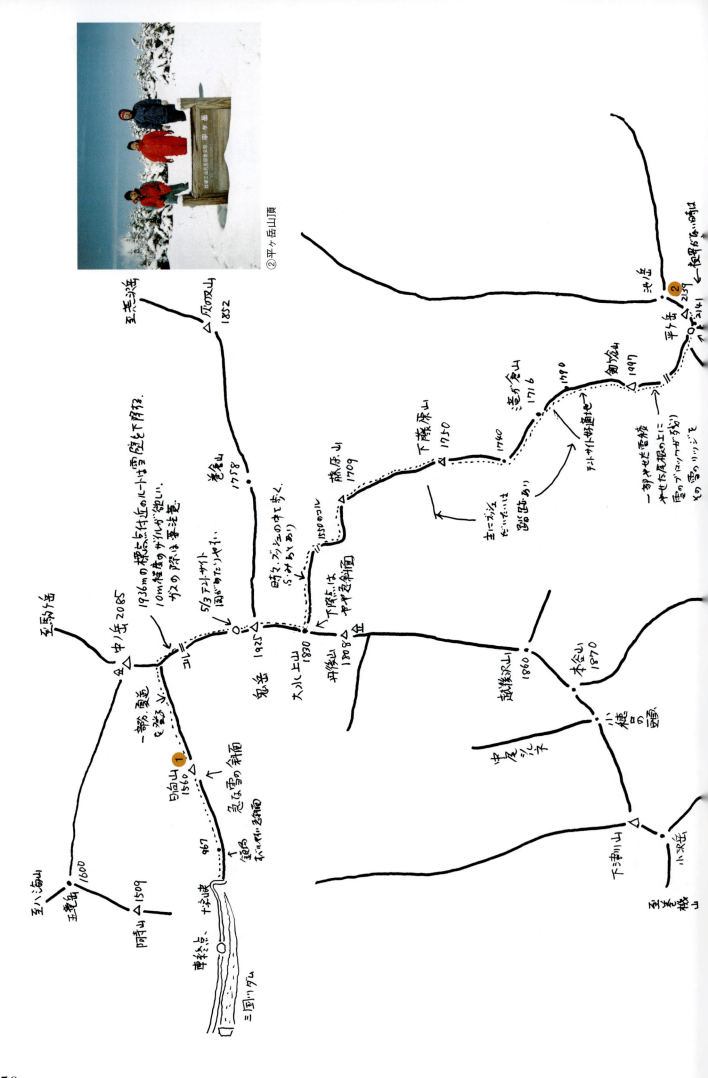

②平ヶ岳山頂

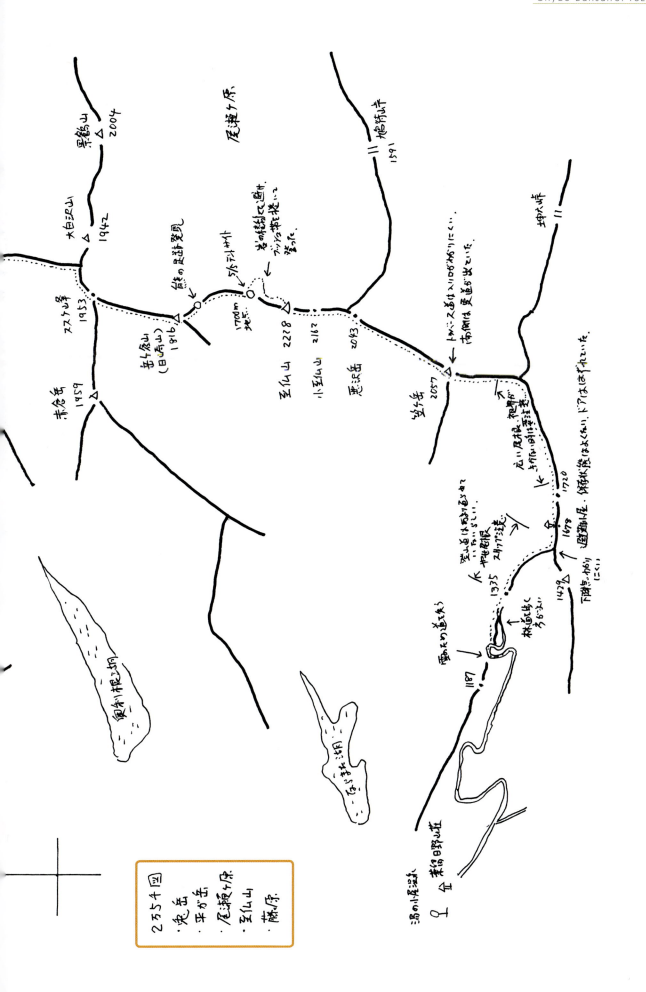

5月4日 曇り

テントサイト【5：05発】…兎岳【5：25通過】…大水上山【5：50着、6：00発】…1550mのコル【6：50着、7：00発】…藤原山【7：30通過】…1620mのコル【7：55着、8：05発】…下藤原山【9：00着、9：20発】…滝が倉山の少し南の地点【11：05着、11：20発】…剣ヶ倉山【12：45通過】…コル【13：05通過】…コルの少し南・1930m地点【13：15着、13：25発】…2072mピーク【13：50通過】…平ヶ岳【14：50着、テント泊】

3時半起床。星が少し見える。雪は堅い。アイゼン着用で出発とする。あたりの山も良く見える。急には悪くなるまい。兎岳山頂に一人の男性がテントを張っていた。三脚にカメラをセットしている。雪の広い尾根を快調に行く。大水上山頂に4人の女性パーティー（都岳連、ブッシュの会）。私たちが大水上山を下って間もなく同じように下り始めたので、並行パーティーとなった。ブッシュ、雪稜、雪のブロック、雪田といろいろあるが下りは快適に行く。ブッシュのところには踏み跡があるので歩きやすい。休憩中に単独行者が追い抜いて行った。藤原山頂は藪でごみが散らかっている。アタックザックも捨てられていた。

下藤原山あたりからは藪が多くなってきた。この先しばらくは藪主体なので、アイゼンを脱ぐ。ブッシュの会4人がここから先行する。うち2人は木内さんが救急の講習会で一緒だったとのこと。藪漕ぎは時間の割にルートは伸びない。剣ヶ倉山までの間に北上する単独行者が2名あった。

剣ヶ倉山の登り標高差300mはきつい。年齢の差が出た。小古井、笠井の2人は女性パーティーにひかれるように先行。残る中年組2人は着実に（実はノロノロと）歩む。剣ヶ倉山を過ぎコルまでの間には、やせ尾根の上に雪庇のブロックが載っているところがあった。トレースがないときはザックを置いてルート工作してから降りたいところだ。両側ともブッシュのない急斜面でクレバスが口をあけている。

コルを過ぎたところでテントを張ろうという声もあったが、計画通り平ヶ岳まで行くことにする。ブッシュの会が落とした干し肉を拾ったが、これは間もなく私たちの胃袋に消えた。ガスが低くなってきて視界が50m以下になってしまった。風も強くなってきた。トレースに従っていくが、どこが山頂かわからなくなってしまった。高度計などから、ここがほぼ山頂だろうとしてテント設営。天気図、天気予報から明日午前中はだめかもしれない。それでも一応3時半起床とする。夜間、風は強いが、昨夜ほどではない。一時雨。

5月5日 午前地吹雪、昼から快晴

平ヶ岳【11：45発】…白沢岳手前のコル【12：20着、12：30発】…1920mピーク【13：30着、13：40発】…ススヶ峰【14：33着、14：45発】…岳ヶ倉山の北【15：35着、15：45発】…1668mピークの北【16：30着、16：40発】…1700m地点【17：15着、テント泊】

目を覚ますと、雪がテントの外側に張り付いている。外は地吹雪。寝て待つことにする。6時過ぎにシュラフから出て朝食。天気の回復を待ってダベリング。交替で外に出て、トイレがてら様子を見る。遠くに旗が見えたり、ブッシュが見える時があるくらいで一向によくならない。11時ころ笠井さんが外に出てすぐ、一気に晴れ間が広がった。陽が射すとか雲の切れ目が現れるとかの予兆なしの快晴。我々は山頂にいたのだ。すぐに撤収開始。三角点まで往復。展望は申し分ない。テントサイトからまっすぐ南へ行けばルートである。広い尾根を漫歩気分で下る。春山らしい天気だ、気分がいい。下ったコルにテントを張ったというブッ

③平ヶ岳から至仏山へ向かう。広く明るい雪の道が続く

シュの会メンバーは、改めて平ヶ岳からの展望を見るために登ってきた。

歩きやすいので1時間でだいぶ距離が延びる。尾瀬から来た2つのパーティーに会った。

岳ヶ倉山の北、1620mのコルでクマの足跡を発見。尾瀬から日崎沢へ下っている。雪の溶け具合から見て2時間くらい前か。各人不安になり気忙しく先へ進む。
　今日はできるだけルートを延ばしておいて明日下山したいため、至仏山の登り始めまでテントを上げる。夕日を眺め、尾瀬ヶ原を見下ろせるいい場所だ。明日の好天は約束されたようなものなので、天気図も取らず、天気予報も聞かない。風は全くない静かな夜だ。

5月6日 快晴

テントサイト【4:55発】……2000m地点【6:05着、6:15発】……至仏山【7:10着、7:30発】……悪沢岳分岐【8:05着、8:15発】……笠ヶ岳直下【9:10着、9:20発】……笠ヶ岳【9:40着、10:00発】……1720mピーク【11:05着、11:15発】……1355mピークの少し東【12:05着、12:15発】……葉留日野山荘【15:20着、16:10発】……湯の小屋温泉バス停【16:25発】……水上駅【17:20着、17:30発】……六日町駅【18:53着、19:00発】……三国川ダム【19:25着、19:30発】……北信合庁【21:30着】……長野市【22:00着】

　朝方低い雲があったが、次第に快晴になった。アイゼン着用で出発。ルートが分からないので直上してブッシュ帯になったが、ブッシュは避けたい。笠井さんが山スキーで登ったことがあるという東側の尾根にルートを求めて雪面をトラバース。尾根を回り込むとずっと上まで雪の斜面が続いている。早くこのルートを取ればよかった。岩が露出しているところは尾根沿いを避け、トレースに沿ってカール状地形の中を登る。
　至仏山山頂には無数の足跡。休んでいる間にも次々と登ってくる。最初に来た3人パーティーは鳩待峠から2時間で来たという。展望はいいが、風が冷たいのと今日中に長野に帰る予定なので気が急く。トレースに従って下り、小至仏山は巻く。笠ヶ岳方面へはほとんど人は行かない。2人分のトレースがあるのみでそれも悪沢岳からの往復だった。笠ヶ岳は空身で往復しようかとも考えたが、ザックを背負って登る。笠ヶ岳の山頂から南側は夏道が出ている。もしトラバースをしていれば夏道に気づかず、藪に入ってしまったかもしれない。ここから先も広い尾根が続く。視界が利かない時はルートを失ってしまうだろう。目印となるものはないし、トレースもない。

　昭文社の地図によると、1720mのピークに避難小屋があるが、見当たらない。その下の1678mのピークにあった。ブロックの小さな小屋で保存状態は決してよくない。主尾根から北へ向かう地点もわかりにくい。地図と磁石と高度計で確認して降った。その降った尾根もやせ尾根で雪が残っているからスリップの危険もある。道自体あまり手入れされていないようだ。樹林の中で見通しも利かない。
　1355mピークを過ぎて間もなく林道の終点に着く。ここからは林道を行った方が登りがなくていいが、あくまで尾根沿いに行く。再び林道に出て尾根に入るところで道を見失ってしまった。雪のため道が分かりにくくなっているので、遠回りになるが林道を行くことにした。靴ずれがひどい笠井さんの歩きは痛々しい。舗装道路に出たところでインナーブーツになって歩いた。ようやく着いた葉留日野山荘で風呂を使わせてもらう。1人500円。道に迷ったといったら手製の地図をくれた。しかしそれも避難小屋の場所が違っている。（長野に帰ってから郵送でこの旨を伝えておいた。）
　バスと列車とタクシーを乗り継いで三国川ダムに戻り、車を回収。十日町でラーメンを食べてから長野へ。

　若い2人に依存するところが大きかった。重い荷を背負ってトップを歩いてもらった。大水上山～平ヶ岳間は登山者が少ない。それなりのパーティーでないと無理だろう。平ヶ岳までは鳩待峠から安全に来られるので登山者は多い。全ルートの中で気を付けるのは、中ノ岳の下り、剣ヶ倉のやせ尾根、ガスられた時の平ヶ岳、笠ヶ岳以南。逆コースだった場合は中ノ岳からの下りの斜面に注意。天候もそれほど悪くならず、ほぼ計画通りだった。なお、十字峡から三国川沿いに登る人が何人かいたがやはりあまりよくないとのこと。中ノ岳の雪壁で会った人はそう言っていた。5月下旬ころまで待つべきだろう。

越後三山
12 八海山〜中ノ岳〜丹後山

■期日／1994年11月5日〜7日　■メンバー／L:高見沢、M:宮尾

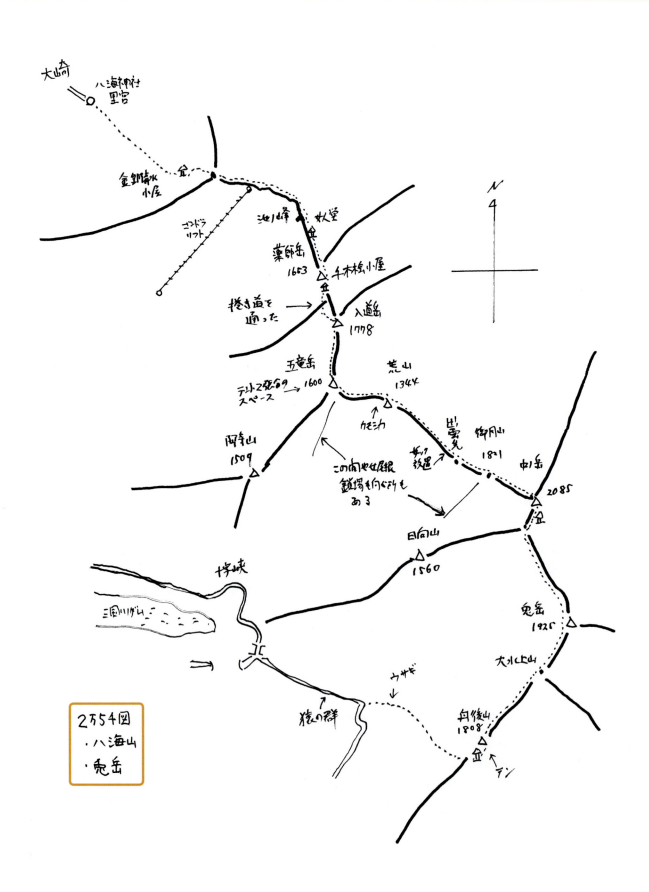

中央分水嶺登山
Chyuo Bunsuirei Tozan

11月5日 晴れのち曇り

長野市【6：10発】🚗八海山大崎口登山口【8：40着、9：00発】👢金剛霊泉【10：20着】👢三合目【10：45着、11：00発】👢展望台・ゴンドラ終点【11：50着、12：10発】👢女人堂【13：20着、13：30発】👢千本桧小屋【14：20着、14：30発】👢合流点【15：17着、15：30発】👢入道岳【15：50着、16：00発】👢五竜岳【16：30着、テント泊】⛺

　高見沢車で出発。良い天気だが、予報では下り坂というのが気にかかる。地図と道路標識で登山口に無事到着。登山口の蕎麦屋「宮野屋」の道向かいの駐車場に車を入れた。ほかに登山者はない。蝋燭の灯った境内を通って登り始めた。金剛霊泉はきれいな水場だ。ここからほんの少し登った尾根の上に新しい避難小屋があった。泊まってみたいところだ。

　三合目の展望は実にいい。後から来た2人パーティーが追い越して行った。

　展望台には、ゴンドラで来た観光客が20人くらい。シーズンオフのせいかそんなに多くはない。自動販売機もある。この地点からは登山者が急に増えるらしくて、踏み跡がたくさんある。

　池ノ峰あたりから少し雪が残っているようになった。女人堂も真新しい避難小屋で展望も申し分ない。少し登った水場は、尾根筋なのに豊富な水量だ。雪解け水もあるが、それにしてもいい水場だ。

　千本桧小屋のあたりは5～10センチくらいの積雪。テントがひと張、小屋の中にも何人かいたようだ。テントを持ってきたので、天候が悪くなった場合、五竜から下ることも考え、五竜岳まで行くことにした。道は雪をかぶっているが、巻道には十分なトレースがある。今日は先へ行くことが先決なので巻道を取る。途中、小屋番のおじさんらしき人に会った。オカメノゾキが崩れて一層悪くなっていること、藪も深い部分があることを教えてもらった。巻道といえども鎖場が続き、長い梯子登りもある。雪があるので注意しながら行く。

　15時過ぎ、気温が下がってきた。北や東には晴れ間がある。

　入道岳から見下ろすと五竜岳あたりの雪は少なそうだ。入道岳でビニール袋に飲料水用の雪を詰める。オカメノゾキの前後は確かにやせ尾根が延々と続く。しかし幸いにも雪はそこまでは降らなかったようだ。標高1400mあたりから雪がある。五竜岳にはテント跡が2つ。昨日か一昨日の降雪時にテントを張ったらしい。空は曇り。しかし日本海側には晴れ間がある。風は南からで寒くない。

11月6日 曇りのち小雨のちガス

五竜岳【6：50発】👢荒山【7：30着】👢最低コルあたり【8：35着、8：45発】👢出雲先手前【9：30着、9：40発】👢出雲先【9：50着、10：05発】👢御月山【10：55着、11：05発】👢水場【11：20着、11：30発】👢中ノ岳小屋【12：40着、13：40発】👢兎岳手前のコル【15：40着、15：50発】👢大水上山【16：40着、16：45発】👢丹後山避難小屋【17：20着、テント泊】⛺

　少し寝過ごした。予報では昼ころから雨とのこと。九州四国地方は晴れ。そんなに悪くはならないだろうし、午前中で危ないところは終わるだろうから、中ノ岳へ向かうことにした。もし通れなかったら引き返せばいい。時間は十分ある。

　あまり人が通らないせいか、藪をかぶったりして、不明瞭なところもある。しかしやせ尾根だから迷うことはない。荒山のあたりでカモシカを発見、カモシカは水無川の側へ姿を消した。

　岩稜のアップダウンが続く。昨日会った山小屋の人の話から、戸隠の八方睨みの下にある剣の塔渡の長いのを想像していたが、それほどのところはなかった。木が根こそぎ倒れ崩れかけた岩稜はあったが、しっかりステップとホールドを確保すれば心配はない。

　そこを過ぎると急登が続く。やせ尾根だが道はしっかりしている。出雲先の手前10分くらいの地点でザック発見。真新しい中型でグレーの色、「BS」がメーカー名。中を見たがシュラフ、衣類、ヘアーブラシなど。

住所氏名のわかるものはない。黒又沢側に何か落ちているので20メートルほど下ってみると、ポンチョらしきものと青いヤッケだ。拾って来てザックの傍に置いた。（下山後、大崎口の宮野屋さんにこのことを届け出たら、またか、という感じだった。以前にもそうした通報があったらしい。あまり山慣れしていない登山者が置いて行ったものだろうか。）

　出雲先からは根曲り竹が覆いかぶさった急登。鎖場もある。ピークのすぐ手前で左側へ巻いて尾根に出た。雨がやや強くなってきたので雨具を着る。しかし駒ケ岳は良く見える。水場には豊富な水があった。テントは5張くらい可能だ。最後の登りが堪える。雪は吹き溜まりでは膝あたりまで来る。アイゼンのトレースを辿るが、これが凍結したら下りは怖い。今日は気温が高いので靴の中までぐっしょりだ。小さい沢状の道を登って行くと2つに分かれる。ここは左側の沢に入る、間違えないこと。

　中ノ岳小屋に着いた。ガスで展望はきかない。しかし薄いらしく空は明るい。小屋に入ってお茶を沸かす。温かい紅茶でバテた体を癒やす。下りで道が凍結したら厄介なので今日中に丹後山まで行くことにする。兎岳手前のコルでは雨は上がり、晴れ間が出てきた。守門や飯豊も遠望できる。ブロッケンも出た。時間がないので気忙しい。兎岳からは再びガス。すでに薄暗くなり始めた。笹原の平坦な道を急ぐ。

　丹後山避難小屋の東側にテントが一つ。小屋の入り口にあった木の覆いを外して中に入った。水を作るために雪を集め、小屋の中にテントを張り、暖を取る。衣服は乾ききらないが21時に就寝。六日町方面に夜景が見える。天気はそれほど悪くはない。

11月7日　曇りのち雨

丹後山避難小屋【6：55発】・・・林道【9：15着、9：25発】・・・十字峡【10：10着、10：20発】・・・三国川ダム管理事務所【11：15着、11：40発】・・・大崎口【12：05着、12：25発】・・・六日町で昼食【12：45着、13：40発】・・・長野市【16：40着】

　朝、ひょいと見ると木道の上をテンが歩いていく。昨日頑張ったおかげで今日はゆっくり下山できる。ガスは低く昨日より悪い。標高1200mから下は紅葉の最盛期。陽が射せばきれいだろう。白くなり始めた兎が、こちらに向かって歩いてきたのには驚いた。2〜3メートルまで来てこちらに気づいたらしく脇へ跳び去った。林道を歩いていると10頭くらいの猿の群れに会う。近づくと脇の藪に入った。ボス猿らしいのは横柄な態度で一番後に身を隠し、再び道に出てきたときも最初だった。

　10時半ころから雨になった。ダム管理事務所の公衆電話からタクシーを頼み、大崎口へ。

> 　天候はあまりよくなかったが、気温が高かったのでアイゼンなしで済んだ。アイゼンが必要な状況なら下山することにしていた。ツエルトをやめテントにしたことで行動の自由度が高まり、行程を先取りできた。3日目の下山時に負担にならないこと、車の運転に疲れが残らないこと、長野へ戻るのが遅くならないように2日目は17時過ぎまで行動した。テントならどこでも野営できるので精神的に楽だった。
> 　オカメノゾキはどこが特に悪いということではなく、全体として注意を要するという感じがした。五竜岳〜中ノ岳間は来年藪を刈るらしい。いくらか歩きやすくなるが、気を入れて歩くべきところだろう。

中央分水嶺登山

上越国境
13 小穂口の頭～木谷山～丹後山

■期日／1994年5月27日～29日　■メンバー／L:高見沢、SL:木内、M:大日方

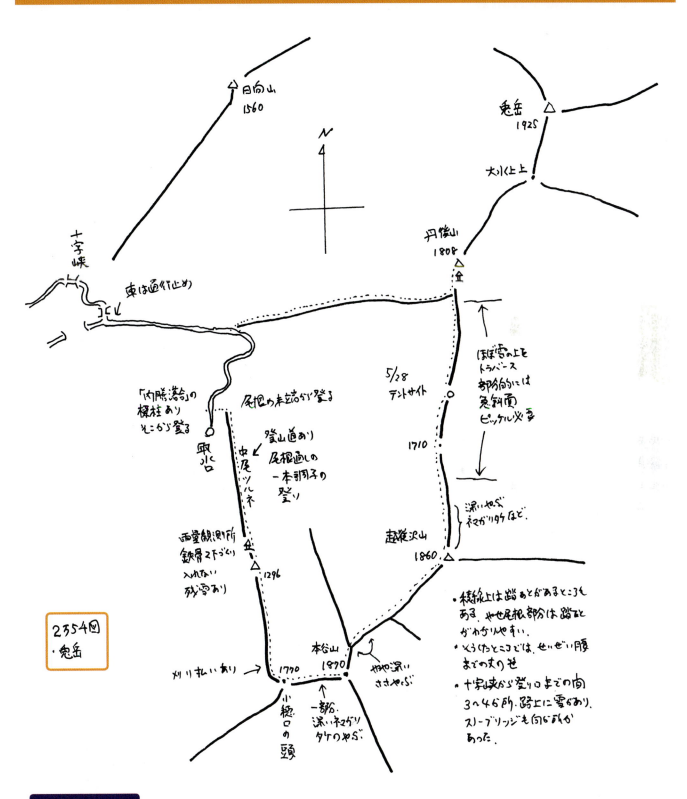

5月27日 快晴

長野市【20:20発】🚗 十字峡（22:45着、テント泊）⛺

十字峡の売店前に車を止め、テント泊。

5月28日 快晴

十字峡【4：55発】 内膳落合【6：15着、6：35発】 雨量観測所【8：25着、8：45発】 小穂口の頭【11：12着、11：30発】 木谷山【12：00着、12：30発】 越後沢山【13：50着、14：00発】 テントサイト【15：30着、テント泊】

　朝起きてみると、他にも、登山者や釣り人、地元の人が車で来ている。

　沢沿いの道には、1か月前と違い、路上に雪はほとんどない。何箇所か雪の上を歩くだけだ。道の終点まで行ってしまい、引き返してきて登り口を見つけた。要は尾根の末端から取り付くのである。中尾ツルネ尾根を登るにつれ、左右の展望が次第に開けてくる。新緑の気持ちのいい道だ。観測所のあたりから時々雪が出てくる。観測所の日影で休むが、ブユがすごい。以後、終日悩まされるが、稜線上の風のあるところにはいない。

　稜線近くになると笹原になった。明るい尾根だ。昨年刈り払いをしたらしく、しっかりした道があった。小穂口の頭には南側に小さな草原があり、思わずザックを放り出して寝転がった。眼前には武尊、笠、至仏そして燧ヶ岳も少し見える。下津川山方面の尾根は笹か何かのようだ。少し踏み跡らしきものも見える。残雪もあり、縦走にいいころだ。

　木谷山の途中までは道があったが、いつしか藪に入り、踏み跡を探しながら行く。稜線を忠実にたどればいい。山頂で巻機山周辺の地図を拾った。

　越後沢山までの間、藪あり笹あり雪田ありだった。稜線が痩せていれば踏み跡ははっきりしているし、笹も短い。山頂から今日のテントサイトを見定めて下った。下る途中から深い藪になり、この山行中一番の藪漕ぎをする。そこを過ぎると群馬県側に雪田が続いていたので大いに助かった。この間の広い尾根の部分の藪がいちばん深いといわれていたのでありがたい。ピッケルを使ってステップに注意しながらトラバースする。ときには雪が切れ、藪に入ったり、ガラ場をトラバースするが、快適な雪渓歩きは楽しい。大体目星をつけておいた場所にテント設営。東の正面に平ヶ岳が見える。

5月29日 快晴

テントサイト【4：55発】 丹後山小屋【5：53着、6：35発】 三国川沿いの登山口【8：45着、9：00発】 十字峡【9：35着、10：02発】 栄村道の駅【11：40着、12：00発】 長野市【13：20着】

　夜間、南寄りの風が吹いた。ガスも出てきたが出発するころには快晴になった。雪もやわらかく、キックステップでちょうどいい具合に歩ける。ほぼ雪渓のトラバースで行くが、部分的には急なところもあり、スリップには十分注意が必要だ。刈り払いのしてある丹後山登山道に入り、小屋で大休止。山頂まで往復。小屋には誰もいないがしっかりした小屋である。昨日1パーティーが休憩だけしたらしい。

　下山はシャクナゲの咲く尾根を降る。三国川まで約2時間で下ったがしんどい。十字峡に戻り、みかんを食べて休憩。よく見たら「売店に用の無い方は駐車しないでください」とある。空いていたからいいが少し気が引ける。

　栄村の道の駅で休み、長野へ。車内では税とか年金とか格調の高い話をしましたが、眠気は襲ってこなかった。

リーダー報告

　登山そのものは願ってもないような好天に恵まれ、気持ちのいい楽しいものだった。巻機山方面への縦走もこの時期が一番よさそうだ。水のことさえ工夫が出来れば、2泊3日で秋にもできるだろう。

上越国境
14 小穂口の頭～下津川山～巻機山

■期日／1995年6月9日～12日　■メンバー／L:高見沢、SL:木内、M:大日方、前島

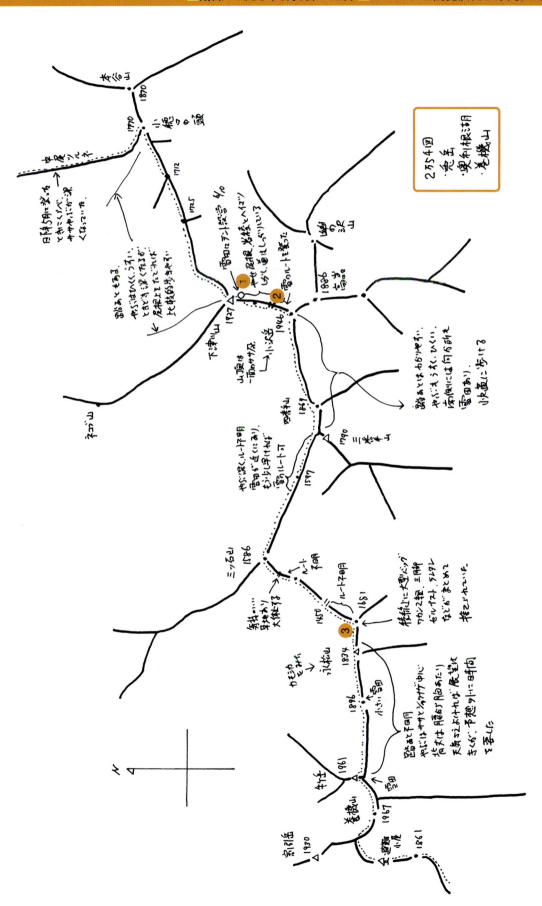

6月9日 快晴

長野市【20：30発】🚗 桜坂【23：15着、テント泊】⛺

　大日方車、前島車の2台で出発。十二峠は夜間通行止めのため、発荷峠経由で巻機山へ向かう。発荷峠を下ったところにあったコンビニで休憩。桜沢にはほかにもテントがあった。雨が心配だったが、降らなかった。

6月10日 曇り

桜坂【4：55発】🚗 十字峡【5：45着、6：00発】🥾 内膳落合【7：16着、7：37発】🥾 雨量観測所【9：35着、9：50発】🥾 小穂口の頭【12：40着、13：00発】🥾 下津川山【16：17着】🥾 雪田【16：25着、テント泊】⛺

　駐車料は1台1日500円。徴収のおじさんに払ってから1台を残し、前島車で三国川ダムへ。十字峡の林道入り口にも数台の車がある。釣り人だろう。林道に残った雪を数回越えていく。昨年より雪が多かったようだ。釣り人に会う。内膳落合でトイレタイム。

　昨年来た時とほぼ同じ場所で、同じようなペースで休む。昨年より笹などの藪が伸びている。手入れをしてないのだろう。雲は次第に低くなり、稜線を隠してしまった。

　小穂口の頭着。展望はないがある程度見通しが利くので心配はない。昨年とは反対方向の、踏み跡がはっきりしない笹原に踏み入る。尾根沿いには踏み跡があり、藪の丈も低い。歩きやすい方だ。シラネアオイやシャクナゲが盛りである。やがて雨が当たり始めた。南側には晴れ間も見えるが、北からの雲が厚い。大したことにはならないだろうが、雨具を着て歩く。

　下津川山着。ガスが濃くなってきた。山頂にはテントを張れる場所がない。地図によると南側に広いところがありそうなので、南下する。すぐ左手に雪田が見つかった。その上にテント設営。次第に雨風が強くなってきた。1日目はほぼ計画通りに来た。天気予報によると、日本海に中心がある高気圧が張り出してきて関東地方の明日は好天とのこと。夕方以降、雨風は止み、静かな夜になった。しかし雨に濡れたので寒く眠れなかった。

6月11日 快晴

テントサイト【4：40発】🥾 小沢岳【5：35着、5：50発】🥾 四番手山【6：45着、7：00発】🥾 小さな草地のコル【8：13着、8：35発】🥾 三石山南のコル・気持ちの良い草地【9：25着、10：00発】🥾 最低コル・標高1450m【10：50着、11：05発】🥾 1681mピーク【12：05着】🥾 牛ヶ岳【16：00着、16：05発】🥾 巻機小屋【17：15着、泊】

①2日目の朝、テントを撤収してこれから出発

　3時起床。外は快晴、ラッキーだ。雨具を着て出発。小沢岳とのコルまでは痩せた岩稜。しかし道は普通の登山道くらいにしっかりしている。雪が着けば厄介だろうが、藪がないだけ楽だ。コルからは東側の雪田にルートを取る。軽登山靴の木内さんにはピッケルを持ってもらい、ステップを作った後から登ってもらう。やはり藪より歩きやすい。山頂までそのまま登れた。小沢岳山頂は膝から腰くらいまでの笹原で明るい。展望はいい。この笹を刈り取ればテントも設営できよう。これからたどる稜線を見ると、あまり深い藪はなさそうだ。尾根筋もはっきりしている。左側には雪田も随所にあり、水の心配はない。巻機山の大きな山塊はまだ遠い。

②小沢岳の登り。いい具合に残雪があった

やせた尾根の部分は踏み跡がはっきりしていて歩きやすい。シャクナゲ、桜、シラネアオイなど花が多い。四番手山までは快適な山歩きだ。三番手山は尾根が広がり、ルートの方向も変わる。ガスの時は要注意だ。藪も深くなってきた。踏み跡もわからなくなる。左側の沢は明るくて、もっと雪があればルートになりそうだ。稜線近くにも飛び飛びに雪田が残っておりその分だけ歩きやすい。

　1597mのピークを下ったところでごく小さな草地があった。そこで一息入れてから三石山へ登る。藪は低い。三石山の南面は踏み跡がはっきりしている。コル近くに草地があったので大休止。ほかに誰もいない静かな時間である。明るい陽射しの中でうとうとし始めてしまった。

　再び藪が濃くなってきた。ピークをひとつ越え、最低コルまで踏み跡は不明瞭だ。最低コルから登る斜面を見ても踏み跡が見えない。腰近くまである笹の中を直登するしかない。1681mの山頂まで一気には行けず途中で休憩。山頂近くになってようやく道がはっきりしてきた。稜線は痩せているので踏み跡ははっきりしている。そのうちに登山の装備がひとまとめにして捨てられているところに来た。こうなると気持ち悪くて拾う気になれない。そのままにしておく。

　永松山の方向にカモシカがいて、こちらを見ている。近づくと斜面を登って見えなくなった。永松山のピーク近くには雪が残っていて、雪稜の登りだ。短くゆるいので気を付けて行けばよい。永松山から先はガスの中を行く。昨日のように雨にならなければいいが。予想では牛ヶ岳まで2時間くらいで行けるのではないか考えていたが、大外れ。踏み跡ははっきりせず、シャクナゲなどで藪は深く濃くなってきた。1時間ごとに休みを取るが、なかなか進まない。

　牛ヶ岳山頂近くで雪田に出た。ガスも晴れてきた。巻機山は初めてという大日方さんだけ牛ヶ岳を往復。「巻機山」の標識のある最高地点でビール乾杯。実は1ℓの缶ビールなのだが、藪漕ぎやなにやらで穴が開いてしまい、ポリタンクに入れ直し、前島さんが運んできたもの。気が抜けていてもおいしい。朝日岳の方からきたらしいパーティーが見えた。

　巻機小屋着。大日方さんは割引岳往復。小屋に帰着したのは17時37分、空身とはいえ早い。小屋の1階にテントを張り、朝日岳からきた5人は2階へ。静かで広くて平らで、やっぱり小屋はいい。トイレだけは丸見え。板を2枚置いたのみ。交替で使う。水はかなり上の雪渓まで汲みに行く。明日は7時出発としてゆっくり休む。

③1681mピークから今日来たルートを振り返る。中央奥が下津川山、その右手は三番手山、四番手山

6月12日 晴れ

巻機小屋【7:00発】・・・桜坂【9:42着、9:50発】・・・十字峡【10:45着、11:00発】・・・長野市【16:00着】

　ニセ巻機からはほとんど夏道を下る。道は乾いていてぬかるみはほとんどない。小屋に泊まった5人パーティーと前後しながら下った。この間、月曜日なのに登ってくる人が10～15人くらいいた。十字峡へ戻って車に分乗。五十沢温泉で風呂に入る。1人500円。栄村の道の駅で休憩、解散。

リーダー報告

　天気予報が外れ、素晴らしい好天に恵まれた。ラッキーでした。小穂口の頭から最低コルまでは順調だった。藪の丈は低く、踏み跡もはっきりしている場所が多く、快適だった。随所に雪田があるので水も心配無用。テント場は、尾根近くには平地がほとんどないので、雪田が好適だ。小沢岳のように笹原のところは刈り払えばテントサイトにできる。永松山～巻機山の間は予想外にてこずった。藪が濃く、踏み跡が不明で意外だった。全ルートを通じてシャクナゲ、シラネアオイ、山サクラ、カタクリなど花が多く、藪の丈も低いため明るい尾根歩きが出来た。この時期の雪田が毎年残っているか不明だが、まず、水の心配はしなくていいと思う。

上越国境

15 清水峠東～朝日岳JP～大烏帽子山～巻機山

■期日／1992年5月3日～5日　■メンバー／L:木内、SL:高見沢、M:笠井ほか1名

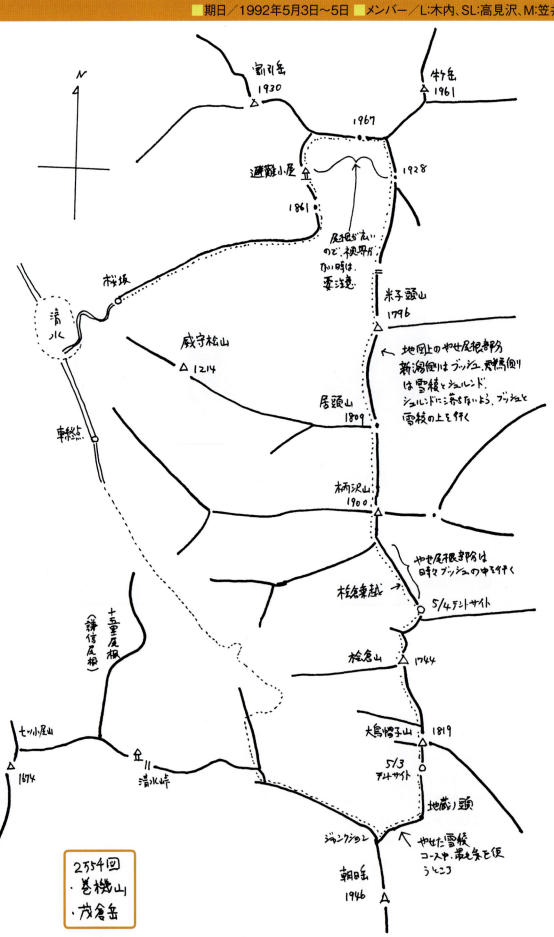

中央分水嶺登山
Chyuo Bunsuirei Tozan

5月3日 雨のち快晴、のちガスと風

長野市山の会事務所【4:05発】　清水部落の林道奥【6:30着、6:55発】　十五里尾根入口【7:35着、7:45発】　送電線大曲【8:47着、9:00発】　1170m地点【9:45着、10:00発】　1400m地点【10:40着、10:50発】　1600m地点【11:36着、12:00発】　ジャンクション直下【13:05着、13:15発】　地蔵の頭手前の雪稜【14:00着】　地蔵の頭【14:05着】　カレミズ沢源頭【14:26着、テント泊】

　飯山市以北は雨になった。リーダーの心配は「登ったものか、見合わせたものか」。しかし、清水に着くころには雨は止んでいた。無理をすれば車はもっと奥まで入れるが、適当なところで車を止めた。沢沿いの道を登り始めた。堰堤のところで道は高巻く。地図に従って河原沿いに行ったら、下ってきた釣り人が正しい道を教えてくれた。戻って、高巻道に入る。このころ、晴れ間が広がってきた。

　尾根に取りついてからは雪の上を直線状に登る。その取りつきのあたりは川に橋がないので、スノーブリッジがしっかり残っていて渡れそうなところを探して渡った。

　国境稜線に出ると、たくさんの人が歩いたトレースがあった。天候は快晴になった。

　ジャンクションを過ぎ、地蔵の頭手前の雪稜は、やせていて、コース中で最も気を使うところだった。カレミズ沢源頭の広い雪田にテント設営。我々の後からは数パーティー、20人くらいが来て先へ行った。天候は次第に下り坂、高層の曇りになった。16時の天気図を書きとったが、予報はあまりよくない。

5月4日 強風とガスのちのガスは上がる

カレミズ沢源頭【14:40発】　大烏帽子岳【14:55着】　コル【15:20着】　桧倉山【16:00着】　テントサイト【16:20着、テント泊】

　午前中は強風とガス。出発を見合わせていた。午後になり、ガスが晴れ展望が利くようになったので、13時から14時に大烏帽子山の北側まで偵察をした。少しでも先へテントを移した方が3日目は楽になるので行動開始。引き返していったパーティーも一つあった。地図上でねらいをつけておいた場所にテント設営。風を少しでも防ぐため雪のブロックをテントの周りに積んだ。

5月5日 強風とガス

テントサイト【4:50発】　コル【5:05着】　柄沢山【6:21着】　居頭山の北のコル【6:50着、7:00発】　米子頭山と巻機山とのコル【7:55着、8:05発】　巻機小屋【9:45着、10:00発】　駐車場【12:00着、12:15発】　清水バス停【12:45着、13:10発】　長野市山の会事務所【16:05着】

　展望は利かないが、風は弱くなった。トレースに従ってひたすら北上。時折ガスが晴れ、展望が利く。居頭山の北のコルでは、テント跡の雪ブロックの陰で休憩。米子頭山と巻機山とのコルでは南下する2パーティーとすれ違う。その後、ガスが下がってきて、風は一層強くなった。巻機山頂では、雪の粒が顔に当たり、痛い。正面からの風だ。トレースがなければホワイトアウトの中で迷いやすい。

　巻機小屋近くになると、ほかに登山者やスキーヤーを見るようになった。ニセ巻機を過ぎるころにはガスが晴れてきた。滑りやすい道を下って、着いた駐車場から更にアスファルト道を清水集落まで歩かねばならない。笠井さんが一人先行して車を取りに行ってくれた。下界は晴れ、風は強いがまずまずの五月晴れ。新緑がまぶしい。

リーダー報告　2日目3日目は冬山のようだった。協力して無事縦走できました。2日目、少しでも先に進んでおいてよかった。上越の山はなかなか行かないが、よい山域だと思います。残雪期がいいと思う。

谷川連峰
16 白毛門～朝日岳～清水峠～蓬峠

■期日／1991年6月21日～23日　■メンバー／L:木内、SL:高見沢、ほか3名

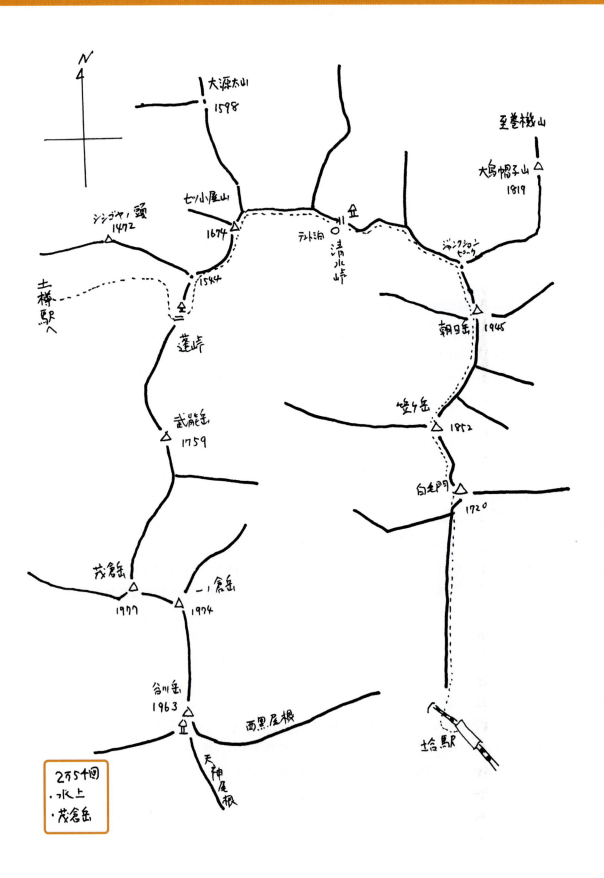

6月21日

長野市山の会事務所【21：40発】🚗 土樽駅【0：20着、ステーションビバーク】

土樽駅は、夜間、高速道路と列車の運行でうるさいが、勝手に泊まっているので、仕方がない。

6月22日 小雨、ガス

土樽駅【6：42発】🚃 土合駅【6：56着、7：00発】👢 白毛門山頂【10：16着】👢 朝日岳【12：40着】👢 清水峠【14：42着、テント泊】⛺

6時起床。土合駅に着くと群馬県側は小雨。山は霧で視界が悪い。尾根上は風が強く、岩陰などを探して休む。清水峠にテントを張り、野営。19時ころ就寝。
（2019年5月追記…新人で参加したTさんが、自分の任務の「気象係」を「起床係」と取り違え、テントの中で目覚まし時計を取り出して大笑い。その彼も北海道へ転勤し、今は会うこともなくなってしまった。藪漕ぎに付き合っていただいたことが懐かしい好漢である。）

6月23日 雨、ガスが濃い

清水峠【5：00発】👢 蓬峠【6：45着】👢 林道【9：08着】👢 土樽駅【10：20着、発】🚗 長野市【13：00ころ着】

天候は昨日とほぼ同じ。同じところに泊まっていた新潟六日町高校山岳部、大東文化大学WV部とほぼ同じ時間に出発。蓬峠にて行動予定を検討。天候が悪く、多少疲れも出ていたので、ここで下山することに決定。標高が下がるにつれ雨風共に弱まる。林道に出てからは各自、各々のペースで歩いたため、ばらばらの行動になってしまった。

あいにくの霧と風で2日目は途中下山となったが、白毛門～清水峠まで歩き通せてうれしい。花は咲き始めていた。朝日岳のホソバヒメウスユキソウの群落は見事だった。

谷川連峰
17 蓬峠〜谷川岳〜平標山

■期日／1993年10月9日〜11日　■メンバー／L:高見沢、M:笠井

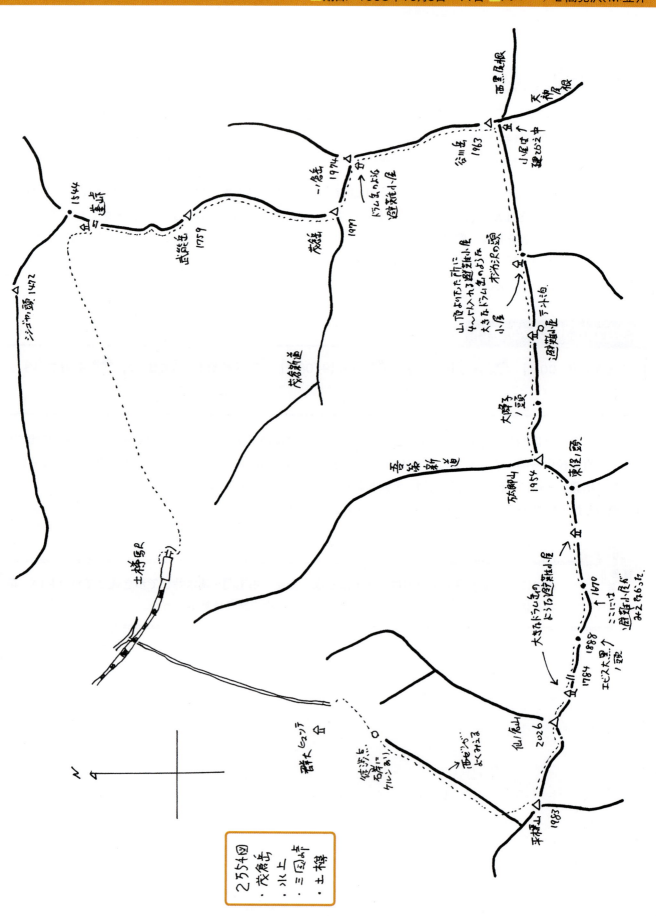

中央分水嶺登山
Chyuo Bunsuirei Tozan

10月9日

長野市【19：00発】🚗 土樽駅【21：30着、テント泊】⛺

　土樽駅には既に10人くらい登山者がいて、待合室を占領。駅前の駐車場にテントを張って寝る。

10月10日 快晴のちガス

土樽駅【5：40発】👢 蓬峠【8：55着、9：10発】👢 武能岳【9：55着、10：10発】👢 茂倉岳【13：05着、13：25発】👢 谷川岳【15：00着、15：10発】👢 オジカ沢の頭【16：00着、16：05発】👢 大障子避難小屋【17：00着、テント泊】⛺

　朝起きてみると、さらに登山者が増え、ほかにもテントが出来ていた。私たちが最初に出発。途中の沢で水をくむ。雲一つない快晴。前線が通過するという天気予報が信じられない。

　武能岳に着いた。南からやってくる登山者が多い。南へ行くのはほかにいないようだ。笹平あたりから高見沢がバテてきた。10～15分歩いては20分くらい休む。これを繰り返してやっと茂倉岳に着いたときはガスで展望なし。せいぜい1時間半くらいのところを3時間もかかってしまった。予定より大幅に遅れたので大障子避難小屋まで行けるか心配だ。ガスの中、谷川岳の頂陵を遅いペースで進む。時折一ノ倉沢の下部を覗ける。日の当たらない暗い雰囲気だ。一ノ倉岳や谷川岳山頂には登山者が大勢いる。久しぶりに見る登山者のにぎわいだ。肩の小屋は建て替え中だが、トイレだけは使える。

　ガスの中をノロノロ進む。何とか明るいうちに大障子避難小屋まで行けそうだ。笠井さんが10分ほど先行してテント場を確保したが、小屋はもちろん周りの空間はテントでいっぱい。10張以上はあった。

　早々に寝る。夜半から雨と風が強くなった。

10月11日 ガスと風のち快晴

大障子避難小屋【6：05発】👢 万太郎山【7：13着】👢 避難小屋【7：35着、7：45発】👢 仙ノ倉山の登り始め【9：30着、9：40発】👢 仙ノ倉山【10：20着、10：35発】👢 平標山【11：15着、12：00発】👢 大根オロシ沢渡渉点【13：55着、14：10発】👢 橋【14：50着】👢 林道車止め【15：10着、15：15発】👢 毛渡橋【15：50着、16：05発】🚗 長野市【19：00着】

　風が強いので出発を遅らせる。それでも一番早い出発だった。ほかのパーティーはほとんどテントに入ったままだ。万太郎山から呉策新道を下ることも考えながら、とりあえず出発。

　万太郎山着。風のみで、ひどくなる気配もないので予定通りいくことにする。高見沢の調子も何とかなりそうだ。大きなドラム缶のような避難小屋で休憩。ほかに2人パーティーが居た、とても狭い。エビス大黒の登りにかかる頃から時折ガスが切れるようになってきた。仙ノ倉山の避難小屋手前で休む。この後みるみる青空が広がり、昨日の快晴が戻ってきた。風は冷たいが弱くなってきた。

　仙ノ倉山から西はのびやかな草と笹の原が続く。気持ちのいいところだ。平標山頂でお茶を沸かし大休止。温かい飲み物で体力がだいぶ回復した。展望は申し分ない。子供も多い、にぎやかな山だ。

　平標山頂から約1000mの急下降。西ゼンの大きな滑滝を見るのにいい場所だが、滑りやすい道だ。登山者はごく少ない。上り下りとも1人ずつ会っただけだ。

　毛渡橋から土樽駅までは笠井さんが車を取りに行ってくれた。

67

> **リーダー報告**
>
> 　笠井さんに大変お世話になった。バテたとき、じっと待ってくれ、荷物も持ってもらい、水汲みに行ってもらい、車を取りに行ってもらった。おかげで予定通り歩けた。バテると気力がなくなり、脱力感が全身をつつむ。胃とか腸が麻痺したようにしびれるというか、無感覚というか、重いというか、変な気分になる。ザックを放り出して、乾いた笹や草の上にころがって青い空を眺めながら、呼吸を整えようとする。しかしなかなか体調は戻らない。時間はどんどん過ぎていく。やむなく再び歩き始める。すぐに休みたくなる。ほんの100mも歩かないのにもう力が抜けてしまっている。本当に嫌になってくる。バテるとはつらいものだ。今考えると、冷たい水を飲み過ぎたか…腹の具合をおかしくしたせいか。年のせいとは思いたくないのだが。

上越国境
18 三国峠〜三国山〜平標山

■期日／1994年10月9日　■メンバー／L:高見沢、M:宮尾、ほか1名

10月9日 曇り

長野市【5：10発】🚗 須坂駅【5：25発】🚗 三国峠トンネル入り口【7：40着、7：50発】👟 三国峠【8：18着、8：35発】👟 三国山【9：12着、9：20発】👟 大源太山の南側のピーク【10：15着、10：30発】👟 平標小屋【11：40着、12：05発】👟 平標分岐【12：25】👟 平標山【12：40着、12：55発】👟 松手山【13：35着、13：40発】👟 国道17号【14：25着、14：30発】👟 三国峠トンネル入り口【15：44着、16：00発】🚗 平標山登山口【16：05着、16：45発】🚗 津南町で休憩【17：45着、18：20発】🚗 長野市【20：00着】

　宮尾車を残し、高見沢車で出発。例によって、須坂駅前でTさん合流。

　三国峠からの展望はあまりよくない。今日は雲が多い。休んでいる間に群馬県側から中高年の5人パーティーが来た。三国山頂でも中高年パーティーに会った。おそらく今朝平標小屋を発ってきたのだろう。大源太山の南側のピークで休憩。小さなピークをいくつも越してきた。この辺りはあまり人と会わない。登山道はよく整備されていて歩きやすい。大源太山へは分岐に荷物を置いて往復する。この往復に意外と時間がかかった（往復25分）。

　平標小屋あたりから人が多くなった。小屋の周りにはたくさんの登山者、主に中高年、夫婦連れ、子供連れ、小さいテント場に3張のテント。予定より時間がかかったので、高見沢は平標山経由で先行し、車を取りに行くことになった。12時25分、平標山の南の分岐で別れ、Tさんと宮尾さんは仙ノ倉山経由で平標山へ。

　Tさんと宮尾さんは、仙ノ倉着13：20、平標山着14：15、国道17号16：35着。

　平標山登山口で合流し、一路長野へ。途中、津南町で休憩を兼ねて反省会。

中央分水嶺登山
Chyuo Bunsuirei Tozan

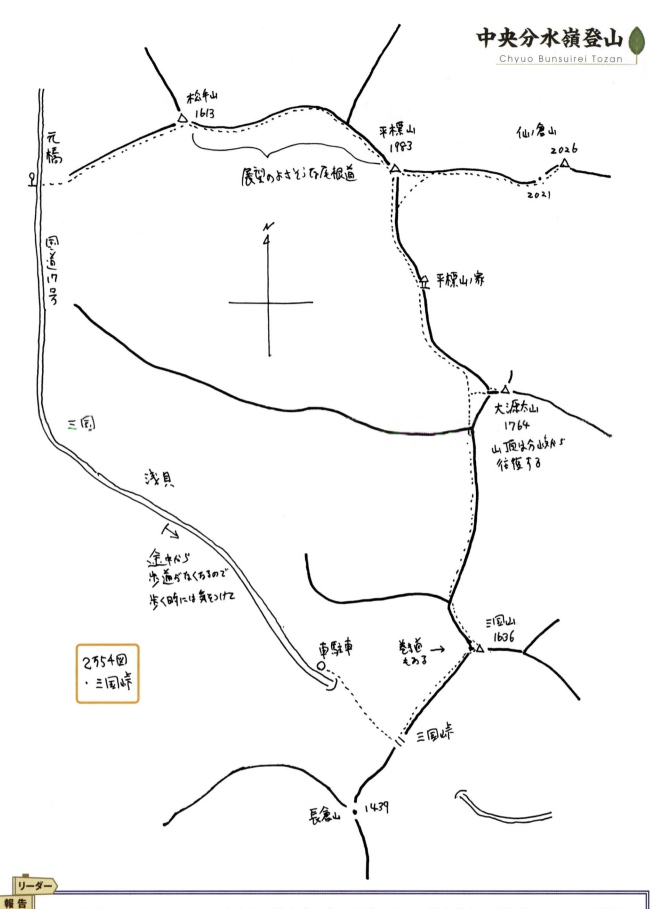

リーダー報告

　展望はイマイチだった。中高年の登山者が多い山域である。登山道もよく整備されていて手頃なためだろう。予定より遅くなったため行動を一部変更した。平標山の手前で私が先に下山して車を取りに行くことにした。夕方5時を過ぎると暗くなり始めるので、そうなる前に車を戻しておきたかった。暗くなってから国道を歩くのは避けたかった。三国山〜平標小屋の間が計画よりかかったためだが、最初から余裕をもって計画を作ればよかった。あるいは車2台を使えばよかったとも思うが、3人で2台というのはもったいないと思う。

上越国境
19 三国峠〜稲包山〜三坂山〜三国スキー場

■期日／1994年4月16日　■メンバー／L:高見沢、SL:木内、ほか1名

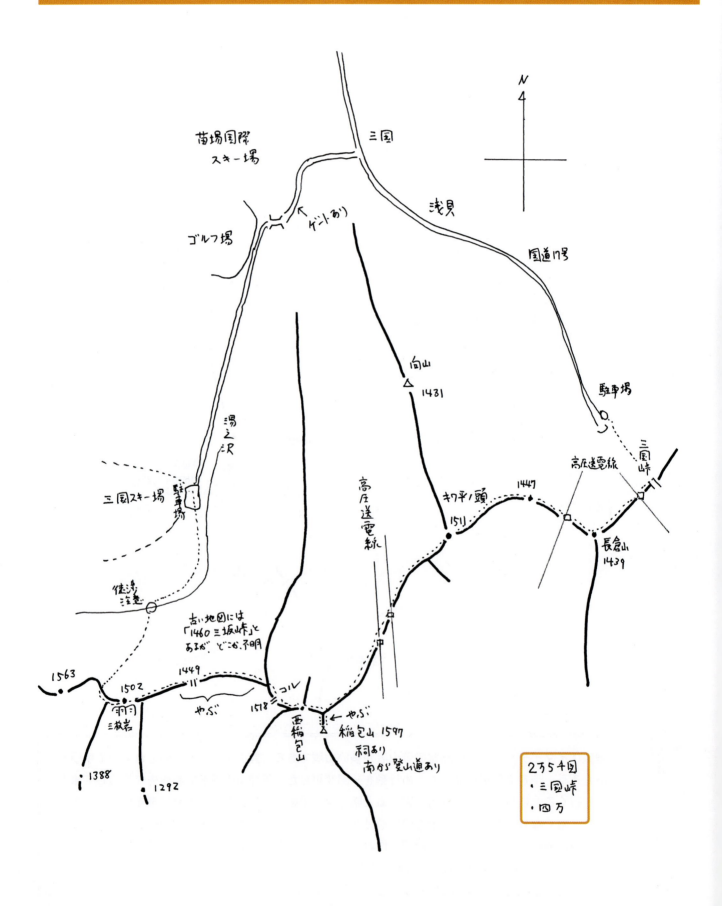

中央分水嶺登山
Chyuo Bunsuirei Tozan

4月16日 快晴

長野市【4:00発】🚗 三国峠トンネル入り口【6:30着、6:45発】🚗 三国峠【7:18着、7:30発】👢 1439mピーク（長倉山）【8:00着、8:05発】👢 1447mピーク【8:30着、8:45発】👢 送電線下【9:45着、10:00発】👢 稲包山【11:00着、11:05発】👢 1449m西側のピーク（1490mくらいか）【12:10着、12:30発】👢 1502mピーク西のコル【13:00着、13:05発】👢 湯の沢川【13:20着】👢 スキー場【13:50着、14:00発】👢 浅貝【14:55着】👢 【車を取りに三国峠トンネルへ、浅貝帰着15:45】🚗 浅貝【16:00発】🚗 長野市【18:50着】

　長野電鉄柳原駅前に集合し、高見沢車で出発。三国峠トンネルには予定より早く着いた。トンネル手前の駐車場に車を置き、出発。峠までは登山道が所々出ている。雪は堅い。稜線には数日前くらいのトレースがついている。アイゼンを使ったらしい。最初のピークから1439mピークまでの稜線はほとんど藪漕ぎ。根曲り竹の中にかろうじて踏み跡がある。1439mピークの西側のコルには大きな送電用鉄塔がある。50メートル以上はありそうだ。地図上にはない新しい鉄塔である。

　1511mのピークを過ぎ稲包山とのコルに2本の送電線が通っている。その西側の送電線下あたりで休憩。この2本の送電線の間は作業道がしっかりしている。コベックラ沢沿いに下から登ってくる巡視路なのだろう。

　稲包山は今日の縦走中の最高地点である。ピラミダルな目立つ山だが、藪に覆われている。北の肩にザックを置いて山頂まで往復。祠があり、20回登山の記念碑もある。藪は背が低く、展望はすこぶる良い。白砂山、苗場山、谷川岳はもちろんよく見える。山頂から南の方にしっかりした道が下っている。

　最低コル（三坂峠）の東側は藪が主体。トレースはあるが潜ってしまい、歩きにくい。雪庇も危ういところがある。標高が低いから、すでにこの時期は残雪期としては遅いのだろうか。もう少しトレースを延ばすこととし、1502mピークを目指す。

　1502mピークの西側を下降点とし、ペナントを付けた。広い尾根で樹林の中だから見つけにくく、気休めに過ぎないかもしれない。下降点からは雪の斜面を川に向かって下る。川を渡った後、道らしき部分もあるが、1か所急斜面のトラバースがある。ほんの50mくらいなのだが、地形的によくない。そこを過ぎると再び林の中の緩い傾斜になった。

　三国スキー場は西武のスキー場である。駐車場は3分の2くらい埋まっていたが、にぎわっている感じはない。バスはない。プリンスホテルへのシャトルバスはあるが、これには乗れないので浅貝まで歩くしかない。ゴルフ場を過ぎ湯の沢を渡って少し行くと遮断ゲートがある。オフシーズンには通行止めになるのかもしれない。スキー場は5月8日まで営業、国道なのだが、駐車場は西武のもの。シーズン外は入れないとなると、白砂までの縦走はどうしたものか。

　浅貝に着いた後、高見沢が三国トンネル入り口駐車場まで車を取りに行ってきた。途中、栄村の道の駅で一休みしてから帰長。

　三国スキー場が西武のスキー場とは知らなかった。このスキー場の営業は5月8日まで。以後、三国から入るところのゲートが閉じられてしまうのかどうか。スキー場の駐車場に車を止めても文句を言われないかどうか。その駐車場から沢をわたるところまでのルートが分かりにくい。しかし川沿いに行くしかない。途中50メートルほどの急斜面のトラバース、落ちれば川の中だ。すでにこの時期でも藪になっている部分があった。雪のある時期を選んで2泊3日が順当なところかもしれない。20年前の記録を参考にして歩いたが、それより時間がかかった。

20 上越国境 三国スキー場～セバトの頭～上の倉山～上の間山

■期日／1995年4月22日～23日　■メンバー／L:高見沢、SL:木内、M:宮尾、小古井

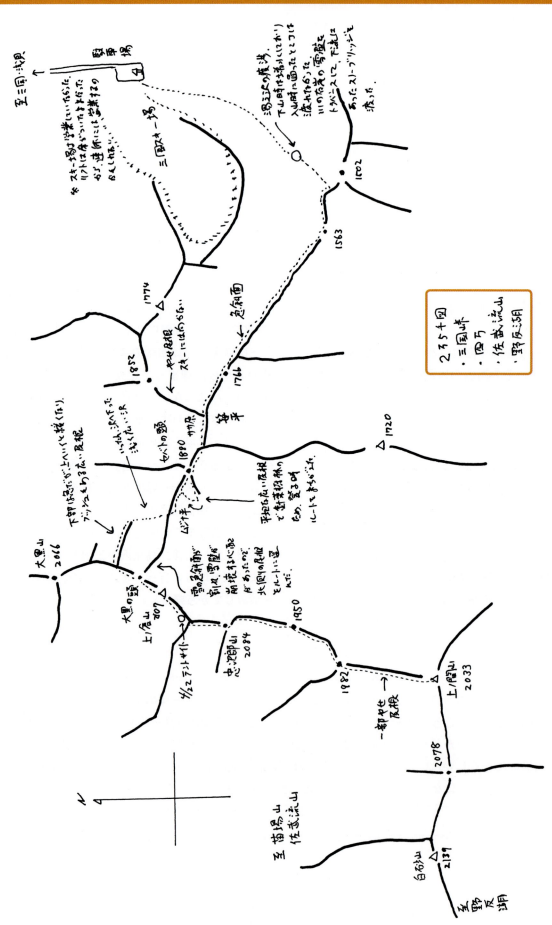

中央分水嶺登山
Chuyo Bunsuirei Tozan

4月22日 曇り一時雨

長野市【4：30発】🚗 三国スキー場【7：55着、8：20発】👢 休憩【8：40～8：50】👢 湯の川【9：15着】👢 尾根の途中で休憩【9：35着、9：50発】👢 1650mあたりの急斜面の手前【10：55着、11：10発】👢 笹平【12：00着、12：20発】👢 ムジナ平【13：00着、13：15発】👢 大黒の頭の北側のピーク【14：03着、14：15発】👢 テントサイト【14：45着、テント泊】⛺ 忠次郎山偵察【15：50～16：25】

　宮尾車を置いて高見沢車で出発。小古井さんは出がけに車のキーが見当たらず遅れた。5：30分に電話したらお母さんが電話口に出て、今出たところとのこと。一時はどうしたかと思った。

　スキー場は予期に反して営業していなかった。駐車料1日1000円と看板にはあったが、がらんとした駐車場の隅に黙って駐車。ほかにバンが1台あるのみ。犬の足跡があるところを見ると狩猟か。

　少し雨が当たり始めた。湯の沢川の渡渉は石伝いに対岸へ行けた。国境尾根はほぼ雪のルートだった。部分的には二重山稜のところもある。広い尾根で視界が利かない時は迷うかもしれない。

　1650m付近の急斜面を登ると、樹高がぐんと低くなった。1766mの平頂を過ぎると喬木はなくなり、笹の尾根らしい。相変わらず小雨が当たるが展望はいい。

　高曇りで風が強い。セバトの頭まで広いのっぺりした尾根が続く。セバトの頭は見通しが悪く、ルートを少し誤る。晴れ間が広がってきた。今日は上の倉山までとする。見上げると大黒の頭の直下にクレバスが口をあけ、雪が崩落しそうなので隣の尾根をルートに選んだ。浅く広い沢へ一旦下り、まっすぐ200mの標高差を登る。きつい。小古井さんが終始トップをやってくれた。

　稜線に出ると、苗場、志賀の山並みがはっきり見える。2120mのピークを過ぎると平坦地というより窪地のような広いところがあったので、今日はここまでとする。テント設営後、高見沢と小古井さんで忠次郎山まで往復し偵察。天気図を取ってみると低気圧は東シナ海あたり。天気は崩れそうで崩れない。

4月23日 風強く、曇りのち雨

テントサイト【5：10発】👢 上の間山【6：43着、6：48発】👢 休憩【7：00～7：20】👢 テントサイト【8：47着、9：15発】👢 沢【10：00着、10：15発】👢 1766mピーク【11：07着、11：20発】👢 湯の沢下降点【12：07着、12：20発】👢 三国スキー場【13：05着、13：20発】🚗【津南町で休憩】🚗 長野市【16：50着】

　夜間も風は強かったが、気温は高め。朝は昨日と同じような天気だ。風は強いが展望はいい。気が急くので一気に上ノ間山まで行き、ここまでとする。戻ってくるとフライシートが半分めくれていた。テント撤収も早めにして下山開始。急斜面をキックステップで気を付けて下り、沢で一休み。下るにつれ、時折雨が吹き着けるようになった。昼ころからは雨が降り始めた。沢は増水しており、一苦労。下流にスノーブリッジがあったのでそこまで右岸の雪壁をトラバースする。ここがいやらしい。上からも落ちてきそうだ。持っていったストックが有効だ。

　スキー場に着いた頃から雨が激しくなってきた。

　上の間山～白砂山の部分は残しました。いつかのんびり山行でプランしたいと思う。天候の悪いことが予報で出ていたので、行けるところまで行ってみることで出発した。予期に反して大崩れしなかったのでほぼ計画通りに縦走できた。天候が下り坂だったので、白砂山まで行けなかったことはやむを得ない。天候の様子を見ながらでよかったと思う。上ノ倉山へ登るルートを変えたのは、近くに行ってみた結果、雪が崩れ落ちる恐れがあったため、安全策を取ったもの。思い立った時に行かないと、まず行く機会のないマイナーな山だ。

上越国境

21 野反湖〜白砂山〜上の間山

■期日／1999年6月12日〜13日　■メンバー／L:高見沢、SL:宮尾、木内

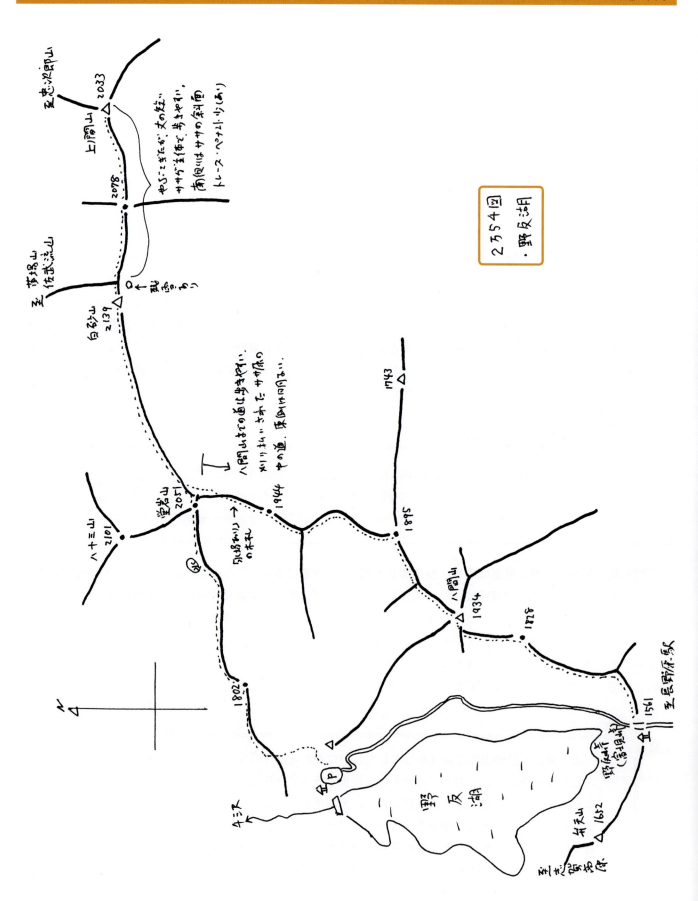

中央分水嶺登山
Chyuo Bunsuirei Tozan

6月12日 快晴

長野市【6：05発】🚗 野反湖堰堤駐車場【8：30着、8：55発】👢 白砂山【13：15着、13：40発】👢 分岐【13：47着～13：55発】👢 上の間山【15：05着、15：30発】👢 分岐【16：55着、17：05発】👢 白砂山【17：12着、テント泊】⛺

　宮尾車をおいて高見沢車で出発。堰堤駐車場に車を置き、木内さんはキャンプ場へ、高見沢と宮尾さんは白砂山へ出発。12時に木内さんと無線交信するがうまくはいらない。木内さんは今日、八間山へ登りキャンプ場でテント泊の予定。あすこの駐車場で落ち合うことになっている。

　白砂山でも中高年グループが多い。山頂にザックをデポするのは避けて佐武流山との分岐まで行く。ここには残雪があり、小さいテントなら張れそうだ。分岐の笹薮の中にザック2つをデポ。アタックザック一つに最少限のものを入れて上の間山へ向かう。

　短い笹薮の尾根は比較的歩きやすく、藪漕ぎといっても大した苦労もなく上の間山山頂に着いた。ここは4年前の4月に苗場スキー場から往復したところだ。これでトレースが繋がった。どこかの大学のWV部と日本山岳会越後支部の創立20周年記念縦走のプレートがあった。

　分岐へ戻り、ザックを背負って白砂山山頂へ。気が引けたが山頂にテントを張らせてもらった。上の間山を往復するためほかにテント場がないからだが、やはり肩身が狭い。

6月13日 快晴

白砂山【5：40発】👢 堂岩山【6：35着、6：52発】👢 八間山【8：30着、8：45発】👢 富士見峠【9：25着～9：30発】👢 駐車場【10：20着、10：30発】🚗 富士見峠【10：36着、10：45発】🚗 長野市【13：15着】

　誰とも会いたくなかったが、堂岩山手前で、登ってきた人に会った。白砂山でテントを張りましたかと聞かれたので、そうですと答えた。昨日登ってきたときに八間山への道があることを知ったので、下山コースはそちらへ変更した。あらかじめわかっていればプランしたのだが、分水嶺をトレースするうえでは変更してよかった。笹の明るい尾根道で刈り払いしてあり歩きやすい。おすすめのコースである。

　9時に木内さんと交信しようとしたができなかった（木内さん開局せず）。富士見峠から野反湖堰堤駐車場まで、車を取りにいく。高見沢が車道を歩いて50分かかった。駐車場で木内さんと合流し、富士見峠で待っていた宮尾さんを乗せ帰路に。

リーダー報告

　堂岩山～八間山の間は明るくてお勧めの尾根道です。白砂山からの下山ルートとしていいと思います。白砂山～上の間山の部分が繋がりました。富士見峠～高沢山はいつか歩いてみたいと思います。

渋峠から白砂山を遠望する。
中央奥の白茶けた斜面を持つ山が白砂山である。

ルート No.22〜38

野反湖〜浅間山

Nozoriko Asamayama

22 野反湖西岸の山
弁天山～高沢山～三壁山

■期日／2000年7月2日　■メンバー／L:高見沢、大久保

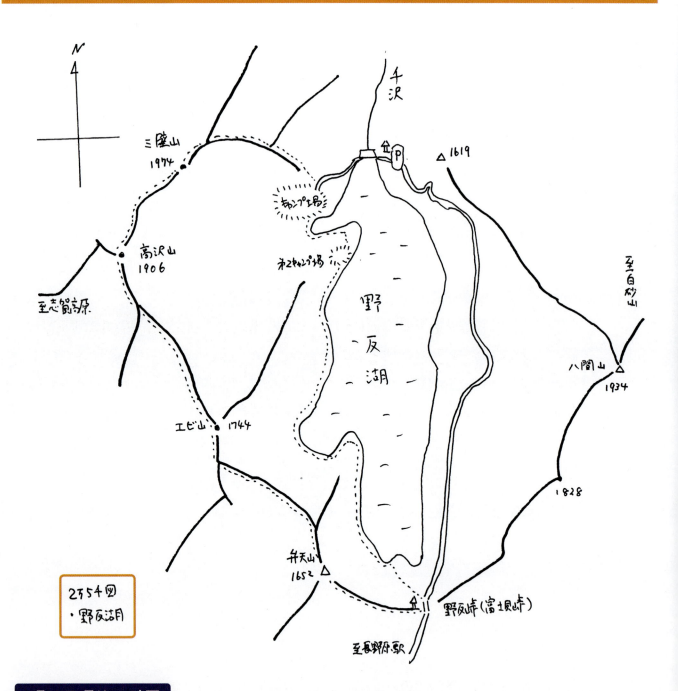

6月10日　曇り、一時雨

長野市【6:25発】🚗 野反峠【8:50着、8:55発】👞 エビ山手前【9:55着、10:05発】👞 高沢山【11:00着、11:10発】👞 三壁山【11:46着、12:05発】👞 キャンプ場【12:55着】👞 野反峠【14:25着、14:55発】🚗 志賀高原澗満滝入り口駐車場【16:25着、16:45発】🚗 長野市【17:35着】

　志賀草津高原ルートを通って野反湖へ。峠の駐車場はほぼ一杯。後続の車は第2駐車場へ行くか路上駐車。弁天山への道は刈り払われていて歩きやすい。ベニサラサドウダンが盛りだ。夫婦連れのハイカーやカメラを持った人が多い。蒸し暑い日だ。エビ山から北は刈り払いはないが、普通の登山道で歩きやすい。高沢山

中央分水嶺登山
Chyuo Bunsuirei Tozan

に着くころにはガスが広がってきて、展望はなくなった。三壁山は虫が多くて休む気分になれない。途中の水場で冷たい水をたっぷりいただいた。

キャンプ場では、中学生の団体がいて、バンガローに分散し始めたところだった。今日ここは賑やかな夜になるだろう。バスが7～8台もあった。休まずに湖畔沿いの道をゆっくり歩く。峠の駐車場に着く前に雨になったが、間もなく上がった。峠では、車の運転前に休憩。ガスが広がり展望はあまりない。

志賀高原まで来て疲れが出てきたし、眠気もあるので車を留めて休憩。少し眠ったらしい。後は長野へ。

　　蒸し暑い山行でしたが、梅雨時としてはまずまずの天候だったと思う。分水嶺縦走の一部でもあります。穏やかな高原のような山々。ゆっくりのんびり歩くにはいいところです。
　　小さなブヨが多いのには参った。

23 志賀高原～野反湖
赤石山～大高山～野反湖

■期日／1991年9月21日～23日　■メンバー／L:高見沢、ほか1名

9月21日 曇り

信州中野駅【17:30発】🚗 大沼池駐車場【18:30着、19:00発】👢 大沼池【20:00着、テント泊】

大沼池まではよく整備された道であり、ヘッドランプがあれば楽に歩ける。大沼池湖畔にテント泊。管理人さんはいない。

9月22日 曇り

大沼池【5:30発】👢 赤石山【6:23着、6:45発】👢 湯の沢の頭【9:00着】👢 ダン沢の頭【12:15着、12:45発】👢 小高山ふもと【14:55着、15:15発】👢 小高山【15:30着】👢 大高山小屋【16:20着、テント泊】

赤石山までは登山道が整備されており、歩きやすい。山頂からの展望は素晴らしい。赤石山からのルートは道がほとんどなく、藪漕ぎ。尾根も広く迷いやすい。コンパス、地図で位置確認をしばしばする。大高山コルまでは完全に藪漕ぎ。ガイドブックは当てにできない。大高山小屋も発見しにくい場所にあった。小屋の中でツエルトを張ってともかく1日が終了した。

9月23日 曇り、時々晴れ

大高山小屋【5:55発】👢 大高山【6:45着】👢 大高山コル【8:15着】👢 三壁山【9:20着、発】👢 野反湖ロッヂ【10:15着】🚗 大沼池駐車場【14:45着】

大高山コルからは快適な登山道が続く。野反湖ロッヂからは、車、バスを乗り継いで志賀高原に戻る。

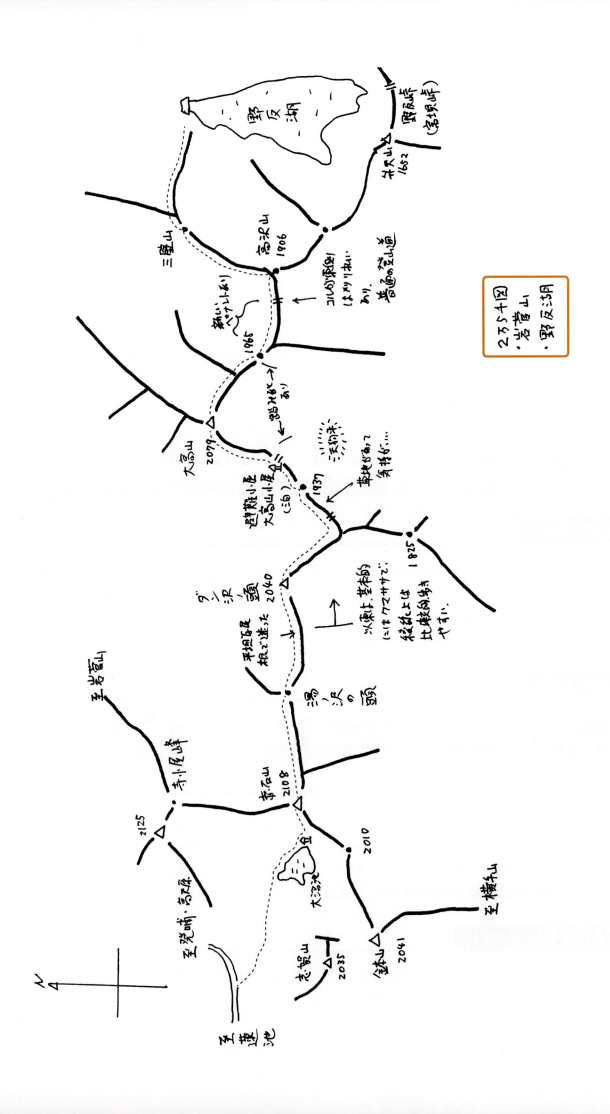

リーダー報告

　たっぷりと藪漕ぎが出来た。展望が利かなかったため、一度方向を間違えてしまった。地図と磁石をこまめに見ることが必要である。ルート全体については、赤石山～大高山の間にはペナントはない。時々ごくまれに古い標識があるのみ。できるだけ踏み跡を辿ることがよいが、見失いやすい。

　人が歩かなくなってから10年くらいでほとんど道が消えている。しかしそれも上から見た場合で、よく見ると、かつての登山道の跡は藪が薄かったり、根曲り竹が生えていなかったりする。見ようによっては、自然に復することの困難なことがわかる。もっとも、クマザサは根曲り竹と異なり、かつての登山道にもびっしり生えていた。

2019年5月追記

　この山行から28年。本格的な藪漕ぎの最初だったと思う。丁寧に記録を取っておけばよかったと思うが、当時は分水嶺などとは全く考えなかったのだから、仕方がない。野反湖は六合村（くにむら、と読む）である。「天地四方を合わせて国を成す」というフレーズは同行のTさんが教えてくれた。彼は六合村の出身だったと思うが、今は確認のしようがない。彼は冷静に判断できる人で、この山行中、藪の中でルートを見失ったとき、磁石で方向確認し、私の方向感覚を正してくれた。また彼は長身で、白砂山から佐武流山に向かいツエルト泊をした時、足が外に出てしまったままだったことを思い出す。「大股でガシガシと藪をこいでいくのは気持ちがいいですね」と言っていたのも思い出した。

24 志賀高原 鉢山〜赤石山〜寺小屋峰〜ブナ平スキー場

■期日／1987年3月15日　■メンバー／L:望月（良）、SL:高見沢、M:宮尾、望月（道）、ほか1名

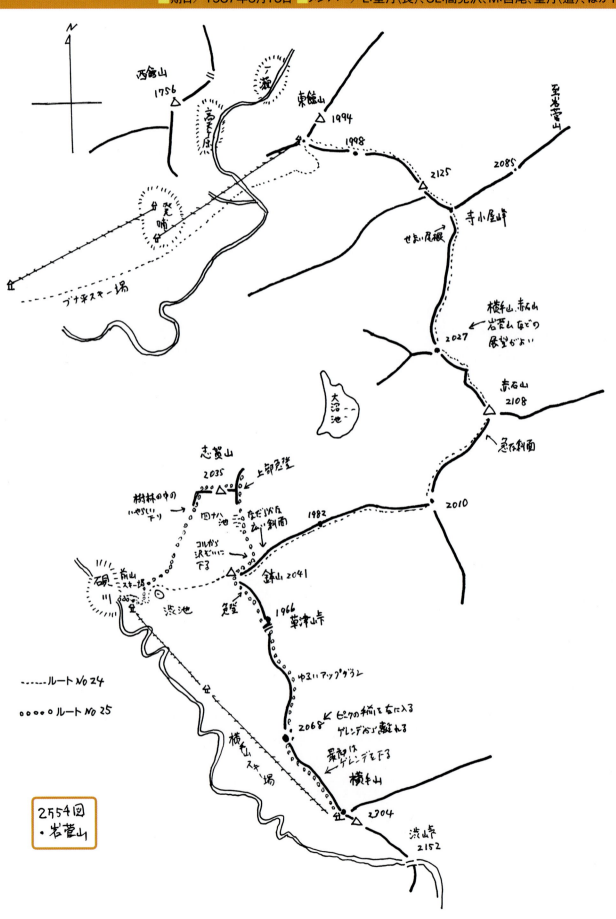

3月15日 晴れ

須坂市【5:15発】🚗 熊の湯【6:20着、6:50発】👢 鉢山【8:20着】👢 赤石山【10:20着、10:50発】👢 寺小屋峰【12:15着、13:00発】👢 ゲレンデ上部【13:20着】👢 東館山【13:45着】👢 ブナ平スキー場下部【14:30着、15:30発】🚗 須坂市【16:55着】

予定より少し遅れて出発。空模様がどうもよくない。雪がちらつきだした。

ブナ平スキー場に宮尾車をデポし、もう1台に5人乗り、熊の湯に向かう。予定より早めに到着、さっそくスタート。渋池の上を渡り、鉢山へ。青空をバックに樹氷が素晴らしい。気温はかなり低く、風も冷たいが気持ち良い。2010mピーク手前で一休みし、腹こしらえをする。予想したより天気はいいが、雪質は良くない。特に赤石山直下の登りはクラストしているうえに新雪が積もっていて、その上にかなりの急斜面で登りにくい。

赤石山を過ぎるあたりから天候も安定し、気温も上昇、風も弱まり春らしくなった。あまりに気持ちがいいので寺小屋山ではのんびり日向ぼっこを決め込む。

ゲレンデに出たところでシールを外す。寺小屋ゲレンデを下り、リフトで東館山に登り、ブナ平に下ることにするが、寺小屋山から直接ブナ平スキー場に降ることもできることを後で知ることになった。ブナ平より宮尾車で前山まで車を取りに行き、須坂へ向かう。途中、湯田中でランチタイム。

リーダー報告

スキーでにぎわう志賀高原も一歩奥に入るとあのスキー場の喧騒が嘘のような静かな山がある。天候にさえ恵まれれば実に快適な山が楽しめる。トドマツのモンスター、ダケカンバの樹氷と静寂の中で一日を過ごすのは贅沢であると思う。

25 志賀高原
横手山〜鉢山〜志賀山

■期日／1986年3月9日　■メンバー／L:岡村、SL:宮尾、M:坂本、望月(良)、望月(道)、木内、高見沢

3月9日 快晴

須坂市【6:35発】🚗🚗 硯川【7:35着】👢 横手リフト下【8:00着、8:10発】👢 横手山頂【9:00着、9:15発】👢 草津峠【10:25着、10:30発】👢 鉢山【10:45着、11:05発】👢 四十八池【11:25着、12:00発】👢 志賀山【13:40着、14:00発】👢 渋池【14:50着、15:05発】👢 硯川【15:25着、15:45発】🚗 須坂市【17:15着、解散】

横手山頂からスキーゲレンデを颯爽と又はヨタヨタとしばらく下る。途中のピークからゲレンデを離れる。ピークの東面にトレースが続いている。緩いアップダウンを繰り返し、草津峠に着く。そこからしばらくの急登で鉢山の頂に着く。小休止の後、赤石山に続く尾根を下り、途中のコルから沢沿いに四十八池へ下った。池は平らな雪面になっている。ここで大休止とし、昼食タイム。

奥志賀山へは、池の東側に張り出した尾根に取りつく。急登の上が山頂である。志賀山へはいったんコルまでかなり下る。奥志賀山西面の広いところを見つけて下った。

コルからはあまり広くない尾根が志賀山に突きあげている。上部はかなり傾斜がきつい、締まった雪に助けられ楽に登りきれた。

志賀山からは、シールを付けたままの者、外す者それぞれに降りだす。迷わないよう、鉢山と志賀山のコルをめざし南へ向かう。傾斜がきつく、樹林も密なためスキーでは下りにくいが何とか無事降った。後は平らな樹林の中を前山目指して歩くだけ。

前山からは少しだけ快適なゲレンデスキーを楽しんで車に戻った。帰路、黒鳥商店に寄り温泉に浸かる人とまっすぐ帰る人にわかれた。すぐ帰る人は所帯持ち、独身者は温泉へ。

リーダー報告

快晴に恵まれ、予定通り行動でき、目的を果たすことが出来ました。リフトを使ったため横手山頂への登りはなく、起伏の少ない静かなこの一帯のちょっとした縦走を楽しんできました。志賀山は樹林が多く傾斜も急なので、山スキーで下るにはややきついところです。特に悪天候のときはルートを見つけるのも難しいと思いました。今日は気温が上がったため雪質が一定せず、シールに雪が張り付いてしまうなどのトラブルもありました。これから暖かくなるので、雪質変化への対応を十分考えなければならないと思います。

上信国境
26 横手山～万座山～高山村牧

■期日／1995年4月8日　メンバー／L:高見沢、上田

4月8日 快晴

湯田中駅【7:19着、7:25発】🚌 硯川【8:21着、8:30発】🚠 横手山頂【9:00着、9:10発】🚶 渋峠の東方【9:30着、9:40発】🚶 山田峠【10:04着、10:15発】🚶 坊主山【10:35着、10:40発】🚶 万座山東のコル【11:35着、12:00発】🚶 万座峠【12:45着】🚶 1838mのコル【13:08着、13:20発】🚶 黒湯山【13:57着、14:15発】🚶 万山望の手前【15:40着、16:20発】⛷ 標高1400m地点【17:10着、17:20発】🚶 高山村牧【18:50着、19:00発】🚌 須坂駅【19:20着】

　湯田中駅から、バスを乗り継いで硯川へ。リフトは430円＋430円＋250円。ザックを背負っていても特段クレームはない。朝早いが横手山頂には続々スキーヤーが登ってくる。展望は言うまでもない。渋峠までゲレンデを滑る。ザックが重いので慎重に下る。渋峠まで、長野県側は除雪済み。営業用の車は入ってきている。除雪された駐車場を横切って、草津道路を少し行ったところまでスキーを脱いでいく。そこでスキーを履くが、まだいくらか上り坂だ。雪は締まっていて、沈まない。ほぼベストコンディションだ。

　大きな看板のあるところからいよいよ滑降開始。斜滑降で快適に下る。瞬く間に山田峠に着いてしまった。峠のすぐ下で重機が除雪作業中。シールを着けてその脇を登り広い坊主山頂へ。

　稜線沿いにいくが、2回スキーを脱いで歩く。やせ尾根のためだ、それ以外は快調だ。万座山頂はスキーヤーでいっぱいだ。ほぼ山頂までリフトが来ているからだ。そのスキーヤーの間を黙って歩く。万座峠東のピークはスキーでは無理のため巻く。万座峠から道路沿いに歩く。1838mのコルに着いた。予定よりだいぶ早いので今日中に下山することにした。

　黒湯山へ最後の登り。このころになると疲れが出てきて苦しい。山頂からは、広い尾根を滑ったり歩いたりでひたすら降る。

　御飯岳の北側は道路に雪が詰まり、急な斜面となっていた。まだ雪が腐っているのでトラバースはしやすいが一歩一歩気を付けて歩く。途中で高見沢のスキー金具が緩んできた。ネジが抜けそうになっていたので針金で固定した。

　万山望の手前で大休止。後は下りのみ、ティータイムだ。シールを外し、快適なスキー滑降開始。雪の具合は誠によろしい。残念なことは1600mあたりまで下ると下からの除雪が進んできていて、道脇に残った1～3mの雪幅の上を滑るしかなくなったことだ。その雪幅も時には狭すぎて歩くことになる。そして1400mあたりでその雪もなくなり、後はスキーを担いで下りる。もう2週間早ければかなり滑れたのに残念。アスファルト道をひたすら歩くこと2時間、すっかり暗くなってから高山村牧に着いた。運よくすぐにバスが来た。2人だけの貸切バスで須坂駅へ。

リーダー報告

　3月中なら最後のスキー滑降はもっと長い距離楽しめたと思う。万山望あたりからの下りは雪の状態が手頃で実に快適だった。それが除雪作業の進み方によって途中までしか下れなかったのは惜しい。草津道路の方も快適だった。もう1週遅いともうアウトだろう。2日間の予定だったが、好天と雪の状態に恵まれ1日で終わらせた。1泊2日の荷物を背負っての縦走だったから、いいトレーニングになったと思う。1日ではきついが、荷物を軽くしたり車の手配をしておけば1日でもいいルートだと思う。

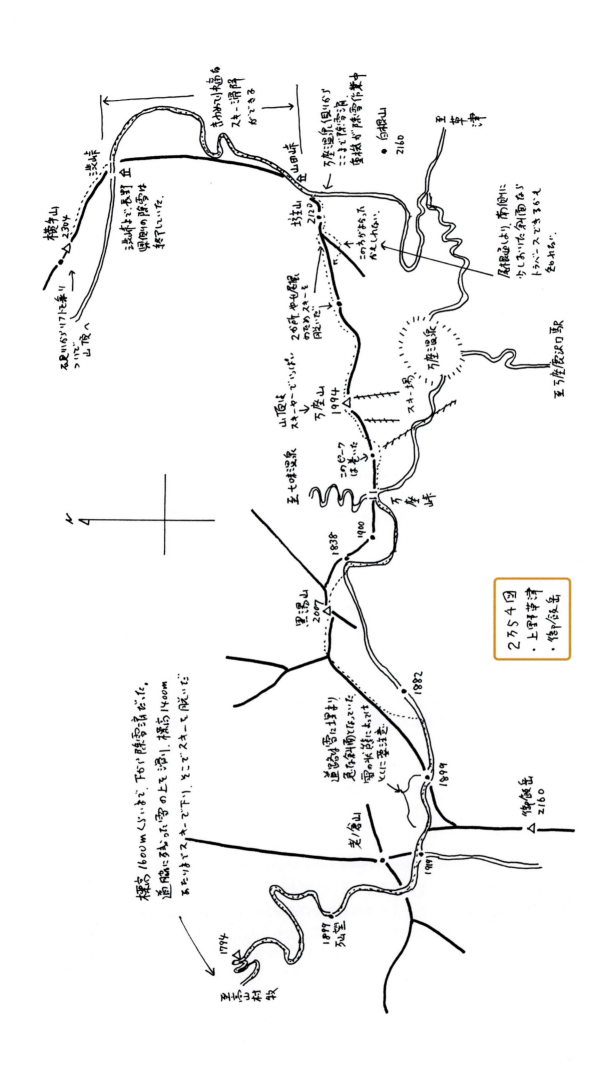

上信国境
27 御飯岳〜破風岳

■期日／2017年9月13日　■メンバー／高見沢ほか3名

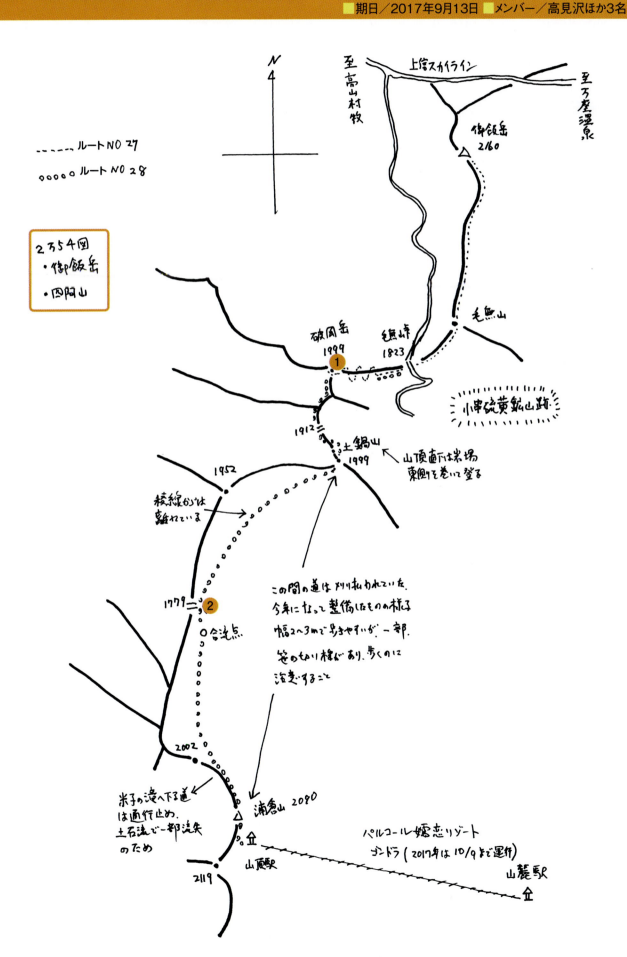

9月13日 曇りのち晴れ

長野市【7：00集合、7：05発】🚗 毛無峠【8：20着、8：30発】👢（休憩1回）御飯岳【10：05着、10：30発】👢 毛無山【11：35着、11：45発】👢 毛無峠【11：55着、12：25発】👢 破風岳【13：10着、13：40発】👢 毛無峠【14：10着、14：20発】🚗 長野市【15：35着、解散】

①破風岳山頂から御飯岳へ続く稜線。笹原の中に道が延びている

到着したとき、毛無峠は雲が低く、周りの展望は全くなったが、次第に晴れ間が広がってきた。赤錆びた鉄塔はかつて硫黄を運んだケーブルの遺構だ。その間を登って毛無山頂に立つと、笹原が広がり、御飯岳山頂へ向かう道筋がその中に延びている。西からの風はやや冷たいが、登るにつれてそれも収まり、御飯岳（山頂の標識は「御飯山」とある）に着くころにはほぼ快晴になった。西の空は雲に覆われていたが、草津、浅間方面は快晴になった。浅間隠山、鼻曲山、榛名山がくっきり見える。雨の後で空気が澄んでいるおかげだろう。

峠に戻って昼食休憩。峠にはグライダー愛好家が10人くらいいて、峠の上昇気流を読んで盛んにグライダーを操縦している。翼長が3〜4メートルの機体を翼の操縦だけで飛行させる。うまいものだ。聞いたら、天候を見て適地を求めて全国どこでも出かけるとのこと。車も、その機体を収納すべく、特別の仕様になっている。

破風岳を目指して歩き始めたら、そのうちの一人の方から、「破風岳の斜面にクマが見えたから気を付けてください。」、と言われた。この方と一緒に破風岳の斜面を目を凝らして探したが、結局見つからなかった。念のために笛を吹きながら登り始め、途中で、下ってきた年配のご夫婦にも聞いたがクマは見なかったとのこと。ともあれ、破風岳到着。展望は申し分ない。五味池方面からの道は、笹が刈り払われ歩きやすいが、土鍋山への道は草や笹がかぶり始めている。毛無峠には「浦倉山から米子の滝方面へ下る山道は雨で崩落しており通れません。」との表示があった。期日は記されていなかったが、行く人が少ないせいだろうか。

峠に戻ると、オートバイのグループも来ていて、先ほどすぐ近くで小熊を見たとのこと。やはりクマが近くにいるらしい。遭遇しなくてよかった。それにしても平日なのにこんなに来る人がいることに少々驚いた。隠れた人気スポットなのだろう。

老ノ倉山の登り口を確認して帰路に着いた。

28 上信国境 パルコール嬬恋〜浦倉山〜破風岳〜毛無峠

■期日／2017年10月8日　■メンバー／L:高見沢、SL:宮尾、清野、藤沢、池田（延）、牧野

10月8日 快晴　A班 高見沢、清野、牧野

ラム一駐車場【6：50集合、7：00発】🚗 毛無峠【7：55着、8：02発】👢 破風岳【8：32着、8：40発】👢 土鍋山【9：17着、9：21発】👢 最低コル【10：15着、10：20発】👢 B班と合流【10：30合流、10：53発】👢 休憩【米子不動登山口への分岐点まで100m付近、11：48着、11：58発】👢 浦倉山【12：15着、12：30発】👢 ゴンドラ山頂駅【12：45乗車】🚠 登山口駅【13：00着、13：15発】🚗 ラム一駐車場【14：30着, B班と合流、15：40解散】

中央分水嶺登山
Chyuo Bunsuirei Tozan

10月8日 快晴　B班 宮尾、藤沢、池田（延）

ラムー駐車場【6:50集合、7:00発】🚗 ゴンドラ登山口駅駐車場【8:10着、8:30発、ゴンドラ8:40乗車】🚠 山頂駅【8:55着、9:00発】👢 浦倉山【9:15通過】👢（休憩1回）👢 A班と合流【10:30合流、10:50発】👢 土鍋山【12:05着、12:35発】👢 破風岳【13:20着、13:40発】👢 毛無峠【14:10着、14:30発】🚗 ラムー駐車場【15:30着、A班と合流、15:40解散】

◆ A班の記録

　毛無峠には既に10台くらいの車が来ていた。多くはグライダーの愛好者だろう。破風岳の斜面には登って行く登山者の姿もある。さっそく我々も破風岳を目指す。

　破風岳の展望は今回のコース中で最もいいが、先がどうなのかわからないのであまりゆっくりできない。土鍋山との鞍部付近は草や笹がかぶっていて、ズボンが朝露に濡れる。先行する年配のご夫婦の後を追うように土鍋山に着いた。土鍋山は山頂直下が岩場で群馬県側を巻くように登った。頂上はきれいに刈り払いされていて、南へ延びる道もきれいになっていた。この刈り払いが浦倉山まで続いていることを願ってその道を進む。先行していた御夫婦は根子岳がよく見えるところまで行って引き返していった。まばらな針葉樹と笹原の緩い斜面を刈り払い道を下って行く。道は稜線よりだいぶ東側を通っている。最低鞍部も広い笹原だ。そろそろB班と会うだろうと思って先へ進むと、刈り払い道の向こうから3人がやってきた。ともあれ休憩、車のキーとゴンドラの半券を交換。この山域では携帯電話は通じないが、B班は毛無峠に着いたらA班へ連絡を入れてみることにし、それぞれ出発。

②標高1779㍍の鞍部近くで。笹はきれいに刈り払われていた

　浦倉山への斜面を登りながら振り返ると、先ほど土鍋山から下ってきた白い道筋が緑の笹原の中にくっきり見える。土鍋山からは浦倉山へ登る道が見えなかったのは、こちらの方は針葉樹林がより密になっているせいだろう。米子不動への分岐までを目途にしていたが、なかなか着かないので休憩。時間があるのでのんびり行く。ゴンドラ駅はやや殺風景だが展望はいい。ゴンドラからの展望を楽しみ、駐車場へ、そして須坂へ。2時過ぎにB班へ連絡しようと思ったが、通じない。毛無峠は通信可能圏外のようだ。ラムー駐車場で待つ。

　中央分水嶺のコースだが、道はだいぶ古いものだった。34年前（1983年2月）にスキー縦走したときには気づかなかったが、当時から道はあったのかもしれない。パルコール嬬恋のゴンドラが出来てこの山域は身近になり、多くの人が歩けることはいいことだと思う。今回、身近なコースとして改めて歩いてみた。

　交差縦走という方法を取ったのは、車2台を使うなら片道だけ歩けばいい方法がとれ、行動時間はほぼ半分で済むからだ。土鍋山～浦倉山の間の道の藪が心配だったが、きれいに刈り払いされていてありがたかった。ゴンドラの運航が10月9日で終了するというタイミングもよかった。

29 上信国境 米子の滝〜浦倉山〜四阿山〜根子岳〜米子の滝

■期日／2017年9月16日　■メンバー／L:高見沢、SL:峯村、宮尾

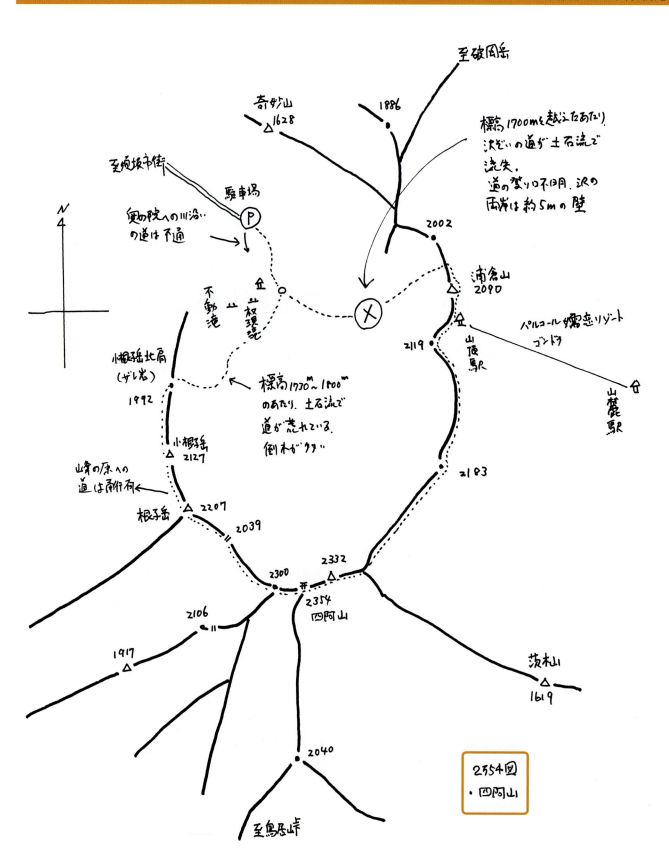

中央分水嶺登山
Chyuo Bunsuirei Tozan

9月16日 曇り

米子大瀑布駐車場【6：30集合、6：40発】・・・休憩1回【標高1500m付近】・・・沢沿いの登山道が流失・薮漕ぎ・・・登山道へ復帰【9：40着：9：50発】・・・浦倉山【10：35着、10：50発】・・・（休憩1回）・・・四阿山【12：45着、13：10発】・・・根子岳【14：25着、14：35発】・・・小根子岳北肩（ザレ岩）【15：15通過】・・・休憩1回【権現滝への流れを渡る仮橋を過ぎた地点】・・・浦倉山方面との分岐【16：40通過】・・・東屋【17：00通過】・・・米子大瀑布駐車場【17：23着、17：35解散】

　午後には雨の覚悟で出発。今年は天候に泣かされている。これで3回目のトライだ。浦倉山方面の道は「登山道崩落のため通行止め」ということは事前に承知していた。普通の崩落ならその所は少し高巻きすればいいと考えていた。しかし、沢筋に来て、なるほどと思った。土石流がごっそり洗い流してあった。地図によるとこの沢筋の途中から右岸へ道があるはずだ。滑りやすい泥岩の露出した川床をさかのぼって行く。右岸に気を付けていたが道の残骸らしきものもない。（1か所、洗われた崖の上にテープがあったが、とても登れるような斜面でなかったので、さらに上流へ登った。）高度計は1750mを示すあたりまで来て、沢筋も2つに分かれている。明らかに登り過ぎだ。あたりを偵察したり、地図と磁石を見たり、相談した結果、登山道のあるべき方向を目指して深い笹薮をこぎ始めた。小さな尾根を越えると、前方にもっと高い尾根があった。諦めて引き返すかどうか迷っていると、宮尾さんがあの尾根まで行ってみようと先頭で登り始めた。急な笹薮を登ると平坦な尾根上に出た。そこでは見えなかったが、尾根の縁まで行くと、樹間に、枯れた笹と地肌が見えた。「あった！」と歓喜して笹薮を下った。無事登山道に復帰して、宮尾さんの執念に拍手。予定より1時間遅れているが、まずは一息入れた。

　そこから県境稜線まで道は良く手入れされている。笹は刈り払われ、歩きやすい。県境稜線はガスで展望はない。浦倉山で一息入れ、四阿山を目指す。

　スキー場に着くと若いアベックが四阿山へ登って行く。下ってくる人も結構いる。四阿山への最短コースだからだ。高度を上げるにつれ、ガスは晴れ、高曇りの下に雲海が広がっていた。雲海の上に2000m以上の山が島のように浮かんでいる。

　四阿山山頂には30人以上の登山者がいた。台風接近とはいえやはり百名山か。北アの峰々も展望できるが明日は荒天がみこまれるから、当会の燕岳や槍ヶ岳のパーティーが中止になったのは仕方がないだろう。今年は天気に振り回される。四阿山から根子岳の間は、たどたどしい英会話を聞きながら歩いた。英語圏の白人青年と茨城から来た52歳の男性が、たまたま山頂で話し相手になり、この2人が私たちのすぐ前を歩く形だったので、話の内容を少し聞かせていただいた。改めて英会話が出来たらいいなあと思った。

　根子岳からはほかに登山者はいない。時間と天候を気にしながら展望のいい笹原の尾根を北へ向かい、小根子岳北肩へ。ここで峰の原への道を分け、急斜面をジグザグに下る。地形が平坦になる少し手前から崩落や土石流の爪痕が広がる。土石や倒木の間を縫ってテープがあるからそれに従っていく。ダケカンバの倒木地帯を過ぎると、再びよく整備された平坦な道になった。権現滝への流れを仮橋でわたり、再び急な斜面を下ると沢に出て、間もなく浦倉山からの道と合流する。駐車場に着いた頃には既に夕方の気配。やはり長い行程だった。

　3回目の挑戦でした。台風の接近で午後からは雨の予報だったが、雨は降らずに済んだ。浦倉山への登山道は途中の沢沿いの部分が土石流で失われており、一般登山者の入山禁止はやむを得ない。（事前に須坂市観光協会に照会して登山道のことは承知していた。今回、自分たちの責任で入山した。）小根子岳からの道も1か所大きな土石流で荒れていた。こちらはテープが付けられ、一応歩けるが、知らないで行くとびっくりするだろう。この2か所以外はよく整備されていた。

　行動時間11時間のハードな登山だ。体力に自信のある人にはお勧めだが、道が復旧整備されてからだ。かつては四阿山以北の登山道はなかったと思うが、今は歩きやすい。百名山として有名だが、中央分水嶺であることを知って歩く人はどのくらいいるだろうか。

上信国境
30 四阿山〜御飯岳

■期日／1983年2月11日〜12日　■メンバー／L:高見沢、SL:池田、望月（良）

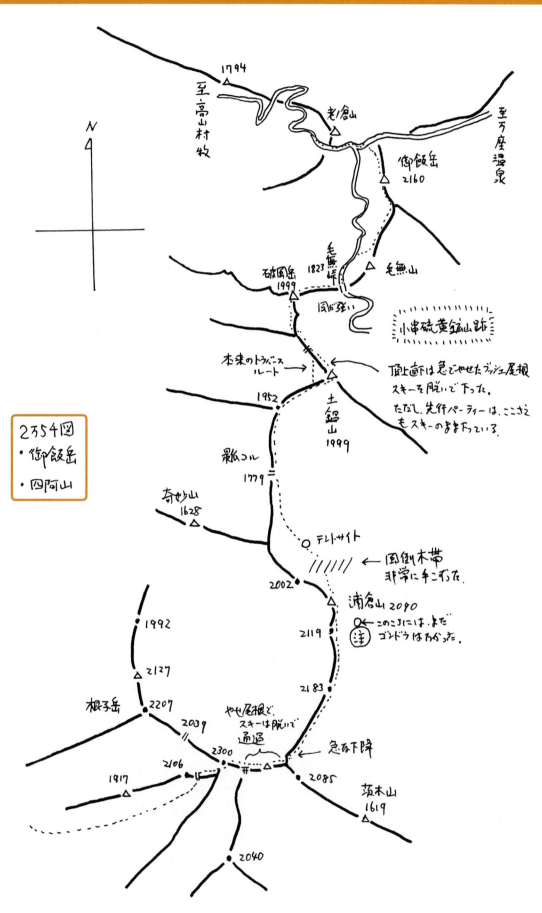

# 中央分水嶺登山
Chyuo Bunsuirei Tozan

2月11日 晴れのち雪

須坂駅【6：40発】🚗 牧場入り口【7：15着、7：40発】🎿 標高2080mのコル【11：00着、11：05発】🎿 四阿山【12：30着、13：00発】🎿 2183mピーク【15：00着、15：15発】🎿 浦倉山【16：15着、16：30発】🎿 標高1900m地点【17：50着、テント泊】⛺

　牧場入り口から予定通りのルートで登る。先週に続いて今日もカモシカを見た。2080mコルを過ぎ、次第に雪になり、寒くなってきた。予定以上の5時間かかって四阿山頂に着く。じっとしていると寒いので、踏み跡に従い、スキーを背負ってやせ尾根を下る。しかし踏み跡はすぐに消えたので、再びスキーを履く。しかし、相変わらず尾根は痩せていてしかも急だ。スキーを脱ぐと身動きできないほど沈む。スキーを着けると転倒。樹林の中で転倒の連続。2200m付近まで下るのに2時間もかかってしまった。

　2183mピークあたりからようやくスムースにピッチが上がる。
　浦倉山着。風は冷たく見通しは利かない。先行パーティーのトレースに大いに助けられ、どうにか翌日の目途が着くところまで行けた。途中の風倒木帯はトレースがなかったら大変なところだ。風倒木帯を抜けたところでテント設営。20時、会員の佐藤さんと無線交信。元気づけられる。夜空は星がたくさん見える、晴れだ。

2月12日 前日とほぼ同じ天候、降雪が激しい

テントサイト【7：00発】🎿 1952mピーク【8：10着、8：20発】🎿 土鍋山【8：55通過】👢 コル【9：20着、9：40発】🎿 破風岳【10：45着、10：55発】🎿 毛無峠【11：55通過】🎿 御飯岳【14：15着、14：30発】🎿 老ノ倉山南【15：55着、16：15発】🎿 標高1590mカーブ【17：50着、19：15発】🎿 専用道路入り口【21：15着、21：30発】🎿 牧【21：45着、22：00発】🚗 須坂市【22：20着、解散】

　朝になってみると、トレースは消えている。風で雪が飛ばされたからだ。降雪はほとんどなかったらしい。最低コルはすぐ近くだ。最初のピークまでの1時間は、スキーの真価を遺憾なく見せつけたピッチだった、確かに早い。
　土鍋山山頂に来て、北側のコルに先行の3人パーティーを見つけた。かなりのベテランらしく、トレースに無駄がない。おまけに土鍋山頂からスキーのまま降るという離れ業。全く呆れてしまった。我々はスキーを背負って下る。破風岳で万座からやってきた2人パーティーと行き違う。毛無峠でも別の2人パーティーに会った。毛無峠からいよいよ苦しい最後の登り。12時30分に佐藤さんと交信。今日中に下山する旨を伝えた。雪が激しくなってきた。
　御飯岳から視界のきかない中、北方向へ下り道に出たが、これは毛無峠への道と思い、右方向（万座方面）へ10分ほど歩いてしまった。地図を取り出して確認後、引き返した。上信スカイラインを高山村へ下る。シールを外すがスキーは一向に滑らない。懸命に下る。しかし、降雪、日没、そして空腹。我慢できず諦めて途中でザックをおろし、コンロを出して温かいラーメンを作った。
　気を取り直してスキーを滑らせる。下に着くと星が出ていた。タクシーを頼んで遅い帰宅をした。

リーダー報告

　やはり2日行程では無理だったとおもう。（計画では2泊3日で、3日目は予備日としてあった。）新雪で風倒木も多く、これで先行パーティーがなかったら3日間はかかっただろう。超一級の寒気団が居座っているときだから、ある程度の雪と寒さは覚悟しなくてはならなかったが、厳冬期としてはまずまずの天候だったと思う。私たちのほかに3パーティーがやはりこのルートを通っていたが、それはスキーツアーコースとして知られているからだろう。私たちには初めてだが、意外にそういうコースとして知られているらしい。ただし、スキーツアーでは御飯岳は巻くのだから少し違うが。降りしきる雪の中をヘッドランプを頼りにスキーで歩くという経験は薦められないが、力いっぱいやった山行だった。そして多くの反省点のあった山行だった。

上信国境
31 鳥居峠〜四阿山

■期日／1995年11月5日　■メンバー／L:高見沢、SL:高藤(澄)、高藤(美)、伝田

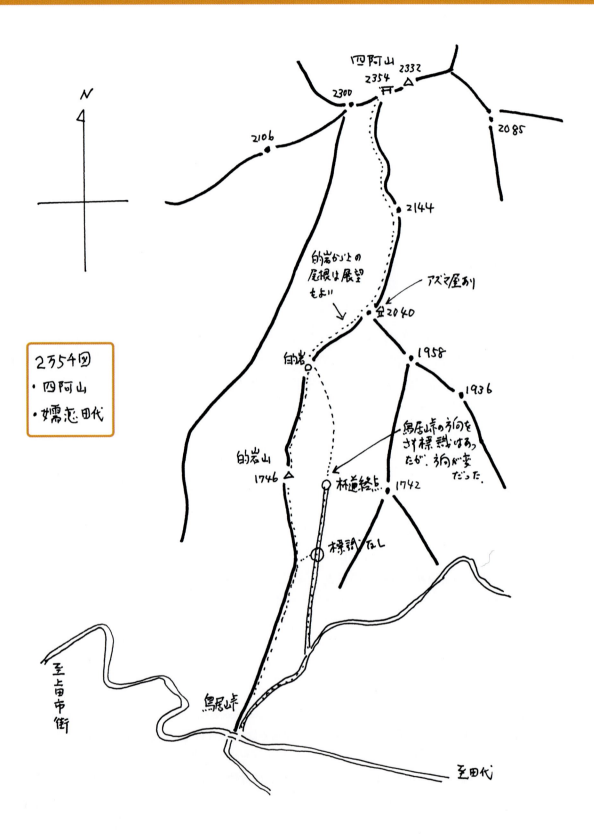

中央分水嶺登山
Chyuo Bunsuirei Tozan

11月5日 快晴

長野市【6:00発】🚗 更埴市【6:55着】🚗 鳥居峠【7:50着、8:00発】👢 分岐【8:35着】👢 的岩山【9:00着、9:15発】👢 的岩【9:35着】👢 1950m地点【9:57着、10:10発】👢 四阿山【11:20着、12:30発】👢 2040mピーク【13:10着、13:30発】👢 的岩【13:50着、14:00発】👢 鳥居峠【15:00着、15:10発】🚗 更埴市【16:00着】🚗 長野市【17:15着】

　待ち合わせ場所のパチンコ屋近くで伝田さん合流。

　鳥居峠の茶屋駐車場の西端に駐車。茶屋の人に入山口をきくと、林道を入るのがいいとのこと。林道を5分くらい行ってから登山道に入った。空は雲一つない快晴、北アルプスは真っ白だ。笹も霜で真っ白。分岐では的岩山へ直登するコースを選んだ。本当にまっすぐ登って行く。ペチャクチャしゃべっていたが、ぱったりと止め黙って歩く。平らな尾根になったので日当たりのよいところで一休み。ここでも中高年のカップルが多い。ほかの山と同じだ。

　的岩は思っていたより規模が大きい。全長200mくらいありそうだ。石垣のようだ。帰りに岩に登ってみることとして先へ行く。1950m付近、明るい草の斜面で展望を楽しむ。日光白根山の白いピークが際立っている。至仏も白い。嬬恋村の高原野菜畑のモザイク模様もくっきり、広い。2040mピークに東屋がある。登山者も多いようだ。風が冷たいので休むよりゆっくり登ることにした。

　山頂には10数人の登山者。さらに休んでいる間に倍に増えた。中高年が多いがなかなかの人気だ。ここから東に行くとバラキ湖へ下れるらしい。そちらに向かうパーティーもある。風を避けて昼食、日向ぼっこ。

　2040mピークに戻り、登る時に見つけておいたアサマブドウのひなびた実を食べてみた。まあ食べられる。的岩は幅1メートルくらいだが、簡単には登れそうにない。反対側を覗き込んだだけでやめた。下りは的岩山の東側を巻く道を選んだ。ミズナラの冬木立が陽に当たってきれいだ。林道終点ではカモシカがいた。そこの標識の向きがおかしい、鳥尼峠の方向が登り方向を示している。はっきりした道でもなさそうだから、そのまま林道を下った。10分ほど下ると、2人登ってきてこの林道では峠に出られないらしいという。うち1人は1時間近く東方向の林道を歩いたとのこと。しかし地図で見ると、突き当たったところから西へ行けばいいはず。少し下ったら西に入る登山道が見つかったので、その2人とはここで別れた。我々は林道をそのまま下り突き当たったら西へ行くと入山口近くに出た。やっぱり地図を持っていないと危ないと思った。標識を1本設置して置けばいいのだが、登る側の自衛手段として地図を見ながら歩くことだろう。

リーダー報告

　いい天気だった。的岩から上は展望も良く、気持ちのいい道である。春に来るのもいいだろう。思ったより多くの登山者に登られているルートだった。

上信国境
32 湯の丸高原・角間峠〜鳥居峠

■期日／1995年1月28日　■メンバー／L:高見沢、SL:木内、M:大日方、笠井

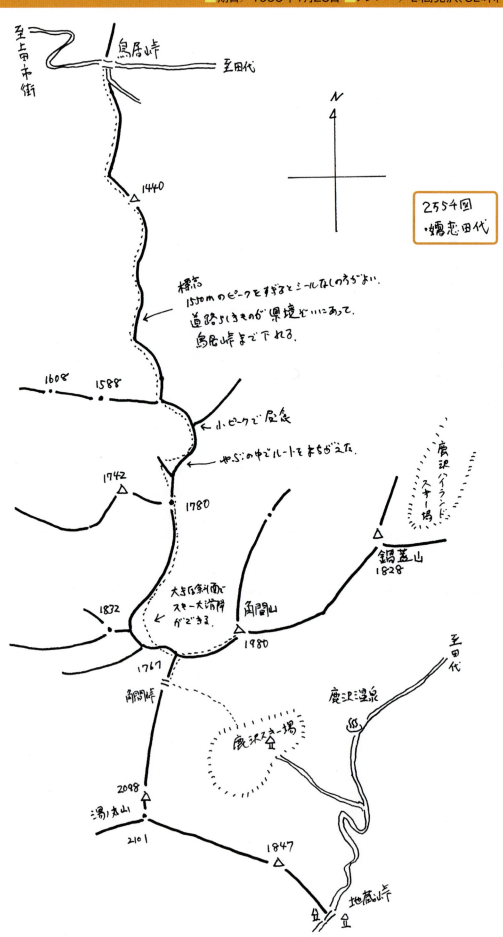

中央分水嶺登山
Chyuo Bunsuirei Tozan

1月28日 快晴

長野市【6:35発】→鳥居峠【7:47着、7:50発】→鹿沢スキー場【8:10着、8:30発】→角間峠【9:10着、9:25発】→角間山【10:00着、10:15発】→稜線【10:55着、11:00発】→小ピーク【11:45着、12:00発】→鳥居峠【13:00着、13:10発】→鹿沢温泉【13:40着、14:40発】→長野市【16:00着】

　上田経由で鳥居峠へ。笠井車を駐車場の隅に留め、大日方車に4人が乗って鹿沢スキー場へ。地図にあるよりも上まで車が入った。ほかに数台、スキーヤーの車が来ていた。席が一つのリフトが3基、家族連れで来ればのんびりできそうだ。峠を目指して適当なコースを取りスキーを滑らせる。兎の足跡がたくさんある。

　角間山着。展望は申し分ない。素晴らしい好天だ。日光、尾瀬の燧、谷川、富士山、よく見える。山頂直下の樹林帯ではスキーを外し、ツボ足で登った。県境の肩に戻り、スキー下降開始。ブッシュを抜けると広い斜面に出た。大日方、笠井2名はシールを外し、気持ちよさそうに滑る。見当をつけて県境稜線のコルへ登り返した。

　あとは藪の稜線をひたすら進む。大きなギャップも狭いところもないが、狭い樹間をうまく滑れないので、リーダーは何回も転んだ。小ピークで昼食。小さいもう一つのピークを登ったところで、笠井、木内はシールを外した。標高1550mのピークからは道らしきものが出てきたので、シールなしの方がずっと快適だ。以後、鳥居峠までは藪に悩まされずに済んだ。

　笠井車に乗り、鹿沢スキー場へ取って返す。鹿沢温泉で休憩入浴。ひなびた山のいで湯である。ほかに客はいない。山の会計を済ませここで解散。笠井車と別れ、須坂経由で長野へ。

リーダー報告

　快晴で予定通りの時間。いい足慣らしになりました。足慣らしのスキーとしては北上コースで正解でした。藪もあり、南下プランだったら途中でギブアップしていただろう。逆コースは長くてすすめられない。鹿沢温泉に浸り近くの山を登るプランもいいでしょう。

33 上信国境 上田市角間温泉〜烏帽子岳〜湯の丸山〜角間温泉

■期日／1995年11月25日 ■メンバー／L:高見沢、高藤（澄）

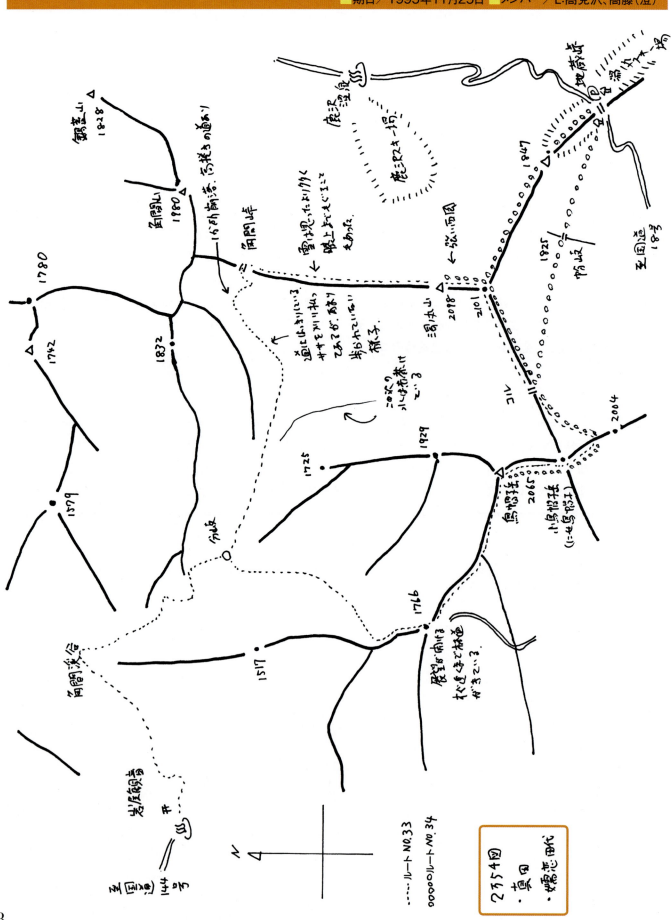

中央分水嶺登山

11月25日 快晴

長野市【6:00発】→ 角間温泉【8:05着、8:10発】→ 角間峠への分岐 → 標高1650mあたりの尾根【10:15着、10:30発】→ 烏帽子岳北峰【11:40着、11:50発】→ 湯の丸山とのコル【12:20着】→ 湯の丸山頂【12:57着】→ 湯の丸北峰【13:07着】→ 角間峠【13:35着、13:50発】→ 沢【14:20着】→ 分岐【14:40着】→ 角間温泉【15:30着、15:40発】→ 長野市【18:10着】

　出発時から雨。予報では午後回復するとのこと。そこに期待していく。地蔵峠を越えるつもりだったが、皆神山を過ぎるころから雪になった。路面にも雪がある状態。ノーマルタイヤでは危険なので、Uターンし、上田経由で行くことにする。更埴市あたりはさらに雪が強い。しかし坂城町に入ると晴れ間が広がり、上田に来ると快晴に近い。冬型の天候は地域によりまったく状況が変わることを思い知った。

　角間の家並みを過ぎたあたりから路面に少し雪がある。旅館の近くにあった川沿いのスペースに車を止めて出発。先行パーティーの足跡がある。計画では、角間峠へまず登ることにしてあったが、先行のトレースは烏帽子岳に向かっている。雪があり、アルバイトを少しでも少なくするためにトレースに従うことにした。途中、中年男女5人のパーティーと前後しながら登る。

　1766mのピークに出ると一気に展望が開けた。風は冷たくて強い。あまり休む気にならないので、そのまま烏帽子岳を目指す。冷たい風の中、かすかに残るトレースを辿って山頂着。富士山も見える。しかし何しろ風が冷たい。時間もないので先を急ぐ。南峰への稜線は吹き溜まりでは膝を越える雪があった。湯の丸山もトレースのないラッセルで歩きにくい。湯の丸山北峰に行く途中では強風に遭う。冬山そのものだ。寒いので休まずに下り始めた。かすかにトレースがある。雪は膝くらいまである。登るとすればかなりしんどかったと思う。角間峠でようやく風を避けられるようになったので一息入れた。あとは温泉までひたすら降った。

　道路は雪で凍結しているので、チェーンを着けて下るが、それも少し下ればからからに乾いた道、チェーンを外し一路長野へ。上田バイパスから18号に入るところで20分も渋滞。

リーダー報告

　下界はカラカラなのに山の上は真冬。初冬というには雪が多かったし、風も冷たかった。晴れていたからよかったが、なかなかのアルバイトだった。長野は雪でも上田は晴れだったので、この時期は南の山へ行くのがよさそうだ。

上信国境
34 湯の丸山～烏帽子岳

■期日／2017年12月10日　■メンバー／L:高見沢、SL:高藤、峯村

12月10日 快晴

長野市【7：00発】🚗地蔵峠【8：36着、8：50発】👢湯の丸山と烏帽子岳の鞍部【9：48着、9：55発】👢烏帽子岳【10：40着、10：45発】👢湯の丸山と烏帽子岳の鞍部【11：25着、11：35発】👢湯の丸山【12：15通過】👢三角点【12：25着】👢湯の丸山【12：35着】👢地蔵峠【13：35着、13：46発】🚗長野市【15：50着、解散】

　地蔵峠近くになると路面は部分的に凍結していた。スキー場ではスキーヤーやボーダーが滑り始めていた。駐車場は圧雪状態。まずキャンプ場に向かって車道を行くが積雪は5～10センチ。すっかり冬山だ。
　雪道にはたくさんの人が歩いたトレース、冬でも人は来ている。(結局この日にあった登山者は約30人)
　水平道を行く頃になると南に富士山がくっきり見えてきた。佐久平も良く見え、申し分ない快晴だ。コルで一休みしていたら、大阪から来たという年配の方が湯の丸山から下ってきた。車で一人旅をしながら全国の山を登っていて、今回は信州百名山を登っているとのこと。この方について烏帽子岳へ向かった。稜線に出ると風が冷たい。眼下に千曲川沿いの地形が箱庭のように広がっている。山頂には数人の登山者がいたが、寒いので私たちは真っ先に下り始めた。1か月早く来ていれば、陽だまり山行になっていたのに残念だ。
　コルで一休みし、湯の丸山へ登り始めた。雪で滑りやすい。アイゼンは携行していたが、着用せずに登った。湯の丸山頂も風があって寒いので、三角点を往復しただけで休憩も取らずに地蔵峠へ下った。下りは一層滑りやすく、アイゼンを使った方がよかったと思う。最後はスキーゲレンデの中を下った。このゲレンデは雪が少なくまだ営業していないから、堂々と真ん中を下った。たくさんのトレースがあった。意外に滑りやすく、尻制動で滑った跡がいくつもあった。

　快晴だったが風があり寒かった。もう冬山だ。下りではアイゼンを使った方がよかったと思う。これで県内の中央分水嶺歩きは終了しました。大勢の皆さんに同行していただきました。あらためて感謝します。

上信国境
35 篭の登山〜水の塔山〜池の平

■期日／2017年9月24日　■メンバー／L:高見沢、清野

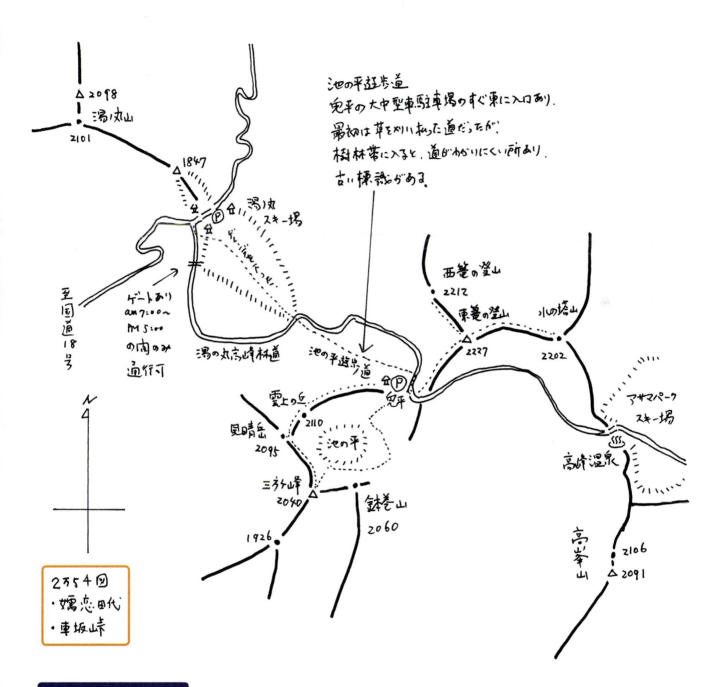

9月24日 霧のち快晴

長野市【6:00出発】🚗 兎平駐車場【7:35着、7:55発】👣 東篭の登山【8:25着：8:30発】👣 水の塔山【9:05着、9:25発】👣 東篭の登山【10:05通過】👣 西篭の登山【10:25着、10:50発】👣 東篭の登山【11:10着、11:15発】👣 兎平【11:40通過】👣 雲上の丘広場【12:10着、12:40発】👣 三方が峰 👣 池の平湿原 👣 兎平【13:50着、14:05発】👣 地蔵峠【14:45着、14:55発】🚗 鹿沢温泉 🚗 鳥居峠 🚗 松代 🚗 長野市【16:20着、解散】

101

道の駅「雷電の里」を過ぎてから湯の丸高原への道に入る。

　兎平の駐車場は有料。管理人さんの話では、すでに高峰高原から来た人がいて池の平へ行っているとのこと。朝早いのに、すでに歩いている人がいる。東篭の登山へ向かう途中でも下ってくる人に会った。霧で展望はない中、水の塔山に向かう。次第に群馬県側から霧が晴れてきて、水の塔山に着いた頃には西側にも展望が広がってきた。浅間山の中央火口丘も見えるようになったが、北アルプスは雲の中。

　東篭の登山に戻ると登山者がだいぶ多くなった。手頃な登山コースゆえか、年配のご夫婦が多い。西篭の登山へ往復のあと、兎平へ戻った。池の平湿原は火山の火口だったところで、北側の尾根はその外輪山に当たるとのこと。その外輪山の最高地点「雲上の丘広場」で休憩。展望は一層広がり、いい秋のお日和になった。今の池の平は草紅葉。花なら6月から7月がいい。手頃なハイキングコースだろう。

　兎平へ戻り、清野さんに車を運転してもらうというわがままをお願いして、高見沢は歩いて地蔵峠まで行くことにした。中央分水嶺を歩くためである。駐車場の管理人さんに聞いて池の平遊歩道を確認し、空身で出発。駐車場のすぐ下から刈り払いされた道があった。刈り払いは途中までで、人が歩かないため樹林帯に入ると道のわかりにくいところがあったが、古い標識も時々ある。少し東側には車道があるので、心強い。20分ほどで車道に突き当たり、後はスキー場のゲレンデを下る。

　地蔵峠の駐車場で待っていた清野さんと合流。帰りは鳥居峠を越えることにした。

　独身だったころ、この山域を歩いたことがあるが、記録は残してない。今回は中央分水嶺トレースという目標をもって臨んだ。

中央分水嶺登山

上信国境
36 車坂峠〜水の塔山〜高峰山〜車坂峠

■期日／1995年12月10日　■メンバー／L:高見沢、SL:米沢、木内、栗林（雄）

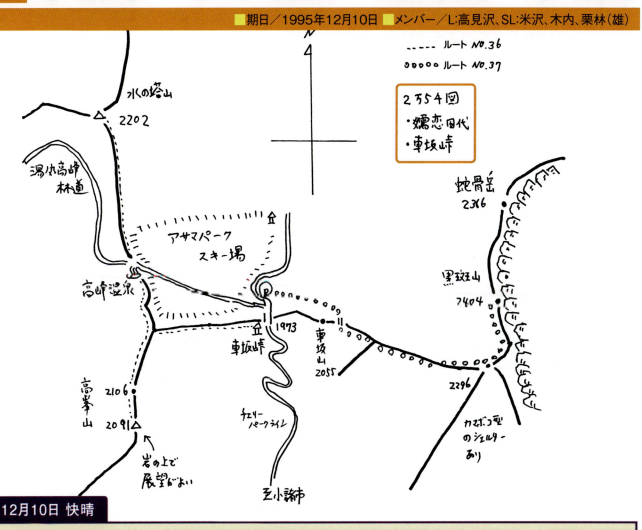

12月10日 快晴

長野市【6:00発】🚃 篠ノ井駅【6:40発】🚃 戸倉【7:05着、7:40発】🚗 車坂峠【8:20着、8:30発】🥾 水の塔山【10:00着、10:23発】🥾 高峰温泉【11:00着、11:05発】🥾 高峰山【11:55着、12:35発】🥾 車坂峠【13:10着、13:30発】🚗 戸倉【15:00着】🚃 篠ノ井駅【15:10着】🚃 長野市【16:00着】

　戸倉から米沢車で出発。チェリーパークラインに入り、少し行くと道に凍結部分が現れ始めた。運転は栗林さんに交替。ゆっくり上って行く。道は上に行くほど圧雪状態になってきた。スキー場近くの駐車場（林の中へ行くように指示された）に車を留めた。

　駐車場から、スキー場を適当に横切って林道に入る。ゲレンデ以外は膝の上まで沈む深い雪だ。林道がゲレンデを横切る所ではスキーヤーの間隙をぬって足早に行く。高峰温泉は営業中、10人ほどの登山者が出発準備中だった。宿のすぐ前からトレースのない山道に入った。水の塔山山頂は岩場に雪が積もり歩きにくい。しかし展望はいい。風も弱く、ヤッケを着ているとちょうどいい。山頂で後から来た10人ほどの中高年パーティーと一緒になった。このパーティーは東篭ノ登山へ行く。私たちは登ってきた道を戻り、今度は高峰山へ。ここはトレースがあった。先ほどのパーティーが昨日登ったのだろう。高峰山の頂上稜線に出ると佐久平の展望が素晴らしい。関東山地の重畳たる山並みが穏やかな色で続いている。スキー場の音も聞こえず実にいい。

　車坂峠へは、ホテルのすぐ東側にある鳥居のところに出た。チェリーパークラインの下りは雪が融けていたのでチェーンを巻かずにゆっくり下った。予定より早い時間に帰れた。

> 冬に手軽に登れる山である。峠のホテルは素晴らしい展望のところにある。高峰山から佐久平、関東山地がよく見える。初冬にお勧めできる。雪は膝くらいまで、トレースがあったので助かった。ストックが有効だった。中高年の10人パーティーはアイゼンを着けていたが、かえって歩きにくいと思う。ロングスパッツとストックでちょうどいい。

37 浅間山 車坂峠〜黒斑山〜車坂峠

■期日／1996年2月4日　■メンバー／L:高見沢、伝田

2月4日 快晴

長野市【5:55発】🚗 更埴市【6:35着、7:10発】🚗 車坂峠【8:45着、9:35発】⛷ コル【10:00着、10:10発】⛷ 標高2296mピーク【11:00着、11:10発】⛷ 黒斑山【11:47着、12:40発】⛷ コル【13:35着、13:40発】⛷ 車坂峠【14:05着、14:25発】🚗 更埴市【16:00着】🚗 長野市【17:05着】

　スッタドレスタイヤの早朝運転は初めてなので、念のため早めに家を出た。数日来の雪でかなり積雪が増えただろうと見込んで、前夜、山スキーを用意していくことにした。国道には雪はなかったが、チェリーパークラインに入ると途中から雪道になった。車は少ないのでマイペースで運転。助手席の伝田さんは私の運転に緊張しっぱなし。高見沢ももちろん運転に真剣。

　無事、車坂峠着。昨年12月に来た時と同様、山登りの車は林の中へ駐車するように指示された。出発に先立ち、伝田さんの山スキーが脱げやすいのでその調整に手間取った。

　標高2030m付近のコルでスキーを置く。ここからは地形が急で樹が多く、輪カンジキの方がよさそうだ。トレースもある。伝田さんのスキーの具合も良くないのでここからは輪カンジキとする。

　標高2296mピーク近くに2棟のシェルターがある。鉄製のかまぼこ型だ。浅間山が噴火したときのためだ。ここからはいったん下る。藪の中は輪カンジキが効果的だ。黒斑山山頂手前にモニターカメラがある。峠からここまでケーブルが引かれているということだ。先着していた3人の話では、先週は中高年を中心に30人くらいの登山者があったとのこと。

　黒斑山山頂まで新雪を踏んでいく。風はなく暖かい。山頂で関東山地の山並みを眺めながら、ダベリング。コルまで下って来たら、カメラを持った人たちが、もう午後なのに登ってきた。年配の人が多い。夕方5時に月と日没がみられるからとのこと。なるほどと思った。

　コルからはスキーで下った。スキー客の車で道が混まないうちに帰路へ。

> 続いた冬型の気圧配置が崩れ、快晴。足慣らしには手ごろな山だと思う。登山者が多く、カメラ持参の人が目立った。雪の少ない佐久・上州の山を見ていると、春のような気分になる。手軽に展望を楽しめる山だと思う。急きょ山スキーを持っていくことにしたが、この山は山スキーには向かない。最初から輪カンジキでよかった。トレースがあったのでそれさえなくても良かったくらいだ。雪が飛ばされて滑りやすいところが何箇所かあったが、アイゼン・ピッケルよりもストックでよさそうだ。トレースがあったから助かったが、無ければ結構疲れたはずだ。

浅間山
38 火山館〜黒斑山〜蛇骨岳〜火山館

■期日／2006年11月25日　■メンバー／L:高見沢、宮尾

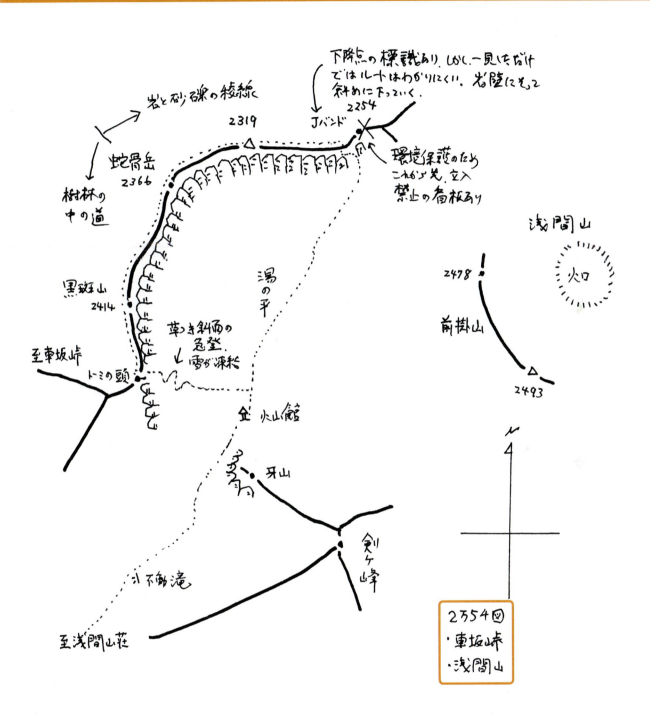

11月25日 快晴

長野市【6:30発】🚗 浅間山荘（天狗温泉）【8:00着、8:10発】👟 火山館【9:45着、10:00発】👟 トーミの頭【10:53着、11:10発】👟 黒斑山【11:30通過】👟 蛇骨岳【11:53着、12:10発】👟 Jバンド下降点【通過時間記録なし】👟 前掛山方面との合流点【13:20通過】👟 火山館【13:38着、14:15発】👟 浅間山荘【15:20着、15:40発】🚗 長野市【18:00着】

　落ち合わせ場所を、宮尾宅から小島田の駐車場へ変更。

　浅間山荘からは、年配のご夫婦1組が並行していく。冬枯れの明るい山道だ。

　火山館は新しくなって7年、薪ストーブがあって、資料館にもなっている。管理人さんがいる。無料休憩所とあるから、南向きの明るいテラスで休むのもいい。

　トーミの頭に登る草すべりの道は、凍結した雪があり滑りやすい。もし下るなら軽アイゼンがほしいところで、実際に着用している方もいる。トーミの頭の展望はいい。佐久平の全体が見渡せる。登山者が次々と登ってくる。外国人2人組もいる。黒斑山山頂には登山者が15人くらい。浅間山の監視カメラは当会会員の佐藤さんが設置に直接当たったもの。黒斑山から先の稜線は、樹林の中は雪が凍結していて滑りやすい。日当たりのいいところは雪が解けてぬかるんでいる。ルートははっきりしている。

　蛇骨岳まで来る人は10人くらい。ここから東は岩と砂礫の稜線で、雪のクラストもあり滑りやすい。日光や尾瀬の山々も見える。仙人岳を過ぎ鋸岳まで行くが、そこから先は立ち入り禁止。環境保全のためだ。本当は稜線の末端まで忠実にたどりたかったが、引き返し、Jバンドから下る。標識があるから下降点と分かるが、見下ろしてもルートが分からない。しかし2歩3歩と下ってみると岩の基部にトレースがある。崩れそうな岩の下を通って、やがて草つき、そして火口原へ下る。火口原から見上げてもこのルートは岩の重なりに隠れてしまって見えない。

　火口原の砂礫の中にトレースがある。雪が凍結していて滑りやすい。浅間山火口丘の北斜面は雪で真っ白だ。アイゼンが欠かせないだろう。

　火山館の前庭で大休止。見上げると、トーミの頭や草すべりに人影が見える。こんな時間にまだ登っているのだ。帰りは、二の鳥居から不動滝ルートを通って一の鳥居に出た。

リーダー報告

　稜線をつなぐ目的だったが、一部カットした。これは少し残念だが仕方ない。黒斑山稜線は道もしっかりしていて無雪期にはいいコースだと思うが、Jバンドからの下降部分の岩が崩れそうで要注意。もっと安全なルートが取れると思う。新しい道を作ることも考えた方がいいと思う。今回の山行では二人とも定年後のことを話しながら登るようになってしまいました。

蓼科山からの展望。中央は荒船山。
手前は千曲川流域、山の向こうは関東平野である。

ルート No.39〜68

佐久の山

Sakunoyama

39 軽井沢町
鼻曲山〜群馬県境道路〜小浅間山

■期日／2017年8月7日　■メンバー／L:高見沢、SL:山本、M:峯村、宮尾、米沢

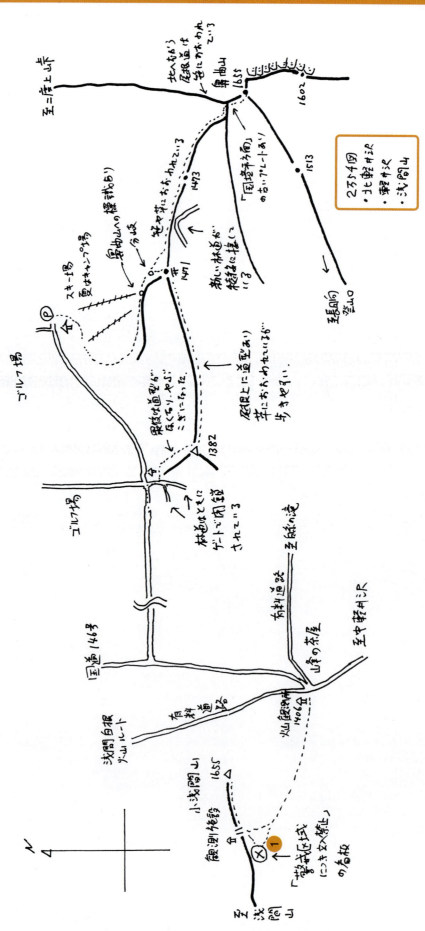

中央分水嶺登山
Chyuo Bunsuirei Tozan

8月7日 曇りのち雨

南長野運動公園【6：00集合、6：15発】🚗…新地蔵峠🚗…鳥居峠🚗…スカイパーク【8：05着、8：20発】👢…スキー場最上部【8：55着】👢…鼻曲山【9：55着、10：22発】👢…分岐【11：00通過】👢…1471m標高点【11：10着、11：15発】👢…国境平【12：00着、12：15発】👢…県境道路…峰の茶屋【13：45着、14：00発】👢…小浅間山【14：40着14：45発】…峰の茶屋【15：25着、15：40発】🚗…浅間牧場で休憩🚗…鳥居峠🚗…新地蔵峠🚗…南長野運動公園【18：00着、解散】

　長野平は快晴だったが、鳥居峠を越えると曇り空。軽井沢付近の天気は午後3時ころから雨の予報。天候を見ながら行けるところまで行ってみることにした。

　スカイパークでは昨日大雨だったとのこと。キャンプ場の管理人さんに鼻曲山への登山道を教えていただいた。スキー場を横切り、西の端から遊歩道に入る。作業道に入りスキー場の最上部まで、雨で洗掘されてはいるものの歩きやすい道を辿れた。最上部には鼻曲山への標識がある。道は笹や草がかぶさりあまり人は入っていないようだが、道ははっきりしていて、満天山方面への分岐を過ぎ、山腹を巻いて尾根へ出ればあとはその尾根筋を辿ればいい。「クマ出没注意」という看板が気になるが、今日は天候も気になる。霧でなにも見えない山頂だが、シモツケソウがたくさん咲いている。山頂近くにはレンゲショウマもあった。

　満天山方面との分岐へ戻り、1471m標高点に登った。何もないだろうと思っていたら、山頂には鳥居と祠がある。ここが満天山かどうかわからないが、かつてはもっと人が来ていたようだ。鳥居は西側にあり、祠は東を向いているのが不思議だ。尾根筋は草薮になっているがしっかりした道型がある。鼻曲山山頂近くの古い標識には「国境平」方面と記されていたから、かつてはごく普通の登山道があったのだろう。我々も国境平を目指してその道を辿り始めた。風倒木があったり不明瞭なところもあるが尾根筋を行けば間違いない。最後の国境平への下りで道型が消え、藪をかき分けて道路に出た。輸送関連と思われる会社建物のフェンスを巡ると、林道入り口に出た。2つある林道はいずれもゲートで閉ざされている。長日向、白糸の滝どちらへもここからは車はつかえない。

　ここでA班(山本、米沢)は車を置いてあるスカイパークへ戻り、B班(高見沢、峯村、宮尾)は県境道路を歩いて峰の茶屋へ。峰の茶屋13時45分を合流目標とした。B班はゴルフ場のグリーンを右に見ながら舗装道路をひたすら歩く。曇りだから暑くなくて助かる。国道146号に近くなってA班の車が追い越していく。

　A班は、ほかの登山者の好意で狭い駐車場に車を入れられた。ちょうど大勢の子供たちが小浅間山から下山してきたばかりだった。

　合流し、改めてどうしようか相談の結果、登ることにした。雨具を持ち、今にも降りそうな空模様の下登り始めた。視界のきかない中、砂礫の山頂に到着。雨が本格的に降り出したので上下とも雨具を着る。浅間山は「登山禁止」の看板があるので、それを写真に収めた。帰路、浅間牧場に寄り、ソフトクリームでトレース完了の乾杯。

①浅間山は登山禁止。残念ながらここまでで引き返す

リーダー報告

　お陰様で、軽井沢の中央分水嶺はトレースが出来ました。浅間山は登山禁止なので小浅間までで打ち切りとします。残念ですがこれは仕方がありません。

　これで那須岳から白山までは一応つながりました。(厳密にいうと、尾瀬の鳩待峠と三平峠の稜線は未トレースです。尾瀬ヶ原と尾瀬沼の部分でトレースはつながっていますが…。いつか歩くつもりです。) 物好きに付き合ってくださった方々に感謝します。

軽井沢町
40 鼻曲山、離山

■期日／1982年9月26日　■メンバー／L:高見沢、望月(良)

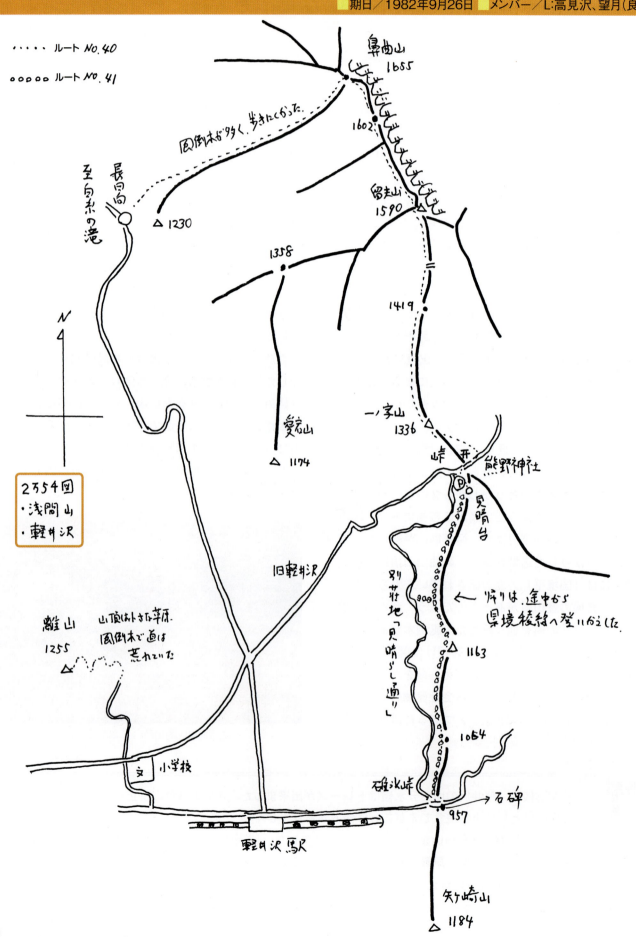

中央分水嶺登山
Chyuo Bunsuirei Tozan

9月26日 快晴

長野駅【6:24発】🚌 軽井沢駅【8:10着、8:20発】🚌 長日向【8:40着、8:45発】👣 鼻曲山【10:35着、11:00発】👣 留夫山【12:00着、12:35発】👣 峠【13:45着、13:55発】👣 離山登り口【15:00着、15:15発】👣 離山【16:00着、16:20発】👣 軽井沢駅【17:05着、17:18発】🚌 長野駅【19:30着】

軽井沢駅からバスに乗る。長日向からの道は、カラマツなどの風倒木が多く、非常に歩きにくい。それさえなければいいハイキングコースだと思う。

留夫山までの道もいくらか倒木はあるが、それほど歩きにくくはない。それでも時々バラに引っかかる。留夫山で大休止。一気に200mくらい下ると、平らな道が長々と続く。展望はない。台風のせいか、紅葉する葉もないほどすでに葉はちぎれ、落とされ、茶色になってしまっている。

峠からはタクシーをと思っていたが、空車がないので歩くことにする。途中、旧軽はヤングギャルのにぎわい。これがいわゆる軽井沢かと勉強になった。

離山の登り口まで来たが、長い道路歩きでかなりバテた。その上さらに登るのは大変苦しい。我慢してようやく頂上へ。小さい草原の上で、夕方の気配が感じられる空を眺めながら、いつまでも寝そべっていたい気分である。しかしそうもいかない。時間に追われ、大急ぎで軽井沢駅へ。汗臭いシャツで列車に乗るのは気が引けた。

リーダー報告

たっぷり歩いた。少しは体力づくりになったと思う。台風10号で倒れたカラマツなどが登山道をふさいでおり、非常に歩きにくい。長日向からは確かに近いが、この風倒木が片付かない限り、あまりすすめられない。離山は信州百山（注）の一つになっているので、この機会に登った。円頂丘の上までは道があるが、本当のピークまではかろうじて踏み跡がある程度だった。大いに疲れて、その小さな草原で青い空を仰ぐのがいい気分だった。

暑いので、半袖で歩いた。そのため、腕は擦り傷、切り傷が多かった。

今年の紅葉は望めないだろう。すでに葉は吹き飛ばされ、まるで初冬の景色だ。短い夏に改めて若葉を出した木もあるが、その若葉だけを見ると早春のようだ。しかし、間もなく寒さに会い、霜に会い、黒く朽ちていく運命であろう。

＊(注)信州百山／昭和43年4月〜45年7月、「変わりゆく山」をテーマに信濃毎日新聞紙上に毎週1回連載された地域の山。昭和45年12月に「信州百山」として刊行された。

軽井沢町
41 峠〜碓氷峠の群馬県境

■期日／2016年12月28日　■メンバー／L:高見沢、SL:宮尾、M:大久保、原田、峰村

12月28日 曇りのち快晴

長野市【7:10発】🚗 (国道18号経由) 🚗 軽井沢町峠【10:32着、10:50発】👣 1163m三角点【11:35着、11:40発】👣 碓氷峠【12:20着13:00発】👣 軽井沢町峠の見晴台【14:27着, 14:47発】🚗 長野市【17:20】

111

長野市の降雪は予想通りだが、小諸を過ぎても雪がちらついている。佐久方面は快晴のはずだが、と思っていくと、軽井沢に近づきやっと晴れ間が出てきたのでほっとした。旧軽井沢の通りは雪があったのでゆっくり車を走らせる。薄く積もった雪で路面は滑りそうだ。見晴らし台の入り口の駐車場に車を留める。

　展望台からの展望は実にいい。関東平野を見下ろし、遠く筑波山が見える。秩父の山は雲の中だが、晴れれば佐久の県境が一望できるはずだ。

　見晴らし台の南端にある東屋の手前から県境沿いの道がある。深い落葉の道で、雪が薄く乗っているが歩くのに支障はない。ミズナラなどの落葉樹林の道だ。風は冷たいが見晴らしがいいし明るい山だから気分はいい。

別荘が県境稜線まで作られているところもある。さすがに軽井沢だ。

　碓氷峠まで1時間半で到着。南方向の矢ヶ崎山への登山道もあった。碓氷峠以南はスキー場があって、稜線を歩けるか心配だったが、これで堂々と歩けそうだ。駅を目指して歩き始めたが、時間はあるし天気も良くなったので、歩いて峠へ戻ることにした。

　陽だまりで昼食。寒いのであまりゆっくりはできない。地図を見ながら別荘地の中を通る車道を歩き、いろいろなデザインの別荘を品定め（あっても掃除が大変だよなあ、などと自分を納得させながら。）。途中から県境に登って見晴らし台に戻った。雲は消え、風も収まり、展望は申し分ない。熊野神社に参拝し、1年間の登山を締めくくった。いい登り納めになった。

　稜線の積雪は5cmくらい。予定通りトレース出来た。寒い日（軽井沢の最高気温は0.3度）だったが、天候は尻上がりによくなり、いい登り納めになりました。昼ころからは真っ白な浅間山が真近かに眺められました。

軽井沢町
42 黒岩山～碓氷峠の群馬県境

■期日／2017年4月27日　■メンバー／L:高見沢、SL:峯村、M:宮尾、原田、矢野、峰村

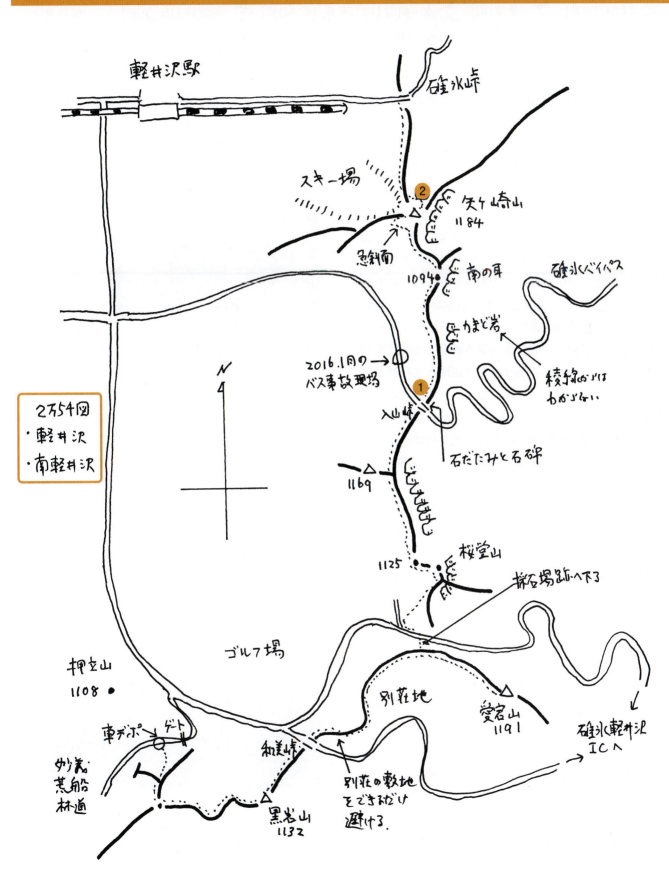

4月27日 高曇り

篠ノ井駅【6:30発】🚗 更埴IC 🚗 碓氷軽井沢IC 🚗 軽井沢町妙義荒船林道、車デポ【7:45着、8:00発】👢 黒岩山【8:45着】👢 和美峠【9:05着、9:10発】👢 愛宕山【10:15着、10:28発】👢 桜堂山【11:25着、11:30発】👢 桜堂山北峰【11:35着、11:53発】👢 入山峠【13:00着、13:20発】👢 南の耳【13:55着】👢（休憩1回）矢ヶ崎山【14:37着、14:50発】👢 碓氷峠【15:35着】👢 軽井沢駅【15:50着、16:00発】🚗 車デポ地点【16:10着、16:25発】🚗 碓氷軽井沢IC 🚗 更埴IC 🚗 篠ノ井駅【17:35、解散】

　林道のゲート近くに車をデポ。1か月前と違いもう雪はない。明るい広葉樹林の尾根を登り、前回付けたペナントを確認。黒岩山山頂には小さな標識があり裏には「すかいさん」という記名があった。佐久のほかの山で見たものと同じだ。ここにもその方は来ている。

　和美峠でどう登るか考えた。群馬県側は別荘地で、立ち入り禁止とある。長野県側は山林なので、別荘の敷地にできるだけはいらないように、笹薮の中を登った。1か所モダンな建物のそばを通る時は咎められはしないか気を使った。愛宕山をめざし急な斜面を直登。頂稜に出ると踏み跡があり歩きやすい。右手に別荘地を見ながら愛宕山へ。北斜面へ下る地図上の道は実際にはないので、いったん戻り採石場跡地へ下り車道に出た。桜堂山への登り口を探したが、正面は急な茅の法面で車が行きかう中、そこを登るのははばかられた。

　結局県境からだいぶ西へ行った林道から登ることにした。道はないが短い笹薮の落葉樹林で歩きやすい。桜堂山からは浅間山の雪形がよく見える。見方によっては花嫁に見えるそうだ。県境の群馬県側は崖だ。以後矢ヶ崎山までこの地形が続くから、足元には注意が必要。

　稜線はほぼトレースがあり、一部篠竹の藪があったが、その篠竹の藪にもけもの道があって、明るい落葉樹林の尾根歩きができる。トレースがないところもあるので地図を見ながら歩くことが大事だ。

　入山峠は交通量が多くしかも道の向こう側にはフェンスが続いている。そのフェンスの向こう側に行けば碓氷峠まで安全に行ける。広い車道を前に、安全地帯を目前にした避難民の気分だ。車の途切れるのを待って一斉に走って渡った。少し西側へ行ってフェンスの途切れたところから旧道に登った。旧道の峠には石畳と石碑があった。碑の字は私には読めないが、群馬県側を向いているから群馬の人が建てたものだろう。

①入山峠の石碑「馬頭観世音」の近くで

　矢ヶ崎山へは急斜面を登る。道はない。やわらかい土にキックステップのようにステップをしっかり作ってトラバース気味に行く。頂稜に着くとそこはスキー場のすぐそば、「矢ヶ崎山トレッキングコース」という標識があった。アンテナ鉄塔の脇を通って山頂へ。広くはないが展望はいい。軽井沢の街の向こうに浅間山、振り返れば関東平野まで見通せる。妙義山までの地形が箱庭のようだ。山頂からの下りでは、群馬県側の尾根筋に下ってみたが途中で道が不明瞭になったので、斜面をトラバースして県境稜線に戻った。碓氷峠までしっかりした道がある。軽井沢駅でタクシーに乗り、車デポ地点へ。

　早春の明るい尾根歩きだった。

②矢ヶ崎山から軽井沢駅周辺、離山、浅間山を展望する

リーダー報告　お陰様で、また一つトレースが出来ました。軽井沢ではあと鼻曲山から浅間山までが未踏ですが、浅間山は登山禁止なので小浅間までです。物好きに付き合ってください。

軽井沢町
43 八風山〜和美峠の群馬県境

■期日／2017年3月30日　■メンバー／L:高見沢、SL:牧野、M:宮尾

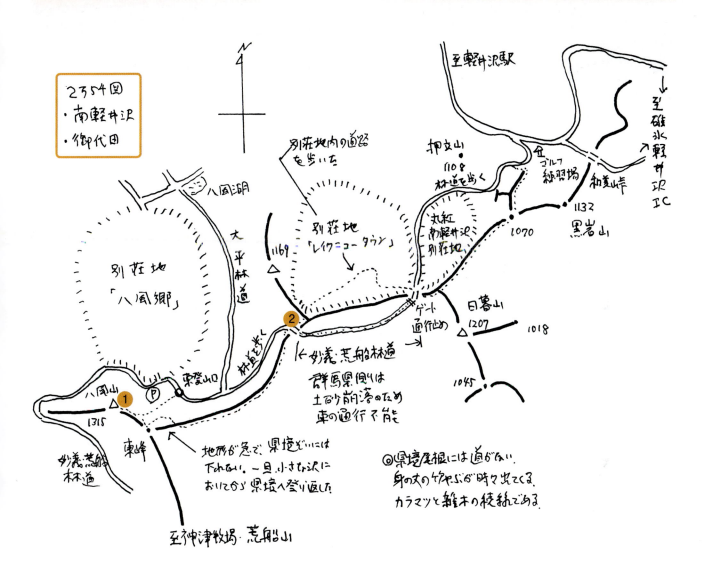

3月30日 快晴

松代町清野【6:00発】🚗（国道18号経由）🚗軽井沢町妙義荒船林道、車デポ【8:00着、8:20発】👞八風山東登山口👞八風山東峰【8:55着、9:10発】👞八風山【9:15着、9:30発】👞休憩1回👞1070m地点【13:15着、13:35発】👞妙義荒船林道【13:58着】👞（妙義荒船林道）👞群馬県側に入る【14:25】👞再び長野県側に入った地点【14:48着、14:55発】👞車デポ地点【15:40着、15:55発】🚗（国道18号経由）🚗松代町清野【18:20】

軽井沢は先日のカミ雪で思ったより残雪が多い。別荘地「八風郷」の中は一般車両の通行を禁止するという看板があった。別荘地内の道は私道だから仕方がない。今回は、ほかに道路がないので申し訳ないが通らせていただいた。妙義荒船林道は町の管理だが、群馬県側は通行不能だから、軽井沢側からのアプローチは「八風郷」の東側にある大平林道になる。大平林道には車の轍があったが、妙義荒船林道は積雪が20〜30

センチもあって通れない。

ともかく、妙義荒船林道に着いたところで積雪のため車はここまで。ラッセルで東登山口へいき、そこから登り始めた。登りついたコルから東峰へ。やせた岩

①八風山山頂

場のある尾根で、雪があるので慎重に行く。展望はいいが狭いし寒いのですぐに引き返し、西の山頂へ。
八風山は一等三角点。展望はいい。いったんコルまで戻り、東峰の北斜面をラッセルしながらトラバースし、県境の尾根を目指す。が、ここは地形がよくない。急な岩場を避け、いったん小さい沢に下ってから登りかえした。道はないから竹藪の急斜面を下って沢へ降りた。今回の山行中、最も厄介だった所だ。県境のやせた尾根にはなんとなく踏み跡らしきものがあるが、一般道ではない。しかし、2万5千図には妙義荒船林道からの破線があるから、この辺り、もともとは道があったのかもしれない。

県境は、カラマツまたは雑木に覆われ、篠竹の藪がある。竹藪が面倒なので少し北斜面をたどると藪がないことが多い。地図と磁石と現場の視界とを判断してルートを進む。いったん妙義荒船林道に出て、今度は別荘地「ニューレイクタウン」に入る。

林道から県境尾根を

②妙義荒船林道の県境。下仁田町の標識の傍から笹藪の中を登って行く

登ったら上に建物があった。こうした別荘地は尾根筋にも建物があるから、県境を辿ることはできない。やむなく別荘地内の車道をたどり、妙義荒船林道が県境を通る地点へ来た。ここからは別の別荘地「丸紅南軽沢別荘地」だ。みたところ、県境近くまで建物はあるが、群馬県側を通れそうなので尾根を進んだ。しかし先へ行くと、建物の脇を通るところもあり、やはりよくない。冬季で人がいない時期だからいいが、不法侵入と言われかねない。日暮山は軽井沢側からの登山が禁止されているのもわかるような気がする。
日暮山はカットした。北斜面で雪が多いし岩場もあるからだ。

別荘地から解放され、前方にずんぐりした山が見えてきた。それが黒岩山らしい。まだだいぶ登る必要がある。目的地の和美峠までもう少しだが、帰りの林道歩きが長いので、ここまでとし、妙義荒船林道へ下った。林道までの間、道はないが、藪はなく簡単に下れた。妙義荒船林道は、雪が消えていたり、除雪されているところもあったが、ラッセルになったところもある。群馬県側は土石の崩落で車の通行は不能だ。しかし、この林道は人目を気にせずに歩けるのがありがたい。

リーダー報告　別荘地内の山歩きは気を使う。別荘地では分水嶺に最も近い道路を歩くことで良しとするしかない。しかし、「中央分水嶺は公共財だ」というのは私だけの思い入れなのか。雪は数日前に降ったカミ雪で残ったものだろう。それがなければもっと歩きやすかったと思う。雪と藪と別荘地の住民の目と、何かすっきりしない登山だった。こうした分水嶺歩きもあるということか。

佐久の山
44 八風山〜物見岩

■期日／1999年11月28日　■メンバー／L:木内、M:山本、高見沢、峰村ほか1名

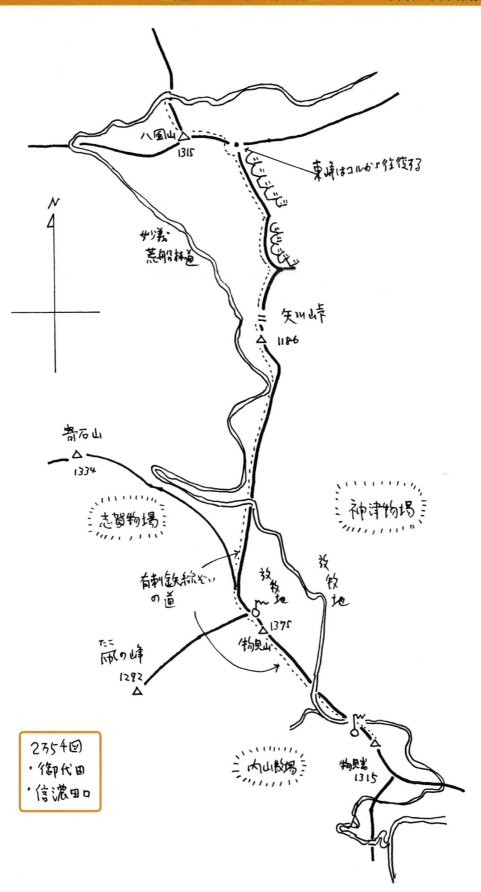

11月28日 快晴

長野市【6:10発】🚗 八風山登山口【8:15着、8:25発】🥾 矢川峠南の1186mピーク【9:13着、9:25発】🥾 物見山【10:20着、10:30発】🥾 物見岩【10:50着、11:20発】🥾 1186mピーク【12:30着、12:40発】🥾 八風山【13:22着、13:30発】🥾 登山口【13:40着、13:55発】🚗 長野IC【15:20着】🚗 長野市【16:00着】

北信は曇っていたが、佐久は快晴。すっかり葉が落ちた木々の山が明るい。冬型の気圧配置のため、西風が強く冷たい。登山道は歩きやすく、展望はいい。休んでいると寒いので、休憩時間は短めにし歩く。物見山からの展望が素晴らしい。道沿いの樹にはツルウメモドキが時々見られる。冬枯れの中に赤い実が眼を引く。冬期、リースなどの室内飾りに使うそうだ。

物見山は小さな岩峰。風当たりの弱いところで大休止。帰りは物見山の北のコルまで車道を行く。風当たりが弱いし、車は全く通らないから安心だ。この時期、登山者もごく少ない。全行程を通じて5人に会ったのみ。1186mピーク近くで、目を付けておいたツルウメモドキを少しいただいた。

帰路は碓氷軽井沢IC〜高速道で帰路へ。

感想 この時期の一番いい山です。展望はいいし、なだらかだし。楽しめる山の持ち駒を一つ増やした感じです。県境の縦走にもなりました。(高見沢)

佐久の山
45 内山峠〜内山牧場

■期日／2012年12月9日　■メンバー／L:高見沢、高藤

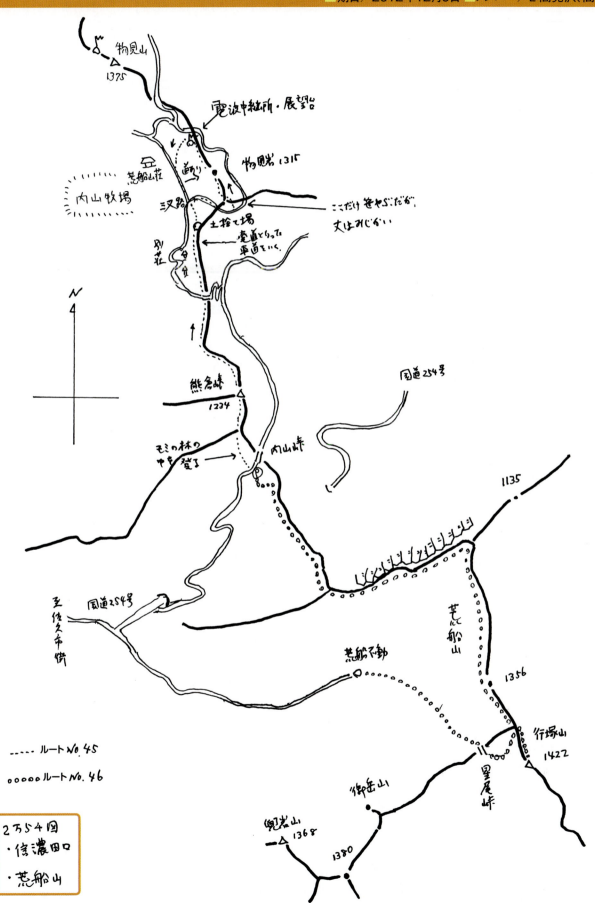

12月9日 佐久は快晴

長野市【7:00発】🚗 内山峠【8:25着、8:35発】👢 車道の峠【9:25通過】👢 休憩・土砂捨て場・三叉路の近く【9:45着、10:00発】👢 物見岩【10:25通過】👢 三叉路【10:40通過】👢 車道の峠【10:52通過】👢 内山峠【11:18着、11:30発】🚗 駒場公園駐車場【12:20着、12:50発】🚗 長野市【14:40着】

　雪が降りそうな天候。高見沢車で出発。長野IC～佐久IC間は1時間。内山峠には既に10台くらいの車がある。我々が歩き始めるまでにもマイクロバス1台と車3台が来た。佐久の方は晴れているせいか、登山者が多い。駐車場と反対側の樹林の斜面に道がある。あまり歩かれていないが迷うことはない。樹林を抜けると冬枯れの木立の尾根で明るい。妙義山やその向こうの関東平野まで展望できる。雪は北側斜面にうっすらある程度だが、寒い。

　車道の峠からも稜線にしっかりした道がある。かつては車道だったと思われる広さの道に入り、土砂捨て場で休憩。車道を歩き、群馬県側に回り込んでから尾根筋に入った。この部分だけ藪だったが、笹は短く、15分ほどで物見岩に着いた。物見岩も風が強く寒いので休まない。朝方より風が強くなった。電波中継塔に併設された展望台に登ってみるがとにかく寒い。早々に展望台を降り、かすかな道を辿って荒船山荘(冬季閉鎖中)に降り、車道を歩いて三叉路に戻った。

　車道の峠からは群馬県側の車道を歩く。西風が当たらないから寒くないのがありがたい。内山峠に戻ると車は20台くらいに増えていた。

　帰りは初谷鉱泉の前を通り、内山牧場を経て、駒場公園へ。途中、種畜牧場の桜並木を見物。駒場公園駐車場で昼食。帰りは時間があるので、下道を長野へ。

リーダー報告　寒かったが晴れている。やはり佐久の山だ。冬の間は峠から峠へ少しずつ歩いてみるのもいい。明るい冬枯れの木立の中を歩く。透明な大気の中を歩く。こんな体験をするにはいい山域だと思う。

荒船山
46 内山峠〜星尾峠

■期日／1982年9月19日　■メンバー／L、H、SL:高見沢、M:丸山(久)、高野ほか3名

9月19日 小雨

長野駅【6:24発】🚃 小諸駅 🚃 中込駅 🚗 内山峠 👢 荒船山西山頂【10:30着、12:15発】👢 分岐点 👢 行塚山【12:50着、13:05発】👢 分岐 👢 星尾峠 👢 荒船不動【13:50着、14:10発】👢 初谷鉱泉入り口【15:10着、15:50発】🚌 中込駅【16:15着、16:51発】🚃 長野駅（18:30着】

　雨天のため、計画を変更して反対のコースを取る。自然遊歩道とダブっているので道は良いが、所々台風の影響を受けたところも見られる。

　西山頂は四阿のような小屋があり、昼食に大いに助かった。行塚山の展望はあまり良くなかったが、晩秋から初冬にかけて展望が利くようになると思う。星尾峠は少々名前負けしたような峠であった。荒船不動までの道は、途中、台風のため結構道が荒れていた。

　初谷鉱泉入り口でバスを待ったが、日祭日はバスの連絡が悪いので下調べが必要だったと思う。

佐久の山
47 兜岩山

■期日／1997年11月9日　■メンバー／L:伝田、M:高見沢、峰村ほか2名

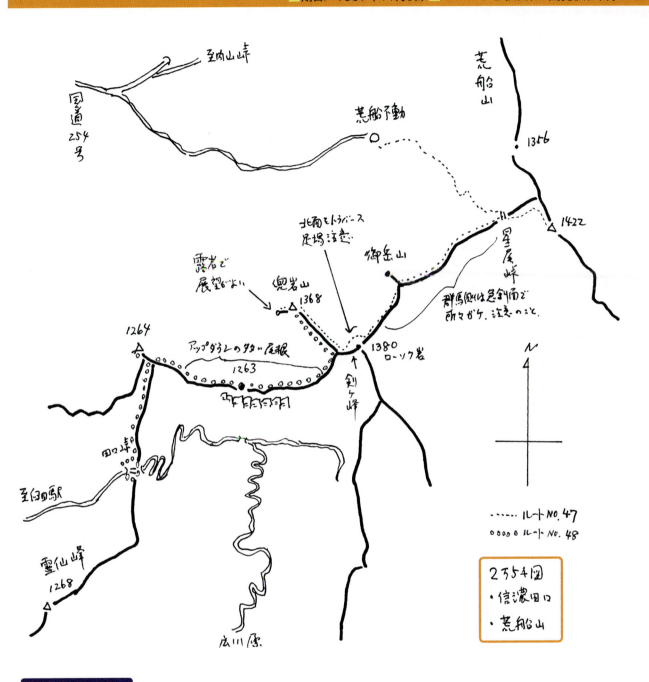

11月9日 快晴

長野市🚗内山大橋【8:25発】🚗荒船不動手前【8:35着、8:50発】🥾御岳山分岐【9:50着、10:00発】🥾兜岩山【10:40着、11:45発】🥾御岳山【12:20着、12:37発】🥾行塚山【13:20着、13:40発】🥾車デポ地点【14:25着、14:40発】🚗長野市

　高見沢は佐久の実家に泊まっていたので、長野市から来た4人と内山大橋で合流。荒船不動の少し手前で車を留めた。上から来た車の人によると、不動尊付近での駐車を拒まれたとのこと。すでに数台止めてあっ たので脇に寄せて駐車。ここは坂でしかも地面がでこぼこしているので駐車しにくい。ほかにも中高年のグループが2つ。

　星尾峠では休まずに、まず西側の登山道に入った。

すっかり葉が落ちた雑木の尾根道。展望はイマイチだが、よく晴れているので冬木立がすっきりしていて気持ち良い。ローソク岩の前後は岩場もある。北斜面のトラバースが続き、足場の悪いところもあるが、気をつけて行けばよい。岩場のところだけは展望がいい。

県境稜線を逸れて兜岩山へ向かう。（県境の稜線を田口峠方向に行く道ははっきりしているが、歩く人はいないらしい。落葉は全く踏まれていないようだ。）

兜岩山の三角点は展望がないが、西へ1分ほど行くと露岩で展望がいいところがあるとのこと。Yさんが持ってきたガイドブックに書いてあったのでさっそく

行ってみた。北ア、八つ、秩父、両神山、素晴らしい展望だ。北風も当らず誠にいい場所だ。臼田町のパラボラアンテナの動きに思わず声を上げる。この場所はお勧めだ。御岳山分岐に戻り、銅像のある園地を往復。星尾峠に戻り、今度は行塚山へ。こちらは登山者が多い。黒滝山方面を示した立派な案内板もある。しかし山頂の展望はない。

11月の陽は午後になると急に傾くように感ずる。「秋の陽はつるべ落とし」だ。荒船不動の前には車がぎっしり、何か行事があったのかもしれない。会計を済ませてここで高見沢はメンバーと別れ、佐久の実家へ。

佐久の山
48 田口峠～兜岩山

■期日／1998年2月28日　■メンバー／L:高見沢、宮尾

2月28日 霧

長野市【6：05発】🚗 田口峠【8：20着、8：40発】🥾 兜岩山【10：50着、11：20発】🥾 田口峠【13：30着、13：45発】🚗 長野市【16：15着、解散】

宮尾車を小島田の駐車場に置き、高見沢車で出発。

田口峠まで除雪はされているが、路上にも雪があり、轍になっている。道は狭いので対向車があれば困るが、ほとんど車は来ない。峠のトンネル手前に車を留めた。あたりはガスが濃く、視界が悪い。雪の登山道を行くには輪カンジキがあった方がいいが、部分的には雪のない場所もあるので、ツボ足で行く。交替でラッセルし、途中の1263m地点で休憩。さらに行くと雪が次第に深くなったので輪カンジキを着用。

兜岩山山頂から西の展望がいいところへ5分ほどラッセルしていってみたが、もちろん何も見えない。山頂にいる間に2度陽が射したがそれっきり。弁当を食べてすぐに下山開始。足がぬれているので冷たい。峠近くに戻ってから、1264mピークを往復。峠ではトンネルの上を通り南側から車道に降りた。本日の偵察はこれで終了。

相変わらず視界のきかない中を、ゆっくり運転して下ってきた。

リーダー報告

この時期の佐久の山は初めてだった。今年はカミ雪が多かったせいか、思ったより積雪があった。稜線上も輪カンジキを使うほどだった。田口峠あたりは藪が薄く、雪が締まってさえいればそんなに困難ではない。時期的には3月下旬～4月中旬くらいなら歩きやすいかもしれない。

中央分水嶺登山

佐久の山
49 小唐沢山〜田口峠

■期日／2012年12月18日　■メンバー／L:高見沢、山口

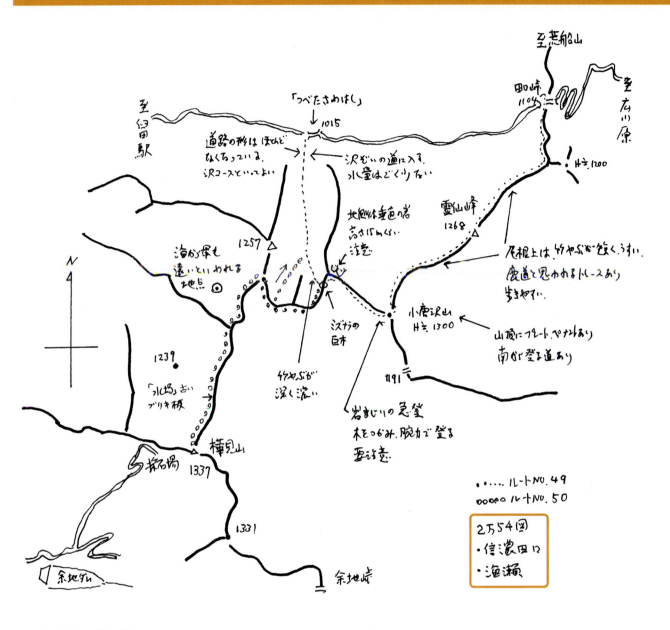

12月18日 快晴

長野市【6:50発】🚗 登山口・田口峠手前の「つめたさわはし」【8:37着、8:47発】🥾 県境稜線【9:23着、9:30発】🥾 小唐沢山【10:12着、10:20発】🥾 霊仙峰【10:55着、11:28発】🥾 登山口【12:40着、12:50発】🚗 長野市【14:05着、解散】

　山口車で出発。登り口である「つめたさわはし」近くの道脇に車を留めた。そこから小さい沢沿いに道型があるのでそこを登り始めた。12年前に来た時もそうだったが、荒廃していて道か沢かわからないくらいだ。かろうじて道の形が残っている。沢の合流点から、今回は向かって左の沢に入った。藪が深くなり、竹藪をかき分けて稜線に出た。大きなミズナラがあるので測ってみたら三抱えもあった。2000年1月にもここに来たはずだが、この大木の記憶はない。稜線に出ると、竹藪は短くまばらだから歩きやすい。枯葉の尾根を順調に行く。尾根が痩せたところは踏み跡がはっきりしている。

123

小唐沢山は最後が特に急登だ。岩混じりで木につかまって半分腕力で登る。今回のコース中一番の注意箇所だ。山頂には「小唐沢山、標高1300m、峰越林山会」の標識板がある。「2012，11，25 フジオカTK」のペナントもあった。南方向の尾根には明瞭な道がある。ピラミダルな山だから登る人が結構いるということだろう。山頂からは北側の尾根を下る。岩場混じりで急だが、登ってきた西側の尾根より安定している。霊仙峰までの尾根は、シカ道だろうがトレースがあり、竹藪も薄く歩きやすい。ブナの太い木も少しある。冬木立の明るい稜線だ。

　霊仙峰山頂で大休止。このピークは急な部分もあるが岩場もなく安定したルートだ。ここから田口峠の間も竹藪は薄く歩きやすい。小さなこぶをいくつか越え、峠トンネルの真上に着いた。トンネルの北側にある古い切通しがかつての田口峠だろう。足下には車道があり、「田口峠」の標識も見える。峠からは車道を下って登り口に戻る。車道を歩いている間に2台の車に出会ったのみ。途中住宅があるが使われなくなった別荘のようだ。

　尾根の上は竹藪も薄く、順調に歩けた。小唐沢山には群馬県側から登る人がいるようで、ペナントや標識板があり意外だった。小唐沢山の西側尾根は急で要注意。ピラミダルな山だからその分斜面は急だ。北側からのアプローチの方が安全だろう。全コース中、藪が濃いのは沢から稜線に上がるところのみ。尾根はすべて落葉樹で早春ころにはいいだろう。北信は雪模様でも、佐久の山は明るい尾根歩きが出来る。

　沢沿いを登る途中に雪の上に登山靴の跡があったり、稜線の枝に靴下がしばりつけてあったり、こんな地味な山にも来る人がいることを知り、少し楽しくなった。

佐久の山
50 樺見山付近

■期日／2000年1月9日　■メンバー／L:高見沢、SL:宮尾、M:木内ほか1名

1月9日 快晴のちうす曇り

長野市【6：35発】登山口・田口峠手前の「つめたさわはし」【8：20着、8：35発】‥‥‥県境稜線【9：25着、9：30発】‥‥‥1337mピーク【11：15着、11：50発】‥‥‥下降点【12：30着、12：40発】‥‥‥登山口【13：15着、13：30発】‥‥‥田口峠【13：40着、13：50発】‥‥‥長野市【16：30頃着】

　田口峠近くに来ても雪は全くない。地図で調べておいた脇道の入り口付近に車を留め、沢沿いに入った。道は水に洗われたためか、原形がない。それでもかなり奥まで簡単に入れた。稜線がすぐそこに見えるあたりになって、本格的な竹藪に入った。結果的にはここが最も濃密な藪だった。

　稜線に出て、大きなミズナラの古木で一休み。後は稜線に沿っていく。竹藪は薄くなり、ミズナラの林だけのところもある。1257mピークの南のコルで一休み。この辺り、笹や竹は全くなく明るいミズナラの林である。

　白い毛が落ちていた。鹿の毛だ。そばに赤黒い血に染まった落葉がある。1頭のシカがここで狩猟者の手にかかったのだろう。かわいそうだ。熊の糞と思われる土色の乾いた饅頭もあった。

　1337mピークは佐久町と臼田町の境界である。すぐ西側まで採石場が広がってきており、重機が見える。下山は往路を引き返すが、途中では群馬県側から犬の

声や銃声が聞こえる。自分たちが追っ手を気にする逃避行のような気がしてくる。県境からの下りは、一つ手前の沢から下ることにした。藪漕ぎを覚悟していたが踏み跡があり、容易に朝方の分岐点に着いた。予定していた温泉はやめ、田口峠に行って群馬県側の展望を眺めてから一路長野へ。

リーダー報告

　一部を除き明るいミズナラの里山である。狩猟に来る人がいるためか、缶、一升瓶、コンビニおにぎりの包み紙などが時々ある。鹿が撃たれたであろう跡を見ると、気分の滅入ること。こんな浅い山で追い掛け回したら逃げ場もないだろう。見通しのいい林だから隠れるところもない。大型の哺乳動物の生息域はいよいよ狭くなってしまった。狩猟なんてやめられないだろうか。

2019年5月追記

　その後鹿が増えすぎて高山では植生に影響するようになってしまった。当時すでにそうだったのかもしれない。自分自身リンゴ栽培をしていてイノシシやシカの食害などを現に受けてみると、狩猟は必要だし、野生動物とのすみわけは試行錯誤をしながらやって行くしかないだろうと、今は思っている。

125

佐久の山
51 樺見山〜余地峠〜矢沢峠

■期日／2012年12月27日　■メンバー／L:高見沢、大久保

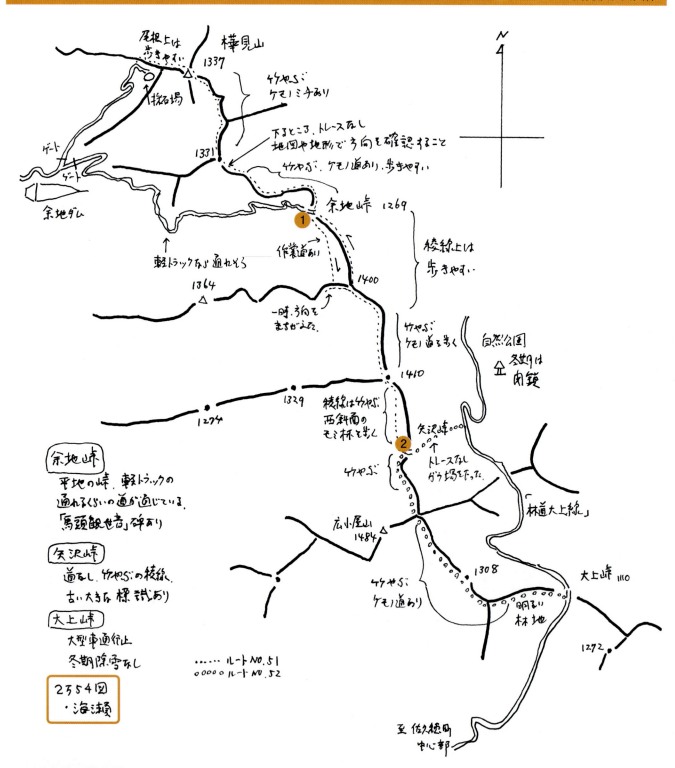

12月27日 快晴

長野市【6:30発】→余地ダム上のゲート前【8:45着、9:05発】→樺見山(標高1337m)【9:43着】→余地峠【10:30着、10:43発】→矢沢峠【11:55着、12:15発】→余地峠【13:20着】→余地ダム上のゲート前【13:55着、14:05発】→長野市【16:30着】

中央分水嶺登山
Chyuo Bunsuirei Tozan

　余地ダム上のゲート前には軽トラックが１台。その軽トラックのおじさんは門松用の松を取りにきたらしい。鉄平石採掘場に続く道のゲートを開けて、トラックで登っていった。このおじさんの話では、余地峠から矢沢峠までは道があるとの事だった（期待して行ったが、実際には無く、けもの道のようなトレースがあっただけ）。

鉄平石採掘場までは舗装道路だ。採掘場は無人だが、バックホウが１台。採掘中ということだ。稜線は岩場の上だから展望はまことにいい。標高1337mのピークまでは薮はないといっていい。このピークには「樺見山、2011.6.12（日）、12：05」というプレートがあった。名前があり、人が来ていることを知って少しうれしくなった。地図と磁石で確認すると、ここからは、尾根筋ではなく、東側の斜面を下る。刈り開きしたらしい、やや急な斜面を下る。下ると竹やぶだが、丈は１〜1.5mでけもの道があるから歩くに支障はない。竹やぶを避けて歩きやすい斜面を通ることもある。

　標高1331mのピークからのくだりはけもの道もない。地図で方向を確認しながらカラマツの林を下る。下りきれば、歩きやすい尾根道が余地峠まで続く。峠は平地で、古い看板と、「馬頭観世音」の碑がある。そのほか、字は読めないが小さい石碑が５つほど。軽トラックなら通れるくらいの道が群馬県側へ続いている。

①余地峠、古い石碑がいくつもある

　余地峠からは薮のない木立の斜面を登る。少しいくと、右手に細い作業道が見えたので、この道を辿る。この作業道が終わったところで稜線に上がるが、左へ行くべきところ右へ行ってしまい、地形や方向が変なことに気づいて、引き返し、本来の分水嶺稜線に出た。標高1400ｍの平坦な尾根は薮がなく歩きやすい。明るい冬木立の尾根だ。この尾根を下るところから1410ｍのピークまでは竹やぶだ。けもの道があるのでそこを選んで歩く。今回のコースでは一番薮らしいところだ。

　1410ｍのピークからの稜線は竹やぶがひどい。しかし、西側斜面にはもみの林が続いており、そこは下生えが全くないから、ここを歩く。（結果的にはこのため矢沢峠を通り過ぎてしまった。）広い平坦なところに来て、このあたりが峠と思って標識などを捜したが見当たらない。群馬県側へ下る道もないわけで、来た道を引き返すことにし、今日２回目の休憩。快晴で風もないがとにかく空気が冷たい。ゆっくり休む気にならない。

　引き返し始めてすぐ、稜線の竹やぶが薄いところがあった。何か見えるかもしれないといってみると、ここに「矢沢峠」の大きな古い看板。思わず「あった！」。しかしここにも群馬県へ下る道はないことを確認。

　余地峠近くになってからも稜線を行く。歩きやすい。峠の直前で作業道に入ったが、それも遠回りになりそうなので、針葉樹林を抜けて余地峠の道へ出た。

②矢沢峠の標識は竹藪の中に没していた。道型も失せている

ここからは車道を下って登山口まで。通行止めになっているが軽トラックなら峠までいけるだろう。実際、轍もあった。

リーダー報告

　文字通り雲ひとつない快晴。寒いが風もなく、いい陽だまり登山だった。稜線には道は無い。半分くらいは笹も竹もなく歩きやすいが、竹やぶのところでは鹿が通るだろう、けもの道を辿ることが多い。竹もほとんどは胸までの高さで、密生していないところを通れば歩きやすい。雪は日影にうっすらあるのみ。冬枯れの木立を通して北アルプスから日光まで真っ白な山々を展望できた。

佐久の山
52 大上峠〜矢沢峠

■期日／2014年2月7日　■メンバー／L:高見沢、宮尾

2月7日 晴れ

長野市松代PA近くの堤防駐車場【車デポ7：50発】🚗 松代IC 🚗【高速道路利用、料金750円】🚗 佐久南IC 🚗 大上峠【9：25着、9：40発】👢 標高1280m峰【10：05通過】👢 標高1450m峰【10：54通過】👢 矢沢峠【11：14着、11：15発】👢 群馬県側に下る 👢 林道【11：54着】👢 大上峠【12：30、車内で昼食、13：15発】🚗 天然記念物の臼石見物 🚗 国道18号経由 🚗 松代PA近くの堤防駐車場【16：00着、解散】

　古谷ダム手前から林道大上線に入る。路肩崩落のため大型車は通行止めだが、雪は日影にあるのみで、問題なく峠についた。葉を落とした明るい林が広がる。天気もいい。寒いが風もなくいい陽だまり山行になりそうだ。

　早速、矢沢峠目指して稜線をいく。標高1250mあたりからは篠竹の薮になった。その薮の中にけもの道がしっかりあるので、これを辿る。標高1450m峰への登りは急だ。深い薮の中に続くけもの道をひたすら辿る。薮が終わるとそこは標高1450m峰。ここから西へ行けば広小屋山（1484m）。そちらの稜線は歩きやすそうだ。帰りに山頂へ寄ることにして、まず矢沢峠へ下る。北側斜面は急で篠竹がなく、鞍部になると再び篠竹の薮だが、ここもけもの道を拾って峠まで行く。一昨年の12月に来ているので迷わず峠に着いた。

　ここで考えた。群馬県側へ下る道はどこにあるのか。篠竹の薮の中に道らしきところがあるので、1分間だけ下ってみることにした。確かに道らしいものが続いている。2万5千図に記載された道よりだいぶ北よりだが、道型だ。辿るうちにだいぶ下ってきた。やがて篠竹はなくなり、ガラ場になって道型はわからなくなってしまった。雪が積もっているが、ずっと下まで見通せる。まだ見えないが、下には林道があり、そこへ出れば大上峠へ簡単に戻れる。ここを下ることにした。ガラ場を下るにしたがって、林道が見えてきた。

　無事、林道着。後は群馬県側の展望を楽しみながら、峠まで歩くのみ。林道の日影部は氷結しているが、轍はある。雪も少ない。たまに通る車があるようだ。

　峠に戻り、車内で腹ごしらえをし、時間があるので「臼石」を見物してから帰路に着く。帰りは下道を行く。

　いい陽だまり山行でした。計画を一部変更し、矢沢峠から群馬県側の林道へ下りました。行動時間は3時間。雪が少なければ手頃な里山です。これからはカミ雪で佐久の山も積雪が増えますが、3、4月はチャンスでしょう。
　なお、雪は少なくても凍結しているので、軽アイゼンはあったほうがいいでしょう。

佐久の山
53 大上峠〜十石峠

■期日／2016年3月11日　■メンバー／L:高見沢、宮尾

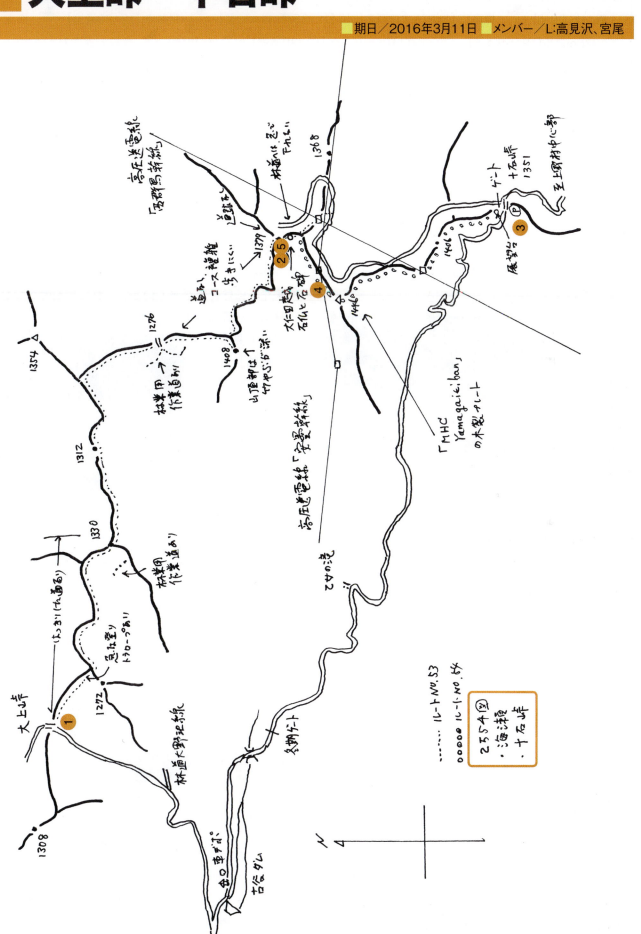

3月11日 曇り、のち小雪

長野市【6:05発】🚗（国道18号）🚗 古谷ダム【8:40着、8:55発】👢 大上峠【9:31着、9:46発】👢 稜線【10:05着、10:15発】👢 標高1290m地点【10:32通過】👢 標高1330mピーク【10:55着、11:00発】👢 標高1312mピークの西の平頂【11:35着、11:50発】👢 屈曲点【12:29通過】👢 標高1276mコル【12:50通過】👢 標高1408mピーク【13:30通過】👢 休憩1回 👢 東電大鉄塔【14:53着、15:00発】👢 十石峠【15:50着、16:05発】👢 古谷ダム【17:35着、17:50発】🚗（国道18号）🚗 長野市【20:28着】

　通勤時間に当たったため、上田の浅間サンラインで車の流れが悪かった。古谷ダムへ近づくと路面に雪や凍結がある。無人のダム管理事務所に車をデポ。

　大上峠へ雪の積もった林道を登って行くと、群馬県側から軽トラックが下ってきた。そしてしばらくすると今度はそのトラックが登ってきて、群馬県側へ行った。雪の少ない今年、この林道は冬期間も行き来があるようだ。

　大上峠からはいよいよ藪と思いきや、道がある。急斜面にはトラロープがあり、稜線へ出る最後の急斜面はこれを頼りに登った。稜線

①大上峠、ここから稜線を辿って行く。最初ははっきりした道がある

に出てからも踏み跡があるらしく、歩きやすい雪の稜線をたどる。標高1330mの平坦なピークには、「N36°07'42"、E138°37'29"」という表示があった。珍しい表示だ。ドクターヘリの電話番号も表示されていた（この後、もう一回同じような表示が木に取り付けられていた。測量のためか、緊急事態のためか、わからない。）このピークのすぐ南側には林業用の作業道があり、おそらく、林道大野沢線の延長部分なのだろう。林道を使えば藪漕ぎなしでこの部分の分水嶺を歩けるだろう。

　この先、稜線が複雑になるとともに踏み跡は不明瞭になり、ペースが落ちた。標高1276mの鞍部には林業用の作業道が何本もある。これもおそらく林道大野沢線の延長部分なのだろう。

　標高1408mピークは竹藪が密生している。今回の登山中最も藪らしいところだった。このピークから林道へ降りることも可能だが、時間があるし天候は曇りのままだから、十石峠を目指す。しかしここからは稜線の形状が一層わかりにくい。小さなピークがいくつもあり、それぞれから派生する尾根が主稜線と直角だから、下降地点では方向を確認しなければならない。そのたびに地図と比べながら雪の灌木の中を下った。標高1379mピークへの登りからは踏み跡がはっきりしてきた。

　標高1379mピークからは群馬県側の展望がある。すぐ下には林道が来ている。これは十石峠へつながる林道だ。鞍部には古い石仏（？）があった。何かの資料で見た「大仁田越」というところはここかもしれない。もう一つピークを登ると、そこには東京電力の巨大な送電線鉄塔がある。高さは

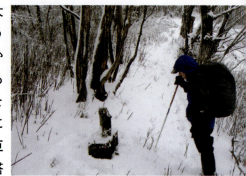
②大仁田越、欠けた石仏があった

100m以上だろう、半分から上は雲の中だ。おそらく柏崎の原発からの送電線だろう。時刻は15時、少し雪も落ち始めた。ここからは林道を十石峠まで行くことにし、稜線歩きは次回とする。10〜20センチの積雪だが、林道のラッセルをじっと耐えて続けた。

　十石峠では展望台に入って雪を避けて休憩。マイナス2度、結構寒い。峠の両県にそれぞれゲートがあり、4月7日11時まで冬季通行止め。長野県側にはゲートまで真新しい

③冬の十石峠

轍がある。昨日か今日、車で来た人がいる。この轍を踏んで下る。ラッセルより歩きやすいので助かった。ひたすら歩いて1時間半で古谷ダムに着いた。予定

より遅くなったのでその場で留守本部へ連絡。いいトレーニングになった。

> **リーダー報告**
>
> 天気予報では晴れ間を期待できたが、曇りで寒い日だった。前日までの新雪が10センチくらい積もっていて、木に着いた雪のため視界も今一つだった。途中までは道もあり、濃い藪は一部にあったのみで、比較的歩きやすい。スタートが遅れたこともあって、最後の部分は林道を歩いた。この部分はあらためて春に歩こうと思う。
>
> 雪は少なかった。輪カンジキもアイゼンも使わなかった。ストックとツボ足で歩いた。

54 佐久の山 十石峠～大仁田越

■期日／2017年11月7日　■メンバー／L:高見沢、宮尾

11月7日 快晴

長野市【7:00発】→十石峠【10:09着、10:20発】→1446m三角点【11:15通過】→大仁田越【11:45着、12:35発】→（林道歩き）→十石峠【13:03着、13:30発】→【途中、千曲川ビューライン経由】→長野市【17:00着、解散】

　峠には既に2台の車とバイクが1台。平日だが、年金生活者には曜日は関係ない。展望塔の脇を通って県境の尾根を辿り始めた。ここでも篠竹は枯れていて、藪はないといっていい。が、はっきりした道があるわけではない。かすかな踏み跡だかけもの道だかわからないトレースを拾いながら、尾根筋を行く。カラマツや雑木だからすでに葉が落ちて明るい。送電線鉄塔のあるピークを過ぎると、一旦、群馬県側の林道に降りる。そこには伐採されたカラマツの丸太が積み上げられていた。林道の先からはチェーンソーの音も聞こえる。林道沿いでは伐採作業が行われているようだ。

　再び尾根筋を辿り、標高1446mの三角点に着くと、古い木製のプレートがあり、三角点の標高のほか、[MHC Yamagaitiban]と記されていた。これは川上村や木曽楢川の中央分水嶺でも見たものだ。この先達者はずーっと以前にトレースしていたのだ。相通ずるものがあるといっては僭越だが、やはりうれしい。このピークを降りたところからははっきりしたトレースがあったが、これは送電線の巡視路なのかもしれない。

　二つ目の送電線鉄塔を過ぎると、昨年3月に来た時に通った大鉄塔が右手に近づいてきた。今回はその鉄

④冬木立の明るい尾根道。低山歩きの大きな魅力だ。

塔の手前で左に折れ、大仁田越に下った。昨年は雪でゆっくり見られなかったが、やはり石仏で頭部がなくなっていた。台座には人名らしきものが記されているが、苔で全容はわからない。前回は気付かなかったが少し離れたところに石碑があった。これも上半分が欠けているが下の3文字は「観世音」だ。おそらく「馬頭観世音」なのだろう。2基とも大仁田川の谷を見下ろすように立っている。2万5千図には歩道の記載があるので、尾根筋を探したが痕跡らしきものもなかった。林道や車道が出来、使われなくなって久しいということだろう。

帰りは、尾根筋を戻り、途中から林道を歩いた。昨年3月には雪道でたっぷり1時間かかったが今回は30分足らずで十石峠に戻った。峠では高崎ナンバーの車で来た年配のご婦人2人がおしゃべりに余念がないようだった。展望塔に登り、改めて群馬県側の展望を楽しんだ。

⑤大仁田越、冬と違い、落ち葉の中に石仏と石碑

素晴らしい秋晴れ。紅葉や黄葉の山腹、乾いた枯葉の尾根歩き、群馬県側の展望、いい山歩きだった。藪はほとんどなく歩きやすい。大仁田越では小さな石仏と観世音の碑、かつての道の跡は見つからなかったが、苔むした石仏が往時の人との行き来を忍ばせてくれた。

佐久の山
55 四方原山〜十石峠

■期日／1999年11月13日　■メンバー／L:高見沢、仲沢

11月13日 快晴

長野市【7:00発】→四方原山登山口【9:30着、9:40発】→分岐【10:30着、10:40発】→四方原山【11:45着、12:10発】→送電線鉄塔【14:10着、14:35発】→十石峠【16:05着】→鍵掛沢の登山口【17:00着】

　土砂崩れのため、十石峠方面は通行止め。鍵掛沢の登山口に車を置き、登り始めた。バンガロー区域を過ぎ登山道に入る。人が歩いていないせいか荒れている。それでも笹は刈り払ってあり迷うことはない。分岐は尾根の上だが、竹藪で展望はあまりない。「村界を通って四方原山」の道に入った。人が入らないせいか、荒れていて歩きにくい。刈り払った跡はあるが、少しわかりにくいところもある。延々と山腹をトラバースする。村界に出ると尾根上の刈り払い道で歩きやすい。平坦な頂稜部はカラマツ林、すっかり葉が落ち明るい。四方原山の山頂で休んでいると白岩から男性1人が登ってきた。

　来た道を戻って、県境へ向かう。今度は刈り払いなし。道は尾根の南側を延々とトラバースする。道ははっきりしているが、竹藪がかぶさり、時々倒木もあって歩きにくい。山頂部は通らない。1685mピーク近くになって明るいミズナラの林の山腹を行くが、再び竹藪になってしまった。送電線鉄塔が近くなって道路に出た。鉄塔の草地は展望もいい。

　鉄塔から1626mピークまでは尾根上の歩きやすい道が続く。しかし、「水の戸」という標識に従って群馬県側に入った方がよかった。1626mのピークからいい道に惹かれて下ってしまった。登り返して藪をこいで「水の戸」への道に戻った。これに従っていけばアンテナ塔に行く。1531m地点のアンテナ塔近くで鹿を3頭見た。アンテナ塔からの道ははっきりしていない。広い尾根の中に踏み跡はあるが、わかりにくい。竹藪を分けて下るところもある。しかしすぐそばを車道が通っているし峠は近いので苦にならない。

　十石峠に着いたが、予定より遅れているので休まずに舗装道路を下る。通行止めのはずだが、車が通っている。崩落個所は乙女の滝近く。片付いてはいるが、防護ネットは取り外されたまま。再びいつ落ちてくるかわからない状況だ。暗くなり始めたころ車に戻れた。

中央分水嶺登山
Chyuo Bunsuiroi Tozan

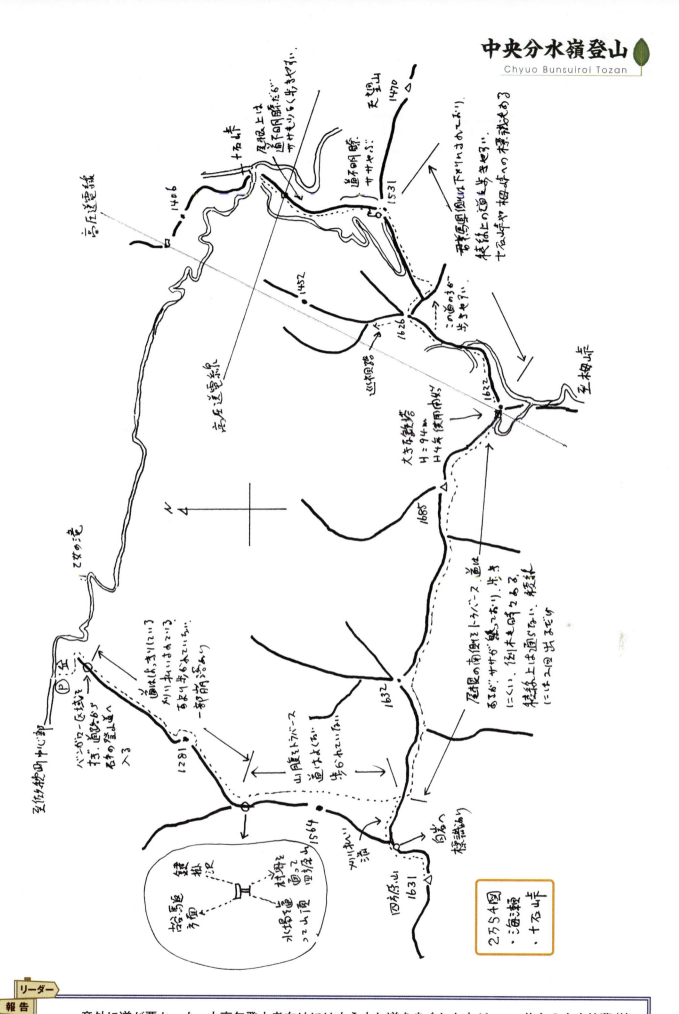

リーダー報告

意外に道が悪かった。中高年登山者向けにはもう少し道を良くした方がいい。佐久の山も竹藪（篠竹）に覆われている。藪漕ぎは大変だ。

56 佐久の山
栂峠〜武道峠

■期日／2001年1月13日　■メンバー／L:高見沢、SL:宮尾、峰村ほか1名

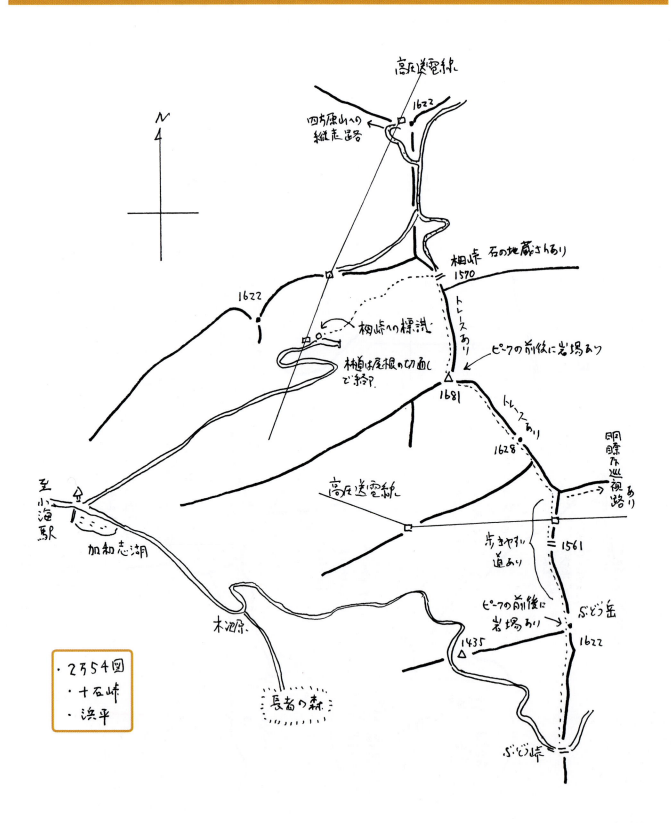

1月13日 薄曇り

長野駅【6:00発】🚗 西部公民館【6:05着、6:10発】🚗 佐久町役場駐車場【8:30着】🚗 北相木村加和志湖登山口【9:10着、9:25発】👢 車道終点・歩道登山口【10:30着】👢 栂峠【12:05通過】👢 1681mピーク【12:35着、12:50発】👢 武道峠【14:30通過】👢 加和志湖登山口【16:25着、16:35発】🚗 佐久町役場駐車場【17:10頃、解散】

　西部公民館でY車と合流。2台で佐久へ。佐久町役場駐車場にY車を置き、高見沢車で北相木村へ。車道に雪はない。加和志湖は凍結し、氷上でワカサギ釣りの人が数人いる。車を置いて林道を行く。林道は尾根を回ったところでストップ。結局200〜300m引き返して、栂峠という標識のあるところから山道に入る。幸いトレースがあった。刈り払われはっきりした道だが、傾いていて少し歩きにくい。

　栂峠には小さなお地蔵さんがあった。群馬県側から道が来ている。両神山など上州の山々は良く見える。県境沿いの車道を佐久町境の送電線鉄塔まで往復する。いろいろな動物が通るらしく、トレースになっている。このころは南アルプスの山々も見えた。高曇りで寒い。

　栂峠に戻り、いよいよ道なき山に入る。しかし、前橋営林局の「境界見出標」があるし、木にペンキも塗ってある。トレースもある。順調に1681mピークに着いた。Yさんが右足にけいれんを訴えたので、以後気を付けながら行く。このピークと武道岳には岩場がある。雪が乗っているので要注意だ。巻いていく。それ以外はほぼ稜線上の道を行けばよい。藪漕ぎはない。

　武道峠の車道に降りる場所は高さ5mくらいの崖。それを避け、最後に本格的な藪漕ぎをして峠に降りた。ベンチで休んでいると群馬県側から軽トラックが来た。行方不明の猟犬を探しているとのこと。乗せてくれそうな気配もしたが、歩くことにした。峠は通行止めだが、軽トラやジープなら通れるらしい。凍った轍を避けて滑らないように雪の上を歩く。

　高見沢は実家へ、3人はY車に乗り換え、長野へ。

リーダー報告

　少し前のカミ雪でこの時期の佐久としては雪が多かった。昨年なら積雪はゼロだったと思う。輪カンジキ、ピッケルは車において行った。アイゼンだけ持って行ったが使わなかった。

　登り口から1時間近くは車道歩きだった。地図にはない道だったが、送電線鉄塔建設時に作られたのかもしれない。もう一つ予想外だったのは、栂峠〜武道峠間はほぼ道があったことだ。岩場だけ気を付けて巻いていけば手頃な里山だといえる。小さな未知の山域を少しずつ広げていきたい。

　栂峠への道には轍があって、歩道に入るところで終わっていた。車でここまで来て栂峠に行ったのかもしれない。

北相木村

57 武道峠～弥次の平～石仏～御座山

■期日／2017年5月23日～24日　■メンバー／L:高見沢、SL:坂本、M:宮尾

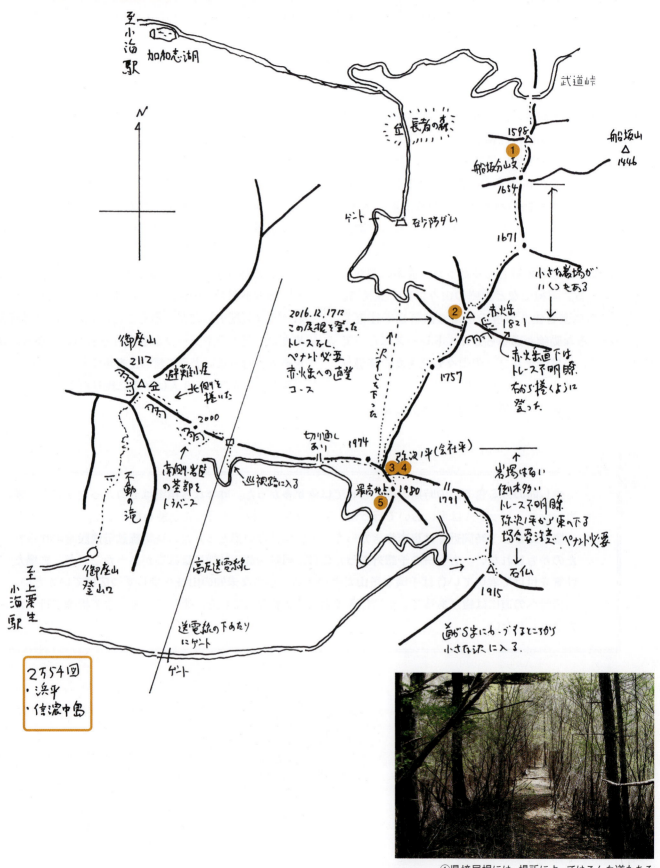

①県境尾根には、場所によってはこんな道もある

中央分水嶺登山
Chyuo Bunsuirei Tozan

5月23日 晴れ

長野市【6:15発】🚗 松代IC（高速道路1560円）🚗 佐久南IC 🚗 北相木村長者の森・駐車場【8:10着、坂本さん合流、テント設営、9:20発】🚗 武道峠【9:30着、9:45発】👢 休憩2回 👢 赤火岳【12:25着、12:50発】👢 休憩1回 👢 弥次の平【14:20着、14:42発】👢（沢筋を下る）👢 林道【15:30着、15:35発】👢 砂防ダム・車デポ地【16:15着、16:18発】🚗 武道峠・車回収【16:30、16:35発】🚗 長者の森キャンプ場【16:45着、テント泊】⛺

武道峠には熊谷No.の車が1台。おそらく武道岳に登ったのだろう。準備中にも群馬県側から車が峠を通って行った。枯れた篠竹の中の道を長野県側から巻くように登ると稜線の踏み跡に出た。以後、県境稜線上にはある程度の踏み跡がある。昭文社の地図では、船坂山分岐という表示があるが、分岐点には何の表示もない。破線で記されているように、一般的な山ではないようだ。稜線は樹林の中で展望はない。岩場が何回も出てくる。シャクナゲの藪もあるがそこにも道がある。

赤火岳の最後の登りは急な樹林中で踏み跡が怪しくなったが、ペナントがあるのでそれに従って、右から巻き上げるように登った。

赤火岳から弥次の平の間は踏み跡の不明瞭なところが多い。特に弥次の平山頂近くになると踏み跡はないといっていい。苔むした倒木を踏み越えていくしかない。昨年12月に残したペナント地点で休憩。最近は雨が少ないせいで苔も乾いている。その苔に寝転んで休憩できたのはラッキーだった。

下りは前回と同じく沢沿いに下った。咲いていた花の名前を調べようと写真を撮ってきたが、まだ調べてない。

②赤火岳山頂、狭く展望はない

③弥次の平（又は会社平）の樹林の中、乾燥した日が続いたので、苔も乾燥していた

車を回収してから、キャンプ場の管理事務所でアイスクリームを食べ、ゆっくり夕食。カラマツの新緑が鮮やかなテントサイト。今日の宿泊者は我々のみ。

5月24日 曇り

長者の森キャンプ場【5:40発】🚗 御座山登山口・車デポ【6:20】🚗 栗生沢林道ゲート・車デポ【6:35着、6:45発】👢 休憩1回 👢 林道から沢筋に入る【8:08】👢 県境稜線【8:35着】👢 石仏【8:45着、9:00発】👢 休憩1回 👢 弥次の平最高地点【10:38着、10:50発】👢 切通し【11:35着、11:40発】👢 送電線巡視路入り口【11:48着、12:00発】👢 御座山【13:30着、13:55発】👢 御座山登山口【15:15着、15:20発】🚗 栗生沢林道ゲート【15:40着、解散、15:50発】🚗 小諸IC 🚗（高速道路1160円）🚗 更埴IC 🚗 長野市【18:15着】

朝から曇り。午後には所により雨の予報だ。御座山登山口には野田No.の車が1台。

栗生沢林道ゲートには長野No.の車が1台。これは釣り人だった。

林道のＳ字カーブ地点から沢筋に入った。小さい水流があったが、少し登った地点で水流はなくなり、後は斜面をまっすぐに稜線を目指した。踏み跡も何もないが、稜線に出るとけもの道程度の踏み跡があった。石仏への登りは踏み跡がなく、苔むした岩や倒木を踏んでいくしかない。山頂稜線の東の端に出た。三角点の近くに出ると思っていたのでやや意外だった。昨年11月に来た時にあった木製のプレートはなくなってい

た。古いブリキの標識は近くに落ちていた。なぜ新しい標識をとってしまったのだろうか。

　ガスが出てきて、稜線が見えなくなってきた。視界が利かないと要注意なのだが・・・。

　石仏から北の稜線は平坦で踏み跡が不明瞭になった。カラマツの植林地は間伐されていて、そこだけは踏み跡が分かりやすかったが、それ以外のところはこれといった明瞭なものがなく、錯綜するけもの道を拾いながら行く。針葉樹林だから藪がない代わりに倒木が多い。樹皮をかじられた木が多く、枯れているものも、枯れそうなものも多い。鹿のせいだろう。コルの1791m地点は20年前に来た時、かび臭い篠竹の藪に悩まされたところだ。ここでも篠竹はすべて枯れている。おかげで視界が利くし歩きやすい。

　弥次の平最高地点で休憩。昨日休んだ地点の近くで、明治大学WV部の名前が入った1971（or1976？）5月31日付「弥次の平」のブリキのプレートがあった。今までここに2回来ているが気づかなかった。稜線を辿り、切通し手前で林道に降りた。林道のS字カーブ地点で休憩の後、巡視路を登って再び稜線へ。ここからは岩場が多い。大きな岩場が2回あり、20年前に来た時は2か所とも南側を巻いたが、今回2回目の岩場は北側を巻く踏み跡に入った。踏み跡が不明瞭でここも南側を巻いた方がよかったかもしれない。ともかくかすかなけもの道を辿って山頂小屋に着いた。木造のきれいな小屋になっていた。数年前に白岩コースから登って行方不明になっている人の捜索協力依頼書も掲示されていた。山頂で休憩したがガスで展望はない。急な斜面のジグザグ下りをうんざりするほど繰り返して登り口へ戻った。ここを登るのも根気がいるだろう。栗生沢林道ゲートへ戻って解散。

④「弥次平」の古いプレート

⑤1980mのこの付近の最高地点

リーダー報告

　予定通りのトレースができました。新緑がいつになく鮮やか、好天続きで山は乾燥しており、快適でした。これで佐久南部のトレースは終了。県内の残りは浅間山〜鼻曲山、十石峠付近、御飯岳〜四阿山の間の再トレース。

　ここでも篠竹は全域で枯れていた。なぜだろうか。

　今回の登山では直径10cmくらいの枯れ木が根元からポッキリ折れたことがあった。足元に集中するあまり、枯れ木かどうか確認しないで体重をかけると事故になりかねない。人の手が入っていない藪山では、枯れ木・倒木が多いから、周囲の状況への注意が欠かせない。

前年12月に赤火岳に来た時の行動記録

■期日／2016年12月17日　■メンバー／L:高見沢、SL:宮尾、M:峯村

長野市【6：00発】🚗北相木村長者の森奥の砂防ダム手前・車デポ【8：20着、8：40発】👞林道終点近くの取りつき点【9：45着、10：00発】👞赤火岳【10：54着、11：05発】👞分岐点【11：10通過】👞会社平（または「弥次の平」とも言うらしい）【12：30着、12：45発】👞標高1980m地点【12：55着、13：00発】👞標高1974m地点【13：13着、13：23発】👞下降点【13：30着】👞（沢筋を下る）👞林道【14：20着】👞車デポ地【14：56着, 15：05発】🚗長野市【18：50】

　雪があり、軽アイゼンが必要だった。赤火岳への最短コースだと思うが、林道終点近くの取りつき点からは地図を見ながらの藪漕ぎ。ペナントが必要だ。

58 南相木ダム東方の群馬県境
石仏〜大蛇倉山〜高天原山

■期日／2016年11月15日〜16日　■メンバー／L:高見沢、SL:坂本、M:宮尾

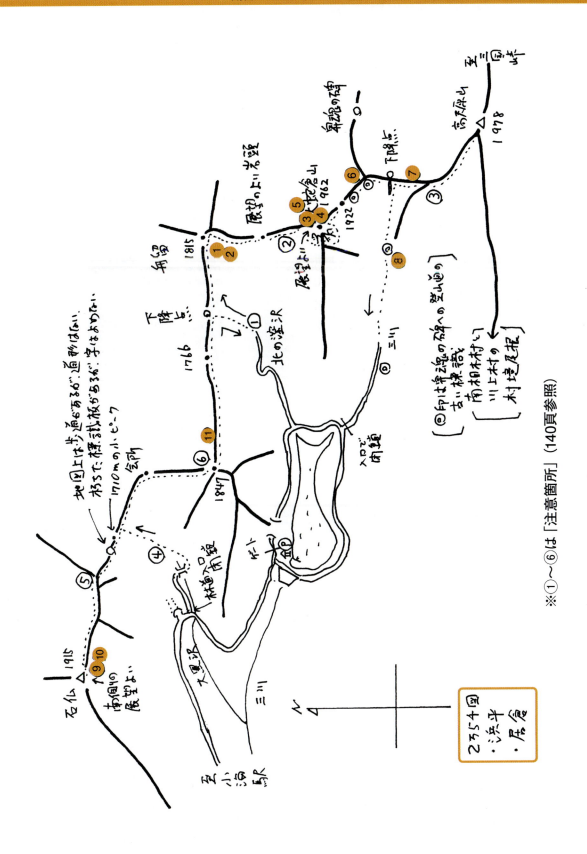

11月15日 朝のうち霧のち晴れ、夜間霧

長野市【6:05発】🚗 松代IC 🚗（高速道路1560円）🚗 佐久南IC 🚗 南相木ダム管理棟・駐車場【8:40着、8:55発】🥾 林道終点【9:35着、9:40発】🥾 稜線【10:15着、10:22発】🥾 舟留【10:45着、11:00発】🥾 大蛇倉山【12:00着、12:30発】🥾 高天原山【13:35着、14:00発】🥾 下降点【14:35着】🥾 ダム周回道路【15:37着】🥾 ダム管理棟・駐車場【16:40着、テント泊】⛺

　北の窪沢林道終点までは今年の8月に来ている。そこから枯れた丈の短い竹藪の尾根に取りついた。カラマツ林だから明るく見通しも利くが、道はないから、けもの道を拾って稜線を目指す。ペナントなど目印になるものは何もない。時には強引に竹藪を突破する。ひとしきり上ると尾根の形状がはっきりしてきて、少し歩きやすくなった。（反省　この辺りからペナントを付けておけばよかった。付けておけば、翌日下る時に、余計な藪漕ぎをしないで済んだかもしれない。）

　登りついた稜線は葉を落とした木立の平坦な地形だ。岩の上の枯れ木にペナントを付け下降時の目印にした。稜線上に道はないが、下ばえもないので歩きやすい。地図と磁石で方向を確認してすすむと、「舟留」という小さいプレートのあるピークに着いた。樹林のピークで、樹間から群馬県側がうかがえる程度だ。プレートは2枚あり、うち1枚の裏側に「yamaga1ban」とあった。これは昨年10月木曽の分水嶺で見たものだ。この人も同じ分水嶺を歩いている。どんな人か知らないが、自分と同じ人が確かにいてここに来ている。いつかお会いしたいものだ。

③大蛇倉山の岩峰からの展望、奥の高いのは御座山

④大蛇倉山の岩峰からの展望、中景の三角のピークは赤火岳

⑤大蛇倉山山頂

①舟留山山頂
②プレートの裏には「県境歩き隊 Yamaga1ban」信州の中央分水嶺で何回か見た名称だ

　舟留からは南方向に向かうと、今年の台風で倒れたと思われる風倒木帯があった。大蛇倉山までの間に2か所展望の得られるところがある。ザレたこぶを過ぎるとシャクナゲの密生する尾根になったが、その藪の中にはっきりした道がある。狭いがはっきりしている。単なるけもの道ではないと思う。その石楠花の森を抜け、岩峰の基部を巻いてその岩峰の上に出た。信州側の展望がすごくいい。明日のコースも一望できる。山頂は少し東に行った樹林の中だから展望はイマイチだ。ここにも例の風車が付けられていた。

　大蛇倉山からは踏み跡があるがそれほど人が来ているとも思えない。テープがあるので目印にできる。招魂碑へ下る道もか細い感じだ。その分岐地点には三川で見たと同じ標識がある。昭和60年当時、確かに南相木からの道があったということだ。

⑥日航機墜落現場への分岐

高天原山までの間にも真新しい風倒木が何か所もあった。今年の台風は意外と風が強かったようだ。高天原山からの下りで道を間違えてしまった。今年8月に来ているから間違いはないと自負していたが、その自負が裏目に出た。脇尾根を離れる地点で直進してしまった。メンバーに言われて気づいたが、

⑦稜線は針葉樹林

中央分水嶺登山
Chyuo Bunsuirei Tozan

⑧三川の中間にある標識
（同年8月に撮影）

自負・自信は時に道を誤らせる。

8月に付けておいたペナントの地点から下降し、草が枯れ、葉が落ち、明るくなった沢筋を下り、ダム周回道に出た。時間があるし歩いてないので、ダムの左岸側の道を歩いて戻ることにした。周りの斜面に鹿の群れを何回も見かけた。

駐車場に戻り、テント設営。夜間は駐車場の街灯が点灯。標高1500mからの夕陽を見たいと期待してきたが、雲が多く残念。夜間は霧が濃くなって星も見えない。

11月16日 朝のうち霧のち快晴

ダム管理棟・駐車場【6：00発】　大黒沢林道入り口【6：20着、6：25発】　稜線【7：10着】　石仏【8：15着、8：50発】　林道から登ってきた地点【9：30着】　小ピーク【10：00着】　1847mピーク【10：30着、10：50発】　休憩1回　下降地点（昨日登ってきた地点）【11：37着】　休憩1回　北の窪沢林道終点【12：20着】　ダム管理棟・駐車場【12：55着、13：05発】　国道18号経由　長野市【16：25着】

テントをたたみ、大黒沢に向かって出発。曇り空、稜線は雲の中だ。大黒沢林道入り口で一息入れていたら、水戸ナンバーの車が来た。平日、しかもこんな早朝になんだろう、と思った。

林道を進むと、古い木造の橋がある。念のため一人ずつ渡った。そこから先の林道は、原形をとどめないほど荒れている。大水に洗われたのだろう。沢が2分するところで偵察したところ、向かって右側の方が倒木は少なく広いので、けもの道に従ってその沢に入った。藪は薄く、最後は枯れた竹藪を漕いで稜線に出た。木々は霧氷で真っ白だが、群馬県側には陽射しも見える。長野県側と稜線だけが雲の中だ。地面には雪はなく、地上の木々だけが冬景色という景観だ。

霧氷の竹藪の中、稜線沿いに道がある。けもの道だろうが、ちょうどいい具合に続いているのでこれをたどる。尾根の分岐点と屈曲部にはペナントを付けた。下る時を考えたら、進むべき方向の尾根筋がなかったり、不明瞭だからだ。そうした場所は広いか平坦なので、けもの道も拡散して消えてしまっている。標高1800mくらいまで来ると雲の上に出た。信州側の山間いに溜まった雲が、滝のように群馬県側に流れ下って行く。この雲が霧氷で木々を白く装わせたのだ。

石仏は雲の上だったので霧氷はない。南側の展望がいい。南相木ダムの谷を埋める雲が、県境の尾根を越えて群馬県側に流れ下る様を改めて見やった。これから行く1847mピークの山頂がちょうどその波濤のような雲に隠れようとしている。樹間からは北方向も見

⑨石仏山頂、小さな木製プレートがあった

⑩石仏山頂から大蛇倉山を展望。信州側の谷を覆っている霧が県境を越えて群馬県側へ流れ下る。

通せる。赤火岳（ツギノス）のピラミッドのようなピークと浅間山が重なる位置にある。次回はあそこへ行ってみたい。

来た尾根を引き返す。目の前の木々の間を群馬県側へ霧が流れていく。石仏で見た雲の流れの中に入った

141

のだ。ペナントを付けた地点は有効だった。尾根筋を逸れて県境稜線へ下るには、こうした目印が欠かせない。

　南へ進むと、地図には標高1754メートル付近に「会所」という記載があるが、プレートなどは見当たらなかった。見落としたのかもしれない。このころになると霧は晴れ上がった。

　シャクナゲの密生したやせ尾根にはしっかりトレースがある。昨日の大蛇倉山と同じだ。

　1847mピークへは急な樹林の斜面を直登する。道はない。山頂に着くと南側は明るい雑木林でダム方向から刈り払い道がある。ことによるとダム近くの展望台から登れるのかもしれない。後は昨日登った地点まで下り基調の尾根道だ。ここも藪はなく一部にはしっかりした刈り払いがあった。

　下降地点では、昨日のペナントを確認して下り始めたが、いつの間にかルートを逸れてしまった。いったんは登ってきたルートに戻ったが再び道筋を見失い、最後は沢に向かって竹藪を押し分けて下った。見通しが利き、すぐそこは林道と分かっているので気は楽だが、できれば少しでも藪を避けたいのが本音である。（藪を好んで歩いていると思っている会員がいるとしたら、それは偏見です。）

　駐車場に戻り、まっすぐ長野へ向かった。

⑪地面近くは霧氷が着かず、その上だけは冬のように氷結していた。

注意箇所

①林道終点からはカラマツ林の中の枯れた竹藪。けもの道が錯綜しているので、できるだけ直登する道を選ぶ。それでも時には強引に藪を突破するしかない。上に行くほど竹藪は薄くなり、歩きやすい。この尾根は2日目に下ったが、途中で道を見失い、枯れた竹藪をこいで沢に降りた。登る時にペナントをいくつも付けておいた方がいい。
②大蛇倉山の北の稜線はシャクナゲの密生した尾根。その藪の中にはっきりした道がある。狭いがしっかり歩ける。
③高天原山から下ってきて、尾根沿いに直進してしまった。道は、この脇尾根の右下へ下るので注意すること。
④大黒沢沿いの林道は、途中で古い木造の橋を渡る。そこから先の林道はほとんど形がないほど荒れている。最後は、傾斜が緩く、倒木の少ない右側の沢筋に入り、薄い竹藪の中、稜線まで行く。
⑤登って行くときは簡単だが、下りは下降地点を特定するのが難しい。登る時に幾つもペナントを付けた方がいい。
⑥樹林の急斜面である。尾根の形状になっていないので、下りにここの部分の県境を間違いなく降りるのは難しい。地図を見て向かう方向の峰を確認し、方向をしっかり見極めること。

リーダー報告

　　予定通りのトレースが出来ました。小春日和の明るい尾根歩きでした。稜線に上がるまでは藪だったり沢筋だったりですが、県境は概してトレースがあり、藪はないと言ってもいい。篠竹は全域で枯れていて、三国山〜高天原の間と同じ。なぜだろうか。
　この辺りの県境は、そこまで登る部分に道が出来れば、南相木ダム周辺の手ごろな日帰りコースになると思います。

川上村
59 三国峠〜三国山〜高天原山

■期日／2016年10月31日　■メンバー／L:高見沢、SL:峯村、M:矢野

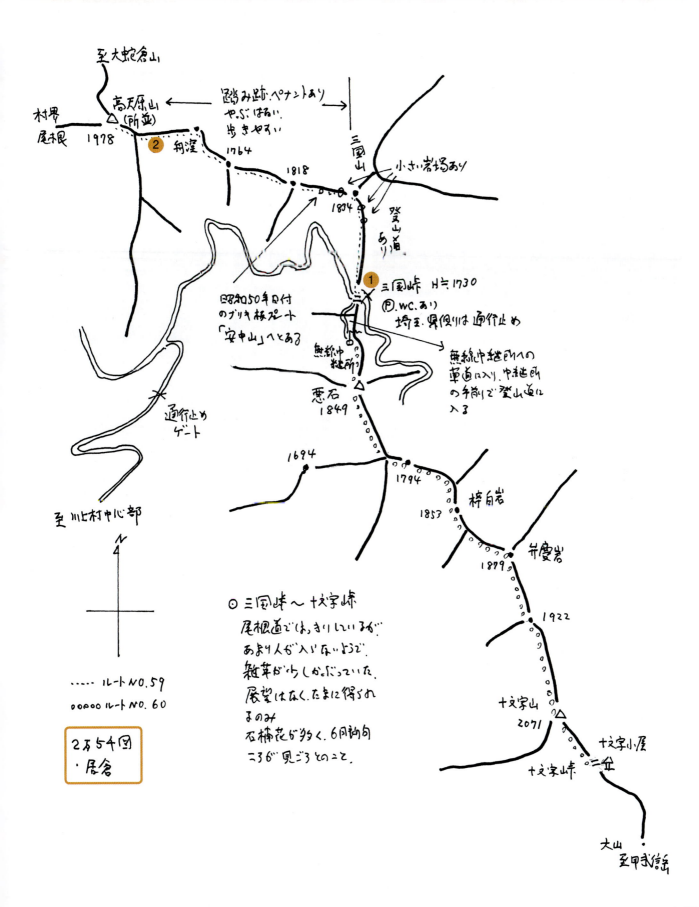

10月31日 晴れ一時曇り

長野市【5:10発】🚗（国道18号、141号経由）🚗 三国峠【8:50着、9:05発】👢 三国山【9:28着、9:35発】👢 舟窪【10:30着、10:37発】👢 高天原山【11:00着、11:30発】👢 三国山【12:50着、13:25発】👢 三国峠【13:45着、13:55発】🚗（国道141号、18号経由）🚗 長野市【17:45着】

①三国峠から高天原山を望む。群馬県側は通行止め

まだ暗い中、長野市を出発。

三国峠に向かって車で登っていくと、「土砂崩落のため通行止め」のゲートがある。どうしたものかと思案していたら、アンテナのメンテナンス工事に向かう車が来た。聞いてみると、峠までは車で行けるとのこと。その車両の後を追って峠に到着。峠には「埼玉県側が通行不能」という表示とゲートがあった。

三国山までは一般登山道がある。途中に2か所小さい岩場があるが、丁寧に登ればいい。晩秋、落ち葉を踏みしめながら歩くのは気分も明るい。東に両神山が見える。こんな方向に見えるのかと地図で見ると、両神山は三国山より少し北にあることを知らなかったのだ。

三国山から先も藪はない。三国山から下り始めてすぐに岩場がある。落葉が積もり、浮石もあるのでステップは慎重に探す。尾根筋は踏み跡とテープがあり歩きやすい。所々に以前は篠竹の藪があったようだが、竹はすっかり枯れていて、竹の表面が黒くなり始めている。枯れてからもう何年も経っているようだ。

今年8月に来た時と同様、高天原山の山頂には風車（かざぐるま）があったが、三国山にも、途中の舟窪にも風車がある。となると、これは日航機の墜落現場から登って来た人のものというわけではなさそうだ。

②高天原山近くの稜線。明るい尾根道である。

舟窪から高天原山の間では、北のどこかに招魂碑のある場所を確認できはしないかと樹の間越しに捜したが、わからなかった。高天原山の山頂は西方向の展望がいい。樹の間越しに南相木ダム堤も見える。やはり秋だ。木の葉が落ち、見通しがよくなったようだ。

晩秋や早春には手ごろな尾根歩きができる中央分水嶺である。

一般登山道ではないが、登山道と変わりなく歩ける中央分水嶺でした。秋のいい山歩きでした。

秩父の山
60 三国峠〜十文字峠

■期日／1996年7月6日〜7日　■メンバー／L:高見沢、SL:米沢、M:大久保

7月6日 快晴

長野市【7:05発】🚗 三国峠【11:00着、11:15発】・・・ 悪石【11:45着、12:10発】・・・ 梓白岩【13:00着、13:20発】・・・ 1922mピークの手前【14:20着、14:40発】・・・ 十文字山【15:15着、15:35発】・・・ 十文字峠【15:45着、テント泊】⛺

　高原野菜の出荷最盛期を迎えた野辺山、川上を通って三国峠へ。峠には駐車場はないが、道脇のスペースに駐車。天気がいいせいか、オートバイのツーリンググループやマウンテンバイクの人が10人くらい、出発までの間に通過していった。両方の県側から結構くる人がいる。

　律儀に行こうと尾根上の登山道に入ったが、結局、電波中継所への道に合流。そこから登山道に入るべきだった。ところが中継所まで行ったら登山道はない。やむなくフェンスの外側の藪を登る。ほかにもそうした登山者がいるらしく、踏み跡になっている。

　尾根上は、主に樹の下の道だから強い日差しにさらされなくて済む。しかし展望は得られず、たまに両神山方面や群馬県側、川上村が見える程度である。(小屋の方に聞いたところ、シャクナゲは多いが、見ごろは6月初旬ころとのことだった。)

　十文字小屋からも同様で、浅間山の東側が少し見え、あとは横手山、岩菅山あたりが見えるらしいが、よくわからない。しかしお客が少なかったので、山小屋らしい静かな時間が得られた。小屋の前のテーブルでうす暗くなるまでのんびりできたし、小屋のおじさんにはスライドを見せていただいた。

7月7日 霧時々小雨

十文字峠【6:00発】・・・ 弁慶岩を過ぎたところ【7:10着、7:30発】・・・ 悪石【8:40着、8:50発】・・・ 三国峠【9:10着、9:25発】🚗 長野市【13:10着】

　4時起床。外はガス。鳥の声が多い。

　昨日の道を戻るが、ガスで展望は全くない。時折小雨が当たるが、空は明るい。登る時に見つけたごみを拾いながら下った。峠に戻ったが、展望がないので登る予定をしていた三国山はカットした。車が1台止まっていて、高さ10mくらいのアンテナを立てている。どこかと交信しているのか。時間は早いが長野へ向けて帰路へ。

　梅雨の合間の好天、静かな山歩きを楽しんだ。小屋も客が少なかったおかげで、水も使えたしスライドも見られたし、ゆったりできたのがよかった。県境縦走の一部が出来た。

奥秩父

61 十文字峠～甲武信岳～金峰山

■期日／1985年11月2日～4日　■メンバー／L:木内、SL:米沢、M:望月（良）、高見沢、ほか1名

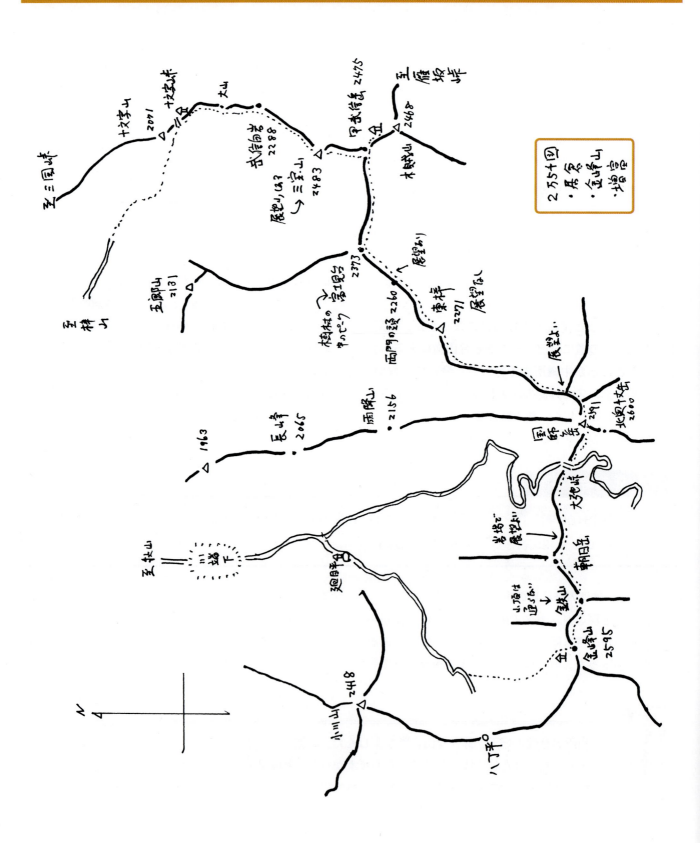

中央分水嶺登山

11月2日 晴れ、風冷たく雪が舞う

長野市山の会事務所【4:30発】🚗（車2台に分乗）🚗 川上村梓山【7:35着、7:50発】👢 八丁坂【9:55着、10:05発】👢 十文字峠【10:40着、11:10発】👢 大山【11:55着、12:05発】👢 武信白岩【12:45着、12:55発】👢 三宝山【14:30着】👢 甲武信岳【15:00着】👢 甲武信小屋【15:15着、テント泊】⛺

雨がぱらつき、風も強く、ちょっと天気が心配だったが、次第に晴れてきた。梓山付近から少し時雨れて寒かった。しかし、道は樹林帯の中なので、展望は利かない代わりに暖かく歩きやすい。武信白岩あたりでは天気も良くなってきてほっとする。三宝山までは結構長かった。やっと甲武信小屋に着いたが寒く風が強い。

夜間は良く晴れて、秩父市から川口市の方まで夜景と星が美しい。

11月3日 快晴

甲武信小屋【5:10発】👢 富士見台【6:35着、6:45発】👢 東梓【8:00着、8:15発】👢 国師岳【11:00着、11:15発】👢 大弛小屋【11:55着、12:15発】👢 朝日岳【13:50着】👢 鉄山【14:25着】👢 金峰山【15:05着、15:20発】👢 金峰小屋【15:05着、15:20発】👢 廻り目平【18:20着、テント泊】⛺

朝暗いうちに出発。うっすらと雪があって滑りやすい。展望のいいところが所々しかなく残念。昨日の疲れがあってか、国師岳までが長い。一旦大弛小屋へ下り登り返しだ。朝日岳かと思ったら、もう一つピークが残っていて、がっかり。ただひたすら登るのみ。

金峰山山頂は360度の展望だ。非常によく見え、富士山が美しい。

下りは林道へ出るまでが急な坂道で、雪のため滑りやすく、きつかった。廻り目平まで1時間ほど暗い中を歩く。着いたキャンプ場では、東京西部労山の祭典をやっていて、キャンプファイヤーやフォークダンスでにぎやかだ。

11月4日 快晴

廻り目平【8:30発】👢 梓山【10:00着】🚗 長野市【15:30着、解散】

朝はゆっくり出発。登山口にデポしてあった車に戻り、途中、海ノ口温泉でゆっくり汗を流してから無事長野に帰着。

リーダー報告　ゆっくり味わいたい人にはもってこいの山だと思う。不惑予備軍の山行としては2日目が少々長かったが、3日目が短いので頑張れた。帰りの海ノ口温泉も良かった。

参加者感想

・秩父の山はそう何回も行くことはないように思う。金峰山のほか、何箇所かを除いて展望に恵まれていない。甲武信岳から国師岳の間は特にそうだ。腹を冷やしたせいか、大弛～朝日岳の間、大変苦しかった。荷物を持ってもらったり、薬をもらったりでやっと持ち直した。ご迷惑をおかけしました。リーダー以下メンバー諸氏に感謝します。（高見沢）

147

奥秩父
62 瑞牆山〜金峰山

■期日／1989年11月11〜12日　■メンバー／L:高見沢、M:笠井ほか2名

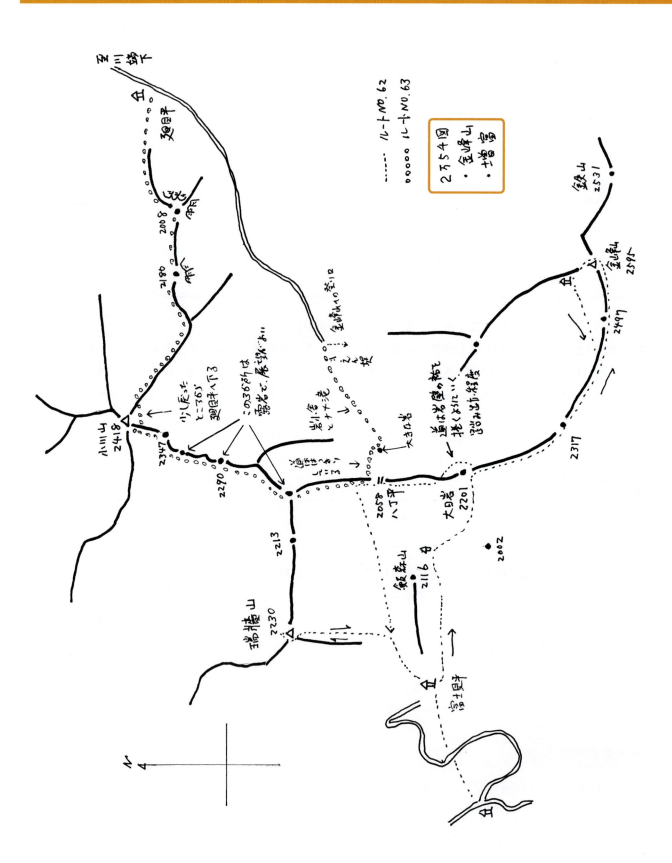

中央分水嶺登山

11月11日 快晴

山の会事務所【6:20発】🚗 瑞牆山荘【9:30着、9:50発】👟 富士見平【10:45着、テント設営、11:45発】👟 瑞牆山【13:25着、14:05発】👟 富士見平【15:15着、テント泊】⛺

高見沢車で、高見沢の運転で行くことにする。笠井さんが、「僕が運転してもいいですよ」と心配そうに言う。Yさんを綿半駐車場で乗せる。不安を紛らわすためか、カーステレオのボリュームを上げた。

不安のうちに瑞牆山荘に着いた。メンバーの中に安堵の声が広がった。山荘前の駐車場はほぼいっぱい。大型バスの団体もいる。登山道に入り、葉が落ちた明るいミズナラの林の中を登って行く。尾根に出ると、正面に瑞牆山がある。小屋まではあとほんの一息だ。

富士見平の明るいテント場に数張のテントがあった。自分たちのテントを張り、軽く腹ごしらえをしてから出発。ザックは2つにして軽装で行く。

天鳥川から上り始めて15分くらいしたころ、高見沢が登山道の上にかぶさっていた風倒木に頭頂部をぶつけてしまい、出血。ガーゼと消毒液と三角布で手当て。出血はすぐに止まった。トップを歩いていたYさんが、気をつけるように声をかけた直後のことだった。帽子をかぶっていれば切れなかったかもしれない。

大岩に目を見張りながらも、思ったより早く着いた。展望が申し分ない。20人くらいの登山者でにぎやかだ。たて笛を吹いている人もいる。

早くテントに戻れたので、外で夕食を取り、テントの中では大貧民をやった。21時30分就寝。

11月12日 快晴

富士見平【6:10発】👟 大日岩【7:15着、7:25発】👟 金峰山【9:25着、9:35発】👟 金峰山荘【10:00着、10:45発】👟 大日岩【11:50着、12:00発】👟 八丁平【12:40着、13:05発】👟 富士見平【13:45着、14:15発】👟 瑞牆山荘【14:35着、14:50発】🚗 長野市【19:00着】

昨日と同じく、ザック2つで行く。天気は今日も上々だ。

順調に金峰山着。風が冷たい。大貧民の続きがここではできないことと、高見沢がトイレに行きたいので、予定を変えて金峰山荘に下る。山荘前で大貧民の続きをやった。

山荘からはトラバース道を使って下山開始。大日岩の頂上にも登ってみた。大日岩から八丁平への道は踏まれていないし、岩場の崩落が2か所ある。踏み跡と時々残っている青いテープに気をつけながら下る。八丁平で一休みした後、天鳥川へ下る。この道もあまり踏まれていないが、思ったよりはっきりしているし、最近歩いた跡もある。大日岩から八丁平の間よりもわかりやすい。カラマツ林の中の明るい道だ。途中、廃屋のあるところだけ天鳥川の対岸へ渡り、すぐに渡り返す。このあたりだけ道が少し不明瞭だ。

富士見平に着いたら、すぐにテントを撤収、下山。小屋の下5分くらいの地点まで林道が伸びていて、車でここまで入ってくる人もいる。（小屋の人だけに認められているのに）

帰りは笠井さんが運転。ほかの2人の顔に安心感が漂う。小諸を過ぎたところで大学ラーメンを食べた。この後、再び高見沢が運転する。車内の会話が急に少なくなった。

リーダー報告

シルバー登山者が多い。富士見平では数年前に忌まわしい事件があった。その分イメージが暗い。しかしいい所にある。駐車場からひと登りで着くし、この時期には明るくていい。しかしやはりどこか暗いと思うのは私だけかもしれない。天気も良かったし、トランプも楽しかった。トレースが繋がったのでうれしい。

「私の頭のけがについて」 頭に気をつけるように、トップを歩いていたYさんに注意された直後だった。頭上の風倒木がかぶさっていることは承知していたが、もっと高いところと思っていたの

だと思う。ぶつけた時の音が違っていたので、これはと思って手をやると血がついていた。すぐに手当てをしてもらい、出血自体はすぐに止まった。以前にもバスのドアにぶつけ、頭から出血したことがあったが、この時は自分で気づかずに血が顔に流れてきたのを他の人が見つけた。その時と同じく痛みはほとんどない。帽子を破っていれば少しは良かったかもしれない。メンバーは、めまいはしないかなどと気遣ってくれた。これも感謝している。

奥秩父
63 八丁平〜小川山

■期日／1986年9月23日　■メンバー／L:木内、SL:高見沢、M:山本

9月23日 晴れ

北長野駅【4：45発】🚗 廻り目平【8：00着、8：15発】👢 金峰山小屋への分岐【9：15着、9：25発】👢 八丁平【10：05着、10：20発】👢 2290mピーク【11：25着、11：35発】👢 小川山【12：21着、13：05発】👢 2180mピーク【14：00着、14：05発】👢 廻り目平【15：14着、15：50発】🚗 北長野駅【19：50着】

　車の運転は高見沢。木内、山本の2人は緊張気味。しかし、運転に慣れたのか、川上村に入ると2人は快い眠りについた。（緊張疲れというべきか。）

　廻り目平には予定時間についた。県外からの車が多い。小屋の人に八丁平への道の様子を聞くが、よくわからない。たいしたことはあるまいと思い、八丁平へ向かう。金峰山への道を分け行くと、道は確かにあまり歩かれていないが、はっきりしている。途中にはナメや岩小屋もある。沢筋を離れると緩い上りで間もなく八丁平に着いた。地図上の道とだいぶ場所が違う。

　八丁平から北へ向かい、平らな樹林の中を行くと左手に富士見平への道を分ける。須玉ライオンズクラブの作った標識が2時間10分で小川山に着くと書いてある。

　倒木は思ったほどではなく、順調に小川山に着いた。山頂の展望は利かない。古い踏み跡が何本もある。廻り目平へ下る道は、2〜3分戻ってから東方向へ入って行く。八丁平から小川山までで展望の利くのは3か所だけだったが、下りも2180mピークまでやはり展望はない。このピークの展望はいいが、大きな岩峰の上なので緊張する。ここからは露岩の間を縫って下るようになる。踏み跡が不明瞭なところもあり、むしろ八丁平から小川山の間の方が一般向きのように思う。

　足下に廻り目平が見えるところで一休み。以後の道はほとんど樹林の中の道を下る。

　帰りは山本さんの運転で出発。ほかの2人が眠っている頃、眠くなって、ハッとすることが2回あったとのこと。戸倉からは高見沢が運転。

　金峰山荘で砂洗川沿いのルートのことを聞いたが、よくわからない様子だった。しかし歩いてみるとルートははっきりしていて、マークなどもありよいコースである。尾根上には倒木があるが、そんなに問題無いようでした。風景はほとんど見られないコースだが、静かなコースです。山梨県のライオンズクラブで尾根上にコース表示をしてありました。廻り目平から登ってみるのもよいかと思います。

川上村
64 高登谷湖～小川山

■期日／2016年5月23日～24日　■メンバー／L:高見沢、SL:宮尾、M:坂本

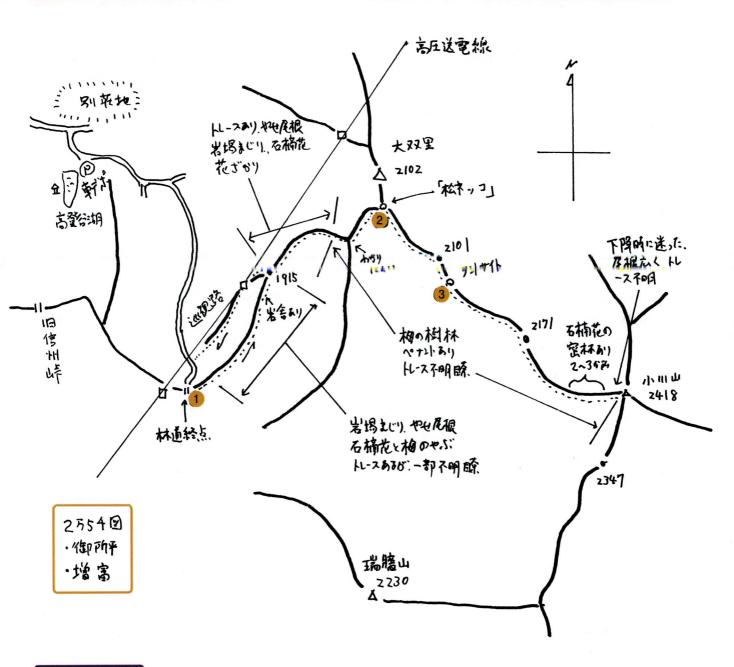

5月23日 快晴

長野市【6時05分発】🚗（松代IC）🚗（佐久北IC）🚗 野辺山駅【8:10着、坂本さん合流、8:20発】🚗 高登谷湖【8:40着、8:55発】👢 林道終点【9:44着、9:55発】👢 標高1915m地点【10:50着、11:05発】👢 休憩1回 テントサイト【13:00着、13:30発】👢 休憩1回 小川山【15:15着、15:50発】👢 テントサイト【17:10着】⛺

　野辺山駅で坂本さんと合流。高登谷湖畔に車をデポ。念のため、車内に「登山中」のメモを残す。新緑の森に春ゼミの鳴き声が満ちている。

　ネットの記録では信州峠から小川山を越えて1日で歩いている記録があるから、ある程度の期待を持っていた。先月来た地点からはいよいよ藪に突入。狭いし

①高登谷湖から登ってきた林道の終点、県境つまりは中央分水嶺である

藪に覆われているが、岩場混じりの狭い尾根上には道らしきものがある。一部、その踏み跡が不明瞭になり、岩峰を巻くところでルートを外れたが、ほぼ尾根通しに行ける。途中、ビバークできそうな大きな岩屋があった。

　標高1915m地点まで、予定の半分の時間で到着。赤いペンキの古い矢印やペナントもあるから、大いに期待できそうだ。1915m地点からはシャクナゲが多く花盛りだ。狭い尾根上のシャクナゲの藪は刈り払われていて、はっきりした道だ。普通の登山道とは違い、狭くて藪がかぶさっているが、歩くには十分だ。岩場交じりの尾根を1時間で屈曲地点に来た。尾根が広くなりペナントもトレースも不明瞭になった。ザックを置いて、地図と磁石と目視でルートを探した。トレースに間違いないことが分かったところには、持参した布ペナントを付けた。尾根が広いところは要注意だ。

　屈曲部手前からは栂の樹林でシャクナゲは少ない。（屈曲部を過ぎ、尾根が南東方向へ反転する地点は「松ネッコ」といって、大双里という三角点へ延びる尾根を分岐している。登る時はこの「松ネッコ」という標識の前を通らずに行ってしまった。）

ペナントと踏み跡を読みながら標高2101m地点を通過。鞍部にいい平地があったのでここをテントサイトとした。一人で中央分水嶺を歩いた執行一利さん（注）もここにテントを置いたのではないかと思う。

②松ネッコの標識

　時間があるので今日中に小川山を往復することにした。栂の樹林の中、苔むした木や岩に覆われたかすかな踏み跡と古いペナントを頼りに進む。小川山近くになってからはシャクナゲの密林を2～3回通過する。一見すると通れそうにないが、狭い踏み跡が藪の中にある。シャクナゲの固い木を押しのけながら通過。踏み跡がなかったら難渋したことだろう。山頂近くは踏み跡が一層不明瞭だった。藪は登るより下る方が難しいので、注意していたが、下山時はこの山頂近くで一時トレースを見失ってしまった。登る時にもっとペナントを付けておけばよかった。

　テントサイトは苔の上。晴天続きで乾いていて快適だ。風はなく虫もいないので外で夕食。坂本さん持参の赤ワインで豪華な夕食。

③テントサイト

5月24日 快晴

テントサイト【5：50発】 → 松ネッコ【6：20着、6：47発】 → 標高1915m地点の西方岩峰【7：43着、8：00発】 → 林道【8：25着、8：30発】 → 高登谷湖【9：00着、9：10発】 → 南相木ダムで分水嶺偵察 → 東御市の道の駅「雷電の里」で昼食 → 長野市【14：26着】

　朝4時半頃には朝陽が昇ってきた。樹間からテントに朝陽が当たる。テントの外で朝食だ。いいテントサイトだった。

　昨日と同じく、ペナントとかすかな踏み跡を頼りに行く。ペナントを見つけては指さし確認だ。「松ネッコ」では比較的新しい標識があった。「ヤマレコ」の資料にある三角点を探して大双里への尾根に分け入ったが、時間がかかりそうなので、途中であきらめた。標高1915m地点の西方の岩峰で展望を楽しみながら休憩。目の前に大きな送電線の鉄塔がある。あの高さで仕事をする人がいると思うだけで、足がすくむ。この岩場から下には古いトラロープが張られている。この辺りでは、シャクナゲに代わってミツバツツジが満開だ。送電線鉄塔からは巡視路を下る。実に歩きやすい。この巡視路を使えば、小川山まで日帰りも可能だと思う。

　時間があるので、南相木ダムへ寄り道をした。中央分水嶺トレースのための偵察である。ダム東方の稜線はすべて県境で中央分水嶺。一部分は群馬県側からの登山道もある。小さな沢をたどって稜線へ登り、日帰り行程で繋げるのがよさそうだ。

　好天で、トレース・ペナントもあり、いい分水嶺歩きになりました。今後、佐久の分水嶺歩きは麓にテントを置き、日帰り行程でゆっくり楽しみたい。
　坂本さんとは約30年ぶりの登山。やっぱり楽しいですねえ。
　リンゴの摘果が気になりますが、この場合は登山優先。帰ったら摘果が忙しいこと！でも次なる分水嶺は「三峰山～塩尻峠」と目標を定めています。

（注）執行一利さん　2014年5月2日、28年をかけて本州の中央分水嶺を踏破した。その経過などは山岳雑誌「山と渓谷」2014年9月号に全記録のリストとして掲載された。
　同じく中央分水嶺を踏破された方に細川舜司さんがいる。2009年4月8日に踏破完了。単独踏破の全記録「日本の分水嶺をゆく」－本州縦断2797キロとして、2009年11月10日（株）新樹社から刊行されている。

65 高登谷湖〜信州峠

川上村

■期日／2016年4月9日　■メンバー／L:高見沢、宮尾

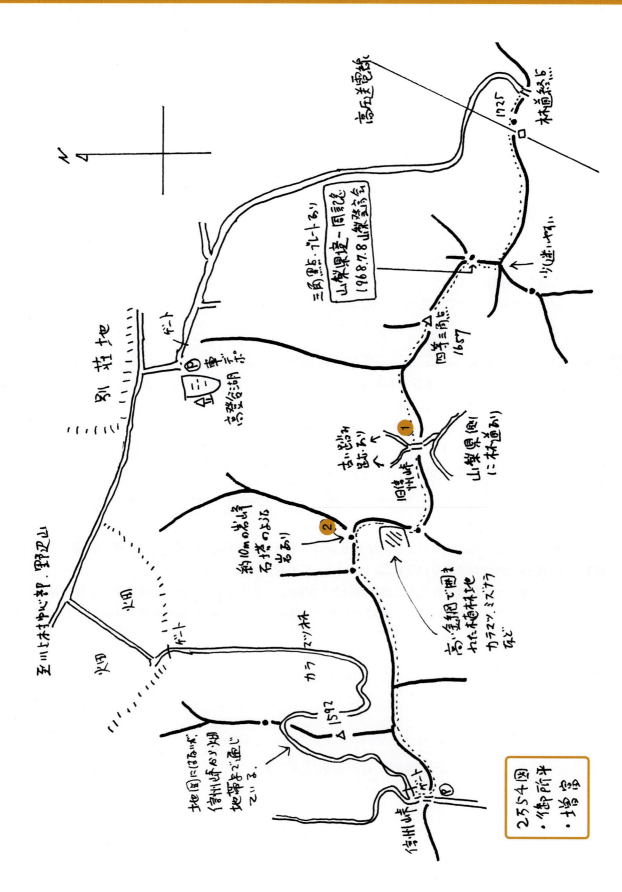

中央分水嶺登山
Chyuo Bunsuirei Tozan

4月9日 快晴

長野市【6時30分発】🚗（松代IC）🚗（佐久北IC）🚗高登谷湖【8：37着、8：55発】👞林道終点【9：37着】👞小川山への稜線偵察・到達地点【9：47着、9：52発】👞林道終点に戻る【9：58着】👞休憩1回 👞旧信州峠【11：15通過】👞信州峠【12：35着、13：00発】👞高登谷湖【14：06着、14：20発】🚗（国道18号）🚗長野市【18：00着】

　無人の高登谷湖畔に車をデポ。観光シーズンになれば管理人がいるのだろうか。

　舗装された林道を行くと、県境で道は終わっていた。地図ではさらに道があるが、そこには送電線鉄塔への巡視路があるのみ。まず小川山への尾根を10分ほど登ってみる。藪は薄く、かつて刈り払われた跡もある。雪は全くない。小川山へは水を背負っていくことになる。

　林道に戻り、信州峠へ向かう。高圧送電線鉄塔は尾根の南斜面にあった。十石峠へ続く送電線だ。尾根道は歩きやすい。風倒木は少しあるが下生えはなく、見通しも効く。樹木で展望は利かないが、明るい早春の尾根歩きが続く。尾根を外さないよう注意が必要だ。地図を見ながら行く。

　尾根筋が変わったところで、「山梨県境一周記念、1968年7月8日、山梨登高会」というプレートがあった。50年前の記録だ。少しうれしくなった。

　旧信州峠は尾根が平坦で広く、風倒木も多くて歩きにくかった。峠の標識は何もない。山梨県側にはすぐ下まで車道が来ている。

　1605m標高点では植林地に出た、八ヶ岳方面の展望がある。植林地の金網フェンス沿いに行く。植林地を過ぎ、次の標高1640mピークは岩の積み重なったピークだ。10メートル程度だが、トレースはないからブッシュにつかまって慎重に登った。頂上にはちょうど石塔か碑のような形の岩が鎮座している。名前があってもよさそうなところだ。

②石塔のような岩

　尾根筋には道形らしきものが出てきたがはっきりしない。間伐されたカラマツ林を透かして、右下方には林道が見える。（帰りはこの林道を下ることになった。）膝くらいまでの笹薮を歩いて信州峠に着いた。車が1台とまっていたが、間もなく山梨県方面へ下って行った。地図にはないが、昨年来た時に確認しておいた林道を行くことにした。どこへ通じているかわからないが、最悪、尾根に登りかえして戻ろうと決めて出発。

　幸いにもこの林道は高登谷湖に近い畑地帯に通じていた。

①旧信州峠付近

　いい偵察になりました。今回歩いた稜線は、主にカラマツ林で、踏み跡はほとんどないが、下生えがなく歩きやすかった。一部、膝下までの笹薮だが、見通しが利くので地図を見ながら行けばいい。しかし、コースとしての魅力は信州峠～横尾山には及ばないと思う。

155

66 川上村
信州峠～横尾山

■期日／2015年4月12日　■メンバー／L:高見沢、池田(辰)

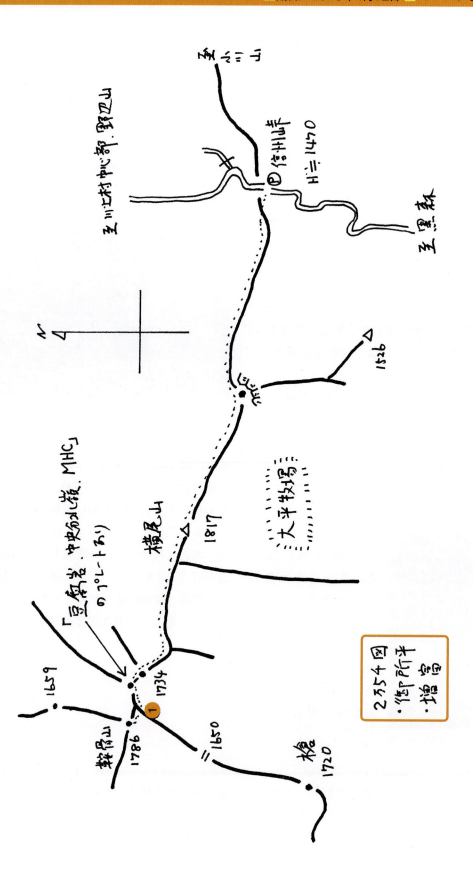

中央分水嶺登山
Chyuo Bunsuirei Tozan

4月12日 朝のうちは曇り、のち快晴、夕方は薄曇り

長野市【6:00発】🚗 信州峠【8:50、9:00発】👢 横尾山【10:10着、11:25発】👢 鞍骨山【11:20着、11:40発】👢 横尾山【12:20着、12:45発】👢 カヤトの峰【13:04～13:13】👢 信州峠【13:45着、13:50発】🚗 高登谷湖 🚗 長野市【17:40着】

　山梨県側にある駐車場にはすでに先客があった。私たちが出発の支度をしている間にさらに２台の車が来た。

　明るい林の中の道を行き、急登を登りきるとカヤトの尾根になった。展望が一気に開け、ふもとの川上村の畑から富士山まで、360度さえぎるものがない。腰を下ろして休みたいところだが、先へ行く。林の中の尾根道をまっすぐ行くと、山梨県100名山の標識がある横尾山山頂である。一息入れてから、さらに西の尾根をたどる。通る人は少ないようだが、踏み跡がはっきりしている。一部不明瞭なところもあるが、単純に尾根を行けばいい。やがて、いきなり大きな岩が正面に出てくるが、これは「豆腐岩」で、そばの樹に「中央分水嶺、MHC」という青いブリキの標識がある。

　この文字に私としては思わずにっこり。さらに踏み跡をたどると、「飯盛山―鞍骨山」という標識があった。1787mの峰は「鞍骨山」といい、ここから飯盛山まで道が通じているということだ。主稜線から鞍骨山へ向うとその山頂には「くらほね山トクサの頭、川上富士、1787」の木製の小さなプレートがある。そして西側へ下る道があり、トラロープが設置されている。どうやら野辺山近くのシャトレーゼスキー場へ下れるらしい。分水嶺トレースの周回コースがある。大収穫だ。

　気分よく横尾山に戻ってくると、白いひげのおじいさんがいた。山梨県大泉村の方で、この辺りの登山道

①鞍骨山近くから南に続く分水嶺

や標識の整備を独自でやっているとのこと。スキー場から鞍骨山へ直接登る道を教えていただいたが、どうも迷いそうだ。信州峠から東のことは詳しくないようだが、大いに元気付けられた。

　信州峠に戻り、道の東側の土手に上がってみると、「信州峠」という石碑と笹薮の中に道跡があった。笹薮は短く、容易に歩けそうだ。

　帰路、さらに小川山寄りの状況を見るべく、「高登谷湖」へ行く。シーズン前で無人だが、看板によると、ここからは「旧信州峠」という鞍部が近いようだ。送電線もあるので、その巡視路をつかえれば、分水嶺トレースがしやすいだろう。

リーダー報告

　いい下見になった。雪は全くと言っていいほどなく、日影にたまにあった程度。明るい山歩きには最適期らしい。早春か晩秋がよさそうだ。

　信州峠への道は、農免道路ができ、かつてより行きやすいと思うが、新しい道なので注意が必要だろう。蕨市や三鷹市の保養施設の看板を目印にいくといいかもしれない。

67 野辺山 平沢峠～鞍骨山 シャトレーゼスキー場

■期日／2016年4月16日　■メンバー／L:高見沢、峯村

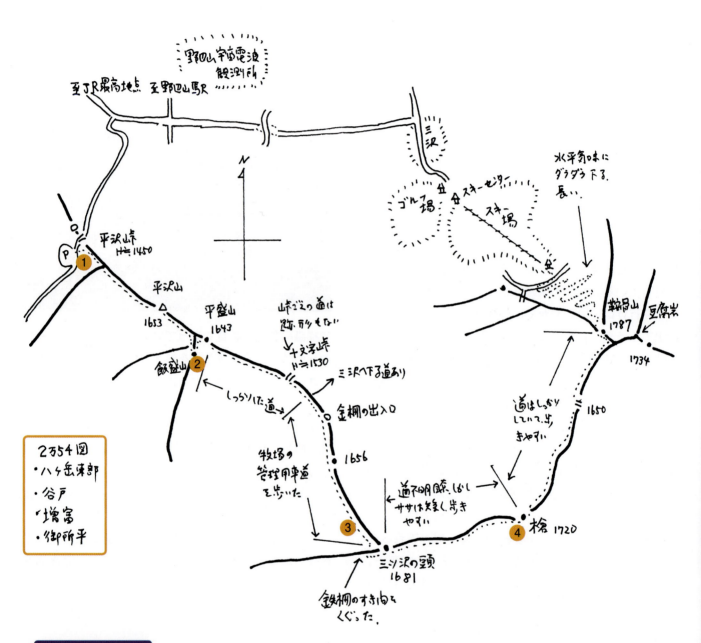

4月16日 薄曇り

長野市【6:00発】🚗（松代IC）🚗（佐久北IC）🚗 平沢峠【8:03着、8:15発】🥾 飯盛山【9:05着】🥾 平盛山【9:15着、9:25発】🥾 標高1656m近く【10:09着～10:55発】🥾 槍【11:45着、12:10発】🥾 鞍骨山【12:55着、13:00発】🥾 シャトレーゼスキー場の駐車場【14:30着】🥾 平沢峠【15:35着、15:45発】🚗（国道18号）🚗 長野市【19:00着】

　平沢峠にはほかにも登山者がいた。ハイキングのようないでたちの3人パーティーと前後しながら飯盛山まで行く。
　平盛山から東へ行く人はあまりいないようだ。道はしっかりしているがあまり踏まれていない。南側に続く牧場の鉄柵に沿っていく。途中、簡単な岩場があり新しい鎖がセットされていた。十文字峠には大きな看板はあるが、稜線と交わる道は藪で跡形もない。しか

中央分水嶺登山
Chyuo Bunsuirei Tozan

①平沢峠の駐車場にて

②飯盛山から鞍骨山を望む、右奥は小川山
（12月下旬撮影）

し峠から5分も登ると「三沢」への標識があり、しっかりした道が下っている。一方稜線の道はここでなくなる。しかし、鉄柵の南側には車道があるので、柵をくぐりその車道をたどることにした。牧場の管理道路らしく、鉄パイプなどの資材が置かれていた。鹿よけの柵（高さ2mくらいの鉄柵）が始まるところに柵の外へ出る出入り口があったが、車道の方が歩きやすいので、そのまま管理道路をたどった。見晴らしのいいところで休憩。正面に八ヶ岳と飯盛山の穏やかな早春の尾根が眺められる。熊本の地震、宇宙電波観測所、太陽系外の惑星、マラソン、街道歩きなどの話題で大休憩になった。

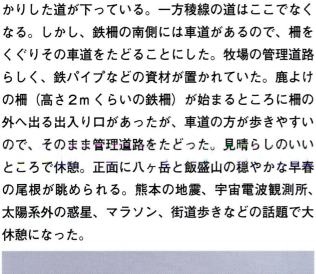
③三ッ沢の頭近くから見た八ヶ岳。飯盛山方面の明るい尾根が続く。

三沢の頭で柵は分水嶺から逸れていく。分水嶺に戻りたいが、さてこの柵をどう越えようかと見たら、1か所隙間があった。ここをくぐって笹薮（というよりカラマツ林の中の笹原）を登り、三沢の頭に立った。尾根筋には、かすかに踏み跡らしきものがあるが、短

い笹なのでどこでも歩ける。明るい早春の尾根歩きだ。いったん鞍部に下ったが、ここにも稜線を横切る道はない。地図の記載は実態と合っていない。急登を登ったところが「槍」というピークで、「中央分水嶺MHC」という青いプレートがある。昨年「豆腐岩」で見たのと同じものだ。思わずニンマリする。この槍から鞍骨山まではしっかりした道で歩く人も多いらしい。気分も明るくなるような尾根だ。

④「槍」にあったプレート、少し北の豆腐岩にもあった。MHCの標記は何回か見た。

鞍骨山は昨年来たところだ。ここからが期待とだいぶ違っていた。結果的にはスキー場に出たが、道はやたらと水平に大きくジグザグをたどり、距離ばかり長くて一向にスキー場に近づかない。やっと車道に出たらこれも大回りをしている。業を煮やし、最後はリフトのターミナル目指してカラマツ林を下った。登山者向けの標識は一切ない。迷いやすい脇道もある。小鳥用の巣箱と思われるものが一定間隔で立ち木についていたので、これを目安に下った。昨年横尾山であった方に教えていただいたルートは辿れなかったようだ。登山用の標識とコースがほしいところだ。

スキー場から平沢峠は歩いた。あちこちでレタス用のマルチシート掛け作業中だった。

リーダー報告

先週歩いた稜線同様、今回歩いた稜線も、主にカラマツ林でした。一部短い笹の尾根でしたが、大半は歩きやすい道があり早春の明るい尾根歩きができました。シャトレーゼスキー場への下りはわかりにくいし登山者向けではありません。いつか麓の三沢から周回コースが出来たらと期待したい。

68 野辺山
JR最高地点付近の中央分水嶺

■期日／2015年11月7日　■メンバー／高見沢（単独）

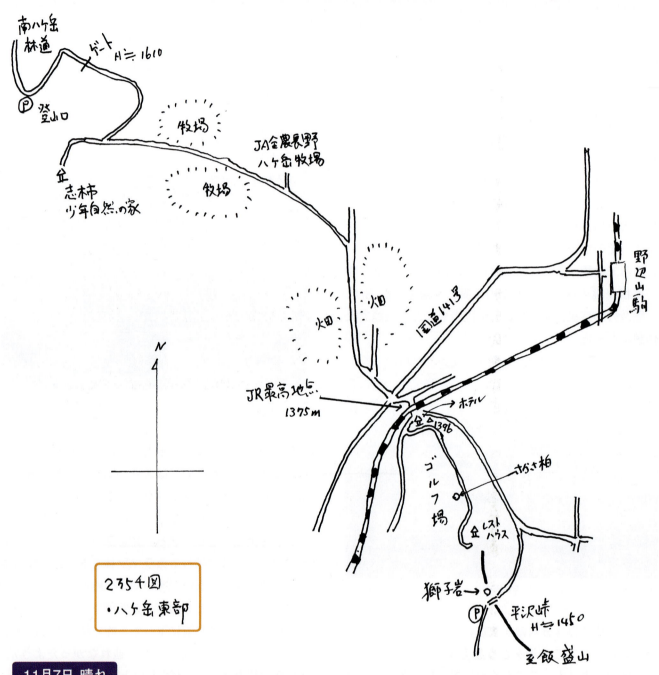

11月7日 晴れ

小諸市菱野温泉【8:47発】🚗 野辺山JR最高地点【10:07着、10:20発】👟 赤岳登山口ゲート【11:15着、11:20発】👟 JR最高地点【12:10着、12:15発】👟 レストハウス【12:45着、12:55発】👟 JR最高地点【13:20着、13:35発】🚗 平沢峠 シャトレーゼCC 🚗 野辺山駅【14:30着、14:50発】🚗 佐久市同窓会会場【16:00着】

　野辺山高原は、最後の収穫と堆肥を入れての土つくりに忙しい時期だ。八ヶ岳の山頂部は雲に隠れているが、晴れ間が多くまずまずの天気。JR最高地点も晩秋とあって観光客はほとんどいない。砂利敷の村営駐車場に車を止め、登山靴を履くなど身支度をしてひとり出発。

中央分水嶺登山
Chyuo Bunsuirei Tozan

　堆肥のにおいをかぎながら舗装道路を行く。JA全農八ヶ岳牧場入り口を過ぎると砂利道になった。歩きにくい。牧草地と放牧地の中の道を一人歩む。昨年9月に来たゲートまで予想より早く着いた。誰もいない。帰りは一部放牧地の中を歩かせてもらった。道を短縮するためと、本当の分水嶺に少しでも近づこうと考えたからだが、平坦な斜面ではどこが分水嶺かはあいまいだ。道路や水路で水の流れは変更されているし、それらがなかったとしても平らすぎてわからない。あたり全部を這いずり回るわけにもいかないから、大まかに見てこの辺りと判断するしかない。（私有地や立ち入り禁止のところはその近くを歩くことで良しとしなければならない。これは分水嶺踏査の避けられない制約である。分水嶺上にある個人の別荘やホテルに行って、建物の中も歩かせてくださいと頼むわけにもいかないし・・・）

　ともかく、帰りに放牧地の中を歩いてショートカットしたが、「入ってはいけない」とあるところに入った罰で、有刺鉄線でズボンを少し破いてしまった。

　JR最高地点に戻り、今度は難関のゴルフ場だ。レストハウスのフロントで頼む覚悟で出発。まず分水嶺上に建つ「八ヶ岳グレイスホテル」、この右から行くか左から行くか迷うといえば迷う。ゴルフ場への道路はホテルの南側にあり、広い道が分水嶺に絡むように登っている。ゴルフ場というものに入るのはおそらく初めて。場内の立派な舗装道路をこんな格好で歩いていたら不審者と思われないか、少し緊張。そのうち「天然記念物　逆さ柏」という立派な標識があった。これで安心した。公共の施設があるのだから私がここにいてもおかしくはない。笹に覆われた道に入って逆さ柏を見物してから、再び車道を歩き、レストハウスに来た。入り口まで行ったがやはり入りにくい。駐車場には50台くらいの車があり結構プレー客が多い。さきほど、「プレー以外の方はコースに入らないでくださ

い」という看板も見た。駐車場を見るとさらに上に向かって車道がある。このレストハウスはもともとゴルフ場の最上部にある。平沢峠までもう少しだからと、その道を登ると、1番ホールがあり、舗装してない道が平沢峠方面に延びているが、「関係者以外立ち入り禁止」とある。プレーをする人ならゴルフコースを通って獅子岩まで行けるだろうが・・・。結局、いざこざを起こしたくないので、来た道を戻って、車で平沢峠に行くことにした。

　平沢峠は展望のいいところだ。すぐ隣の獅子岩に登り、岩の上からあらためて先ほど歩いた赤岳登山口方向を眺めた。JR最高地点から登山口まで、どこが分水嶺か判然としない地形だ。時間があるので、シャトレーゼスキー場へ行く。飯盛山と鞍骨山をつなぐ分水嶺の偵察だ。スキー場周辺の道を車で走ったが、登山向けの標識がない。スキーセンターはまだオープンしていないので、そばのゴルフ場のレストハウスへ行ってハイキングコースのことを聞いたが、全く分からない。飯盛山のことだけは知っていたが、ほかは全く知らない。ゴルフとは別の世界だからだろうか。（今度のゴルフ場は、情報収集だからまだ入りやすかった。ゴルフ場のレストハウスに入ったのは生まれて初めて、お客さん方がすごくお金持ちに見えました。）

　諦めてゴルフ場を後にし、ゴルフ場入り口の「三沢」という集落で薪づくり作業中の方に会ったので、この方に十文字峠への道を教えていただいた。十文字峠から下ってくるなら車をデポしてもいいよとおっしゃっていただいた。（そのあと地図を見ながら考えた結果、平沢峠まで車で行き、鞍骨山まで歩き、そこからスキー場へ降り、タクシーで平沢峠に戻った方が効率的だと思う。）

　野辺山駅に戻り、留守本部に報告し、シャツを着替えて、ひげをそり、同窓会会場へ向かった。

　　ゴルフ場というのは馴染みがないので、緊張し、戸惑いました。獅子岩とレストハウスの間はほんの少しの距離だろうと思う。ゴルフの邪魔にならないところに「中央分水嶺トレース」というような遊歩道を設けていただけたらありがたいものだが、どんなものだろうか。
　　スキー場も山歩きにとっては制約がありそうな気がします。「コース内は歩かないでください」という注意書きがありうるような気がする。そうならないうちに、雪の降る前に平沢峠から鞍骨山のコースを歩きたいと思います。

蓼科山から西を展望する。白樺湖、車山、三峰山、鉢伏山と続く。右奥は穂高連峰、左奥は乗鞍岳。左端の鉢盛山を経て乗鞍岳へ中央分水嶺は続くのだが、いったん中央アルプスの茶臼山まで大きく南下する。八ヶ岳から塩尻峠の間は登山道がある。

ルート No.69〜84

八ヶ岳と中央高原

Yatsugatake Chyuo ko

八ヶ岳
69 赤岳県界尾根

■期日／2014年9月13～14日　■メンバー／L:高見沢　SL:宮尾、M:原田、池田(延)、米沢、山本、栗林(佳)

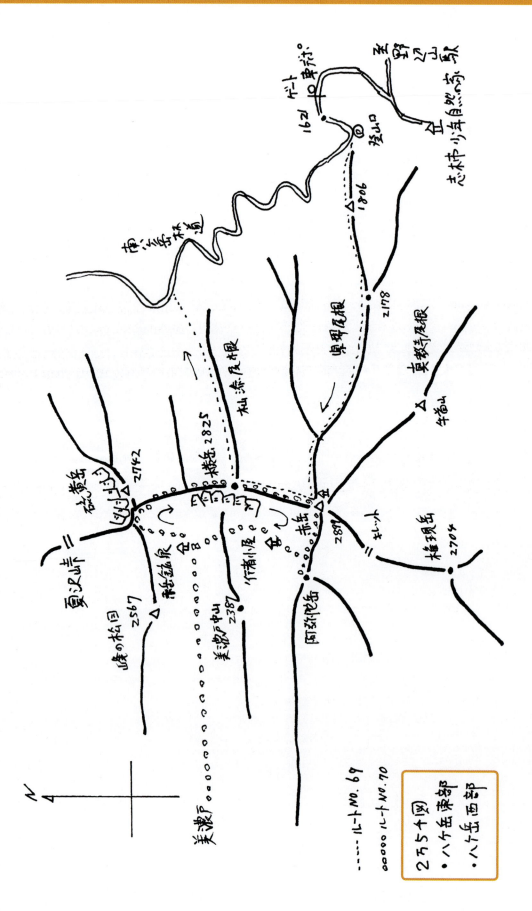

中央分水嶺登山
Chyuo Bunsuirei Tozan

9月13日 曇りのち晴れ

長野市【6名集合、5：30出発】🚗 千曲市【米沢さん合流、5：50着、6：00発】🚗 県界尾根登山口手前のゲート【8：40着、9：00発】👢 防火線の頭【9：37着、9：45発】👢 休憩1回 👢 小天狗【11：15通過】👢 休憩1回 👢 大天狗【12：44着、12：55発】👢 最初の鎖場基部【13：35着、13：45発】👢 赤岳山頂【14：50着】 ※山頂小屋1泊2食8800円

野辺山に着いてから道に迷った。県界尾根登山口を探して右往左往。野菜の収穫作業中の人に聞いて何とかたどり着いた。国鉄の最高地点から志木市の少年自然の家を目指せばよかったのだ、と知ったのは下山時だった。

車のデポ地点も登山口より手前にしてしまった。大きなフェンスのゲートがあったので、駐車スペースはないしガイドブックと違うな、と思いつつ、道脇に車を止めた。このゲートから悪路を5分ほど登ると車が止まっていて、ここが登山口と分かったが、洗掘された悪路だったことを考えれば、これでもよかったかなと思う。

大天狗まで順調にきた。ガイドブックではこの先すぐに鎖場のように読めたが、結局最初の鎖場は40分登ってからだった。この最初の岩場が予想以上に悪かった。高度感があり、中間の鎖が斜めについていて、足場が細かい。鎖につかまっても体が振られてしまい、腕力が必要だ。最後の梯子は短いが、急だし、杭が浮いているところもある。もしここを下るなら確保のためにロープを1本ほしいところだ。主に清里へだろうが、30人くらいがこの日は下って行った。ここは事故が起きてもおかしくないと思った。この最初の岩場を過ぎれば、次いでルンゼの鎖場、後は両側が藪の尾根道で、高度感のない鎖場だ。ただしどこも浮石が多いので落石に注意だ。

ほぼ予定通りに山頂着。宿泊者が多く、敷き布団2枚に3人が寝て、真中の人はシュラフ。天気は良く、展望を十分に楽しめた。ブロッケンも見られたし、夕日も眺められた。天候不順で中止が多かった今年の夏山を、少し埋め合わせられたような気がする。

9月14日 晴れのち曇り

赤岳山頂【5：20発】👢 天望荘【6：00着、6：10発】👢 三叉峰の分岐【7：05着、7：25発】

野辺山へ下山パーティー（高見沢、池田、米沢）

👢 休憩1回 👢 南八ヶ岳林道【9：48着、10：00発】👢 県界尾根登山口【11：25通過】👢 登山口手前のゲート、車デポ地【11：38着、11：45発】🚗 JR最高地点【12：00着、昼食、キャベツ購入、12：40発】🚗 稲子の湯【13：19着、宮尾さんの車デポ、入浴、14：10発】🚗 千曲市【16：30着】🚗 長野市【17：37着】

中山峠まで縦走パーティー（宮尾、原田、山本、栗林）

横岳【7：30着】👢 硫黄小屋【8：15着、8：25発】👢 硫黄岳先端まで往復・休憩【9：00着、9：30発】👢 やまびこ荘【10：10着、10：20発】👢 根石小屋【11：20着】👢 東天狗岳【11：55着、12：10発】👢 中山峠【12：55着、13：05発】👢 しらびそ小屋【14：05着、14：20発】👢 稲子の湯【15：35着、16：00発】🚗 長野市帰着【18：50】

快晴の朝だ。日の出を横に見ながら出発。早朝の山頂に登ってくる人が多く、鎖場で時間がかかった。この稜線を歩くのは40年ぶりくらいで、ずいぶん土砂が浸食されたと思う。オーバーユースだと思うが、百名山ゆえだろう。

◆野辺山へ下山パーティーの記録

三叉峰の分岐で縦走パーティーと別れた。県界尾根を下る計画はやめ、杣添尾根を下ることに変更した。

昨日のあの鎖場は良くない。昨日地図で見ると、南八ヶ岳林道を歩けば車のデポ地点に戻れることが分かった。小屋の方に聞いても林道は問題ないとのこと。歩く時間は増えるが、このほうがずっと安全だ。展望のない杣添尾根だが、登ってくる人が30人くらいはいた。多くは若い男性で一人が多い。若い人が多いのはいいことだ。

林道では何か調べているらしい作業中の人がいた。この人たちは車2台で来ていて、林道を通って県界尾根登山口のゲートのカギを開けて出て行った。私たちの車デポ地点では姫路ナンバーのアベックと話した。燕岳を目指してきたが、天候がよくなかったのでこちらへ来て見たとのこと。八ヶ岳の概要も把握していないようだった。安全に信州の高原を味わってもらえたらいいと思った。

車のデポ地から JR 最高地点へいき、昼食と高原野菜の購入。観光客がたくさんいる。八ヶ岳の稜線は雲の中。

松原湖のそばを通って稲子の湯へ。宮尾さんの車をデポし、一風呂浴びてから帰路についた。

リーダー報告

久しぶりの大勢での登山、天気も良く、楽しい山歩きでした。久しぶりの好天で山は賑やかでした。若い人が多く、うれしくなりました。県界尾根を下るには確保のためにロープが必要だと思う。予想外に悪い鎖場でした。

八ヶ岳
70 南八ヶ岳赤岳周辺

■期日／1973年12月30日～1974年1月4日　■メンバー／長野勤労者山の会冬山合宿　11名
硫黄岳～赤岳～阿弥陀岳縦走参加者　M:望月(良)、高見沢ほか2名

12月31日 快晴

赤岳鉱泉テントサイト【5:20発】→休憩2回→硫黄岳【7:10着、7:20発】→石室【7:30着、8:00発】→横岳【8:45着、9:00発】→石尊の頭【9:20着、9:30発】→赤岳石室【10:00着、10:45発】→赤岳【11:10着、11:30発】→阿弥陀のコル【12:20着、12:30発】→阿弥陀岳【12:55着、13:15発】→阿弥陀のコル【13:35着】→赤岳鉱泉テントサイト【15:00着】

2019年5月追記

山の会に入って初めての冬山合宿だった。メンバーにも好天にも恵まれ、得るものが多かった。当時26歳、45年前のことである。当時のメンバーと山に行くことはもうなくなったが、記憶にはしっかりある。(高見沢)

中央分水嶺登山

八ヶ岳
71 渋の湯〜黒百合平〜硫黄岳〜行者小屋

■期日／1989年12月30日〜31日 ■長野勤労者山の会冬山合宿（全体計画は12月30日〜1990年1月3日）
■メンバー／L:山本、SL:宮尾、M:高見沢、笠井　合宿のメンバーは総数15名

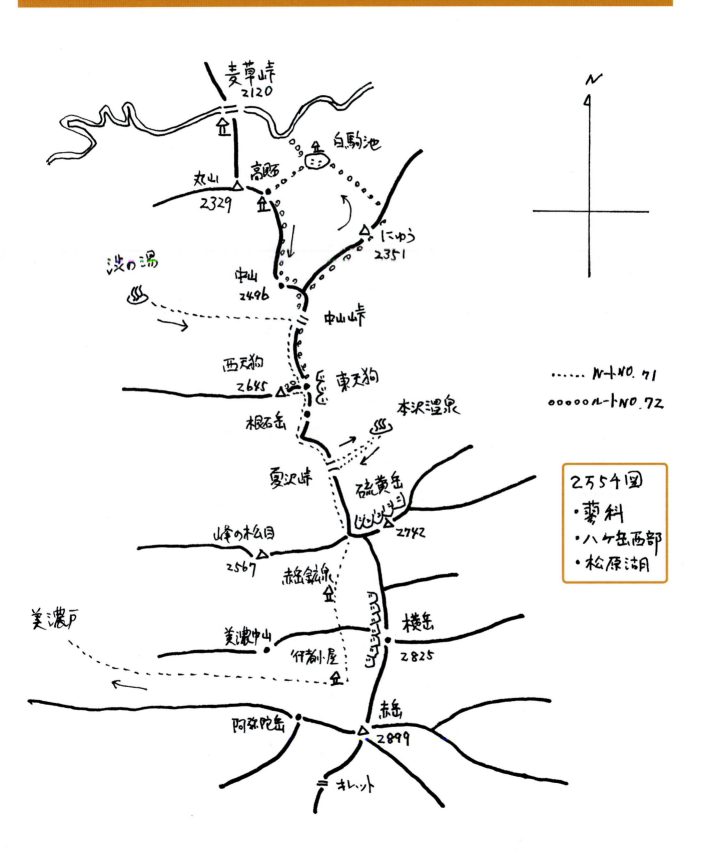

12月30日 晴れのち雪

長野駅【6：05発】🚌 茅野駅【7：55着、8：05発】🚗 渋の湯【8：40着、9：00発】👢 黒百合平【11：05着、11：15発】👢 東天狗岳【12：25着、12：30発】👢 夏沢峠【13：50着、13：55発】👢 本沢温泉【14：30着、テント泊】⛺

快晴だった天候は、次第に冬型が強まり、天狗岳あたりからは吹雪になった。

12月31日 晴れ

本沢温泉【7：30発】👢 夏沢峠【8：50着，9：05発】👢 硫黄岳【10：10着】👢 赤岳鉱泉【11：20着、11：30発】👢 行者小屋【12：10着、テント泊】⛺

主稜線は吹雪いていたが、小屋に下ってくると曇りだった。

2019年5月追記

この山行の細かな行動記録はない。天候はあまりよくなく、雪が吹き付ける中を縦走したように記憶している。こまめにメモする習慣があればよかったと、残念である。（高見沢）

北八ヶ岳

72 白駒池〜天狗岳

■期日／1981年10月3日〜4日　■長野勤労者山の会主催のバス登山
■参加者　38名　高見沢はCパーティーのリーダーとして参加

10月3日

長野駅集合【18：00発の計画】🚌 白駒の池入り口【22：00着】👢 青苔荘【22：20着の計画、泊】

10月4日 晴れ

青苔荘【6：00発の計画】👢 高見石👢 丸山👢 （中山峠）👢 東天狗（西天狗往復）👢 中山峠👢 にゅう👢 白駒池入り口🚌 長野駅【18：30着の計画】

2019年5月追記

このバス登山に参加し、高見石の上で大勢で撮った写真がある。しかし、残念ながら具体的な行動時間は残してない。当時は中央分水嶺などというものは全く意識していなかった。機会があれば補修授業のように、遅ればせながら、高見石から中山峠の間を歩いてみたいと思っている。（高見沢）

北八ヶ岳
73 北横岳〜高見石〜白駒池

■期日／2013年12月17日〜18日　■メンバー／L:大久保、高見沢

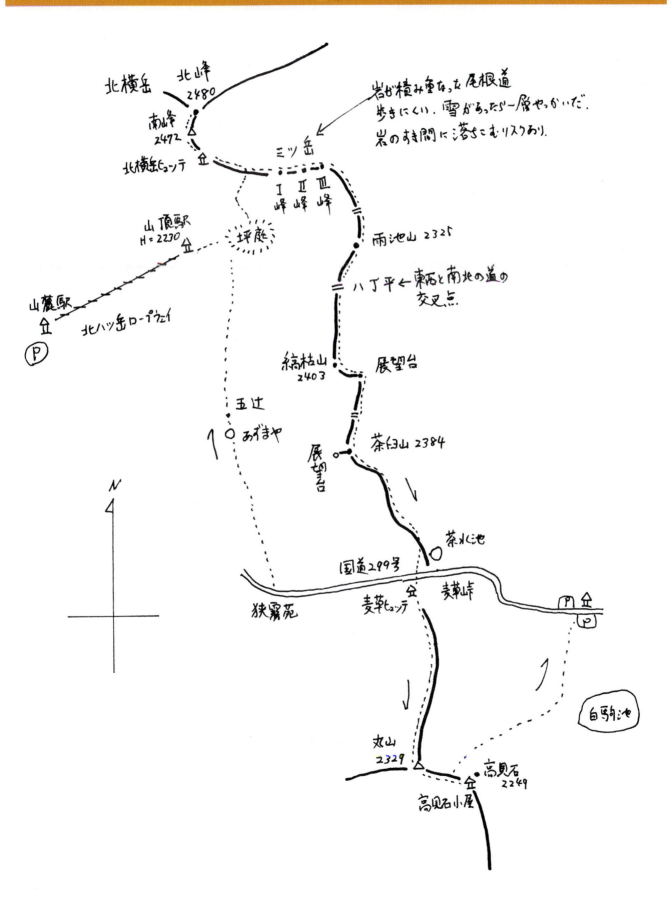

12月17日 晴れ

長野市【6：05発】🚗 北八ヶ岳ロープウェイ山麓駅【8：00着、9：00発】🚠 山頂駅【9：07着、9：10発】👢 北横岳小屋【9：50通過】👢 北横岳北峰【10：08着、10：17発】👢 三ッ岳Ⅲ峰【10：55着、11：08発】👢 雨池山手前のコル【11：37通過】👢 雨池山【11：55通過】👢 八丁平【12：10着、休憩、12：22発】👢 縞枯山【12：50着、12：55発】👢 茶臼山展望台【13：32着、13：40発】👢 麦草峠ヒュッテ【14：25着、泊】

北八ヶ岳ロープウェイの運行開始は9時。最初の便の乗客は20人くらい。スキーヤーもいる。

北横岳までの道は雪で舗装されたかのようだ。多くの登山者が歩くからだ。北横岳からの展望はすばらしい。今回の登山中一番のポイントだ。360度申し分ない。

三ッ岳への道は、もともと岩が重なる悪路で、雪が積もれば一層厄介だ。岩の隙間に落ちるリスクもあり、歩く人が少ないのも当然だ。岩の上に載った雪や氷を慎重に避けてトレースを追う。トレースがなければ更に厄介だろう。

雨池山手前のコルからは北八ヶ岳らしい樹林の中の雪道を辿る。展望はない。縞枯山と茶臼山の展望台であらためて遠くの山並みを眺めた。

雪をかぶった樹林の中だが、トレースがあるので迷うことはない。

麦草峠ヒュッテの宿泊者は合計3人。もう1人の方は岐阜から来たという60歳前後の男性。小屋の土間で薪ストーブに当たってお茶タイム。しかし、ストーブがあってもやはり寒い。大きな小屋の広い食堂で3人だけの夕食は寒々しい。部屋も一緒だが話すことも少ない。電気コタツに足を突っ込んで暖を取りながら早々に寝た。明日の天候が気になる。下界では雨の予報も出ているが、ここらは雪だろう。

12月18日 雪

麦草峠ヒュッテ【7：35発】👢 丸山【8：25通過】👢 高見石【8：40着、8：45発】👢 白駒池入り口駐車場【9：15通過】👢 麦草峠ヒュッテ前【9：37通過】👢 狭霧苑入り口【9：59通過】👢 五辻あずま屋【10：31着、10：42発】👢 北八ヶ岳ロープウェイ山頂駅【11：23着、11：40発】🚠 山麓駅【11：47着、12：00発】🚗 長野市【14：19着】

朝のうちは曇り。高見石につくころには雪が舞い始めた。佐久方面の視界はあるが、天候は確実に悪化している。白駒池には寄らずに、直接、白駒池入り口駐車場に行き、国道を歩いて狭霧苑入り口まで行く。国道のほうが登山道を歩くより早い。狭霧苑入り口からは再び雪に覆われた樹林の中を行き、北八ヶ岳ロープウェイ山頂駅へ。

山麓駅からは新雪で白くなった道を、慎重に運転する。これから明日まで全県的に雪の予報だ。雪が強くなる前に帰宅できて一安心。

中央分水嶺登山

74 北八ヶ岳 大河原峠～北横岳

■期日／2014年9月20日　■メンバー／L:高見沢、SL:池田(延)、M:原田

9月20日 曇り時々晴れ間

長野市【5:30発】🚗（平井寺トンネル、大門峠経由）🚗大河原峠【7:18着、7:35発】👞双子池小屋【8:28着、8:43発】👞休憩1回 大岳【10:36着、11:00発】👞北横岳【11:55着、12:35発】👞亀甲池【13:28着、13:45発】👞天祥寺平分岐【14:00通過】👞大河原峠【14:47着、15:10発】🚗長野市【17:20着】

　大河原ヒュッテはもう営業していないらしい。建物の一部は完全に廃屋になっている。時間が早いせいか、車は数台のみ。来る途中の蓼科山の「7合目登山口」は20台くらいいたから、百名山はさすがに人気だと思う。

　雲が多く霧もでるが、晴れ間もあり、下界の稲穂の黄色が季節を感じさせてくれる。双子山から池に下る間でキノコ採り。アミタケ、ジコボウの収穫に原田さんは余念がない。

　双子池の小屋で休憩していたら、キツネが出てきた。人に慣れているらしくしばらくうろうろしてから藪に消えた。小屋には林道を通って車が来ていたが、少々興ざめだった。

　大岳へは、岩が重なった歩きにくい道だ。岩場歩きの練習をしておくといいだろう。大岳で休憩。見渡す山肌の木々は色づきはじめている。

　北横岳山頂近くになってようやく岩道歩きから解放された。山頂は家族連れなどで結構にぎやかだ。風は冷たく、日射しがないからウインドヤッケが必要。池田さんと原田さんは南峰へも足を延ばしてきた。

　亀甲池は水量が少ない。名前の由来であるある亀甲型の石並びは水中に少し見えたのみ。登山者はほかに親子連れなど5人のみ。静かな湖畔だ。

　亀甲池から下りはじめると笹原の道になった。以後、大河原峠まで、今までの道と違い明るい。陽射しもあって高原歩きらしくなった。

リーダー報告

　天候が心配でしたが、まずまずの天気でした。北横岳は子供を背負った家族が3組来ていました。ロープウェイのおかげでしょう。これで八ヶ岳連峰の部分については中央分水嶺のトレースは完了です。

蓼科山
75 大河原峠登山口

■期日／1985年10月10日　■メンバー／SL:高見沢、M:山本(る)、山本(雅)、石坂ほか3名

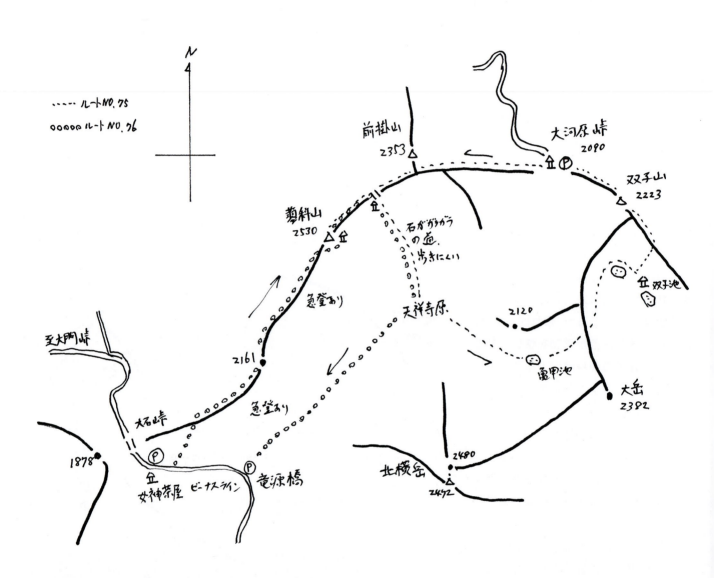

10月10日 曇り時々晴れ間

長野市山の会事務所【6:30発】🚗（車2台に分乗）🚗大河原峠【9:00着、9:15発】👣蓼科山荘【10:10着、10:20発】👣蓼科山【10:45着、11:40発】👣蓼科山荘【12:00着、12:15発】👣亀甲池【13:25着、14:10発】👣双子池【14:45着、15:00発】👣双子山【15:30着、15:35発】👣大河原峠【16:00着、16:30発】🚗長野市山の会事務所【18:50着】

　予定より10分遅れて事務所を出発。天気晴れ、よい山行が出来そうだ。途中道が悪かったが、美しい紅葉を見ながら峠に着いた。山頂に向かって、まずはなだらかな道が続く。蓼科山荘で初めての休みを取る。ここから急な登りになりそうだ。

　岩場で結構きつい坂だったが、気が付いたら頂上だった。広い。予定より早く着いたので頂上でゆっくりする。カメラを忘れたので、石坂さんの魅力で写真を撮ってもらい、送ってもらうようお願いした（お名前を聞かなかった）。頂上でゆっくりしすぎて1時間遅れになってしまい、下山は少しピッチを上げた。

　亀甲池で遅い昼食、池を見ながら紅葉の下で。静か

な池で秋の八ヶ岳の雰囲気十分だ。
　双子池も紅葉が映えてとても美しい。蓼科山からは、ずっと下りでなだらかな道だったが、双子山への登りでは、結構歩いたためか、疲れが少し出てきたようだ。

大河原峠で一休みしてから長野へ向かった。遠くの山は見えないところもあったが、天気に恵まれ、美しい紅葉と池を見られた。

中央分水嶺登山
Chyuo Bunsuirei Tozan

76 蓼科山 女神茶屋登山口

■期日／2014年7月12日　■メンバー／L:高見沢、SL:山本、池田(延)、栗林(佳)、木内

7月12日 晴れ

長野市【6:00発】→篠ノ井【6:25着、6:30発】→蓼科山登山口（女神茶屋）【8:08着、8:28発】→蓼科山【先行11:48着、後行12:00着、13:00発】→将軍平【13:20通過】→天祥寺原【14:35通過】→ビーナスライン・竜源橋【15:55通過】→蓼科山登山口【16:20着、16:40発】→長和町の道の駅で休憩【17:17着、17:50発】→篠ノ井【19:00着】→長野市【19:40着】

　高見沢車で出発。国道18号、平井寺トンネルを通って登山口へ。登山口駐車場は20台以上の車でほぼ満杯。入り口近くのスペースに駐車して出発。
　最初は樹林帯の道なので暑くなくてちょうどいい。休憩2回、木内さんが不調なので、高見沢と栗林さんが先行（11:30）。
　山頂はたくさんの登山者でカラフルかつにぎやか。北アルプスは雲の中。南アルプスの高い峰が雲の上に出ている。木内さんは山頂へ行かず小屋近くで体力回復を優先。将軍平からの下りは、沢状のガラガラ道で歩きにくい。その途中で1回休憩。
　天祥寺原は平坦で歩きやすい。途中から下りになり、沢筋から離れる。途中で1回休憩。
　ビーナスラインに出て最後は車道歩き。県外車がたくさん通る。道の駅「マルメロの駅ながと」でスイーツとコーヒー兼反省会。予定より遅くなったので車中から留守本部へ電話（18:35）。

リーダー報告

　久しぶりの登山でした。「藪なし山行」ですから、本当に何年ぶりというところです。
　登っている最中でもおしゃべりができるというのはタフな証です。感心します。当会の女性はいろんな意味でタフだと、改めて感じました。

173

中央高原
77 八子ヶ峰、三峰山

■期日／2015年10月24日　■メンバー／L:高見沢、SL:米沢、鎌田、藤沢、木内

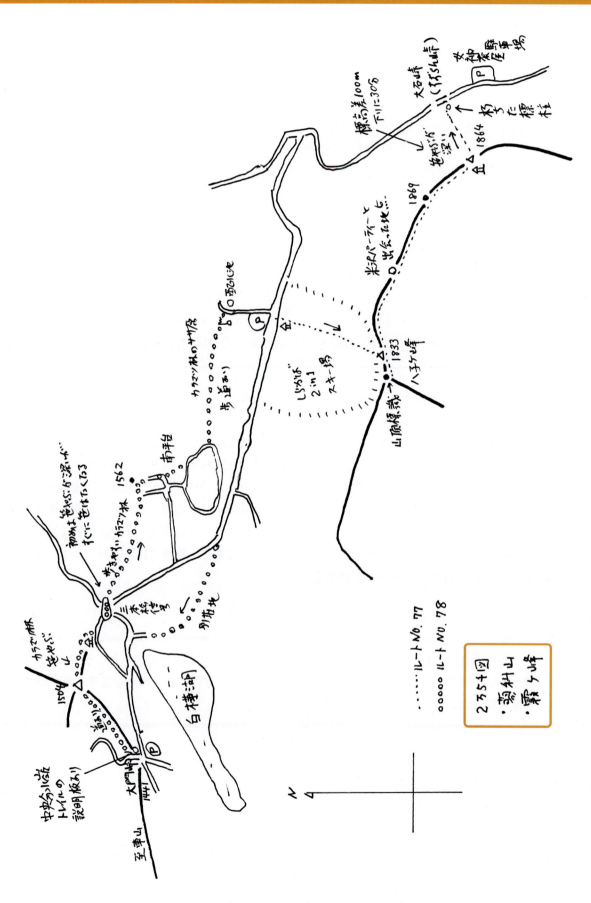

中央分水嶺登山

10月24日 晴れ

長野市【6:30発】🚗 戸倉【7:30発】🚗 長和町「マルメロの里」で休憩 🚗（大門峠経由）🚗 2in1スキー場駐車場【8:50着、高見沢、木内下車。】

高見沢・木内パーティー

2in1スキー場駐車場【9:00発】👢 八子ヶ峰【9:45着】👢 米沢パーティーと合流【10:00着、10:20発】👢 スズラン峠（大石峠）👢 女神茶屋駐車場【11:15着、11:22発】🚗 2in1スキー場駐車場【11:30着、分水嶺ルート偵察、11:50発】🚗 八子ヶ峰公園【11:55着】

米沢、鎌田、藤沢パーティー

2in1スキー場駐車場【8:55発】🚗 女神茶屋駐車場【9:05着、9:10発】👢 八子ヶ峰ヒュッテ【9:35着、9:40発】👢 高見沢パーティーと合流【10:00着、10:20発】👢 八子ヶ峰【10:35着、10:40発】👢 南の尾根を下ってしまい、引き返した地点【11:00着、11:05発】👢 八子ヶ峰【11:25着、11:30発】👢 八子ヶ峰公園【12:25着】

八子ヶ峰公園で合流後

八子ヶ峰公園【12:30発】🚗 三峰展望所【13:05着、13:10発】👢 三峰山【13:39着、14:00発】👢 三峰展望所【14:20着、14:25発】🚗（和田峠・和田宿経由）🚗 長和町「マルメロの里」で休憩【15:05～15:15】🚗 戸倉【16:00】🚗 長野市【16:50着】

◆高見沢、木内パーティーの記録

目の前のゲレンデを、第4ペアリフトの最上部を目指して、ほぼまっすぐ登る。地形と地図から見てこの辺りが分水嶺だろうと判断したからだ。ゲレンデは、草が刈ってあり藪はないが、最上部は結構急で、そこはジグザグに登った。リフト終点から少し西に八子ヶ峰山頂がある。展望はいい。大門峠からの分水嶺を写真に撮った。

山頂から少し歩いたら、前方に米沢パーティーが見えた。合流したところで休憩。

休憩後も明るい尾根歩きが続く。ヒュッテで三角点の標石を探したが見当たらなかった。ヒュッテからスズラン峠に向かって下る。初めは踏み跡や鉄の杭があったが、笹は深く、岩の多い歩きにくい下りだ。ともかくまっすぐ下り道路近くに来た。「大石平峠」とかろうじて読める朽ちた標柱が道路際の土手の上にあった。道路の構造からみると、茅野市と長和町の境界が分水嶺らしいが、分水嶺トレースはある程度の幅はあるものだから良しとしよう。

女神茶屋駐車場まで車道を歩き、さっそく、デポしてあった車に乗って八子ヶ峰公園へ向け出発。発車して間もなく、米沢さんから携帯に連絡が入った。ルートを違え、戻って、今は八子ヶ峰山頂にいるとのこと。八子ヶ峰公園での合流は遅くなるので、2in1スキー場駐車場で車を止め、分水嶺ルート偵察。先ほど登ったスキー場を改めて観察すると、登ったところより東側の、ゲレンデ端の方がより分水嶺らしい。いつかトレース補正をするかもしれない。

八子ヶ峰公園は公園らしくない。駐車場に車を入れ、待つこと30分、やがてゲレンデの最上部に3人の姿が見えた。

◆八子ヶ峰公園で合流後

予定より1時間遅いが、時間は十分ある。車山の山腹を覆うススキの枯れ野原は暖かい毛布のようだ。晩秋の高原をドライブして、三峰展望所へ。駐車場は半分くらい埋まっていて、結構観光客が来る。短い笹の原が広がるゆるやかな尾根の一本道、30分で山頂だ。風が強いのでヤッケが必要。展望はいいが、北アは霞んで見えない。

（山頂で、ロデイ・マクガワンさんという方に会った。この方とは昨年10月、霧ケ峰の縦走時にも会った。その時もアレックスという子犬を連れていた。姫木平に住んでいる山岳ガイドとのこと。今回は名刺をいただいた。）

帰路は、和田峠から旧中山道沿いに下り、マルメロの里で休憩。農産物直売所で適宜買い物。

175

晴れてはいたが、風があり、遠くの山はかすんでいた。一面のススキの白い穂がその風に揺れ、高原の秋は足早に冬に向かっているようでした。三峰山は、30分登るだけで信州の高原を体感できる山なので、お勧めです。分水嶺歩きは、大門峠から2時間ほどの行程が残りました。平坦な尾根筋で短い笹藪が続くコースのようです。

中央高原
78 大門峠〜2in1スキー場駐車場

■期日／2015年12月15日　■メンバー／L:高見沢、SL:米沢ほか1名

12月15日 晴れ一時曇り

長野市【7:00発】🚗 戸倉【8:10】🚗 長和町「マルメロの里」で休憩 🚗 大門峠【9:40着、9:50発】🥾 2in1スキー場駐車場【11:35着、昼食休憩、12:10発】🥾 大門峠【13:20着、13:26発】🚗 長和町「マルメロの里」で休憩【13:55〜14:50】🚗 戸倉【15:30】🚗 長野市【16:50】

　晴れ間は多いが、蓼科山の山頂部は雪で白く、雲をかぶっている。予報より天候はいいようだ。

　大門峠の信号機から歩き始めた。この交差点で工事をしている人たちがいて、我々を見て不審に思うかもしれないと懸念していたが、すぐ中央分水嶺の看板があったので、これなら怪しまれないと安心した。道もしっかりしている。標高1504mの三角点まではこの道を行く。この三角点で道と分かれ、東のカラマツ林を下る。笹藪が腰あたりまで来るし、間伐した丸太が多いので歩きにくい。今回のコース中で一番歩きにくいところだった。

　降りきったところには大きな建物があり、2万5千図と違う。建物の北側を回り込んで道路に出た。別荘地で有刺鉄線が張ってあるので、尾根上は歩けない（このくらいは分水嶺歩きとしても妥協しないといけない）から、道路を歩いて三本松の信号交差点に出た。

　この交差点から再び笹藪に入ったが、間もなく笹はなくなり歩きやすいカラマツ林の中を行く。登っていくと別荘がある。今度は有刺鉄線はないが、敷地に入らないように気をつけて登った。このあたりは南平台の別荘地だ。車道に従っていくが、標高点1562mは失礼して敷地に入らせていただいた。廃屋になっている建物だから支障はないと思うが、一人では遠慮してしまうところだ。

　車道をたどり、できるだけ分水嶺沿いに行こうと笹藪に入ったが、なんとなく道がある。別荘に近づきすぎないように、分水嶺を外さないように、気を使っていくのがいかにも今回の特徴だ。

　何回か地図で確認しながら、別荘地の東端に来た。道路の屈曲点で、別荘の新築工事が行われていた。工事の人に道を聞こうと現場に入ったら、笹原の中に道が見えた。これがスキー場まで続く道だ、地図にもある。これなら人に聞くまでもない、あとはカラマツ林に続く笹原の道を行く。スキー場近くで昼食休憩。曇ってきて寒いので長居はしない。車道を下り別荘地を抜けて大門峠へ。

この辺り一帯は別荘が多いが、廃屋になっているものも多い。オフシーズンということもあってか人影はほとんどない。こんな中を一人で歩くと不審に思われそうだ。三人ならそうは思われないだろう。同行していただいたお二人に感謝します。これで霧ヶ峰周辺は一応つながりましたが、4か所、補正したいところがあるので、いつか機会を作りたいと思います。その時は、「しょうがない物好きだな」と思って笑ってください。そしてお付き合いください。

霧ヶ峰
79 八島湿原〜大門峠

中央分水嶺登山 Chyuo Bunsuirei Tozan

■期日／2014年10月18日　■メンバー／L:高見沢、SL:米沢、M:鳥羽、原田、藤沢、山本ほか2名

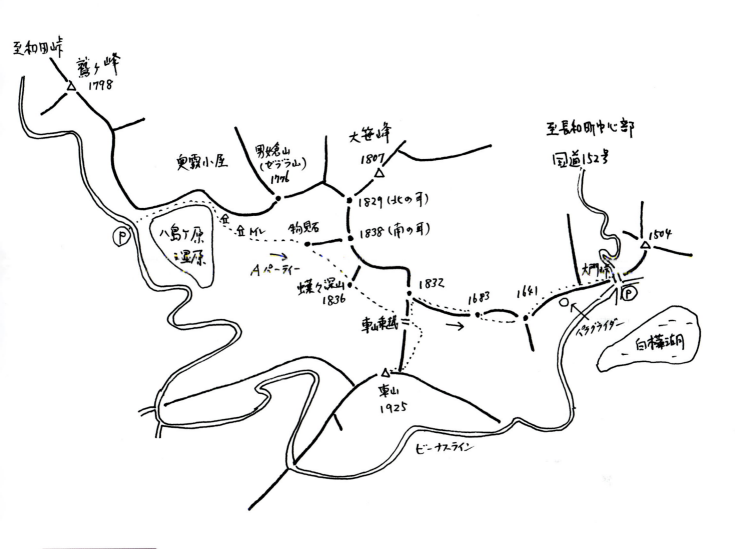

10月18日 快晴

長野市【6:00発】🚗篠ノ井【6:28着、6:35発】🚗戸倉【6:55着、7:00発】🚗長和町マルメロの里【7:50着】ここで2パーティーに別れる。

Aパーティー（高見沢、鳥羽ほか2名）

長和町マルメロの里【8:00発】🚗八島湿原駐車場【8:40着、9:00発】👢蝶々深山【10:06着、10:20発】👢車山【11:35着、12:20発】👢標高1641m地点【13:33着、13:45発】👢大門峠【14:50着、15:08発】🚗長和町マルメロの里【15:45着】

Bパーティー（米沢、原田、藤沢、山本）

長和町マルメロの里【8:00発】🚗大門峠【8:35着、8:45発】👢カバの丘【10:37通過】👢車山【11:25着、12:00発】👢カバの丘【12:25通過】👢南の耳【13:10通過】👢北の耳【13:45通過】👢ゼブラ山【14:12通過】👢八島湿原駐車場【15:10着、15:20発】🚗長和町マルメロの里【15:55着】

177

合流後の行動

長和町マルメロの里【16：05発】🚗 戸倉【17：00着, 17：10発】🚗 篠ノ井【17：35着、17：40発】🚗 長野市【18：30着】

　長和町マルメロの里でメンバー構成を変更した。縦走後の運転は車に慣れた人の方がいいと考え、米沢車と同じ車種を運転しているＷさんにＡパーティーに入ってもらった。登山靴では運転できないので、運動靴の用意が必要だったが、ほかの人の運動靴を借りることで済んだ。交差縦走の場合、他人の車を運転するので、運転用の靴の用意も必要だった。反省事項の一つだ。

◆Ａパーティーの記録

　八島湿原はすでにきつね色の草原になっていた。木々の葉は落ち、木道から離れると、道には霜柱が残っている。晩秋だ。

　廃屋となっている奥霧小屋を過ぎ、トイレと廃屋のあるところを何気なく通り過ぎてしまったが、ここが実は分水嶺への道がある地点だった。標識もなかったし、当たり前のように広い道があるので、それに従って進んだが、次第に稜線から離れていく。トイレのところで地図を見れば分水嶺に入れたと思うが、気づいた時にはもうだいぶ登ってしまっていた。歩道にはロープが張られ、草原への立ち入りは規制されたところなので、草薮を横切って稜線に行くわけにもいかず、そのまま蝶々深山へいき休憩。風が冷たいのでウインドヤッケを羽織る。広い草原のあちこちに登山者の姿が見える。皆、歩道をたどり、高原の秋を味わっているのだろう。

　さてコースを間違えたとなると、Ｂパーティーと落ち合えるかどうかだ。車山の登り口で米沢さんへ携帯電話を入れると車山山頂近くのこと。さっそくこちらも山頂へ。しかし山頂への道は結構急だった。

　無事山頂で合流、車のキーを預かり、駐車場所を確認し、一安心。展望は素晴らしい。富士山は見えなかったが、それ以外それこそさえぎるもののない展望だ。リフトで登ってくる人も多く山頂は賑やかだ。これからたどる稜線をお互い確認し、出発。

　車山乗越まで戻り、山彦尾根に向かい、分水嶺に立った。はっきりしたトレースがあり、ゆっくり草原の道をたどれる。正面に蓼科山を仰ぎ、ときにはスキー場の中を歩き、紅葉が盛んな白樺湖に向かって下る。途中、ススキの原が広がる斜面でパラグライダーのテイクオフと空中遊泳に見とれた。この後、大門峠までは石ころを敷き詰めた防火帯で歩きにくいこと甚だしい。また、パラグライダーを積んだ運搬車が、黒煙を吐きながらこの急斜面を登ってきたのには興ざめだった。

　大門峠でＢパーティーと連絡を取り、長和町マルメロの里での合流を確認した。

　申し分ない快晴。秋の高原歩きを楽しめました。標高1500mあたりの紅葉が真盛りで、高原はススキの白い穂の海。目的の中央分水嶺歩きの方は、Ｂパーティーはできましたが、Ａパーティーは半分しかできませんでした。分水嶺に入る道を見過ごしたためです。残った半分は別の機会を待ちます。

霧ヶ峰
80 車山〜鷲ヶ峰〜和田峠

中央分水嶺登山 Chyuo Bunsuirei Tozan

■期日／2014年11月20日　■メンバー／L:高見沢、SL:米沢、M:山本、峰村

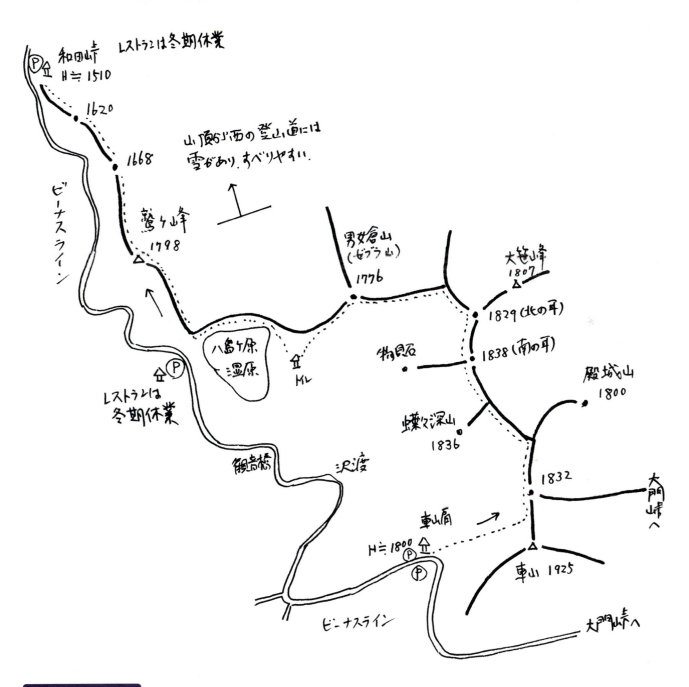

11月20日 曇り

北長野駅【6:20発】🚗 戸倉【7:20発】🚗 長和町マルメロの里【8:24着、8:30発】🚗 大門峠 🚗 車山肩【9:00着】ここで2パーティーに別れる。

Aパーティー（米沢、山本）

車山肩【9:10発】🚗 和田峠【9:30着、9:45発】🥾 第2ピーク【10:30】🥾 鷲ヶ峰【11:15着、12:00発】🥾 八島湿原への分岐【12:40】🥾 八島湿原駐車場【13:15着】

Bパーティー（高見沢、峰村）

車山肩【9：10発】・・・車山乗越【9：30】・・・南の耳【10：00】・・・北の耳【10：13】・・・男女倉山【10：38】・・・分水嶺コース入り口・公衆トイレあり【10：52着、11：00発】・・・鷲ヶ峰【12：00着、12：10発】・・・和田峠【13：10着、13：15発】・・・八島湿原駐車場【13：23着】

合流後の行動

八島湿原駐車場【13：30発】・・・車山肩・展望レストランで休憩【13：45着、14：20発】・・・大門峠・・・戸倉【16：00着、16：05発】・・・長野市【16：40着】

　天気予報では晴れ間を期待できたのに、曇り空。美ヶ原には雪が見える。寒い日になりそうだ。車山肩で2手にわかれた。

◆Bパーティーの記録

　車山肩のレストランには明かりがついているが、駐車場にはほかに車が1台のみ。寒々した風景だ。寒いのでヤッケを着て出発。すぐに年配のアベックに会う。こんな寒い日にも来る人がいるのだ。曇りだが展望はいいので、これからたどるゆるやかな起伏の尾根を一望できる。雪が少しあって凍った道を、滑らないように気を付けながら急ぐ。立ち止まっていると寒いので休まない。

　前回、入り口を見過ごした地点まで来て、小休憩。分水嶺コースへの入り口は確かに見過ごしやすい。少なくとも「男女倉山方面」という標識があるべきだと思う。しかし、そのつもりでいれば見過ごすことはなかったかもしれない。

　八島湿原から鷲ヶ峰に登り始めて間もなく米沢さんから電話が入った。鷲ヶ峰山頂に着いたとのこと。タイムラグが小さくてよかったと思う。

　鷲ヶ峰山頂直下で、風を避けて休憩していたAパーティーと合流。私たちが到着するまで待っていただいた訳だ。ありがとうございます。山頂からの展望は北アルプスが白く輝いている。雪に日が当たっているのだ。北の方が天気はよさそうだ。

　休憩後和田峠に向かって下り始めた。初めは、雪があって滑りやすい急坂だから、慎重に下った。傾斜が緩くなるとともに雪も消え、歩きやすくなった。

　和田峠でデポしてあった車に乗り、八島湿原駐車場へ。駐車場ではAパーティーが着いて間もなくだった。時間差が少なく、待たせることがなくてよかった。帰りは車山肩の展望レストランでお茶タイム。反省会を兼ねて、健康のために、ソフトクリームを食べるべきかどうかという真剣かつ切実な議論をかわした？が、結局誘惑に負けた人が2人いた。

リーダー報告

　前回できなかった部分の中央分水嶺歩きを今回補い、さらに鷲ヶ峰から和田峠までつながりました。お付き合いいただいたメンバーのお心遣いに感謝です。

　世間では、中山道歩きなどのロングトレイルがひそかな人気のようです。きっと中央分水嶺も人気コースになると思います。霧ヶ峰は長和町が始めた中央分水嶺トレイルの一部です。滋賀県の高島市でもNPO法人が中央分水嶺を売り出しています。岐阜県や塩尻市にも、一部ですが、中央分水嶺を意識した公園やコースがあります。いつの日か、中央分水嶺の藪山にもトレースが整備される日が来ることを期待します。

　執行さんという方が青森県から山口県の間の中央分水嶺踏査を完成しました（「山と渓谷」9月号）。私にはそこまでできませんが、浅間山から那須岳まではほとんど繋がっています。今度は浅間山から白山までつなげたいと思いやっています。年齢・体力との競争ですが、何とか実現したいものです。

中央分水嶺登山

中央高原
81 和田峠〜塩嶺峠

■期日／2016年7月18日　■メンバー／L:高見沢、SL:池田(辰)、M:牧野

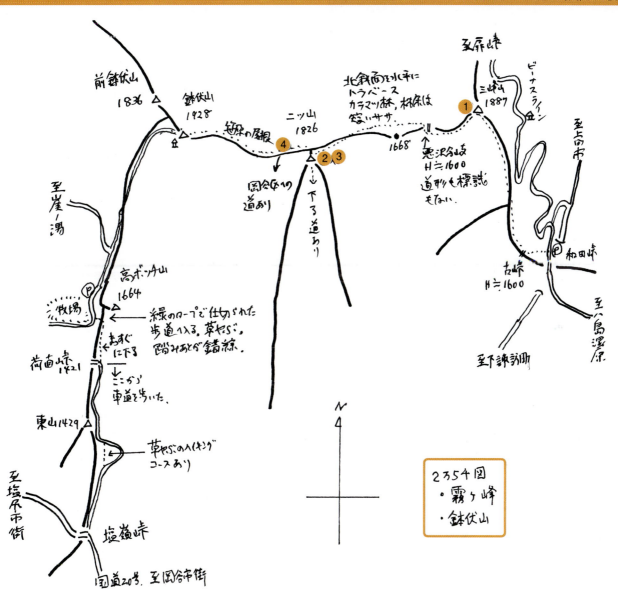

7月18日 快晴

長野市【5:27発】🚗 松代町【6:00、牧野さん合流】🚗 和田峠【7:30着、7:40発】🥾 三峰山【9:10着、9:20発】🥾 休憩1回 二ツ山三角点【11:50着、12:10発】🥾 休憩1回 鉢伏山展望台【13:48着、14:05発】🥾 高ボッチボランティアセンター【15:39着、15:57発】🥾 休憩1回 塩嶺峠【18:06着、18:10発】🚗 和田峠【18:45着、18:50発】🚗 松代町【20:30着】🚗 長野市【21:00着】

　和田峠の広い駐車場に車を置き、まっすぐ古峠を目指す。昨日の雨のせいか、草むらを歩くとたちまちズボンはびしょ濡れになった。しかし天気はいい。峠からは諏訪湖の一部を見下ろせる。前回11月に来た時は霧と強い風で散々だったが、今回は緑の緩やかな稜線が目の前にある。展望もいい。富士山も見える。

　三峰山からは新しい領域だ。（実は40年くらい前に友人と2人で、美ヶ原〜三峰山〜鉢伏山〜高ボッチを歩いたことがある。記録は残してないが、思い出がある。三峰山から少し下ったところで、諏訪側の空中に

①三峰山から鉢伏山方面を望む

飛ぶ大きな猛禽類を見たことを鮮明に覚えている。その鳥はホバーリングのように浮遊していた。）三峰山からは急な草の斜面をジグザグに下る。狭い道で足を踏み外しそうなくらいだ。下り切って尾根道になってから2か所、あの猛禽類を見たのはここだったかもしれない、と思うところがあったが、立ち止まりもしないで先を急いだ。何しろ今日は長い距離だ。

登山地図には「悪沢分岐」という表示があるが、道形も標識もない。「悪沢分岐」と思われるところを過ぎると尾根の北側を水平にトラバースする道が続く。カラマツ林で日が当たらないから暑くなくていいが、分水嶺を志す者には少し残念である。ようやく稜線に出たところで休憩。これから二ツ山まで標高差300mを登ることになる。

②二ツ山、ここにも「Yamaga1ban」

登りきった二ツ山山頂は木がまばらな笹原。日影を求めて三角点で休憩。まだ前途は長い。鉢伏山まで、笹原の緩やかな稜線が続く。暑い。鉢伏山山頂までの砂利道は照り返しがきつい。山頂近くの閉鎖された古い展望台の日影で休憩。展望を楽しむより先に、これから下る長い車道を目で追って、まだあんなにあるのかとつぶやく。

④鉢伏山へ続く笹原の尾根

鉢伏山からは車道を下る。休日だが、車は少ないのがせめてもの救いだ。ショートカットできるところは樹林の中の道を行く。やや登りかえして高ボッチ到着。ここでも日陰で休憩。池田さんから一口いただいた冷えたポカリスエットのうまいこと。

高ボッチからは、地図を手に絶えず現在地を確認しながら下る。歩道はあるが、草に覆われたり、林業用の作業道と錯綜し、標識も少ない。急斜面を下りきったところが「荷直峠」。ここからは主に車道を行く。すぐそばの稜線上にも歩ける道はあるが、そのたびに稜線に上がるのも煩わしいし、疲れてきているうえに時間もない。足にできた豆の痛みをこらえながら、ほぼ予定の

③二ツ山付近

時間に塩嶺峠着。留守本部に連絡し、タクシーに乗り込んだ。お疲れ様でした。

リーダー報告

　好天で、登山道もあり、この時期としては幸運でしたが、とてもハードな分水嶺歩きになりました。歩いた距離は約28kmになると思います。久しぶりに足の裏にまめができました。
　三峰山～鉢伏山は道もしっかりしていて標識もある。美ヶ原からのトレイルコースにもなっている。明るくて展望はいい。両方に車を配置して歩くのがよさそうです。高ボッチ山～塩嶺峠は、道はあるものの整備されていないので、普通の登山対象としてはお勧めできません。
　高ボッチ山と鉢伏山の展望についてはあらためて言うまでもない。長野県の中央にあって、緑ののびやかな稜線が広がる風景はやはりいいなと思います。

塩尻と伊那の間
82 善知鳥(ウトウ)峠〜塩嶺峠

■期日／2014年12月21日　■メンバー／L:高見沢、M:笠井

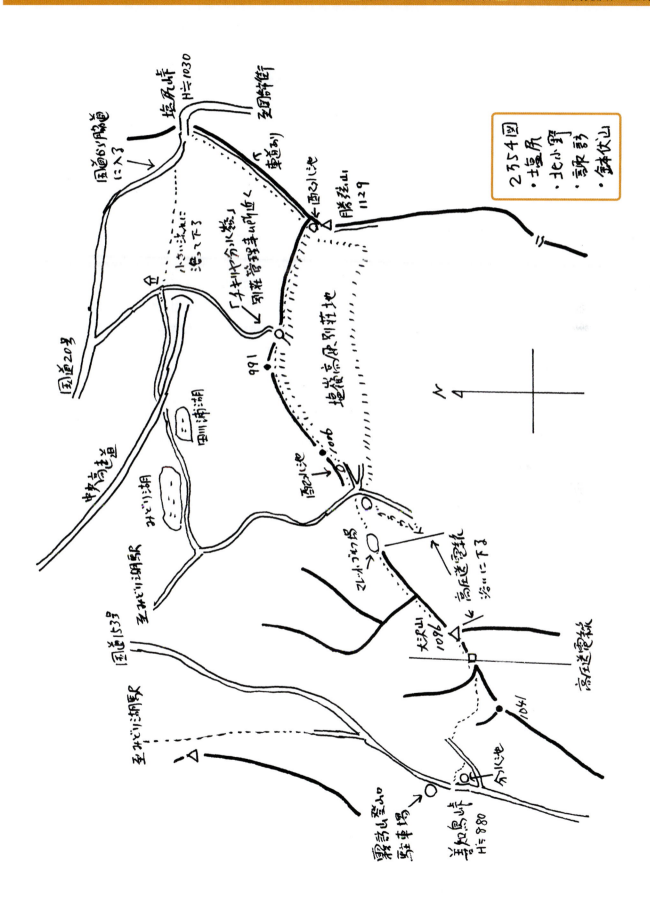

12月21日 晴れ

長野駅【6:32発】🚃 松本駅【7:53着、笠井さん合流、8:09発】🚃 みどり湖駅【8:33着】👢 善知鳥峠【9:15着、9:30発】👢 大沢山【10:15着、10:20発】👢 別荘地入り口【11:03着、11:15発】👢 チキリヤ分水嶺【11:42着、11:50発】👢 勝弦山近くの配水池【12:15着、12:42発】👢 塩尻峠 👢 みどり湖駅【14:11着、14:52発】🚃 松本駅【15:18着, 笠井さん帰宅、15:25発】🚃 長野駅【16:41】

　いきなり、みどり湖駅から凍結した道を歩くことになった。日当たりの悪いところは、先日の雪とそのあとの雨で氷結している。足元に気をつけ、一歩一歩の足場を探しながら滑らないように細心の注意を払う。国道153号は車が多いので、一層の注意が必要だ。車も私たちを避けて通行してくれた。

　善知鳥峠は2回目だが、この分水嶺公園では湧水を日本海側と太平洋側に分流させていることに初めて気づいた。岐阜県の「ひるがの高原」の分水嶺公園と同じだ。

　その分流碑の後ろから雪の藪に入った。積雪は20㎝くらい、スパッツが有効だ。とげのある小さい木が多いので、その点注意が必要。途中から林道、作業道、をたどり、最後は沢筋の藪をこいで稜線に上がった。稜線に道があるかどうかわからないが、積雪も藪も大したことはない。南北に走る高圧送電線の鉄塔を過ぎ、大沢山山頂の別の送電線鉄塔に着いたところで休憩。ここからは送電線巡視路がありトレースもある。

　トレースに従っていくが、緩い起伏の尾根が並行していて、どちらが分水嶺かわからない。右往左往して概ねここだろうと思うところを行くと、マレットゴルフ場があった。こんな山中にと思うがどうやら塩尻市の林間学校の一部らしい。そのゴルフ場を通り、産業廃棄物集積場らしきところを抜けると車道に出た。そこは塩嶺高原別荘地入り口で、ここも分水嶺の峠だがそれらしき表示はない。

　この別荘地には常住者もいる。勝手に人の庭先を歩けないから、できるだけ車道を行く。幸い、分水嶺に沿って車道がある。別荘地の中間で車道が南北に通じているところが「チキリヤ分水嶺」。立派な標識がある。分水嶺を意識してくれていることがうれしい。「チキリヤ分水嶺」から東は、別荘地内の道路は分水嶺から離れる。最初は道路を行き、貸別荘らしきところから稜線に上がった。針葉樹の植林地とカラマツ林の境が分水嶺の稜線だ。藪も雪も大したこともなく、順調に勝弦山近くの配水池に着いた。昨年2月に来たところだ。その時は脇林道に入ってしまい、この辺りを右往左往しただけで敗退した。今回やっとつながった。休憩後、塩尻峠に下り、国道20号の歩道を歩き始めたが、ひざ下まで沈む深い雪と車の通行に嫌気がさしてきた。途中から脇道に入り、沢筋を下って、人家のあるところに出た。再び、凍結した車道をたどり、みどり湖駅へ。トイレもない無人駅で時間調整。10分早く来れば長野まで直通電車に乗れたのに、それは後の祭り。

　松本で笠井さんと別れた。

リーダー報告　前回敗退したコースをトレースできました。善知鳥峠に分流施設があったり、チキリヤ分水嶺の標識があったり、私としてはうれしい発見です。中央分水嶺の真上に建てられた別荘もありました。

中央分水嶺登山

塩尻と伊那の間
83 善知鳥(ウトウ)峠～霧訪山

■期日／2013年2月3日　■メンバー／L:高見沢、SL:池田(辰)、M:笠井

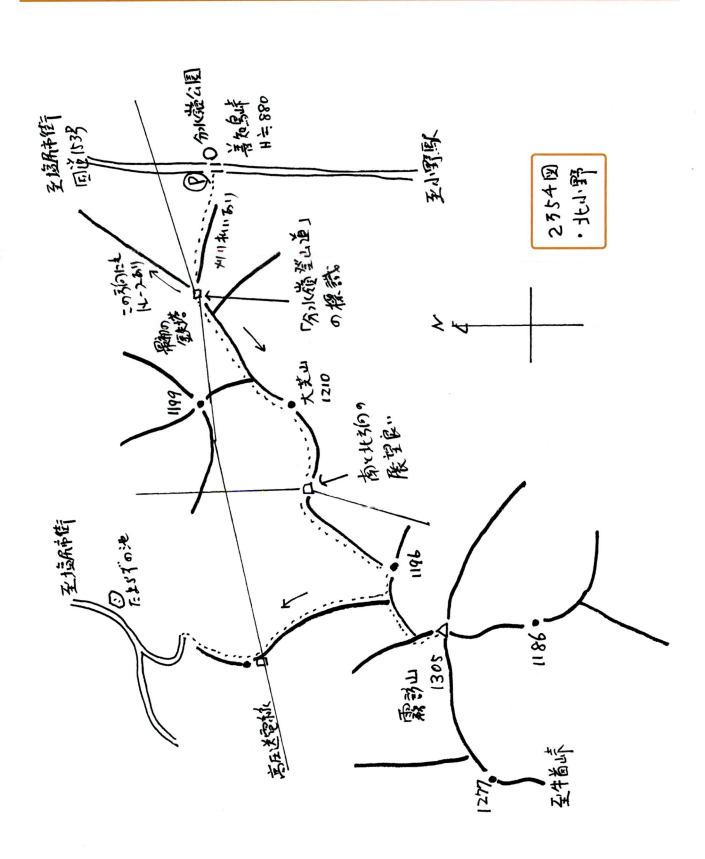

185

2月3日 曇りのち快晴

北長野駅【6:16発】🚆 長野駅で快速みすずへ乗り換え 🚆 松本駅で笠井さん合流 🚆 塩尻駅【8:17着、8:20発】🚗 善知鳥峠【8:30着、8:40発】👢 稜線上の送電線鉄塔【9:13着、9:20発】👢 大芝山【9:37通過】👢 南北に通る送電線鉄塔【9:54着、10:05発】👢 下西条への道合流点【10:30通過】👢 霧訪山【10:43着、11:25発】👢 下西条登山口【12:10着】🚆 塩尻駅【13:24着、13:38発】🚆 松本駅で乗り換え、笠井さんは解散 🚆 長野駅【15:41着、解散】

　善知鳥峠には分水嶺公園がある。石碑と小さい広場と善知鳥峠の名前の由来説明板がある。説明板前の凍結した雪の上で身支度。天気はいいはずなので、スパッツだけ着用。日本海と太平洋の分岐を示す木製標識から、いきなり茨の薮漕ぎに突入。小さいとげが痛い。「もなか」状の雪に足を取られながら10分か15分くらい登ると、左手に刈り開きがあった。最初からこの刈り開きを登ればよかったと反省。（以後霧訪山まで薮はなかった。）

　刈り開きの急な斜面を一気に登ると、最初の鉄塔だ。北のほうから尾根沿いにトレースがあった。「分水嶺登山道」の看板もある。意外だったがありがたい。以後このトレースにしたがって行く。時折雪を踏み抜くが、締まっていて歩きやすい。

　大芝山をすぎて、南北両方向の展望がいい、鉄塔のある地点で休憩。登りはじめ時点に比べ、雲は上がり晴れ間が広がっていた。

　順調に霧訪山着。計画時間の半分の2時間で着いた。北アルプスの峰々は部分的にしか見えないが、他は快晴だ。申し分ない展望。山頂には、千曲山友会の4人もいた。LはIさん。思わぬところで会ったものだ。都合10人くらいの登山者がいた。この時期も結構人気なのだ。

　地元の小野から来た方にいろいろ伺った。ここから西へ続く分水嶺を歩こうという人にこの山頂で会って、あとでインターネットを見ると、牛首峠から更に南の坊主山へもトレースを伸ばしてあったとのこと。牛首峠への稜線は行ったことがないが、漆が多いので、かぶれないよう時期を選んだほうがいい、牛首峠は冬期間閉鎖されるが春から秋は車で通れる、坊主山へは奈良井ダム近くから登れるが、行く人は少なく道は良くない、など。

　下西条への道は針葉樹が続く。明るさや展望では、善知鳥峠からのほうがいい。

　塩尻駅まで、人気の少ない農村集落、住宅街、商店街を通る。ちょうど昼飯時だ。明るいうちにゆっくり帰宅できた。

反省点

　ほかの登山者はアイゼンを着用していた。私たちは輪カンジキを携行していたのみであった。別段支障はなかったが、部分的には凍結していたので、携行の検討はした方が良かったようだ。ピッケルまでは必要ないと思う。雪自体が少ないし、凍結は部分的で、脇の雪斜面を通ればすむ程度だった。南斜面は雪が少なく、凍結も多いらしいから、コースによってはアイゼンが必要だろう。

リーダー報告

　「分水嶺登山道」の看板があったように、結構、分水嶺を意識した整備・利用がされていた。地元の方の話では、分水嶺をトレースする人が他にも確かにいる。それも複数のようだ。うれしいような、気が急くような…。

塩尻と伊那の間
84 霧訪山〜牛首峠

期日／2014年3月18日　メンバー／L：高泉沢、SL：山口、牧野

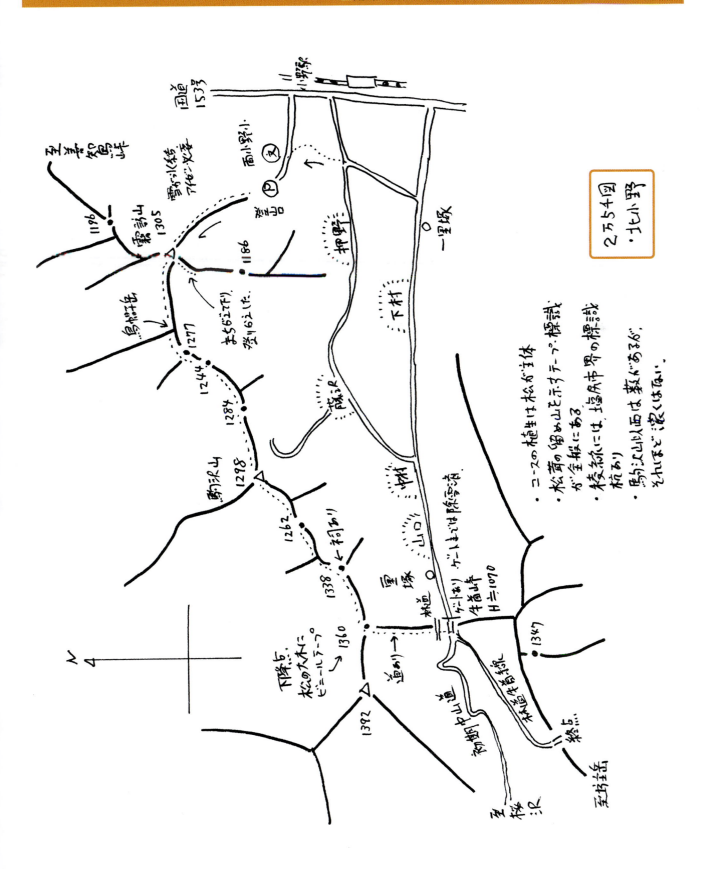

3月18日 曇り後雨

長野市松代町【6:25発】🚗 更埴IC 🚗【高速道路利用、料金900円】🚗 塩尻IC 🚗 辰野町小野の霧訪山登山口【7:35着、7:40発】👞 霧訪山【8:50着、9:00発】👞 烏帽子岳【9:50着、10:00発】👞 休憩1回 👞 駒沢山・標高1298m三角点【11:40着、11:55発】👞 休憩2回 👞 下降点【13:45】👞 牛首峠【14:12着】👞（飯沼川沿いに下る）👞 霧訪山登山口・車デポ地点【16:00着、16:18発】🚗 塩尻IC 🚗 更埴IC 🚗 長野市松代町【17:50着、解散】

　天気予報では曇り後雨。南部はそう強い降りにはならないだろう、と見込んで出発。登山口についたころは晴れ間もあるが、南からの雲の流れが速い。付近の雪は予想以上にある。ワカンよりアイゼンのほうが使うだろうと思い、ワカンは車に置いて、ともかく登り始めた。松林が続く尾根道で、先月の雪が凍り、歩きにくい。下りにはアイゼンが欲しいところだろう。

　山頂からの視界は十分ある。トレースに従って尾根を辿ると、方向が違った。引き返し、山頂近くにあった標識から下る。塩尻市の境界杭に沿っていけばよかったのだ。この下るところからはトレースはないので雪が膝あたりまで来る。ワカンのほうが良かったようだ。烏帽子岳と書かれた小さな標識のあるところで休憩。ここは鳴雷山方面への分岐だ。

　風が強い中、雪の尾根を辿る。思ったより雪が多い。尾根上には薮のないルートが続いている。無雪期にも歩けるのだろう。標高点1284m地点の東側ピークで現在地を確認しようとした。ここが標高1298m三角点かと思ったが、どうも少し違う。偵察を兼ねて西に続く高みに進むと、北側の谷に高圧送電線が見えた。塩尻市の境界杭もある。これで現在地点がはっきりした。

　標高1298m三角点で休憩。立ち木に「駒沢山」とあった。ここは縦走全体の中間地点だ。少し雨があたっているが、天候の大崩はなさそうだし見通しも立ったので、予定通り牛首峠を目指す。

　ここから先、尾根上の薮は少し多くなった。それでも松林の中の雪道は歩きやすく、薮はたいした支障にならない。12時40分、雨が強くなったので雨具を着る。標高1338mピークには小さい祠があった。麓の村の神様なのだろう。

　下降地点がわかるかどうかが気になったが、松の大木にビニールテープが3本も巻かれ、薮がないところがそれだった。私も持っていったペナントを小さい木につけた。後は峠まで直線的に尾根を下る。はっきりした道がある。林道に出てこれを下り始めたら、右下に除雪された舗装道路が見えた。もう一つ小さなコブを越えて降りたところが牛首峠。林道牛首線の入口だった。峠にはゲートがあり、4月10日まで閉鎖とあった。伊那建設事務所の所管路線だ。雨の降る中、傘をさして舗装道路を下る。登山口まで2時間黙々と行く。

　山間の集落を歩くのは面白い。牛首峠からは初期の中仙道だ。一里塚が2箇所ある。サルの群れが人家まで来ている。竹の葉を食べている群れもある。路上にはサルの糞がたびたびある。笛を吹いてみたが、サルは驚きもしない。ピッケルで鉄砲を構えるまねをしたら逃げ出した。小野の枝垂れ栗は有名だが、この集落には庭先にもある。大雪で潰れたビニールハウスもある。先月の大雪でいつもとは違う風景なのかもしれない。

　登山口に戻ってから、雨は上がった。ストレッチをしてから帰路に着く。豊科以北は雨が強かった。

　全体に松林で、霧訪山以外での視界はあまりよくない。中間の駒沢山までは道がありそうだ。その先もたいした薮ではなさそう。無雪期のほうが歩きやすいかもしれない。思ったより雪が多く、ところどころ雪の消えたところもあったが、尾根上はワカンで歩いたほうが良かった。天候は良くないという見込みどおり、雨に遭った。

奈良井川が細く鋭く南に食い込んで、中央アルプスの茶臼山まで中央分水嶺を押し下げている。奈良井宿を挟んで中央分水嶺は並行する。1枚の地図に2本の中央分水嶺が載る地域である。

ルート No.85〜97

木曾の山

kisonoyama

85 牛首峠〜遠見場

牛首峠と坊主岳をつなぐ稜線

■期日／2015年9月26日　■メンバー／L:高見沢、土川、笠井

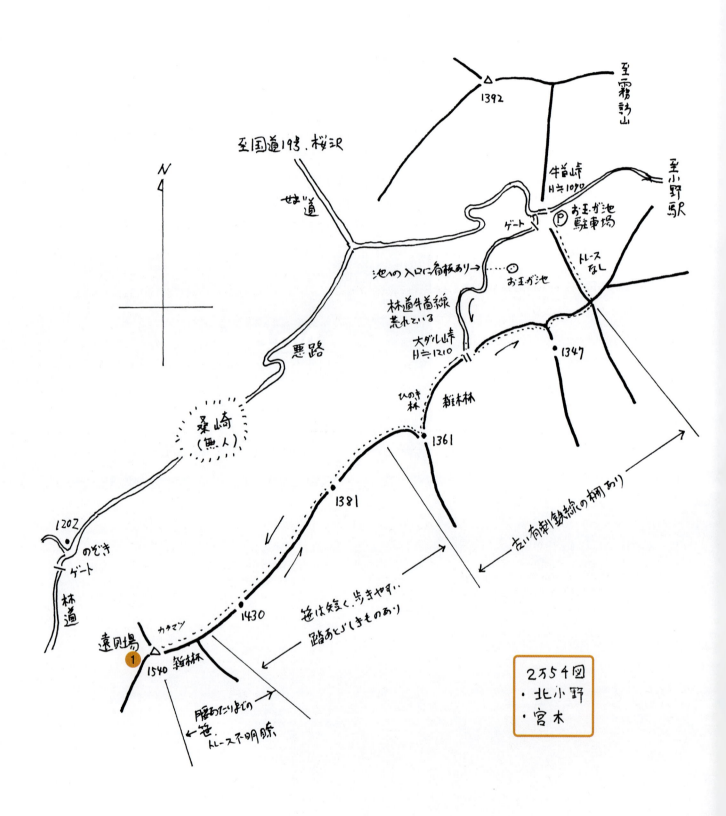

中央分水嶺登山
Chyuo Bunsuirei Tozan

9月26日 曇り・霧

長野駅【6時09分発特急しなの】🚌 塩尻駅【7:13着。十川さん、笠井さんと合流。十川車で出発】🚗 牛首峠【7:50着、車デポ、8:00発】🥾 大ダル峠【8:35着、8:40発】🥾 標高1280m地点【8:50着、8:55発】🥾 標高1381mピーク【9:45着、9:50発】🥾 休憩1回 標高1540mピーク（遠見場）【10:48着、11:10発】🥾 標高1361m地点【12:25着、12:35発】🥾 大ダル峠【13:00通過】🥾 標高1347mピーク分岐【13:25通過】🥾 牛首峠【14:13着、14:33発】🚗 塩尻駅【15:00着、次回の登山計画検討、解散、15:54発】🚌 長野駅【16:55着】

　牛首峠の「お玉が池駐車場」へ車をデポ。例によってクマよけに笛を吹きながら行く。大ダル峠までの林道は荒れていた。倒木や落石が多い。林道の途中から、「お玉が池」への遊歩道があるが、そちらへは行かない。

　大ダル峠に着いた。辰野町側には有刺鉄線が張られ、「キノコ山入山禁止」とある。木曽川はヒノキ、辰野側は雑木林とはっきり分かれていて、尾根上に藪はなく、歩きやすい。標高1361mピークで「カワタケ」という巨大なキノコを発見。土川さんによると食用で、直売所でも売っているとのこと。初めて見るとびっくりするほど大きいし、一見グロテスクだ。このピークから方向が直角に変わる。古い壊れた有刺鉄線沿いに行く。有刺鉄線は標高1361mピークの少し先で終わっていた。営林署の境界見出標が時々あるので、それも目印に尾根をたどる。

　時々笹薮になり、そんな時はけもの道を辿りながら行くが、概して笹は短く、灌木も少ない。標高1540mピーク（遠見場）近くになり標高1500mを超えると、笹は腰まであるようになり灌木も増えてきた。遠見場に着き、先日13日に着けておいたペナントを回収。これで前回トレース部分とつながった。

①標高1540m付近

　帰りは大ダル峠から、林道を通らずに、分水嶺を忠実にたどる。1347mの標高点を目指す。ここにも有刺鉄線が張られ、それに沿って踏み跡があるので迷うことはない。しかしこの標高点を過ぎると、踏み跡は不明瞭になった。地図と磁石で方向を確認。それでも最後の下りは少し方向を間違たので、途中で修正した。

　牛首峠近くになると、古い作業道があったのでこれを下る。木の小さい鳥居をくぐると、「お玉が池駐車場」に出た。

リーダー報告

　天気予報では一時晴れ間を期待できそうだったが、結局ずーっと霧。藪の方は、大体予想通りで、歩きやすかった。キノコと栗がたくさんあった。キノコ採りの入山は禁止という看板が随所にあるので、キノコはみるだけにした。「カワタケ」という見たことのない大きなキノコを土川さんに教えていただいた。食べられるとのこと、一抱えもある大きな塊で、びっくりしました。次回の計画も決まったので、楽しい稜線トレースを続けられます。

86 牛首峠と坊主岳をつなぐ稜線
朝日ヶ峯〜遠見場

■期日／2015年9月13日　■メンバー／L:高見沢、土川、笠井

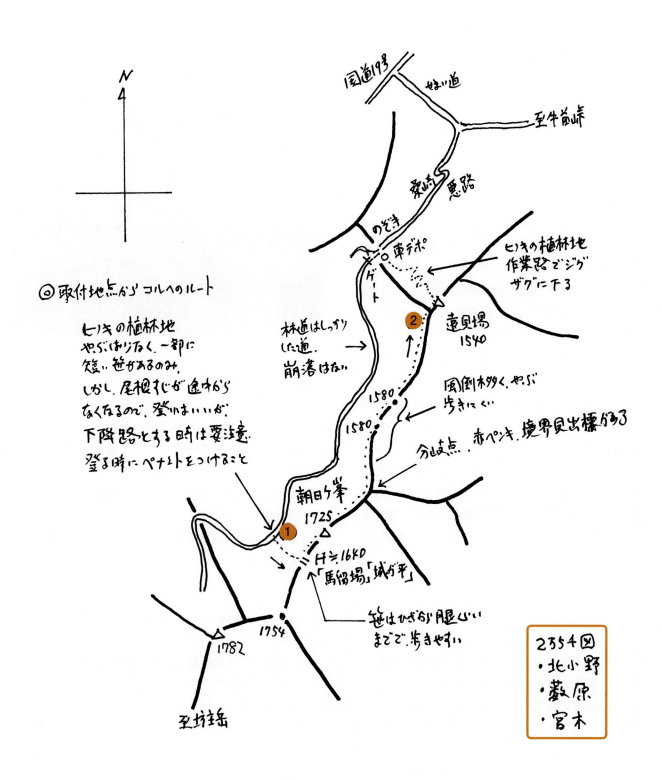

中央分水嶺登山
Chuyo Bunsuirei Tozan

9月13日 曇りのち晴

長野駅【6時09分発特急しなの】🚃 塩尻駅【7：13着。土川さん、笠井さんと合流。土川車で出発】🚗 桑崎の「のぞき」【7：55着、車デポ、8：05発】👢 休憩1回 👢 取りつき地点【9：55着、10：05発】👢 稜線【10：30着、10：35発】👢 標高1725mピーク【10：55通過】👢 尾根の分岐点【11：10着、11：20発】👢 第2下降（予定）地点【11：55着、12：25発】👢 標高1540mピーク（遠見場）【13：00着、13：10発】👢 桑崎の「のぞき」車デポ地点【13：50着、14：05発】🚗 牛首峠偵察 🚗 塩尻駅【15：15着、解散、15：54発】🚃 長野駅（16：55着）

　塩尻駅の改札口では土川さん、笠井さんが並んで待っていた。土川さんの車で桑崎集落跡地へ。道は細く砂利道で、両側の雑草が車の側面をこする。時々石が車の底を突き上げる。悪路だ。それでもキノコ採りの車だろうか、何台か停まっていた。土川さんが若いころ電報の配達に来た集落だが、いまは常住者がなく廃屋が木々の合間に散見されるのみ。

　「のぞき」には車が10台くらいは止められる広場があるが、すぐ先でゲートがありこれから先へ車は入らない。この「のぞき」から直接贄川の集落へ下れる歩道があるとのこと。

　ゲートをまたいで林道をたどる。取りつき地点まで2時間、道はしっかりしており、崩落もない。倒木が1か所あったが、それさえなければ車で走れる。

①林道から尾根への取りつき地点

　取りつく地点からは、ヒノキの植林地を登る。道はないが、下生えは全くない。暗い針葉樹林のため、草も灌木も育たない。途中から笹が出てきたがそれも膝下くらいで、歩きやすい。

　深い藪を想定してきたが、30分強でコルに着いた。資料によると、ここは「馬留場」「城が平」というところだがその遺構らしきものはない。稜線は針葉樹林だが、笹もあり、その丈は膝から腿くらいだ。灌木はほとんどないから見通しはいい。

　標高1725mピークは「朝日が峯」という。その先で尾根が分かれ、分岐点には大きな栂の幹が赤くペンキで塗られていて、境界見出標がある。真新しいペンキだ。以後、このマークが適当な間隔で出てくるので目印になった。尾根が狭いと、踏み跡らしきものははっきりしているが、おそらくけもの道だろう。消えたりあらわれたりするそのトレースを拾いながら尾根を行く。一か所、風倒木が連続し、灌木で藪になっていたが、再び針葉樹の下の笹藪歩きになった。

　予定していた第2下降地点で昼食休憩。時間は十分あり、歩きやすいので、1540mピーク（遠見場）まで行くことにした。1時間くらいはかかると思ってい

②標高1540m付近

たが、その半分の時間で遠見場着。ここから車をデポした「のぞき」へ下る。地図と磁石で方向を確認し、境界見出標を目印に下り始めた。5分か10分下ったところで、道があった。下生の全くないヒノキの植林地をジグザグに道は下って行く。林業作業に使ったものだろう。沢に近づくと崩落などで道は不明瞭になったが、「入山禁止」のパネルがあったし、沢沿いに踏み跡が出てきた。キノコ採りに来た人の踏み跡だろう。沢沿いにいくとはっきりした道に変わってきた。それをたどると、「のぞき」の車デポ地のすぐ近くに出た。ドンピシャの下降だった。時間があるので、牛首峠へ行く。次回の偵察である。

　天気予報では午後一時雨だったが、トライしてみることにした。結局、雨は降らずに好天になった。初めての3人パーティーだったが、藪をいとわないメンバーなので楽しい藪山歩きができました。藪は思ったより薄く、短く、快適でした。次回は牛首峠〜今回行った「遠見場」です。9月26日（土）に計画します。

193

87 坊主岳〜楡沢山

坊主岳と木曽平沢をつなぐ稜線

■期日／2015年10月17日〜18日　■メンバー／L:高見沢、土川、笠井

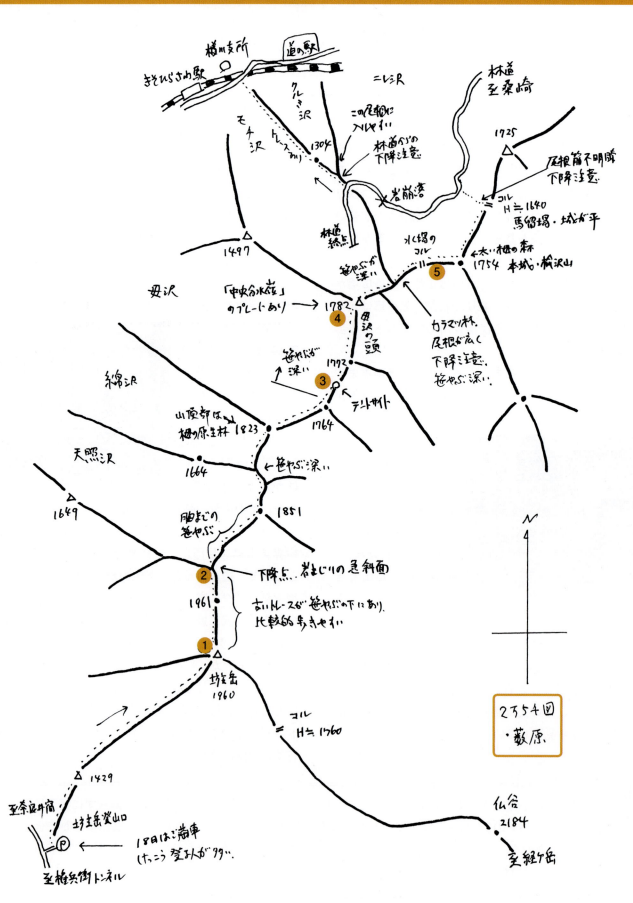

中央分水嶺登山
Chyuo Bunsuirei Tozan

10月17日 曇り・霧のち晴れ、夜間一時小雨

長野駅【6時09分発特急しなの】🚆 塩尻駅【7:13着。土川さん、笠井さんと合流。土川車と笠井車で出発】🚗 塩尻市楢川支所【7:40着、土川車デポ、7:45発】🚗 坊主山登山口【8:00着、笠井車デポ、8:15発】👣 休憩3回 👣 坊主岳【11:20着、11:55発】 👣 標高1960m地点・下降点【12:30着、12:40発】👣 休憩2回 👣 標高1764mピーク【15:15着、15:25発】 👣 テントサイト【15:45着、テント設営】⛺

②中央の陽が当たっている尾根が中央分水嶺、右端のカラタキの峰から2014年5月に縦走した

　長野では晴れ間があったが、南下するにつれ雲が低くなってきた。天候が気になる。塩尻では鉢盛山方面の山並みが見えるくらいになったので一安心。例によって、塩尻駅の改札で合流し、2台の車で楢川支所へ。ここで土川車をデポし、笠井車で坊主岳登山口へ。登山口奥の駐車スペースへ車を入れ、登山者ノートに記帳。

①坊主岳から北へ向かう尾根筋

　いきなり鉄砲登りに高度を上げていく。晴れ間があり、陽射しもあるが、山頂部は雲の中だ。予定より1時間も早い3時間で山頂に着いた。曇っていて風も少しあり、寒いので雨具を着る。残念ながら展望は全くないが、雲の切れ間から藪原が見えた。雲は薄いようだ。

　坊主岳から北に続く稜線に足を踏み入れた。笹の下に古いトレースがあったので歩きやすいが、笹藪であることに変わりはない。藪をこぎ始めて間もなく、雲が切れてきた。紅(黄)葉の山々が眼前に一気に広がった。緑を混えたモザイクは実に鮮やかだ。経ヶ岳は雲の中だが、そこへ続く稜線が見えた。緑色の濃い笹の尾根道だ。

　順調に標高1960mの下降点に来た。地図と磁石で進むべきピークと尾根の方向を確認し、急な斜面を下る。岩混じりですべりやすいので慎重に下る。笹の丈は胸くらいまであるが、視界を遮られるほどではない。けもの道と思しきトレースが消えては現れ、現れては消える。その途切れ途切れのトレースを拾いながら進む。標高1823mピークは栂の森に覆われているので笹はほとんどなく、歩きやすい。

　計画より大幅に早いペースなので気分はいい。この辺りは母沢の源頭で、昔、土川さんは奈良井からこの辺りを越えて辰野側へ下ったことがあるとのこと。鞍部ではそれらしきものがないか気をつけて歩いたが、樹が伸び笹が茂っていては痕跡さえ分からなかった。3時半を過ぎてから今日のテントサイトにいいところを探すが、なかなか平らな場所はない。雷が聞こえ始めたので、何とか使えそうな笹藪をテントサイトと決め、設営。予定より2時間以上行程が進んでいるので、明日は早めに下山できそうだ。4時半起床と決め、18時半ころには就寝。

　夜間一時ぱらぱらと雨が当たったが、大したことはなかった。

10月18日 快晴

テントサイト【6:15発】👣 標高1782mピーク【7:06着、7:25発】 👣 水場のコル【8:25着、8:40発】 👣 標高1754mピーク・楡沢山【9:10着、9:16発】 👣 下降地点のコル【9:45着、10:02発】 👣 林道【10:19着】 👣 林道からの下降地点【10:50着、11:00発】 👣 塩尻市楢川支所【11:58着、12:10発】🚗 坊主岳登山口【12:30着、次回の登山計画検討、解散、12:40発】🚗 塩尻駅【13:15着、13:42発】🚆 長野駅【15:41着】

③テントサイト、2日目の朝、出発前の様子

夜間寒くはなかったが、熟睡はできないものだ。しかし、笠井さんによると、朝方の4時ころ何かの動物がテントのそばを通ったとのこと。土川さんも私も気づかなかったということは眠っていたということ。

快晴の朝。ダケカンバの黄葉が青い空に映える。昨日同様、笹薮の中を行く。木曽側がカラマツ林のところは、笹の下に踏み跡らしきものがあるので歩きやすい。植林地の作業道の跡かもしれない。標高1782m三角点ピークには「中央分水嶺」と記された青いプレート。うれしくなった。ここにも同志がいた。今年4月に行った川上村の分水嶺にも同じ色のプレートがあった。川上村では豆腐岩というところに「MHC」、ここでは「Yamaga 1 ban」と、記名は異なるが何か関連があるのかもしれない。

1782mピークから水場のコルまでは笹が深く、尾根も広いので時間がかかった。とくに水場のコルへ下るところは、尾根が広く視界も利かないカラマツ林で、辰野側へよりすぎてしまった。途中で気づき、カラマツ林の中の笹薮をトラバースしてコルに出た。ここには確かに尾根近くに水流があった。

④ここにも「Yamaga1ban」

水場のコルからは尾根が狭まり、踏み跡らしきものを辿って行く。着いたところが標高1754mピーク・楡沢山だ。木曽義仲関連の資料によると「本城」のあったところ。広い山頂部には4段くらいの平地が認められる。そこには栂の古木が立ち並んでいる。しかし、これが遺構か単なる地形か、素人にはわからない。

腰まである笹薮の中、ペナントを探しながら下る。見覚えのある平地に来たが、ペナントがない。「確かにつけたのだが」と探し回って、広い尾根の東端、2重山稜のような尾根の上にペナントを見つけた。今年9月13日に来た時に付けておいたもの。こうした目印

⑤標高1540m付近

がないと下降点はわからない。しかし、下降点は決まっても、下る尾根が明瞭でないから、また一苦労。平板な斜面を少し下ってから、右に寄り過ぎたと分かり、トラバースで本来の尾根筋に辿り着いた。

林道に降り立ち、あとは先日（9月30日）の偵察通りに進んだ。林道からの下降は先日の失敗が活き、滞りなく下った。林道から下る尾根を改めて見ると、下るべき方向は尾根筋とは確かに異なっている。ペナントやこの場所の経験がないと、地図上で選んだ尾根筋に入るのは無理だと思う。少し下ってから、方向が違うと気づくくらいだろう。視界のない場所での下降は難しい。

リーダー報告

天気予報では南へ行くほど不安定とのこと。霧雨くらいは覚悟して、2日目の好天に期待していた。1日目、笹薮がぬれていてズボンは濡れたが、雨は降らなかったといっていい。

全般に笹薮が続き、ときには肩を超える丈の場所もあったが、視界を遮るような深さではなく、けもの道や古いトレースがあり歩きやすかった。おかげで計画より4時間早く下山できた。紅（黄）葉も鮮やかで、楽しい分水嶺トレースだった。

中央分水嶺登山

88 木曽と伊那の間
坊主岳〜経ヶ岳

■期日／2015年10月31日〜11月1日　■メンバー／L:高見沢、土川、笠井

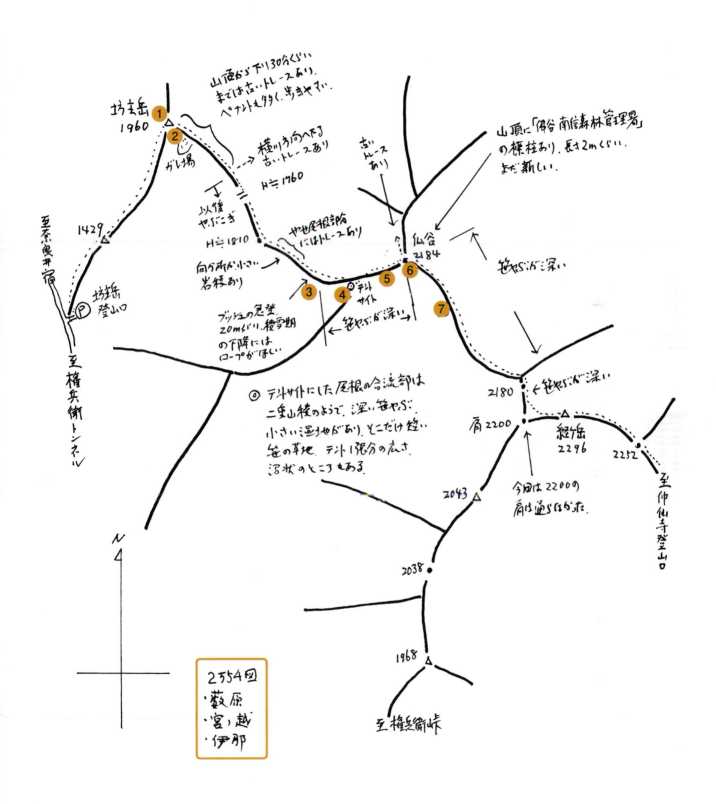

10月31日 快晴

長野駅【6時09分発特急しなの】🚆 塩尻駅【7：13着。土川さん、笠井さんと合流。土川車で出発】🚗 坊主山登山口【8：00着、土川車デポ、8：10発】👢 休憩3回 👢 坊主岳【11：05着、11：30発】👢 最低鞍部【12：27着、12：35発】👢 標高1810m小ピーク【13：18着、13：25発】👢 標高1900m付近【14：20着、14：30発】👢 標高2000m付近【15：10着、15：15発】👢 標高2050m付近【16：05着、テント設営】⛺

　坊主岳までは3時間かからず、前回、10月17日より快調に登れた。今日は快晴、これからたどる稜線も2週間前に歩いた稜線も良く見える。遠くの山並みを時折眺めつつ、晩秋の藪漕ぎを続けることになった。

①坊主岳山頂、いよいよ経ヶ岳に向かって藪尾根に入る

　坊主岳からの下りは笹薮から始まったが、すぐにトレースが現れた。大きなガレ場のヘリを下り、このトレースをたどると20分で急斜面は終わった。薮になりつつあるが確かなトレースで、ペナントも多い。しかし、山頂から30分くらいでこのトレースは横川谷方面へ下って行く。以後、笹薮との格闘が続くことになる。時折出てくる「けもの道」と思われるトレースを拾いながら行く。（この尾根から南側へ下るトレースや標識があるという資料があるが、そうしたものは見当たらなかった。あるい気づかなかったのかも。）

②坊主岳から少し下ったガラ場。正面の尾根をこれから辿る。最も高く見えるのが仏谷のピーク

　標高1900m付近からは尾根が狭くなり、幾つか岩稜も出てきた。狭くなった尾根には明瞭なトレースがあるのでかえって歩きやすい。そのうち、急なブッシュの壁になった。高さは20メートルくらいだろう。小さいブッシュを頼りにトレースに従い、ザックが引っかかるのも構わず強引に登る。積雪時なら下降にはロープがほしいところだろう。

　ここを登りきると尾根は緩やかになったが、南側へ延びる尾根との合流地点は、二重山稜のようになっていて、予想とは違っていた。平坦な笹薮の原を想定していたが、なかなか平坦な地形が出てこない。二重山稜の一番奥に当たる窪地に、小さい平地を見つけてそこをテントサイトとした。もともとは湿地だったようで、沼状の水たまりがあり、誤ってズボッと足を突っ込んでしまった。周りは深い笹薮だが、そこだけ笹が短く、草も生えている。ちょうどテント1張り分のスペースだ。笹の上のテントはふかふかで意外に快適だ。

　窪地だから下界は見えない。茜色の空の下、寒くなってきたので早めに夕食、18時には就寝。

③仏谷に登る途中、坊主岳を振り返る。坊主岳の山頂から下るトレースが確認できる。ここを下ってきた。

11月1日 快晴

テントサイト【5：50発】👢 休憩1回 👢 仏谷【7：20着、7：30発】👢 休憩2回 👢 標高点2180m【10：55着、11：05発】👢 休憩1回 👢 経ヶ岳【12：40着、13：00発】👢 休憩3回 👢 仲仙寺登山口・伊那考古資料館駐車場【16：20着、16：25発】🚗 坊主岳登山口【16：50着、16：55発】🚗 塩尻駅【17：20着、17：55発】🚆 長野駅【18：58着】

中央分水嶺登山
Chyuo Bunsuirei Tozan

④10月31日のテントサイト、笹薮の中にかろうじて草地があった。もともとは湿原だったらしい。

テントは、冬の朝のように凍りついていた。しかし快晴。ありがたい。

テントサイトからいきなり深い笹薮。トレースも何もない。頭上の2184mピークを目指してひたすら藪漕ぎ。北アや中アの山並みが朝日を受け次第に赤くなる。そんな景色をカメラに収めつつ、やっとピークに着いた。何もないと思っていたら、長さ2mもある新しい標柱が倒れている。「佛谷　南信森林管理署」とある。藪に覆われてはいるが、横川谷へ下るトレースもある。滅多に人が来ない山にこんなりっぱな標柱があるとは。今回登山の記念写真には最高の場所だ。

⑤2日目、テントサイトを発ち、仏谷目指して藪漕ぎ。

気を良くして経ヶ岳へ向かい出発したが、山頂から東側にはトレースは全くない。以後経ヶ岳まで、けもの道らしきものはあったが、ひたすら藪漕ぎを続ける。目標の山が見えるので、ルートを心配する必要はないが、たっぷり笹薮を泳ぎ続けた。経ヶ岳山頂近くの針葉樹林帯に入ってようやく笹薮から解放された。

経ヶ岳山頂は、今年5月に権兵衛峠から分水嶺を歩いてきたとき以来だ。トレースがつながったので思わず万歳。

⑦仏谷から経ヶ岳へ続く稜線、トレースはなく深く濃い笹薮が続く。

あとは長い単調なくだり。仲仙寺登山口からはタクシーで坊主岳登山口へ。明るいうちに戻れてよかった。木曽地域の分水嶺歩きはこれで完成。

⑥仏谷山頂、予期に反して立派な標柱があった。

リーダー報告

　木曽地域の中央分水嶺トレースはこれで完成しました。好天に恵まれ申し分ない晩秋の登山でした。土川さんという地元の方と分水嶺歩きができ、一味違う楽しい登山です。私の分水嶺トレースの中で自慢の部分になると思います。またまたお付き合いいただいた笠井さんには大感謝です。
　今回の部分は、坊主岳〜牛首峠間に比べ、藪が深く、手ごわかった。積雪期にはやせ尾根部分が要注意でしょう。
　無雪期登山には今年最後のチャンスだったと思う。31日の朝見上げた仏谷山頂は霧氷で白かった。下山した翌日2日は雨、3日の朝に高い山は冠雪していた。雪の季節の直前に縦走できたわけです。

89 木曽と伊那の間
権兵衛峠～経ヶ岳

■期日／2015年5月17日〜18日　■メンバー／L:高見沢、土川

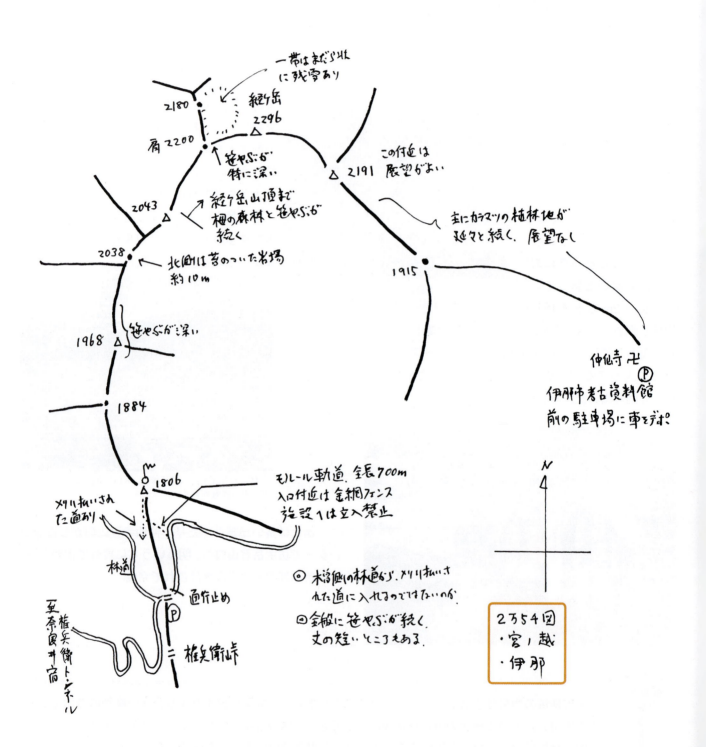

中央分水嶺登山
Chyuo Bunsuirei Tozan

5月17日 快晴

長野市【11時43分発】🚗 奈良井宿【14：30着、土川さんと合流・打ち合わせ、15：09発】🚗 伊那市羽広の仲仙寺駐車場【15：50着、16：00発】🥾 権兵衛峠【16：26着、テント設営後、登り口偵察】

奈良井宿の駐車場で土川さんと合流。近くの喫茶店で打ち合わせ。土川さんの車を経ヶ岳登山口へ置き、高見沢車で権兵衛峠へ。（この時、トンネルを抜けてからもライトを消さなかったためにバッテリーがあがってしまった。）峠には我々のみ。テントを設営し、夕食。明日の登り口を偵察したが、鉄塔のある1806mピークまで地図上に点線で示されている道はモノレール軌道だった。その軌道沿いに登ることとし、それぞれのテントでシュラフに入った。

夜間、自動車が来た。こんな時刻にこんなところへと思うが、まもなく戻って行った。

5月18日 快晴のち曇り、夕方から雨

権兵衛峠【4：55発】🥾 車のキーを忘れたので引き返す【5：25】🥾 権兵衛峠【5：50着、5：55発】🥾 休憩1回 ⋯ 鉄塔のあるピーク【6：55着、7：05発】🥾 1884mピーク【8：00着、8：05発】⋯ 1968mピーク【9：05着、9：15発】🥾 休憩1回 ⋯ 2038mピークを過ぎた鞍部【11：05着、11：25発】🥾 休憩1回 肩・2200m【13：30着、13：35発】🥾 経ヶ岳【14：30着、14：45発】🥾 休憩2回 ⋯ 仲仙寺駐車場【18：10着、18：15発】🚗 権兵衛峠【18：50着、19：00発】🚗 奈良井宿【19：30着、高見沢は民宿泊、土川さんは帰宅】

朝食はテントの中で一緒に摂った。車から装備を出すときに、ライトが「オン」になっていることに気づいた。土川さんの車でここに戻ってきたときに充電することとして、出発。モノレールの軌道沿いを登っているときに、土川さんが車のカギを持ってこなかったことに気づき、いったん峠へ戻った。（早く気づいてよかった。引き返せないところまでいっていれば、大枚をはたいてタクシーで峠に戻ることになった。）

1時間遅れで再出発。軌道沿いにある刈り払いされたところを行くが、尾根に出ると刈り払いされた道がある。西側の林道から登ってこられるようだ。

標高1806mのピークには、大きなコンクリートの建物とその上に大きな鉄塔が立っている。予想より大きく新しい。ドコモの通信塔らしい。ここからしばらくは笹も短く、踏み跡らしきものがある。60年ほど前の資料によると、この先の1968mのピークまで道があった。踏み跡らしきものはその名残だろう。しかし、1884mのピークあたりからはその踏み跡は消え、本格的な笹薮になった。

1968mピークは笹薮の丸いピークで、三角点を確認できた。残雪期には真っ白に見える地点だ。ここで時刻と今までのペースを考え、山頂までの所要時間は少なくとも6時間、到着は15時過ぎと見積もった。藪が深くなり、疲れてきてペースが落ちるこれからを考えると、引き返す選択もありうると思った。とりあえず土川さんの荷物を少し私のザックに移し、負荷を軽くして先へいくことにした。

次の1ピッチは途中から笹が短くなり、比較的歩きやすかった。2038mピークの北側は苔と頼りなさそうな灌木の岩場で、ここは慎重に降りた。コルに着き、ここで昼食休憩。西側斜面の針葉樹林の中は笹薮が薄く、やせ尾根では笹薮のないところもあって、山頂まで見通しが立ってきた。

肩までの1ピッチ標高差150mは、針葉樹林だが思ったより笹薮が深かった。肩には残雪があった。標高が2000mあたりでは、ときたま残雪が稜線下にある程度だったが、肩からは残雪がまだらにある。この時期、水の補給源として期待してよさそうだ。肩から山頂まで、ペースは落ちたが、残雪をたどり、笹薮をかき分けて、15時前に到着。まずは一安心だ。

201

天気予報では、雨になるとのこと。すでに曇り空になっていた。長い単調なくだりだ。カラマツ林の斜面を延々と下る。ここを登るとしたらその単調さは耐え難いだろう。

ほぼ計画通りの時刻に駐車場着。留守本部に電話で報告。峠に戻りさっそく２台の車をブースターケーブルでつなぎ、さあエンジン始動、と思いきや、一向に動かない。おそらくバッテリーを交換するしかない。雨も降りだしてきた。ここにいても仕方がないので、高見沢は奈良井宿に泊まり、明日、自動車修理工場の方に来ていただくことにした。土川さんの車で奈良井宿へ行く間、今年４月にお世話になった堀田さんに、電話で、宿の紹介と修理の手配をお願いした。

奈良井宿到着後、土川さんはご自宅へ、高見沢は食堂で夕食後民宿へ。21時近くの奈良井宿は、時折明かりがあるのみで誰も歩いていない。あいていた土産物店で民宿の場所を確認し、通りの中ほどにある宿の戸を開けた。中は奈良井宿らしい昔ながらのつくりだ。

夜道、雨の中、長野まで運転するより、こうして宿場に泊まるのもいい機会だと思う。

5月19日 朝のうち雨、のち曇り

奈良井宿【9時10分発、自動車整備会社の方の車に同乗】🚗 権兵衛峠【9：45着、車のバッテリー充電、10：00発】🚗 長野市【13：30着】

9時に工場の方が迎えに見えた。堀田さんも同行し、峠へ。私の車のバッテリーを見て、まだ新しいから交換する前に充電器でやってみようといってセットし、一発でエンジン始動。手持ちのお金で修理費をお支払でき、一安心。充電するためにエンジンは止めないようにというアドバイスもいただいた。

いままで信号待ち時にはエンジンを止めていたが、今回はスーパーの駐車場で休憩中もエンジンはかけ放し。その駐車場から土川さんへも状況を報告。

リーダー報告

車のバッテリーを上げてしまった。ライトを点け放しにしてあったためだ。メインライトだったためにバッテリーの消耗が激しく、土川さんの車とケーブルでつないでもエンジンは始動しなかった。バッテリーを交換しないとならないだろうと思っていたが、自動車整備会社の方が持ってきた専用の充電機を使ったらすぐ起動した。バッテリーが新しいからだそうだ。

こうした失敗は登山で2回目だ。車から降りたら、「ライトOK」と言って指さし確認を習慣化しないといけないようだ。キーをトランクに入れてしまうという失敗とともに、要注意事項だ。

分水嶺は予想通りの笹薮で、ほぼ計画通りに行動できた。土川さんとの初対面の登山だったが、（バッテリーのことさえなければ）大過なく終えられたと思う。急な宿の手配や、修理工場への連絡など、4月にお世話になった堀田さんに今回もお世話になった。奈良井宿の皆さんにお礼を申し上げます。

木曽と伊那の間
90 権兵衛峠〜馬返し

■期日／2013年7月1日　■メンバー／L:高見沢、高藤

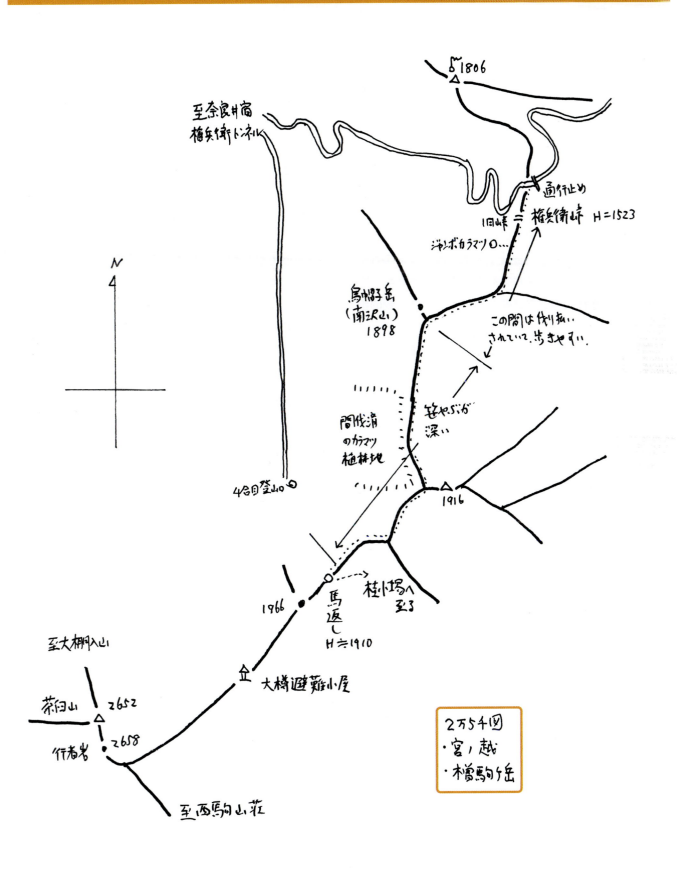

7月1日 曇り

長野市【6:10発】🚗 長野IC 🚗 伊那IC 🚗 権兵衛峠【8:12着、8:25発】🥾 休憩2回 🥾 馬返し【11:35着、12:00発】🥾 休憩1回 🥾 ジャンボカラマツ 🥾 権兵衛峠【14:40着、14:50発】🚗 羽渕【15:10着、姥神峠偵察、15:45発】🚗 伊那IC 🚗 長野IC 🚗 長野市【17:41着】

権兵衛峠から伊那側へ下る道は土砂崩落で通行止めだった。トイレもあるが、人が来ない峠になっているようだ。雨の降り出しそうな中を出発。10分くらいいくと、米俵を積んだ馬が通った峠道につく。古畑権兵衛という人がこの峠の開設に尽力したらしい。

烏帽子岳（南沢山）までは刈り払われた良い道だが、ここから馬返しまでの間は笹が生い茂り登山道は薮に戻りつつある。わかりやすい尾根だから道を見失うことはないが、雨に濡れた笹薮でズボンはびしょ濡れになってしまう。雨具のズボンを着用して薮を進む。木曽側に間伐されたカラマツ林が続くところは比較的歩きやすい。

展望の利かない中、来た道を引き返す。登山道から100mとあったので、ジャンボカラマツを見に行く。樹高34メートル、胸高直径1.34メートル、推定樹齢250年。確かに大きい。

車に戻り、姥神峠偵察。羽渕の集落内の急な細い道を車で登っていったら行き止まり。やっとのことでUターンした。おじさんに峠道を教えてもらい、一旦、車を下の国道沿いに下ろす。確かに、軽自動車が何とか切り替えしできるように庭や道路を工夫してあるくらいだから、集落内には外部の人の車を置くスペースはない。今度は歩いて登り、集落の少し上まで峠道を辿ってから引き返してきた。「道は峠を越えて向こう側の神谷まではっきりしているが、鳥居峠方面はおそらく薮だろう。かつては営林署が防火帯として刈り払っていたが、それをしなくなって久しい。」軽トラックを運転していたおじいさんの話である。

小さい集落で、さらにその半分の家は無人になっているだろう。秋か初冬、落葉した頃ここを再訪したい。

リーダー報告

天気予報を見て計画を1日遅らせた。やはり曇りで、展望はほとんどなかったが、雨に遭わないでよかった。当初どおり6月30日のほうが天候は良かったかもしれない。この尾根は思っていた以上に薮であった。姥神峠偵察で行った羽渕は印象深い。急斜面に張り付くように家があり、典型的な高齢化、過疎化の集落だ。姥神峠へはしっかりした道がある。峠歩きだけでも行ってみたらどうか。

中央アルプス
91 木曽駒、宝剣岳付近

■期日／1080年9月13日～15日　■メンバー／L:高見沢、石坂、望月(良)ほか1名

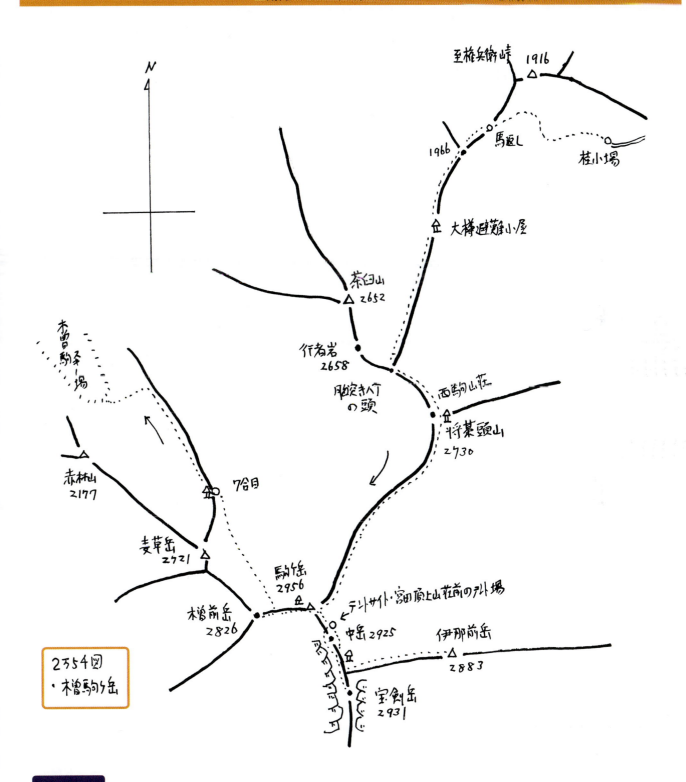

9月13日

長野駅集合【18:50】🚗 長野駅発【19:07発、天竜8号】🚌 伊那市駅【21:50着】👢 伊那山仲間の会事務所【22:07着】

予定メンバーのうち1人が体調不良のため4人で出発。メンバー全員この登山コースは初めてのせいか少し不安げな気持ちを感じながら出発。

伊那市駅から歩いて伊那山仲間の会事務所に行く。今夜はここに泊めていただくことになっている。再度装備の点検整備をし、23時消灯。

9月14日 快晴

伊那山仲間の会事務所【5：31発】・・・伊那市駅【5：46着、6：02発】・・・桂木場【6：22着、6：45発】・・・ぶどうの泉【7：15着、7：20発】・・・野田場【8：05着、8：20発】・・・大樽小屋【9：07着、9：20発】・・・分水嶺【10：52着、11：05発】・・・駒ヶ岳【14：19着、15：02発】・・・宝剣岳テント場【15：21着、15：56発】・・・宝剣岳【16：26着、16：27発】・・・前岳【16：52着、17：08発】・・・宝剣岳テント場【17：35着】

5時起床。早朝の伊那市駅へ戻り、タクシーに乗り込む。登山口の桂木場で朝食。ぶどうの泉で水を補給。野田場での休憩では望月さん持参のリンゴをいただいた。

大樽小屋まで来たが、リーダーの高見沢のコンディションが良くなく辛い。Oさんも不調で苦しそうだ。しかし天候は快晴、分水嶺まで上がると申し分ない展望が待っていた。

無事駒ケ岳着。全員ほっとした様子で、やっと食欲が戻ってきてお昼をいただいた。

目の前のテントサイトに下り、テント設営。それから宝剣岳と前岳をめぐって帰幕。

21時02分消灯。今日はお疲れ様でした。

9月15日 快晴

テントサイト【6：47出発】・・・木曽前岳【7：13着、7：41発】・・・7合目分岐点【8：55着、9：10発】・・・力水【5合目と4合目の中間、10：12着、10：20発】・・・沢【10：45着、11：09発】・・・木曽前岳登山口【11：33着、12：04発】・・・木曽福島駅【12：30着、12：52発】・・・松本駅【14：23着、15：07発】・・・長野駅【16：10、解散】

今日も快晴だ。力水をいただき、沢の冷たい水で顔を洗った。登山口に降り立ち、全員やれやれと一息ついけた。タクシーで木曽福島駅へ、後は列車で一路長野へ。

参加者感想

初めて中央アルプスへ行ってきた。右ひざの故障があったが、それ以上に体力の減退を痛感した。1日目、ほかの3人がペチャクチャしゃべりながら、ずーっと先の方を歩いていくのにこちらは精いっぱい頑張っても追いつけない。このみじめさよ。じっと齢をかみしめる。（高見沢）

全員が何らかの持病薬を必要とするような病人集団だったが、好天に恵まれ、無事帰ってきた。初めての中央アルプスだったが、ロープウェイで来た観光客が周りにうようよしていると、やはり感慨が減殺されてしまう。南部の方にはもっといいところがあるだろうと期待したい。テント場の一人500円は驚いた（ただし、水は無料で使い放題）。領収書を見ると、宮田観光（株）。さもありなん。木曽へのコースも休憩所にはごみの山。

1度くらいでは中央アルプスの良さは分からないので、速断は避けたいと思う。

中央分水嶺登山

92 奈良井宿 姥神峠〜中央アルプス茶臼山〜大樽避難小屋〜羽渕

■期日／2015年3月30日〜4月2日　■メンバー／L:高見沢、宮尾

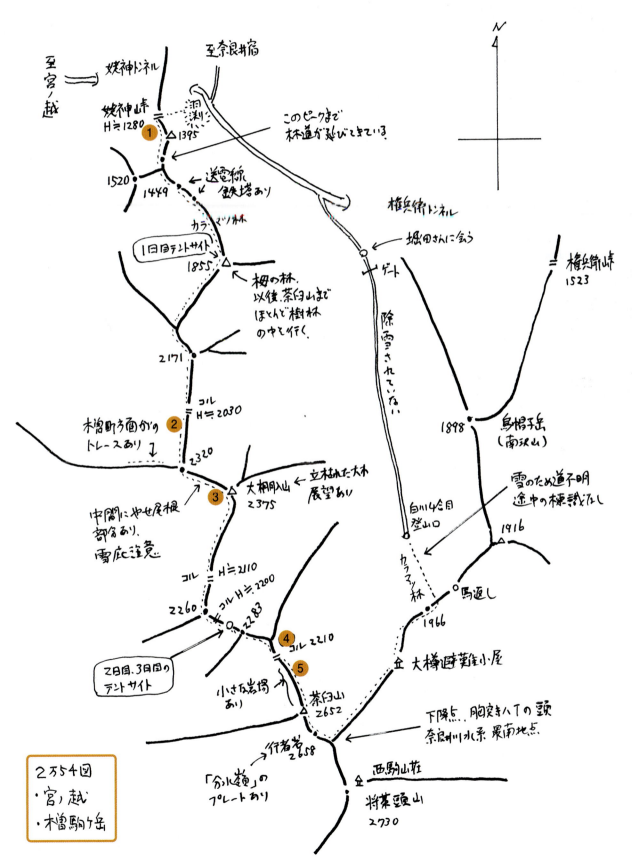

3月30日 快晴

長野市【8：00発】🚗 安曇野IC 🚗 伊那IC 🚗 羽渕【11：30着、12：00発】👢 姥神峠【12：45着、13：10発】👢 休憩1回 👢 2番目の送電線鉄塔【14：56着、15：12発】👢 休憩2回 👢 1855mピーク【17：47着、テント設営】⛺

①姥神峠

羽渕に車デポ。フロントウインドウの中に「3月30日～4月2日　姥神峠～茶臼山～大樽避難小屋～羽渕へ登山中　高見沢ほか1名」と書いたメモを置いてきた。以前、富山の山へ行ったとき、不審な車と思われ、自宅へ警察から電話照会があった、それも2回も。その反省から「不審車と思われないように」と置いたものだが、それは3日後に思わぬ幸運をもたらしてくれた。地獄で仏さんに会えたのだから、そのうれしかったこと。

姥神峠の積雪は思っていたより多かった。1日目はほとんど輪カンジキで歩いた。雪の消えた送電線巡視路もそのまま歩いた。輪カンジキを傷めないよう気をつけながら。

時刻は遅くなったが、1日目の予定地点に着いた。快晴無風、月明かりの夜だ。携帯電話も通じた。

3月31日 快晴

1855mピーク【6：20発】👢 休憩3回 👢 2171mピーク【9：20着、9：30発】👢 コル・2030m【10：15着, 10：30発】👢 休憩2回 👢 2320mピーク【12：47着、12：53発】👢 休憩1回 👢 大棚入山【13：48～14：10】👢 コル・2110m【14：58着、15：10発】👢 2260mピーク【15：57着、16：07発】👢 テントサイト・標高約2260m【16：47着、テント設営】⛺

②大棚入山の稜線を見上げる

③大棚入山の山頂手前、中央奥の尾根が4日目に登った茶臼山への尾根

早朝は雪が固いので、アイゼンで出発するが、潜ってしまうので、すぐに輪カンジキに履き替えた。展望のあまりない針葉樹林の中を行く。たまに開けたところでは御嶽の右に、遠く真っ白な白山が見える。

2320mピークから大棚入山の間にはペナントやスノーシューなどのトレースがあった。木曽町の方から登ってきて再び下ったらしい。大棚入山の頂稜は中間部分が痩せているので、雪庇に注意しながら藪の中のそのトレースをたどった。大棚入山頂上は大きな立ち枯れが多く、展望はいい。1993年6月に執行さんが登った記録には「展望は樹木にかこまれてあまりない」とあるが、20年の間に植生が変わったのかもしれない。明日登る茶臼山の稜線がよく見える。

あわよくば、茶臼山の登り口、標高2210mの鞍部まで行きたかったが、かなわなかった。、予定地点の2260mピークから1ピッチだけ先に進んだ稜線にテントを置いた。この時点では、快晴だが、昨日と違い風が少しある。天気予報を聞くと、明日は前線が下がってくる。全国的に雨らしい。県内の予報も全般に雨とのこと。

明日行動できなくても、明後日天候さえよければ1

中央分水嶺登山

日で下山することはできる。しかし、もし明後日も天候が回復しないとなると、困ったことになる。下山できない。茶臼山まで登る過程のリスクが大きくて行動できない。燃料の予備はあるが、食料は4日分、下界と連絡できればいいが、ここからは携帯電話が通じない。何度も2人の携帯電話を入れてみたが駄目だった。4月1日の悪天候を見て、下界では心配するだろうし、2日にも連絡が取れないとなると、遭難騒ぎになる。天候がよくないとなれば、ヘリは使えないし、捜索隊を要請しなくてはならない。そんなことにはなりたくない。途中にエスケープルートがない場合は天候悪化のリスクは高いのだ。

4月2日の天気が知りたい。ラジオの天気予報に耳を澄ませていたが、明後日の天候のことを一向に言わない。昔と同じく22時に気象通報があると思ってラジオを入れてみたが、外国語講座だった。利用者が少なく、気象通報の番組は廃止されたようだ。

悪天候で下山できず遭難騒ぎになるか、雨の中を茶臼山に登ってそこから下山するか。しかし、濡れて風に当たれば低体温症のリスクが高い。明朝の天気を見て、可能なら1時間でもテントを先へ進め、下界と連絡可能な地点へ近づくこととし、不安を抱えたまま、3月31日の夜を過ごした。

4月1日 雨

雨で終日停滞

あるいは早朝の行動ができるかもしれないと、3時半頃起床。しかし外は霧と雨。視界は30〜50メートルくらい、風もある。これでは行動できない。

朝6時前の天気予報を聞くと、「明日は全国的に晴れ」とのこと。これで諸々の不安はすべて解消した。今日は完全停滞とし、明日一気に下山だ。明日は長時間の行動で予定より遅くはなるが、帰宅できる。標高の高い地点まで行けば携帯電話も通じるだろう。下界では心配しているかもしれないが、連絡さえつけばOKだ。昼の12時ころまで寝袋の中にいて、それから朝食兼昼食。その後、炊事用に水を作ったり、ラジオを聴いたりして過ごした。16時の気象通報で天気図を取った。12時時点で、前線が日本列島の真上にある。これでは仕方がない。

深夜、気が付くと、月明かりだろうか、テントの外が少し明るく、風もやんでいた。

4月2日 快晴

テントサイト・標高約2260m【5：55発】・・・コル・標高2210m【6：45着、6：55発】・・・休憩4回・・・茶臼山【10：00着、10：50発】・・・大樽小屋への下降地点【11：30通過】・・・休憩1回・・・大樽小屋【12：40通過】・・・白川4合目への下降点【13：18着、13：30発】・・・白川4合目・駒ヶ岳登山口【14：10着、14：26発】・・・休憩1回・・・漁業監視員・堀田さんに会う【16：40】・・・羽渕【17：00着、17：20発】・・・塩尻IC・・・安曇野IC・・・長野市【20：00着】

④茶臼山へ登る尾根の手前のコル

早朝から雲一つない快晴。針葉樹林で視界は利かないが、樹の間隠れに茶臼山を見通せる。標高2210mのコルからいよいよ登りになる。一昨日、大棚入山から観察したところでは、茶臼山の稜線はそれほど急ではない。雪の稜線をほぼ辿れそうだった。最初は樹林の中を行くが、途中からアイゼンを効かせて、稜線をたどることにした。8時30分、尾根の途中で留守本部に連絡ができた。その休憩中に、御嶽方面から来た

2機の自衛隊機が大棚入山を越え、権兵衛峠あたりから伊那谷へ入って行った。

　時折雪の深みにはまってしまったり、簡単な岩場を登るところもあるが、順調に茶臼山山頂に着いた。展望は申し分ない。御嶽の噴煙がたなびいている。青い空の下、穂高など北アの白い峰々はまるでヒマラヤの峰々を旅客機から見ているようだ。

⑤茶臼山へ登る尾根の途中で休憩

　行者岩では「分水嶺」という記載の標識があった。私としてはうれしい記載だ。

　大樽小屋への下降地点は小さな高まりで、奈良井川水系の最南地点としては目立たない。ここからはスキーのトレースもある。それらの後をたどるが、雪が柔らかく、快適なくだりではない。何度も雪の深みにはまり、途中でやむなく輪カンジキを履いた。大樽小屋から下は、雪が消えていた登山道ではその輪カンジキを脱がざるを得ない。

　白川4合目への下降点からはトレースがない。カラマツ林のところどころに赤いテープがあるが、これが登山道のしるしとも思えない。輪カンジキを履いてももぐってしまう深い雪に足を取られながら下り、迷った挙句、沢沿いに下ると、やがて道らしくなり、登山口に出た。小さい沢だから何とかなるとは思っていても、道がわからないということは不安なものだ。

　ここから長い林道歩きが始まる。雪は柔らかく、輪カンジキを履き、ひたすら黙々と歩く。タクシーを予約したいが、携帯電話は「圏外」だ。ゲートを過ぎ、道の雪も消えたころ、向こうから人がやってきた。この方にタクシー会社の電話番号をうかがおうとサングラスを外し近づいて行ったら、「よく歩いたね。羽渕まで送りましょう。」と言われた。「え？」と、すぐには事情がわからなかった。この方が漁業監視員の堀田さん。私が車に置いたメモを見て、今日は午前中から待機されていたとのこと。まさに地獄で仏。あと1時間半は重い荷を背負い、舗装道路を登山靴で歩かねばならないところだった。堀田さんにはこのあたりの分水嶺のことをお伺いしたいところだが、とりあえず今回のコースの記録を作り、お送りすることを約束して別れた。

　予定より6時間遅くなったが、無事帰宅。私の分水嶺トレースプラン中最も負荷の大きい稜線がトレースできた。よかった。

　事前の予報では3日目は曇りとみていたが、雨となり、下界での心配が気になった。計画には余裕を組み込んであり、3日間で下山する自信はあったが、携帯電話が通じなかったのが困った。衛星電話か無線ならいいだろう。

　この時期としては雪が多いとのこと。ほとんどを輪カンジキとストックで行動した。茶臼山の登りだけはアイゼンとピッケルが必要だ。

　これで中央分水嶺トレース計画のうちで最も負荷の大きな部分が終わった。残雪期、4日間、2600mの高さ、エスケープルートなし、という条件はこの齢にはハードだ。残雪期にテントを背負っての縦走は、あと4回あるが、いずれも2日か3日で2300m以下、入山口となる峠まで車で行けるところだ。

奈良井宿
93 姥神峠〜鳥居峠

■期日／2013年11月17日　■メンバー／L:高見沢、高藤、大久保

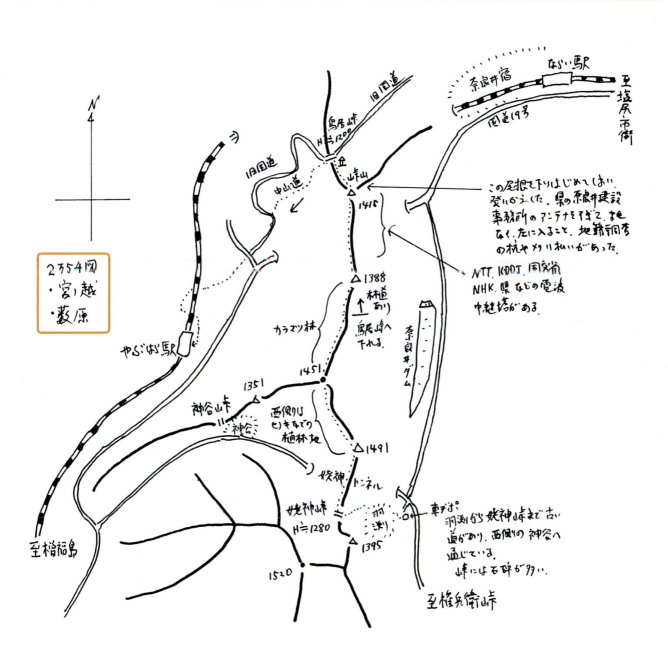

11月17日 晴れ

長野市【6:20発】🚗 更埴IC 🚗（片道料金1350円）🚗 伊那IC 🚗 羽渕【8:00着、8:15発】👢 姥神峠【8:47着、8:55発】👢 標高1424mピーク【9:17着、9:20発】👢 標高1491mピーク【9:44着、9:50発】👢 標高1451mピーク【10:23着、10:25発】👢 車道に出る【10:43】👢 標高1388mピーク【10:50着、11:20発】👢 峠山【12:00着】👢 鳥居峠【12:35着、12:45発】👢 薮原駅【13:45着、タクシー待ち、15:05発】🚗 羽渕【14:15着、14:25発、坊主岳登山口確認】🚗 伊那IC 🚗 更埴IC 🚗 長野市【16:30着】

姥神峠には古い石碑がいくつもある。道もしっかりしており、この峠越えもいい。ここからの分水嶺尾根は、最初は明るい見通しのいいカラマツの植林地を適当に登るが、1424mピークからは薮といえるようなところはほとんど無い明瞭な尾根歩きだ。右に坊主岳、左には御岳や乗鞍岳を見ながら緩やかな起伏を辿る。途中からは林道もある。各種の電波中継用鉄塔を経て峠山へ。ここからの下りが要注意だ。尾根筋を辿るといけない。間違いに気づき、登り返して、地籍調査のペナントや金属の杭に従い、少し刈り払われた斜面を下った。急斜面をほぼ一直線に鳥居峠に出た。鳥居峠の休憩舎は閉じられていたが、奈良井の宿を見下ろせるいいところだ。奈良井宿あるいは藪原宿から峠越えをする人たちに会った。晩秋のいい峠歩きだ。

藪原では1件しかないタクシー会社が、「今日は日曜日だから村内しか運行できない。」という。これには参った。やむなく木曽福島のタクシーを呼んだが、回送代がだいぶかかった。地域の足なのに、なぜ、という疑問が残った。

リーダー報告

小春日和の山歩きができました。薮は薄く、尾根上は踏み跡（けもの道か？）らしきトレースもあり、歩きやすかった。間伐などで人手が入っている。乾いた落ち葉を踏みしめる初冬の明るい山歩きでした。鳥居峠越えの人6人に会いました。これもいい古道歩きです。

94 奈良井宿 奈良井宿〜分水嶺〜鳥居峠〜奈良井宿

■期日／2014年4月15日　■メンバー／L:高見沢、SL:高藤、大久保

4月15日 快晴

長野市【6：40発】🚗更埴IC🚗（高速料金1860円）🚗塩尻IC🚗奈良井駅【8：12着、8：25発】🥾送電線鉄塔No74【8：52着、9：05発】🥾稜線【9：32着、9：45発】🥾三角点1346m【10：43着、11：30発】🥾鳥居峠【11：50通過】🥾奈良井駅【13：00着、13：10発】🚗（味噌川ダム一周・鉢盛山方面アプローチ偵察）🚗奈良井駅付近【14：00通過】🚗塩尻IC🚗（高速料金1860円）🚗更埴IC🚗長野市【15：40着】

奈良井駅前駐車場に車を置き、目の前の階段から登り始める。八幡神社の境内を登り、旧国道を辿って、送電線鉄塔No74への巡視路から山道に入る。鉄塔下で最初の休憩。ここから稜線までは踏み跡程度の道だが、松林の中、薮は短く薄い。まっすぐに尾根上を行く。稜線は膝上程度の笹薮だが、よく見ると踏み跡がある。以前は林業仕事でかなり人手が入っていたらしい。木の間越しに、東には坊主岳が真近かにあり、その奥には中央アルプスの将棋頭付近が真っ白に見える。北西方向には鉢盛山、その左にはこれまた真っ白な乗鞍岳。分水嶺尾根の北斜面にはまだ広く残雪があるが、尾根上にはない。暖かい早春の尾根歩きは気分も軽い。笹薮も膝上程度でほとんど気にならない。途中から明瞭な道になった。地籍調査の測量杭も出てきた。

三角点でゆっくり休憩。干し柿、お茶の作法、接木、周りの植生、野鳥の話etc。

鳥居峠からの下り坂は結構急なところもある。難所といわれたのも理解できる。季節がいいのか、峠道を行く人がいる。奈良井の宿場は平日だが結構観光客がいる。土産物屋に入って聴くと、今年は山の残雪が多いとのこと。

駅に戻り、時間があるので、味噌川ダム湖を一周した。このダムから分水嶺にアプローチする場合のアクセス状況を見るためだ。ダム湖の終点付近にゲートがあり、思ったより手前から歩かねばならないことがわかった。

中央分水嶺登山
Chyuo Bunsuirei Tozan

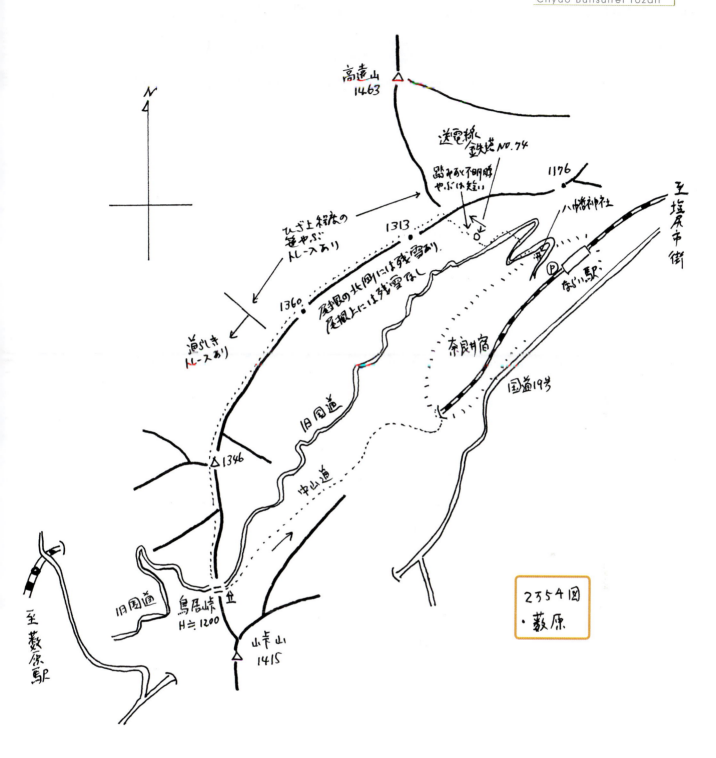

暖かい春の日差しを受けて車内は暑い。桜が各地で満開だ。いい季節だ。

この時期は里山歩きには最適だろう。乾いた落ち葉の上、暖かい日差しのもと、遠くの白い山を眺めながら、早咲きの花を捜して尾根道を行く。4月はりんごの作業もないので、もっと山へ行こう。山火事にだけは気をつけて…

95 塩尻市 小曾部のカラタキの峰〜中央分水嶺〜奈良井駅

■期日／2014年5月10日〜5月11日　■メンバー／L:高見沢、笠井

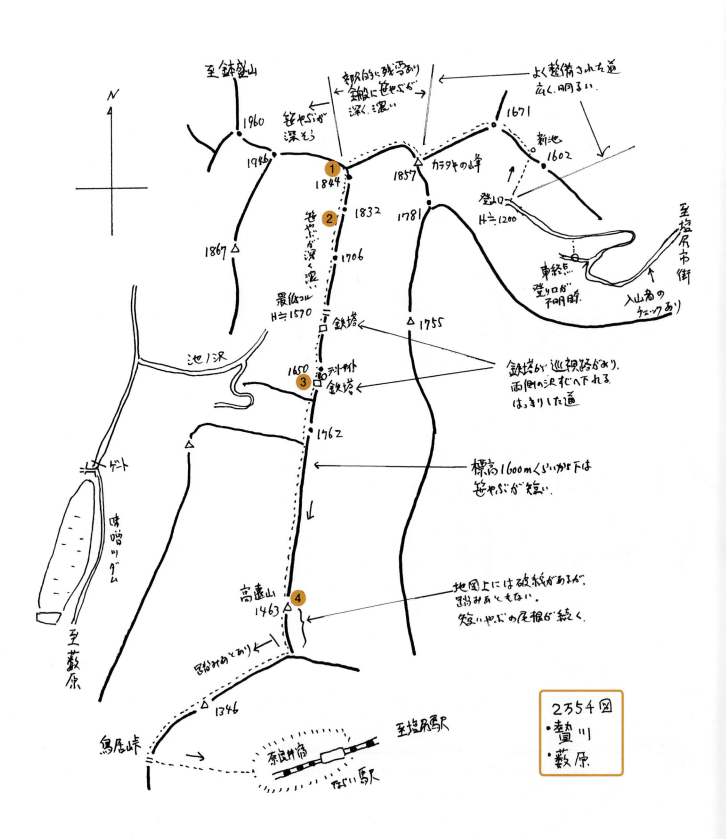

中央分水嶺登山
Chyuo Bunsuirei Tozan

5月10日 快晴

長野駅【6：09発・特急しなの】🚌 塩尻駅【7：13着、笠井さんの車に乗せていただく。7：20発】🚗 カラタキの峰登山口【8：00着、登り口で迷った。8：23発】👣 休憩1回 👣 新池【9：44着、9：55発】👣 カラタキの峰【11：00着、11：28発】👣 中央分水嶺・1844m標高点の北【12：35着、12：50発】👣 休憩2回 👣 北の送電線鉄塔【15：55着、16：15発】👣 南の送電線鉄塔【16：49着、テント泊】⛺

　塩尻駅から登山口までは笠井さんの車にお願いした。奥さんにアッシー君役を引き受けていただいた。奥さんには、昨年の乗鞍岳登山のことを「御心配をおかけしました」とお詫びした。登山口では、はっきりした表示がなかったので、迷ったが、地元の山菜取りの方にわざわざ道を戻って教えていただいた。

　カラタキの峰まではよく整備されており、明るい早春の山歩きができた。入山口でも地元の方々が入山者をチェックしていて、中央分水嶺の尾根の状況を教えていただいた。無名の里山だが、まさに里山だ。広い

①1844mピーク付近、笹薮の中にあった雪田で水を補給。

山頂で一息入れ、これからの薮漕ぎに気を引き締める。

　標高1800mを越えると所々雪が出てくる。それを拾いながら行くが、笹薮が深い。針葉樹があるといくらか笹薮は薄いが、笹だけのところは地に足が着かないくらいだ。地図と地形を見比べながら暑い日差しの中進む。展望はいいので、気は楽だが、登りの薮漕ぎはしんどい。順調に中央分水嶺に着いた。今日中にどこまでいけるか、いざとなれば途中の送電線巡視路からエスケープできる。行けるところまで行ってみるつもりで出発。くだり基調なので順調にいく。支尾根を派生させているところは地図で確認し、方向を確かめて先へ進む。次第に送電線が近づいてきて、北の送電線鉄塔に来た。巡視路がしっかりある。南の送電線鉄塔も少し先に見えるから気は楽だ。一息入れて深い笹薮に突進する。送電線近くは樹林がないので笹が密だ。

　南の送電線鉄塔近くには小さいながら雪渓がある。水も補給できるし、鉄塔下ならテントも張れるので、本日はここまでとする。東には八ヶ岳連山がよく見えるいいテントサイトだ。巡視路もしっかりしている。夜間、快晴無風。

②1832mピーク付近で、鉢盛山へつながる稜線を見上げる。ここと同じく笹薮が深そうだ。

5月11日 快晴

南の送電線鉄塔・テントサイト【4：45発】👣 休憩3回 👣 高遠山【8：54着、9：05発】👣 休憩1回 👣 鳥居峠【10：50着、11：05発】👣 奈良井宿「カギの手無料休憩所」【11：51着、12：20発】👣 奈良井駅【12：30着、13：24発】🚌 塩尻駅【13：48着、解散、高見沢は特急しなのに乗り換え、13：54発】🚌 長野駅【14：54着】

　八ヶ岳の北あたりが赤く染まってきた頃出発。しばらくは真新しい刈り払いの道を行く。しかしこの刈り払いはやがて尾根を逸れ、カラマツ林の縁を回るようになったところで終わっていた。やむなく密な薮を漕いで尾根に上がるが、こうした登りはきつい。できるだけ尾根をはずさないほうがいい。

　大きなアップダウンのない尾根の下り基調だから、順調に進む。針葉樹林が続き、薮もそう濃くはない。

③テントサイト近くから。正面奥はカラタキの峰。送電線の巡視路はしっかりしている。

　1600m以下になると膝上くらいの薮になった。笠井さんが「ヤマレコ」で入手した資料の通りだ。この資料は3月末の記録で、1泊2日で奈良井駅から朝日村へ分水嶺を縦走している。残雪期のほうがスピーディーに行動できるのは確かだ。

　膝上くらいの薮を歩いていたら、突然何かが左と右に走り去った。一瞬のことだが茶色い獣だったように思う。おそらく猪だろう。熊よけに、笛を鳴らしたり鈴を振ったりして歩いていたが、お互い薮の中を動いていれば気づかないこともあるのだろう。

　高遠山までごく順調に来た。薮は薄く、けもの道を辿ってきたおかげだろう。時刻は大幅に早いので、鳥居峠を回って降りることにした。高見沢は先月に来ているが、笠井さんは初めてとのこと。

④高遠山の小さなプレート、カラマツ林と笹薮の中だ。

　鳥居峠は峠越えのハイカーでにぎやかだった。JR東海が春の企画列車を運行して募集したものらしい。奈良井から薮原へ越えていく人たちが次々とやってきた。

　奈良井宿で休憩。留守本部へ下山報告をし、駅前で中高年バイクツアーの出発を眺めたりしながら時間を潰した。塩尻駅で解散。余裕のある楽しい分水嶺歩きでした。

　親切な地元の人に会い、時間的余裕があり、濡れもせず、天気もよく、快適な「薮漕ぎ山行」でした。
　ピッケルは水用の雪を掘るために使ったのみで、携行不要。スパッツも不要。

96 塩尻市〜木祖村 小曽部のカラタキの峰〜鉢盛山 峰越林道の峠〜木祖村味噌川ダム

■期日／2015年4月18日〜19日　■メンバー／L:高見沢、笠井

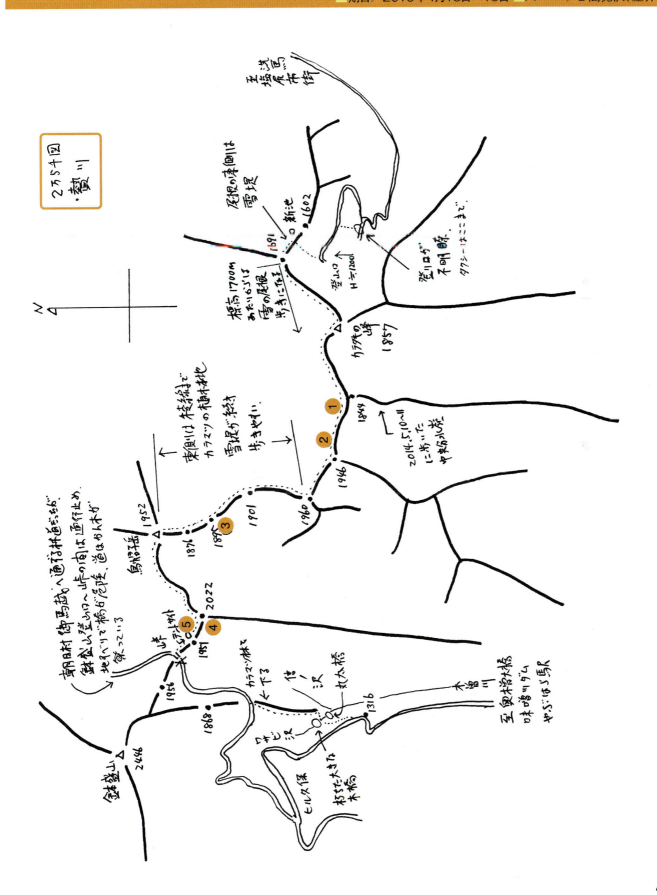

4月18日 快晴、風強し

長野駅【6:09発、特急しなの】🚌 塩尻駅【7:13着、笠井さんと合流、タクシー乗車、7:20発)】🚗 カラタキの峰登山口【7:50着、8:05発】👢 林道から登山道への入り口【8:46着、8:56発】👢 古池分岐【9:42着、9:48発】👢 カラタキの峰【10:38着～10:52発】👢 1844mピーク【11:20着、11:35発】👢 1960mピーク【12:24着、12:30発】👢 1901mピーク【13:00通過】👢 次の小ピーク【13:15着、13:30発】👢 休憩1回 👢 烏帽子岳【14:46着、15:00発】👢 休憩1回 👢 2022mピーク【16:10着、16:15発】👢 1951mピーク【16:30着、テント設営】⛺

　タクシーはカラタキの峰登山口まで入ってくれた。観光協会への事前の照会では、車は奥平の人家まで、と言われていたのでうれしい誤算だ。運転手さんはそうした事情も知らずに、樹の枝や土砂が散らかった山道をゆっくり進んでくれた。ともかく2時間は節約できた。体力的にもこれが大きかった。

　標高1600mまでは雪はほとんどないが、新池からは尾根の東側に雪堤があり、その雪の上も歩けそうだ。標高1700mを超えると、登山道も雪におおわれてきた。昨年5月に来た時より順調にカラタキの峰到着。ここから先も尾根には雪の道ができていて、実に歩きやすい。昨年笹薮をかき分けて進んだ1844mピークまでは半分の時間で着いた。木の枝には、昨年残した赤布があった。

①1844mピーク付近

　尾根の右側、つまり朝日村側は稜線までカラマツの植林地だ。よくぞここまで植えたものだと思う。稜線

②稜線には雪が続いている。笹薮を覆っていてくれる。

の雪堤がいい具合につながっていて、雪の状態も良く、ツボ足でちょうどいい。視界は良く、コースに迷うことはないが、風が強く、冷たいので休憩もあまりとらない。たまに、雪堤が狭かったり、急なところは薮に入る。

　烏帽子岳山頂は樹林の中だ。三角点を確認。アイゼンのトレースがあった。その人はここから朝日村へ下ったようだ。

④2022mピークから見た烏帽子岳

　広い尾根をたどり、今回の最高地点2022mのピークに着いた。あとは下りだけだ。1961mピークに2重山稜のようなところがあったので、ここをテントサイトにした。平らで、風をしのげるいい場所だ。夜間も木々をゆする風の音が激しかったが、テントには風はほとんど当たらなかった。明日の県内は夕方から雨の予報。ここまでくれば午前中だけ天候が持てば十分だ。

③1895mピーク付近、うまい具合に雪堤が続き、歩きやすい。

中央分水嶺登山
Chyuo Bunsuirei Tozan

4月19日 朝のうちは晴れ、のち曇り、昼前から雨

1951mピーク、テントサイト【6:15発】　峠【6:25、6:30発】　下降点【6:55着、7:10発】　川【7:40着、7:55発】　川沿いの林道途中で休憩【8:10着、8:20発】　峰越林道（1316m地点）と合流【8:30】　奥木曽大橋・ゲート【10:00着、タクシー連絡、10:25発】　タクシー乗車【10:38】　藪原駅【10:55着、11:19発】　塩尻駅【11:50着、高見沢は特急に乗り換え、11:55発】　長野駅【12:55着】

⑤テントサイト

　朝は快晴。雪は堅めだが、アイゼンなしでちょうどいい。峠からは雪の林道歩きだ。あらかじめ下降地点の候補にしていた尾根に来ると、笹薮が途切れている。カラマツ林の中を、薮の薄い部分がずーっと下へ続いている。偵察で少し下ってみた結果、もし下れなくても時間があるから登りかえすこととし、ここを下ることにした。標高差約400m、期待と不安を抱えて下るが、次第に有望になってきた。最下部のやせ尾根部分も踏み跡はしっかりしている。やがて沢が見え、古い道形、石垣も出てきた。無事沢に降り立ち、次は渡渉だ。大きな朽ちた木橋がある、かつては自動車の通れる道があったということだろう。その付近で濡れずに渡れる場所を探すが、ない。やむなくスパッツのまま、2～3歩素早く水流に入って渡った。膝くらいの深さだったが、靴の中まで少し水が入っただけで済んだ。

　川沿いの林道に上がり、信の沢との合流点に来ると、橋がある。丸太を3本並べて十分渡れるものだ。最初から信の沢側に降りればよかったのだ。

　一休みしてから、長い林道歩きを始めた。空はすっかり曇ってしまっていた。雪は全くない。轍もあり、今年もすでに車が入っているのだ。奥木曽大橋まで、会ったのはテン1頭のみ。約1時間半、思ったより順調に奥木曽大橋に着いた。さっそく携帯電話を出すと、通話できる。予約してあったタクシーをお願いし、これで一安心。予定では午後の4時ころだったので、タクシー会社では運転手の確保にあわてたようだが、何とか配車してもらった。

　タクシーに乗る直前から雨が当たり始めた。予報よりだいぶ早い降り出しだ。ラッキーだ。藪原駅での列車もちょうどいい時刻にあった。笠井さんとは塩尻駅で別れ、特急で長野へ。

リーダー報告

　入山はタクシーが登山口まで入れたので、時間と体力面で大いに助かった。雪の状態も良く、アイゼンも輪カンジキも使わなかった。下降路も事前に研究はしていたが、期待通りだった。雪の状態から見れば最もいい時期だったと思う。予定より大幅に早く帰宅できた。分水嶺トレースプランで、残雪期の縦走はあと3回になりました。

97 朝日村登山口
鉢盛山

■期日／2014年7月23日　■メンバー／L:高見沢　宮尾

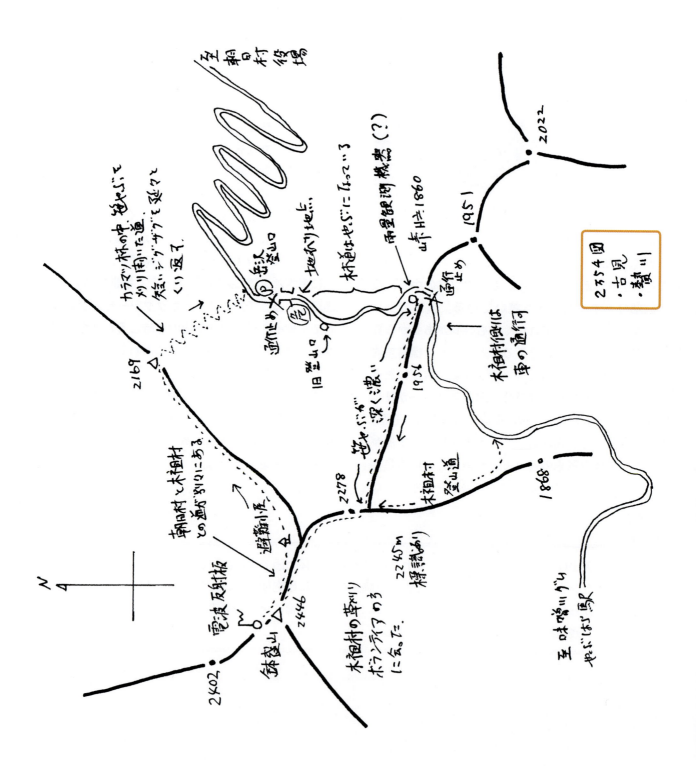

中央分水嶺登山
Chyuo Bunsuirei Tozan

7月23日 晴れ

長野市【6:30発】🚗 朝日村役場【8:35着、8:40発】🚗 岳沢登山口【9:15着、9:30発】👢 峠【10:00着、10:15発】👢 木祖村登山道合流（標高2245m地点）【12:53着、13:10発】👢 鉢盛山【13:48着、14:10発】👢 下降点（標高2169m）【14:50着、15:03発】👢 岳沢登山口【15:30着、15:50発】🚗 朝日村役場【16:30着、16:40発】🚗 長野市【18:35着】

　高見沢車で出発。朝日村役場入り口の赤いポストに、予約しておいた鍵が入っている。私宛の封筒のほかにもう1通あった。これから見える登山者がいるようだ。岳沢登山口の100mほど先に駐車場があり、すでに5台の車があった。駐車場の先はゲートになっていて、その先の橋を渡る。橋を渡ったところは地滑りが起きていて、側壁に大きな亀裂が入っており、観測用機器もある。

　峠への林道は藪で、歩かれなくなってから久しい。この林道を少し行ったところに旧登山道の標識が笹に埋もれている。

　峠の木曽側は藪もなく、車が通れそうだ。いよいよ本格的な藪漕ぎが始まる。身の丈を超す笹薮に突入した。

　針葉樹の根元は笹が薄いので、そうした所を拾いながら行く。しかし風倒木もありなかなか進めない。休憩を3回とり、ようやく木祖村登山道に出た。予定の2時間を大幅に超え2時間40分かかった。やはりこうしたところは残雪期がいいようだ。

　木祖村登山道は歩きやすい、明るい尾根道だ。山頂へ向かう途中、草刈り機を担いだ男性が下ってきた。営林署の許可を得てボランテイアで笹刈をしているとのこと。かつて、同じような人と岐阜県の石徹白の白山登山道で会ったことがある。目立たないが地道な力がここにもあった。

　藪漕ぎの後は足が重かった。使う筋肉が違うのかな。

　雲が多く、山頂からの展望は今一つだった。ほかの登山者はすべて下ったようだ、誰もいない。山頂からは朝日村の登山道を下る。避難小屋は本当に雨風を避けるだけのもの。作業用プレハブを転用したもののようだ。樹林の中、展望のない道を下って、旧道を分け、カラマツ林の中の下降点で休憩。ようやく東方の展望が得られた。

　下降路は、カラマツ林の中、笹藪を刈り開いたもので、まだ笹の切り株が随所にある。短いジグザグを延々と繰り返す。登るには単調でつらいかもしれない。

　登山口の駐車場では「つくば」ナンバーの車の中年アベックのみ。

　役場にカギを返却する際、1人500円の協力金を募金箱に入れた。

リーダー報告

　藪漕ぎはやはり厳しい。2時間の予定が2時間40分かかった。こうしたところは残雪期が向いている。今回行った峠から、塩尻市のカラタキの峰までの間は残雪期にトレースしたい。1泊2日ならちょうどいいだろう。

　朝日村からの登山道は展望がない。木祖村からの道は明るい尾根道でこちらのほうが魅力はある。ただし、ゲートがあり、味噌川ダムから先へ一般の車は入れないのが残念だ。林道を使った今回の周回コースも考えられるが、林道の藪化が進行しているうえに、地滑りの崩壊地がありお勧めできない。

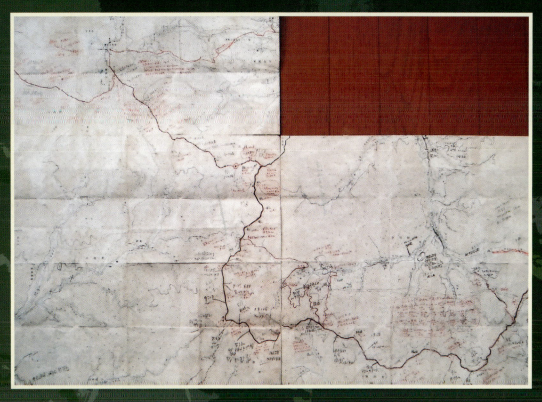

笹薮、竹薮に悩まされた山域である。
ここは残雪期に行く方がいい。

ルート No.98〜102

奈川の山

98 松本市奈川
野麦峠スキー場〜鉢盛山

■期日／2014年4月23日〜24日　■メンバー／L:高見沢、峯村

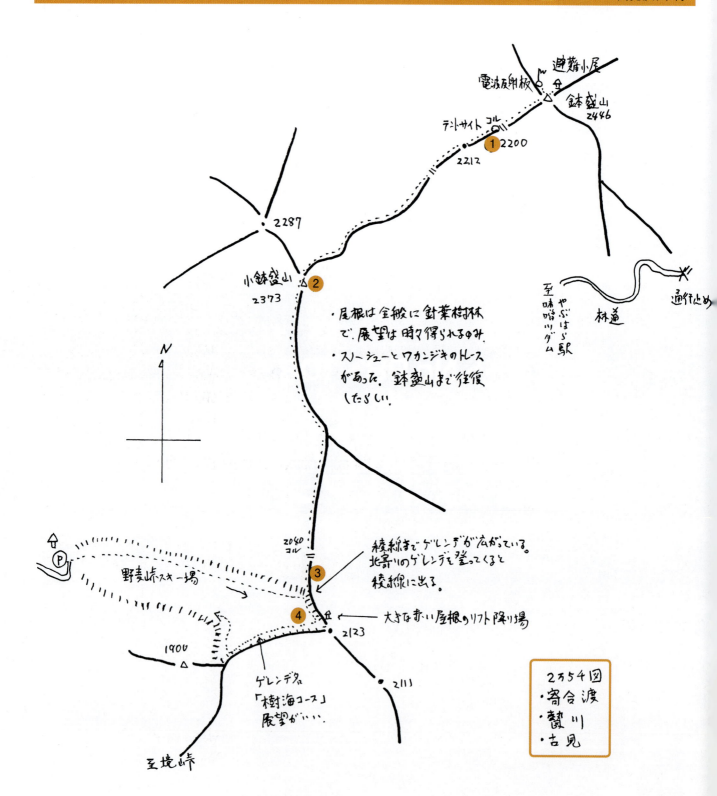

中央分水嶺登山
Chyuo Bunsuirei Tozan

4月23日 晴れ

長野市【6:00発】🚗 更埴IC 🚗（高速料金1300円）🚗 松本IC 🚗 野麦峠スキー場最上部駐車場【8:05着、8:30発】🥾 休憩2回 🥾 稜線・スキー場ゲレンデ最上部【10:50着、11:05発】🥾 休憩2回 🥾 小鉢盛山【13:18着、13:55発】🥾 鉢盛山手前の鞍部【14:45着、テント設営、15:20発】🥾 休憩1回 🥾 鉢盛山【16:30着、電波反射板、避難小屋確認、17:00発】🥾 テント【17:45着】⛺

　誰もいないスキー場の駐車場。もちろんゲレンデにも誰もいない。そのゲレンデをまっすぐに登る。雪は十分あり硬い。背後に見える乗鞍岳は真っ白だ。登るにつれ、これまた真っ白な御岳山も見えてきた。

　地図で予想したより上部までスキー場になっている。最も北寄りのゲレンデを登ると、その最上部は分水嶺だった。左方向には鉢盛山の大きな高まりが初めて見えた。かなり遠く見える。そこから経ヶ岳まで続く分水嶺は初めてみる思いだ。稜線上の雪は十分だが、時々、笹薮を通ることがあるし、雪の踏み抜きもある。トレースがありそこは凍結していて雪が硬い。雪を踏み抜かないようできるだけトレースを辿る。風が少しあり寒いので、途中ヤッケを羽織る。

　小鉢盛山という小さなプレートがあった。木の間越しに乗鞍岳や塩尻方面が見える。樹林帯のため展望はいまいちだ。順調に来たので、コルにテントを張ってから、鉢盛山へ。

　山頂には大きな電波反射板が向かい合うように2基あった。先行していたトレースはここまで来ていた。山頂からは松本市街がよく見える。北アルプスは山頂部を雲が覆っていた。小屋があるので捜して少し下ると、緑に塗られた小さなトタン葺きの小屋があった。何も表示されていないがこれが鉢盛山荘だろう。樹林の中にあって、屋根には1mくらい積雪が乗っており、戸締りされ、雪に埋まっている。

　テントに戻る途中から、峯村さんの膝が痛み出した。久しぶりの登山で古傷が再発したようだ。その後、テントの中では特に痛みはなかったが、明日の行動は朝になってからの様子を見て考えることにする。夜間、快晴無風。

①2日目の朝、テントを撤収し、出発する直前。

4月24日 快晴

テントサイト【6:15発】🥾 休憩1回 🥾 小鉢盛山【7:27着、7:35発】🥾 休憩1回 🥾 スキー場ゲレンデ最上部【9:40着、10:09発】🥾（小休憩4回、ゲレンデ・「樹海コース」を下る）🥾 スキー場最上部駐車場【12:00着、12:15発】🚗（国道19号経由）🚗 長野市【14:50着】

②小鉢盛山

　膝は特に痛みはないようだ。雪は硬く、アイゼンで順調に小鉢盛山までは来た。しかし、下りになるとやはり痛みがあるので、ゆっくり行く。

　スキー場まで戻って来てから下山コースを決めた。境峠方面はやめ、最も南寄りのゲレンデを下ることにした。下り始めてみると、そのゲレンデが分水嶺であることが分かってきた。「樹海コース」というゲレンデを下る。ゲレンデが尾根を離れるところにペナントを残した。次回は境

③鉢盛山の南東尾根を越える林道の峠付近の遠景。

225

峠からここまで往復トレースしようと思う。樹林が濃く、下るのは難しそうだから境峠からは登ったほうがいい。

　雪はたっぷりある。今日は展望もいい。遠く白山まで見える。中央アルプスも真っ白だ。穂高連峰もくっきり。スキー場からの展望は申し分ない。

　一番下のゲレンデまで雪が残っているので、そこまで下ってからアイゼンを脱いだ。

　暖かい春の日差しを受けて車内は暑い。沿線は桜が満開だ。帰りは時間があるので国道19号経由で長野へ。

この時期は登山道のない山をトレースするには最適です。来年はもっと早めに計画を考えたいと思います。

④スキー場から見た野麦峠〜鎌ヶ峰の稜線。
　雪のある時期に歩いたほうがよさそうだ。

松本市奈川
99 境峠〜野麦峠スキー場

■期日／2017年4月8日　■メンバー／L:高見沢、笠井

中央分水嶺登山
Chyuo Bunsuirei Tozan

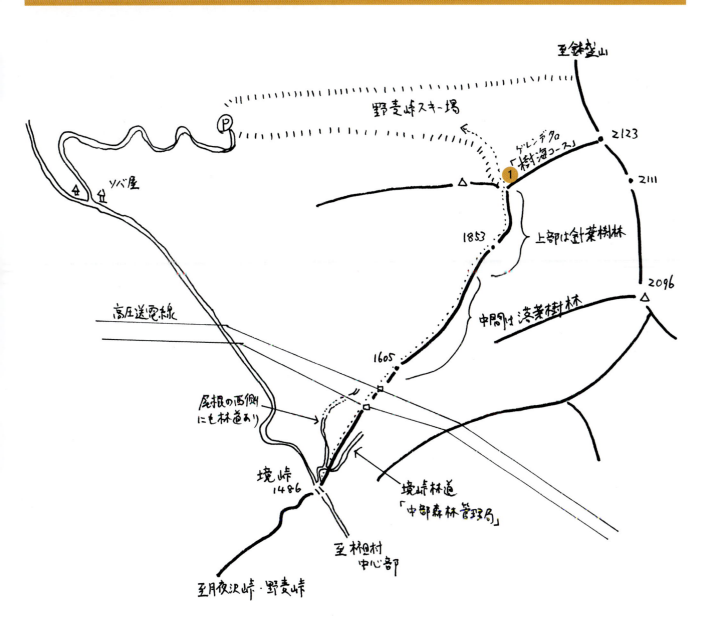

4月8日 曇り一時霧雨

長野市【5:30発】🚗 松本市新島々【7:25着、笠井車と合流、すぐに出発】🚗 野麦峠スキー場【8:05着、笠井車デポ、すぐに出発】🚗 境峠【8:15着、高見沢車デポ、8:30発】👞 上の送電線鉄塔【9:30着、9:40発】👞 高度計で標高1790m地点【10:35着、10:45発】👞 野麦峠スキー場・樹海コース【11:37着、11:50発】👞 野麦峠スキー場・駐車場【12:30着、笠井車回収、12:35発】🚗 境峠【12:45着、高見沢車回収、すぐに出発】🚗 そば店で昼食【12:50着、昼食後解散】🚗 長野市（16:50着）

3週間前の登山でやり残した部分の再挑戦である。天気予報は曇り。降られさえしなければいいが、雲は低く垂れこめている。

　野麦峠スキー場は今シーズンの営業は終了。3週間前と同じところに車をデポ。今回は日帰りのため、行動予定と名前を書いたメモを車内に残すことはしない。

　境峠の林道入り口に駐車。3週間前に比べあまり雪が減っていない。この間気温が低めだったためのようだ。分水嶺に忠実に、すぐ脇の斜面から登り始めたが、全く雪が締まっていない。今日は気温が高いせいもあって、湿った軟雪にズボズボ沈んでしまう。すぐに輪カンジキを装着。それでも歩きにくい。いったん林道に降りると、尾根の北側にも林道があるのでその真ん中の尾根に取りついた。雪が消えかかった斜面を登り返して、できるだけ分水嶺を忠実にたどる。日当たりのいい所はすでに笹薮だが、輪カンジキのまま薮漕ぎ。雪がなければ笹薮の尾根だからこの時期を選んだのだが、ラッセルにここまで苦労するとは思わなかった。カラマツや雑木の尾根筋をひたすら歩く。送電線の鉄塔を過ぎたところで休憩。雲は低く展望はないが、登りだからルートを外れる心配はない。

　上部に行くにつれ雪は少し締まってきたが依然として沈む。霧雨が少し雨模様になったので雨具を着たが、すぐにやんだ。じっとラッセルに耐え、黙々と登ると、いつしか針葉樹林帯になり、その樹林が切れ上部が明るくなってきたらスキー場だ。3年前（2014年4月24日）に来た時はゲレンデの屈曲地点にペナントを残したのだが、今回それは見つからなかった。

①野麦峠スキー場の樹海コースに到着

　ガスにつつまれ、誰もいないゲレンデを、ゲレンデ整備車のキャタピラー跡を辿って下る。下るにつれ視界はいくらか広がってきたが、やはり低い雲が垂れ込め、展望はない。

　これで南佐久の南相木ダム近くの群馬県境から、岐阜県の西ウレ峠まではつながった。中信と岐阜県東部は笠井さんに本当にお世話になった。一区切りの祝杯代わりに近くの蕎麦屋さんで昼食。地元名物の「とうじ蕎麦」をいただいた。

　帰路、梓川の柳が薄黄緑に変わり始めている。「やはらかに　やなぎあおめる……」いい季節だ。

リーダー報告　雪の状態が期待した程ではなく、今回もラッセルに苦労しました。天候も悪く、稜線は樹林で展望はなく、ひたすらラッセルした感じです。これで一つの区切りになった。当面の目標はあと少しだ。

中央分水嶺登山

松本市奈川
100 月夜沢峠～野麦峠スキー場

■期日／2017年3月18日・19日　■メンバー／L.高見沢、笠井

3月18日 快晴のち高曇り

長野市【5:33発】🚗 松本市新島々【7:28着、笠井車と合流、7:30発】🚗 野麦峠スキー場【8:10着、笠井車デポ、8:15発】🚗 川浦集落【8:25着、高見沢車デポ、8:45発】👣 送電線鉄塔【9:45着、9:50発】👣 林道屈曲部・月夜沢峠直下【10:35着、10:45発】👣 稜線【11:50着、月夜沢峠往復、12:40発】👣 休憩2回 本谷頭【14:20着、14:25発】👣 休憩3回 1992m標高点【16:55着】テント泊⛺

　車をデポするときは、行動予定と名前を書いたメモを車内に残すことにしている。不審車と思われないためだ。笠井車と高見沢車にそれぞれメモを置く。川浦集落の道路は除雪されているからその広幅のところに駐車。雪は当面降らないから除雪上の支障はない。

　集落内の農道は最初から雪道だ。しばらくツボ足で行ってみたが、雪はまだ締まっていないので、輪カンジキを着用。月夜沢の水流は輪カンジキを履いたまま簡単に渡れた。尾根の取り付きは急だったが、尾根上に出ると

①月夜沢を渡る場所

傾斜は緩くなった。とはいえ雪が締まっていないので、歩きにくい。鉄塔からは巡視路が林道まで続く。林道の日当たりのいいところの雪は締まっているから歩きやすいが、日影や木の下はラッセルを強いられる。林道の側面はカラマツ林で雪崩の心配はほとんどない。

　林道屈曲部から月夜沢峠近くの尾根までは深いラッセルになった。北側の斜面だから雪は深く、膝くらいまで来る。老骨には堪えるラッセルだ。笠井さんにトップを頼む。傾斜の緩そうなところを選んで登ったら、峠より50mくらい標

②月夜沢峠、正面奥は穂高連峰

高の高い東側の尾根に出た。ザックを置いて峠まで往復する。峠から見下ろすと直下の斜面は急で、回避したのは正解だったかもしれないと思った。このころには高曇りになっていて、風が冷たい。

　稜線は、日当たりのいいところは締まった雪で歩きやすいが、それ以外は輪カンジキを履いていても時には膝くらいまで潜ってしまう。針葉樹林におおわれているので視界もあまりよくない。地図と磁石で確認しながら、寒いので休憩も短くし、今日の予定地点まで頑張った。1992m標高点には計画通りの時刻に着いたが、余裕をもって着くはずだった。

　広い平坦な山頂にテント設営。輪カンジキはガチガチに凍っていた。

3月19日 快晴

テントサイト【6:10発】👣 橡洞【6:35着、6:40発】👣 休憩3回 三村境【9:30着、9:35発】👣 休憩2回 境峠【12:45着、13:00発】👣 野麦峠スキー場への登り口【13:30着、笠井さんスキー場まで徒歩で車回収、14:15発】🚗 川浦集落【14:25着、14:30解散】🚗 長野市【18:13着】

　寒くてよく眠れなかった。朝6時、目の高さに真紅の朝陽が昇ってきた。今日もいい天気だ。輪カンジキ

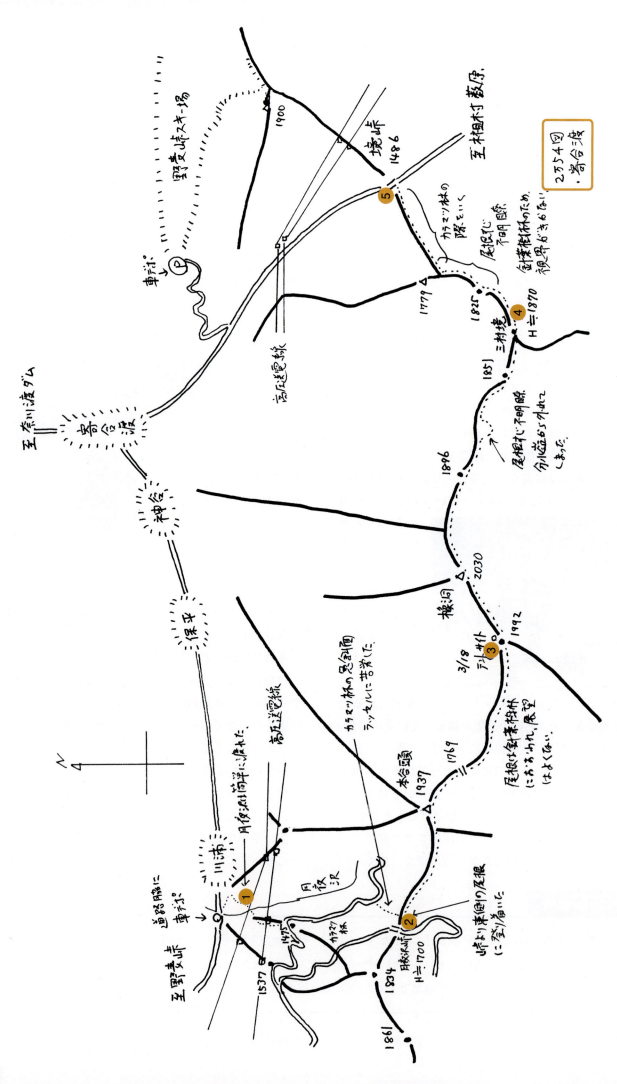

中央分水嶺登山
Chyuo Bunsuirei Tozan

③本谷頭のテントサイト

を履いてゆっくり歩き始めた。最初のピーク橡洞は、今回の計画では最高峰だが、先が長いし、雪の状態もあるので、短い休憩で先へ進んだ。

標高点1896mを過ぎ鞍部になってからは尾根が広がり、地図を見ながら歩いたのだが、結局分水嶺を逸れてしまい、大きく南側を遠回りしてしまった。この先も平坦な尾根に小さいこぶがいくつもあり、現地点の特定が難しかった。旧奈川村、開田村、木祖村の3村境までそうした地形が続いた。3村境も尾根が不明瞭だが、1870mのこぶからははっきりした尾根が下っているので、ここは迷うことはない。樹間から野麦峠スキー場が垣間見えるようになり、境峠からスキー場へ続く尾根筋には新しい林道らしきものも見えるようになった。この方向を

維持していけばいいのだが、1825m標高点手前からしばらくは再び尾根筋は広がり、地図と磁石で確認しながら慎重に下る。そのうちに黄色いテープが現れ、木祖村側はカラマツの植林地になった。歩きにくさは変わりないが、後はこの植林地の際をたどればいい。境峠近くになってようやく道路が見えてきた。

峠に着く前に今日は峠までと決めた。時間も12時を過ぎ、歩き

⑤境峠

にくい雪の尾根をさらに3時間も登る体力も気力もなくなっていた。

峠から野麦峠スキー場への登り口までは車道をひたすら歩き、登り口近くの駐車帯にザックを置く。笠井さんがスキー場まで行き笠井車を回収、そして登り口の川浦へ。今回残ってしまった境峠～野麦峠スキー場は4月8日（土）に再挑戦することにして解散。

④三村境付近

リーダー報告

雪の状態が期待した程ではなく、ラッセルに苦労しました。川浦から直接月夜沢峠に登る今回のルートは、積雪の状況にもよるだろうが、短絡ルートとして使えると思います。稜線は樹林で展望はあまりなく、ひたすらラッセルした感じです。それらのラッセルの大半を笠井さんにやってもらった。あらためて感謝し、私にはもう積雪期の縦走は負荷が大き過ぎるのかと思いました。

松本市奈川
101 月夜沢峠～野麦峠

■期日／2016年4月30日〜5月1日　■メンバー／L:高見沢、M:笠井

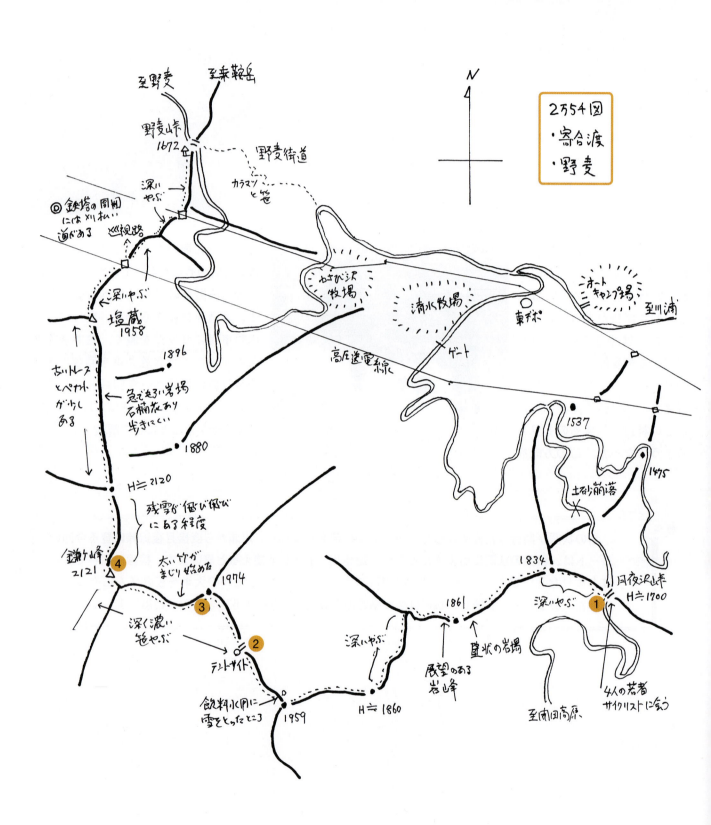

中央分水嶺登山
Chyuo Bunsuirei Tozan

4月30日 晴れ

長野市【5:28発】🚗（国道18号）🚗 松本市渚【7:04着、7:10発】🚗 松本市奈川川浦・清水牧場入り口近く【8:15着、8:30発】👢 休憩1回 👢 月夜沢峠【10:25着、10:40発】👢 1834mピーク【11:20着、11:25発】👢 1861mピーク近くのコル【12:23着、12:35発】👢 休憩2回 👢 1860mピーク【14:28着、14:40発】👢 休憩1回 👢 1959mピーク【15:35着、雪採り、16:00発】👢 休憩1回 👢 鞍部【16:45着、テント設営】⛺

　送電線巡視路沿いに登ることも考えたが、山には雪がほとんど見えないから、林道をたどることにした。林道に入って間もなく空き地があったのでここに車を止めた。明日は野麦峠から下ってくるから、あまり奥でない方がいい。舗装された林道を登っていくと、清水牧場入り口を過ぎ間もなくゲートがあった。あとはカラマツ林の中の林道をたどる。道路の水たまりでヒキガエルが産卵してあったが、無事育つのか心配だ。月夜沢峠の手前1キロくらいのところで土砂崩落個所があり、倒木や土砂が道をふさいでいる。

①月夜沢峠にて、藪原から野麦峠を往復するという4人の若いサイクリスト。分水嶺歩きで人に会うのは珍しい。

　月夜沢峠で4人の若者に会った。自転車で開田高原から登ってきて、これから野麦峠を往復し開田高原へ戻るとのこと。中央分水嶺トレースで人に会うことはめったにないから、うれしくなった。一緒に写真を撮り、土砂崩落の様子を伝えた。分水嶺トレースの本に出してもいいとのこと、若者は「これで全国デビューだな。」と冗談を言っていた。笠井さんも学生時代に自転車でたくさんの峠越えをしてきたので、相通ずるものがあると思う。

　月夜沢峠は中山道の間道として古くから使われていたらしい。道祖神もある。しかし尾根に道はないし、雪も全くない。道祖神の後ろからは密な全くの笹薮。いよいよ本格的な藪漕ぎが始まった。

　1834mピークを過ぎるといくらか藪は薄くなった。針葉樹林の中だから展望はない。1861mピークに近づくと岩塔の裾をまくところもあり、やがて岩場に来た。樹林の中の岩場で、壁状だ。苔に覆われ、もろい灌木と根とを頼りに右よりから登り、中間部で左に巻き、直上した。これがルートらしい。雪があったら下降にはロープがほしいところだろう。無雪期なら、慎重に下ればいいだろう。この岩場を過ぎて展望のある岩に出た。資料にあった展望地点だ。乗鞍岳が正面に見えるが山頂部は雲の中。思ったほど好天ではない。

　シャクナゲがあり、笹薮も深く、トレースもない。目指す尾根の方向が確認できるのが幸いだ。テント設営予定の1959mピークに来たが雪がない。ザックを置いて北斜面に雪を探した。小さい雪田が見つかったので一安心。時間があるので雪をビニール袋に入れてザックに入れ、もう少し先へ行くことにした。

②テントは笹薮の上に張った。
少し雨が当たり始めた。

　小さい鞍部の笹薮の上にテントを置き、今日の宿泊場所とした。ふかふかしていて、コンロの安定には工夫が必要だが、寝るには悪くはない。

5月1日 曇り

テントサイト【5:35発】… 休憩1回 … 鎌ヶ峰【8:05着、8:20発】… 鎌ヶ峰とほぼ同じ高さのピーク【9:02着、9:15発】… 三角点・塩蔵【10:20着、10:40発】… 北の送電線鉄塔【11:45着、11:55発】… 野麦峠【12:20着、12:40発】… 車デポ地【13:37着、13:50発】… 次回縦走のために川浦で送電線巡視路探し … 境峠偵察 … 松本市渚【15:30】… 長野市【17:35着】

③1974mピークから鎌ヶ峰を望む、残雪が極端に少なく藪に苦労した。

日の出は見られたが、雲の多い空だ。正面に昨日歩いてきた尾根がある。意外にアップダウンがある。今日も深い笹藪から始まった。1974mのピークを過ぎ、鎌ヶ峰とのコルから藪の様子が変わってきた。太さ2～3センチ、高さ3メートル以上の竹が密生している場所がある。笹藪と混在し、力任せだけでは進めない。丁寧に竹藪を読み、腕力ですきまをつくってすり抜ける。経験のない藪だった。

鎌ヶ峰からは多少の踏み跡があると期待していたが、ない。小さい、字の消えかかった木製プレートと三角点の標石はあった。

④鎌ヶ峰山頂、深い笹藪の中だった。

それでもここからは雪が飛び飛びに残っていて、そこだけは歩きやすい。鎌ヶ峰とほぼ同じ高さのピークからは苔むしたトレースが現れた。ペナントもある。尾根はまっすぐ北へ向かっているので、迷わないで済む。標高1958mの塩蔵の三角点は刈り払われていた。ここまでは最近、人が来ている。トレースもある。やれやれと安心したのは早かった。刈り払いは一部で、再び深い笹と竹の藪を泳ぐように下るしかない。送電線の鉄塔を目指してひたすら泳ぐ。ここを登ることは考えたくもない。南の送電線鉄塔近くは刈り払い道が何本もある。真新しい杭も打たれているから、何かの作業のためだろう。巡視路を下り始めたが稜線から逸れていくので、尾根に戻り藪漕ぎを続ける。ここまで来たのだから、野麦峠までできるだけ忠実に尾根をたどることにした。北の送電線鉄塔へ下る斜面も藪を泳ぐように下る。そしてその鉄塔から野麦峠までもまたその状況が続いた。右方向に見える車道に降りないように、峠にピタリと出るように…。最後の部分は刈り払い道に出て、峠の標識の西側に出た。峠を行き来する人や車を前に園地で休憩。

野麦街道はカラマツ林で、笹原が続く単調な道だ。女工が歩いた当時はどんな林だったのか。多様な木々の木立が続いていたのだろう。

帰路、次回縦走のために川浦で送電線巡視路を探したが見つからなかった。後で地図を見ると、別の月夜沢沿いの尾根の方が有力だ。また、境峠も偵察した。来年3月、雪のある時に月夜沢峠～野麦峠スキー場まで1泊2日でできそうだ。藪より雪の方がいい。

リーダー報告

29日からの予定を高見沢の都合で変更し、1泊2日とし、月夜沢峠から野麦峠へとトレースの方向も変更した。ルート途中のやせ尾根部分は下るより登った方が安全だろうという判断があったからだ。しかし、残雪はほとんどなく、まともに3日間藪漕ぎをできたかというと、それは無理だったように思う。水を確保するために雪探しをしなければならなかったほど残雪は少なく、夏の藪漕ぎと変わらない状況だった。1泊2日に短縮した日程でよかったように思う。
（逆回りにしたのは、デポした車へ戻るのに無理がないこともある。）

中央分水嶺登山
Chyuo Bunsuirei Tozan

中央分水嶺の最高地点
102 野麦峠～乗鞍岳～岐阜県日影平山

■期日／2013年8月2日～8月4日　■メンバー／L:高見沢、笠井

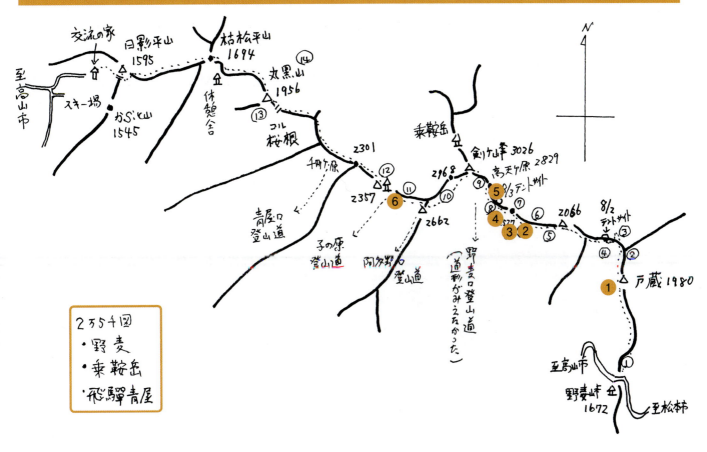

2万5千図
・野麦
・乗鞍岳
・飛騨青屋

① 歩き始めから深く濃い笹やぶが続く。稜線に登っても同様で、道形はない。
② 屈曲点は尾根が広く、西北方向への下降点がわかりにくい。迷って下りすぎてしまった。
③ カラマツ林の広い平坦な尾根で、ルートをまちがえ、登りかえした。大きな時間的ロス。方向をたえずチェックすること。標高点1874mの東のコルに古い切り通しあり、番所跡か？
④ 8/2のテントサイトは笹やぶの上。
⑤ 深い笹やぶが延々と続く。
⑥ 2300mくらいからハイマツ帯になり、2527mの標高点までのやぶこぎが大変やっかいだ。岩場＋ハイマツ＋やぶで、岩や木を伝った急登。
⑦ ハイマツ帯。ここのやぶこぎで苦闘。
⑧ 8/3のテントサイト。
⑨ 高天ヶ原はコマクサの大群落。登山道はない。
⑩ 日影平山へ下る道でもコマクサが広がる。しかし、道にはハイマツがかぶさり、歩きにくい。
⑪ ハイマツ帯をすぎ、避難小屋から千間ヶ原までは、池塘とお花畑が続く。木道あり。
⑫ 避難小屋は子の原登山道との分岐近くにある。池塘の一画に建つ。
⑬ コルの桜根から丸黒山は鉄砲登りの急登。
⑭ 丸黒山から西の道はよい。交流の家から 60/60 という標示あり。

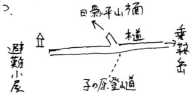

8月2日 曇り一時晴れ間

長野市【5:50発】🚗 田沢駅【7:32着、笠井さん合流、7:40発】🚗 野麦峠【9:20着、9:38発】🥾 休憩4回 ⋯ 戸蔵山【13:55着、14:05発】🥾 休憩1回 ⋯ 切通し（番所峠）【16:50着、17:00発】🥾 小さな鞍部【17:30着、テント泊】⛺

朝の通勤時間帯、松本市街地を避け、田沢駅で合流。野麦峠のお助け小屋の方に、明後日に戻ってくると、駐車をお願いし出発。

最初から深い笹薮だ。道型は全く残っていない。厚い笹薮の下を水が流れている。かつての登山道かもしれない。笹薮は稜線に出ても変わらない。3日間天気はよさそうなのが救いだ。「戸蔵山」という小さな木の標識が樹に付いていた。唯一の標識だ。計画通りではないがまずまずの進み具合だと思っ

①戸蔵の古いプレート。笹薮の中の枯れ木にあった。

ていた。

西方向へ尾根筋が変わり、笹薮が薄く、道型の残る地点（標高1900m）で休憩。予定の2056m標高点までどのくらい近づけるかな、と思っていた。しかしこの先でコースを間違えた。植林カラマツ林の中、木に巻かれたテープを頼りにしていったが、どうも左手により高い尾根が見える。テープは間伐に使ったものらしい。曇っていて遠くの山は見えないし、樹林で視界は余りよくない。広い平坦な尾根で北に寄りすぎた。引き返すが、間伐されたカラマツが笹の下に隠れていてものすごく厄介だ。登り返すのはただでさえ辛い。時間ロスで気が急く。地図と磁石で方向を確認しながら1874m標高点手前の鞍部に来た。意外にも峠道の切通がある。古い地図には「番所峠」とある。古い時代の遺構だ。既に17時だが、明日の行程を考えさらに進み、1874m標高点をすぎた鞍部でテントを張る。予定地点まであと約3時間の地点だ。笹を倒しその上にテント。テント床はふかふかだ。何も見えない薮の中、夜露がテントに落ちる音のみ。

8月3日 曇りのち晴れ

テントサイト【4:40発】🥾 休憩4回 ⋯ 2154m標高点近く【10:10着、10:40発】🥾 休憩3回 ⋯ 2527m標高点付近【14:35着、15:00発】🥾 ハイマツの切れ間（標高2585m付近）【17:15着、テント泊】⛺

②2066mピークを振り返る、深い笹薮が続く。

3時頃起床。雨具を着て出発。曇りで展望は利かないが、近くの尾根筋は見える。尾根が広い2056m標高点では、昨日の失敗を繰り返さないために、地図を入念に読み、万一迷っても元の地点を確認できるように2箇所にペナントをつけた。

2200mあたりまでは笹薮が比較的薄く、それなりのペースで来たが、傾斜が付いてからが難しくなった。

③2224mあたりか。

広い尾根ではないから道型が残りやすいと思っていたが、全くわからない。水流跡が道かもしれないと登るとすぐに途切れてしまう。薮の薄い草地やけもの道と思われるところを行くとこれも消えてしまう。こんなことを繰り返す。笹薮が終わりハイマツになれば道型が残っているだろうと思っ

中央分水嶺登山
Chyuo Bunsuirei Tozan

ていたが完全に外れた。ハイマツは下向きに枝を広げているから、それを掻き分けるか踏みつける。枝につかまり、登山靴で枝の上に立つ。不安定な姿勢だ。一向に視界が広がらない。笠井さんの高度計でも一向に標高が上がらない。

一体どうなるのか。平坦になる2500mまでの標高差は200m余り、時間があるのが唯一の希望だ。いろいろ考えていても仕方がない。まっすぐ上を目指す。やがて上部に岩が見えてきた、あそこが台地の縁だ、と思うと目途が立つ。ハイマツの中に露岩があった。その上に乗り見回す。先ほど休んだ地点の枯れ木が少し下にある。露岩が近くにある。これを辿りながらいけば上部の露岩帯へ出られそうだ。最後、危うい木登りをしてこのハイマツ帯をどうにか突破できた。

稜線沿いならハイマツの丈も短く歩きやすいはずだ。そう思って稜線を目指すが、ハイマツの上は非常に歩きにくい。枝を踏みつけ、掻き分け、イライラするほど進まない。稜線沿いよりは道跡を通った方がいいだろうと方向を変えたが、これが良くなかったかもしれない。結局横に移動しただけで、前進してない。道跡も見つからない。一層深くなったハイマツの中で苦闘が続く。やっと道跡があった。しかしハイマツが完全に被さり、薮の下に50cmくらいの空間しかない。それでもこの方が見通しは立つと思い、匍匐前進でザックを引きずりながら進むが、これでは一向にはかどらない。匍匐前進も諦め、薮もいくらか低くなったので元通りに稜線方向に行く。やっと歩けるようになった。稜線の北側は崩壊壁で、雪渓もあるが、水取りには下らない方がいい。薮は短くなったが今度はテン場がない。時間も17時。運よく小さい草地があった。見つけたときは奇跡だと思ったくらい幸運なことだった。

④2527mの台地上に出る、目の前に広がるハイマツ帯に苦労した。

標高2500mの台地は草地でハイマツも短い。高天原の穏やかな山稜が目の前だ。あとは目の前のハイマツ帯をぬけるだけ。雲は多いが展望はよい。草地に寝転んで大休止。しかし、「道型がないですね」という笠井さんの言葉に敏感に反応すべきだった。

⑤かろうじてみつけた小さな草地に幕営。斜面で狭いが助かった。

傾斜があり、寝ているとテント内で片方へずり落ちてしまうようなところだが、ここにテント設営。展望はいい。松本方面がよく見える。山行中唯一の展望だった。明日の行動は、この上のハイマツ帯の所要時間がわからないので、山頂へ着いてから決めることにした。標高が高いせいか、シュラフカバーでは夜間寒かった。

8月4日 霧のち曇り

テントサイト【4:40発】 ... 休憩2回 ... 乗鞍岳山頂【7:05着、7:30発】 ... 休憩1回 ... 奥千町避難小屋【9:55着、10:15発】 ... 休憩1回 ... 丸黒山山頂手前【12:43着、13:00発】 ... 松枯平休憩舎【14:00着、14:15発】 ... 日影峠【15:23着、日影平山往復、15:47発】 ... 青少年交流の家【16:00着、タクシー待ち、16:40発】 ... 野麦峠【18:10着、18:15発】 ... 松本市渚【19:30着、笠井さん帰宅】 ... 長野市【21:30着】

早朝、松本市街の灯りが見えたが、やがてガスが出てきて展望はなくなった。ハイマツの薄いところを拾いながら登る。約1時間で高天原到着。砂礫の広い台地だ。一面にコマクサの群落で足の踏み場もないほど

237

だ。視界が利かないので磁石と地図を頻繁に見る。

剣が峰への最後の登りは浮石に気をつけていく。道はない。頂上近くになってからペンキマークが出てきた。(これは高山市方面へ下る登山道であることを、山頂で神主さんに教えてもらった。)

霧の中に人影が見え、山頂到着。20人くらいの登山者がいた。山頂小屋は小さい神社そのもので、少しばかりのみやげ物を置いてあるのみ。神主さんがちょうどこちらを向いてパンか何かを食べている。えらく人間的な神社だ。この神主さんに「丸黒山への道を教えてください。」と頼んだら、すぐ小屋から出てきて霧の中の岩を指し、あの手前から下ると教えていただいた。留守本部に携帯電話で今日の行動を連絡してから下山開始。

日影平までは14キロ。あと何キロという具合に標識が出てくる。霧の中、長いくだりだ。ハイマツが登山道に覆いかぶさり歩きにくい。手入れをしないとこうなる。昨日の悪夢がよみがえりそうだ。奥千町避難小屋は子の原登山道との分岐近くにあり登山道から少し離れている。小さいがきれいだ。あたりは地塘とお花畑が連続する。

長いくだりのあと、ようやく乗鞍青少年交流の家着。大学の駅伝部らしき男女が大勢練習中。「そんな走り方なら意味がないからもう練習は止めろ」という指導者。そばにいるのが気恥ずかしくなるような指導方法。他の言い方があるのに、こうやって悪しき指導者が再生産されていくのだと思った。

計画では、日影峠からかぶと山を通って飛騨高山スキー場へ下ることになっていたが、この部分はカットした。時間的にも無理だ。次回を期す。

日影平山山頂から携帯電話で予約したタクシーに乗って野麦峠へ。峠の小屋は客がいないせいか閉まっていた。車を留めさせてもらったお礼をと思ったが仕方がない。黙って帰路に着く。松本までは笠井さんが運転。そこから長野までの夜道、疲れていて運転に不安があったので、明科と信州新町で休憩し帰宅。大変疲れました。

⑥田の原湿原。下りは霧の中、誰にも会わない長い下り。

リーダー報告

　薮が予想をはるかに上回った。最初から笹薮がひどかった上に、2日目の最後は特にハイマツには苦しめられた。薮漕ぎのグレードで言えば6級だ。急斜面のハイマツ帯の中で、日没になったらどうするのか、と不安になったと思う。この急斜面を突破して、高天原に続くハイマツの穏やかな稜線が見え、ここで一安心したのも早計だった。平凡なハイマツの斜面が更なる苦闘を待っていた。直線距離で300m進むのに2時間もかかった。ハイマツが成長し登山道を覆い隠すのに大した時間はかからないようだ。ハイマツ帯の中にかろうじてテントを張れる場所があったのは奇跡だと思った。

　やはりこうしたルートは残雪期に限る。

　3日目、予定より5時間遅れだったが、乗鞍岳山頂から留守本部に連絡した上で、当初計画どおりの下山コースを辿った。霧で展望は全くない。ハイマツが登山道を覆っていて歩きにくい。霧の中、長い尾根道、誰とも会わない。しかし、木道が整備された池塘とお花畑は良かった。コバイケイソウ、ニッコウキスゲ、ワタスゲなど。高天原付近のコマクサの群落もいい。砂礫の広大な斜面に足の踏み場もないほどだった。

　水は最初から2人で14ℓ持っていった。気温があまり高くなかったこともあって、山頂でも3ℓ残っていた。計画より多めに持っていったのでほぼ計画通りトレースできたと思う。山頂で水がなければ肩の小屋に下るしかなかった。

　3日間、ハードな登山だった。天候がまずまずだったから良かった。最終日に時間的余裕を取っておいてよかった。時期を選び、1日の行程を短くし、「年寄りの半日仕事」を旨としたい。

美女峠キャンプ場から見た乗鞍岳。
晩秋で山頂部は白くなっていた。
山本茂美の「ああ野麦峠」によると、野麦峠を越えて帰郷した女工たちを親がこの美女峠で出迎えた。

ルート No.103〜110

岐阜県の山

103 岐阜県の中央分水嶺
かぶと山〜日影平峠、牛首山など

■期日／2014年10月25日〜26日　■メンバー／L：高見沢、笠井

10月25日 快晴

長野市【5：55発】🚗 松本市渚ライフサイト【7：35着、笠井さん合流、7：55発】🚗（安房トンネル）🚗（飛騨農園街道）🚗 飛騨高山スキー場【10：00着、10：20発】👟 稜線（11：00）👟 休憩【11：40着、11：50発】👟 かぶと山【12：20着、12：55発】👟 御嶽見晴台【13：30着、13：40発】👟 日影平峠 👟 飛騨高山スキー場【14：25着、14：40発】🚗 林道車デポ【14：50】👟 牛首山【15：20】👟 林道【16：03】👟 車デポ地点【16：25着】🚗【17：10テント設営、テント泊】⛺

飛騨高山スキー場には予定より1時間早く着いた。管理人さんと工事の人がいるだけ。管理人さんに会って車の駐車をお願いした。かぶと山はあれですよ、とゲレンデの最上部を教えていただいた。ここにテントを張ることはキャンプ場の営業期間外だから、とおっしゃっていたが、夕方になれば無人になるから、事実上できそうだった。

車を広い駐車場の隅に置き、牛首山方面への歩道を行くが、歩かれていないので、藪だし、そのうち消えてしまった。キャンプ場に戻り、ほかの遊歩道をたどって林道に出た。牛首山の手前で林道から稜線に上がった。ほんの20mも歩けばそこは分水嶺だった。稜線には刈り払いがあり、地籍調査のテープや昔の有刺鉄線の鉄杭がずっと続いている。これに従っていけばいいから予定よりだいぶ早くかぶと山に着いた。

かぶと山はスキー場の最上部だ。親子連れがハイキングに来ていて、乗鞍青少年交流の家から来たとのこと。スキー場なので展望は実にいい。乗鞍岳はもちろん薬師岳まで見える。高山市街方面の向こうには遠くに白山もはっきり展望できる。幾重にも重なる山並みは絵のようだ。近くの山々は紅葉が真っ盛り。昨年6月に登った位山も視認できる。そこまで続く分水嶺は当面の目標だ。

交流の家周辺は遊歩道がいくつもある。オリエンテーリングもあるのだろう。日影平峠は昨年の8月に来たところ。乗鞍岳からの長い尾根歩きの後、16時ころに着いたところだ。今日は日影平山には登らず、交流の家へ。そこでは保育園児くらいの子供たちが枯葉のプールで大はしゃぎだ。本館の前を通り、グラウンド脇からゲレンデに入り、出発した駐車場に戻ってきた。先ほどの親子はちょうど交流の家に戻ってきたところで、歩き疲れた子供の手を引いたお父さんは大変お疲れのようだった。

さて、このスキー場にテントを張るにしては時間が早すぎる。牛首山を登ることにした。林道入り口には工事中で通り抜けできないとあったが、工事個所は牛首山の先なので、ダンプカーの邪魔にならないよう、林道脇の広いところに車を置き、再び分水嶺稜線に上がった。といっても20メートル歩けば分水嶺だ。牛首山頂には三角点がありここまで刈り払いがあったが、その刈り払いは南東方向の尾根へ下ってしまっている。地図と磁石で方向を確認してから笹薮に入った。刈り払いはない。見晴らしの利かない尾根で、一時は違う尾根を下ってしまった。方向と地形が違うので登り返した。時々境界杭があるのみ。林道がすぐ右下を通っているのだが、見えない。何度も地図で確認しながら林道に出た。

車のデポ地に戻り、今日のテント設営はスキー場をやめ、この林道のどこかに置くことにした。ダンプの運転手さんに作業の予定を聞き、5時過ぎてからテントを張った。暗くなってから最後に現場を引き上げた重機の運転手さんは、クマがいるから私たちのことが心配で戻ってきたとのこと。ご心配すみません、気をつけますとお礼を申し上げた。昨年、川上岳に登った時も工事現場の方に車で送っていただいたことがある。ありがたいお気遣いだ。コッフェルやラジオを身近に置き、早めに就寝。

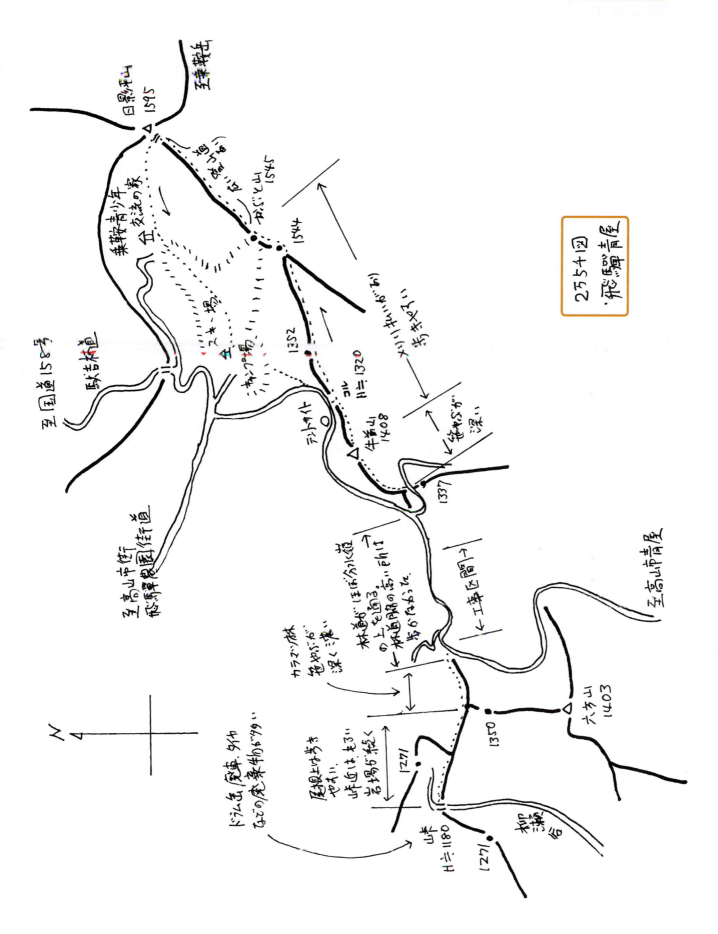

10月26日 晴れ一時曇り

テント【6：24発】→ 林道に車デポ → 休憩1回 → 柳瀬谷の峠【8：15着、8：35発】→ 林道【9：45】→ 車デポ地点【10：00着、10：18発】→ 林道駄吉線を下る → 松本市渚ライフサイト【12：15着、笠井さん帰宅、12：18発】→ 長野市【14：08着】

　幸い、クマは現れなかった。工事現場の手前に車を置き、舗装工事中の林道を歩いてから分水嶺に取りついた。ここは笹薮が深い。踏み跡もない。笹に隠れた間伐したカラマツ材が厄介だ。（この薮の中で、高見沢はポケットに入れておいた地図を落としてしまったが、帰りに見つけた。）六方山への分岐から先は尾根筋の薮が薄くなり、地籍調査の杭も出てきた。狭い尾根で岩場もあるが、この方が歩きやすい。

　柳瀬谷の峠は草薮と針葉樹林に覆われた林道である。展望は全くない。ドラム缶や廃車、タイヤなどが捨てられている。テープが張り巡らされ、光りものが吊るされ、センサーのようなものもある。訳のわからないところだ。西に続く尾根の登り口にペナントを付けた。次回はここへ来る。

　来た尾根を引き返す。林道に戻り、忠実に林道脇の一番高いところを通ろうか考えたが、林道を歩くことで良しとした。そこはコンクリート擁壁の上だし、踏み跡もない。この辺りは林道が分水嶺だといってもそうは違いない。この１キロくらいの間は、将来、落穂ひろいの機会があったら来るだろうか（？）

　帰りは、最短距離の駄吉林道を下って国道158号に出た。秋の行楽日、車が多い。

　申し分ない好天だった。紅葉が真っ盛り。秋の陽に映える黄や赤は見事だった。
　駄吉林道の工事通行止めは予定外だったが、工事関係者の好意には感謝だ。刈り払いがあり、見込みよりだいぶ早くトレースできたが、笹薮はやはり大変だ。これから西へ続く分水嶺は、里山だから刈り払いがあってほしい。

岐阜県中央部の山
104 高山市街の南に連なる稜線

■期日/2016年11月3日〜6日 ■メンバー/L:高見沢、SL:坂本、M:笹井

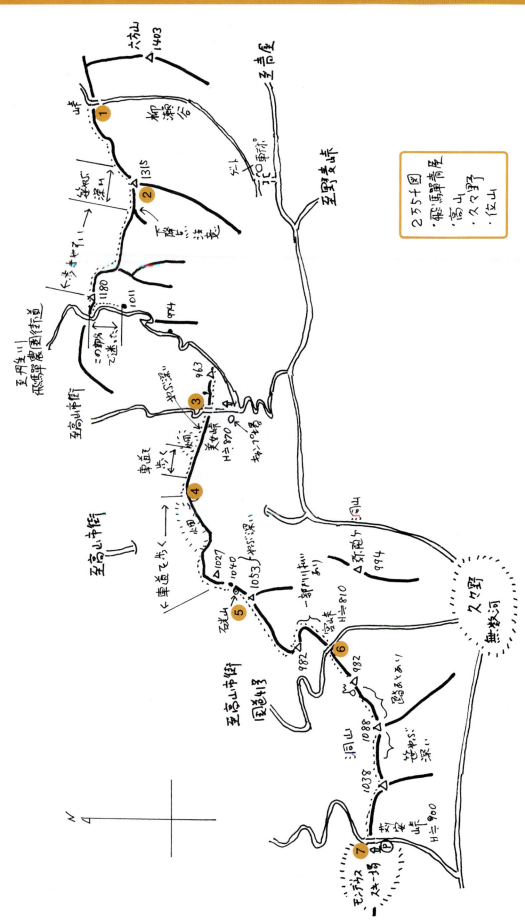

11月3日 曇り

長野市【6:00発】🚗（国道19号）🚗松本市渚【7:35着、7:50発】🚗安房トンネル🚗高山市木曾街道（または江戸街道ともいう）🚗美女峠🚗美女高原キャンプ場【9:50着、キャンプ申し込み、テント設営、10:15発】🚗道の駅「モンデウス飛騨位山」【10:45着、車デポ、11:00発】👢休憩1回👢1088m三角点【12:55着、13:00発】👢NHK中継放送所【13:30】👢宮峠【14:30着】👢峠の東側の尾根に取りつく👢下降点【14:55】👢宮峠【15:15着、15:20発】🚕タクシー（3580円）🚕道の駅「モンデウス飛騨位山」【15:35着、車回収、15:40発】🚗美女高原キャンプ場【16:05着】テント泊⛺

平湯ではみぞれ。北アルプスは雲の中だが、山の中腹は白くなっている。平湯トンネルを抜けると道脇には雪があった。念のためにスタッドレスタイヤにしてきてよかった。

3年前の6月に来て以来の美女高原キャンプ場。手続きを済ませ、テントを張ってから今日の目標の山に向かった。道の駅「モンデウス飛騨位山」はスキー場の駐車場でもあるから広い。その一角に中央分水嶺の碑や説明板がある。

⑦刈安峠、分水嶺を明示した公園だ。

北風が冷たい中、駐車場を横切り、道路わきの斜面から登り始めた。尾根沿いに行き、最初の三角点1038m地点に来たが、標石が見つからない。諦めて地図と磁石で方向を確認してから、先に行く。植林地と雑木の境になんとなく踏み跡があるのでそれをたどる。藪ではあるがまずまず歩きやすい。鞍部で正午のチャイムが麓から聞こえてきたので休憩。

鞍部から1088mの三角点までは笹薮が深い。踏み跡はあるのだが両側から丈の高い笹がかぶさり、笹にすれて顔がひりひりする。1088mピークには古い鉄柱のアンテナ塔があるが、もう使われていないようだ。

ここからは踏み跡がしっかりしてくる。30分も歩くとNHK中継放送所という表示のアンテナ塔に着く。メンテナンスのための道があるが、その道はやがて尾根の南側へ下って行く。我々はその道を離れ、あくまでも尾根筋を行く。

宮峠近くの送電線鉄塔付近は踏み跡が不明瞭で笹薮になった。峠そのものは国道41号線の車道で、擁壁になっているから降りられない。少し南側へ回って車道に降り、「宮峠782m」の標識をバックに記念写真。

⑥宮峠、ここも分水嶺

今日の行程はこれで完了だが、時間があるので峠の東側を少し歩いてみることにした。再び藪に入り尾根の南側に林道を確認できるところまで歩き、そこから林道へ下って宮峠に戻った。タクシーを頼んで車まで戻り、キャンプ場へ。今日の夕食はうどん。坂本さん持参のワインなどで豪華（？）な夕食。

ほかにはキャンパーはいない。時折、駐車場に車が来て人声がする。大型トラックと思しき走行音もある。人里にあるキャンプ場とはこんなものだろう。

（注）宮峠では5年後をめどにトンネルを掘削中。トンネルができたら現在の道は通行量が減るので、中央分水嶺として歩けるようになってほしい気がする。また、本日歩いた尾根筋は、北側の高山市宮村では「洞山」と呼ぶとのこと。タクシーの運転手さんに教わった。

11月4日 快晴

美女高原キャンプ場【5:55発】🚗柳瀬谷入り口【6:15着、車デポ、6:30発】👢休憩1回👢峠【8:05着、8:15発】👢休憩1回👢1316m三角点【9:50着、10:05発】👢休憩1回👢1118m三角点【12:05着】👢961m三角点【13:25通過】👢牧草地【14:00着、14:15発】👢963m三角点【14:40着】👢952m標高点【15:10着】👢美女峠【15:25着】👢美女峠キャンプ場【15:35着】テント泊⛺

中央分水嶺登山
Chyuo Bunsuirei Tozan

夜間少し雨が当たったようだ。あずま屋の下にテントを張らせてもらってよかった。薄暗い中、今日の目的地である柳瀬谷へ向かう。

①柳瀬谷の峠

まず、谷沿いの林道入り口で車をデポしておく必要がある。林道入り口にある和牛農家の方にお願いして、牛舎近くに留めさせてもらった。早朝、たまたま明かりがついていたので窓をノックしてお呼びたてし、恐縮だったが、黙って車を置いていくわけにはいかない。気持ちよく了解していただいた。

林道は登るにつれて藪になり、倒木もあったが、順調に峠に着いた。ここは2年前の10月26日に来たところだ。その時と変わりない樹林の中の平地である。2年前に付けたペナントが残っていた。最初はヒノキの植林地の中を登る。藪がないので歩きやすい。2つ目のピークを過ぎたところで小さい岩場がある。

1316mのピークに差し掛かってからはカラマツと落葉樹の林になり、笹薮が深くなった。途中で視界が開け、振り返ると真っ白な乗鞍岳が大きく見えた。昨日降った雪が初冠雪だったのだろう。1316mピークは平坦で、笹薮が深い。その三角点で一息入れる。笹の葉の上にはわずかに雪がついている。昨夜は寒かったはずだ。しかし今日はいい天気だ。

このピークから西も笹薮が深い。道形もないが尾根筋は明瞭なのでまっすぐに藪の中を行く。やがて北西方向へ下る地点が迷いやすいポイントとみていたが、無事進路を見つけた。以後、歩きやすい尾根筋だ。ヒノキの植林地と雑木林との境で

②1316mピーク、深い笹薮である。

あったり、尾根が細かったりで、順調に1118m三角点に来た。

ここからが迷った。笹薮が深いうえに尾根が平坦で下るべき方向に明瞭な尾根筋がない。要注意ポイントとみていたが、やはり迷った。下るべき地点より西へ行きすぎ、それに気づいて、けもの道を頼りに斜面をトラバースして一旦は目指す方向の尾根筋に入ったが、今度は国土調査の杭に従ったために東へ行きすぎてしまった。今まで国土調査の杭は信頼できる目印だったから、それに従ったのだが、ここでは分水嶺から逸れてしまった。下っていくと右手の尾根がどんどん高くなり、これはおかしいとなった。再び斜面をトラバースしてその尾根に登ると、そこは立派な車道だった。これが飛騨農園街道で、南へ行けば美女高原キャンプ場に出るのだ。以後この車道を主に歩くことにした。途中少しでも分水嶺を歩こうと、1011mと974mの標高点を踏み、961m三角点を確認した。この車道は中央分水嶺を削る形でできている。私としては複雑な思いがする。

この車道から西方向の分水嶺に入るところで林道工事が行われていた。その現場から907m標高点を目指して藪に入ると、南側は牧草地で、太陽光パネルが並んでいる。しばらく休

③美女峠、かつて多くの女工がこの峠を越えた。

んでいなかったので、牧草地の端で休憩。ここから美女峠まで、南側には農地や牧草地や柵があって稜線というより裏山という雰囲気だが、ともかく三角点や標高点をたどって峠についた。残念ながら「美女峠」という標識はない。「高山市久々野」という標識をバックに記念写真。キャンプ場へ戻ったら、管理人さんは帰ってしまったとのこと。2日目の料金は明日お支払することにして、本日の行動終了。テントサイトは白い乗鞍岳が正面に見えるいい場所だ。

11月5日 快晴

美女高原キャンプ場【6:10発】… 美女峠【6:20着】… 1027m三角点【8:55着、9:05発】… 石光山【9:30着】… 1053m三角点【10:33着、10:50発】… 宮峠【13:15着、13:35発】… タクシー3800円 … 柳瀬谷入り口・車回収 … 美女高原キャンプ場【14:10着、14:40発】… 野麦峠【16:00】… 奈川川浦集落で来年3月に予定している登山の偵察【16:10着、16:30発】… 松本市渚【17:40着】… 長野

3日目はテントサイトから歩き出す。美女峠に戻り、昨日の地点から西側の斜面に取りつく。あくまで尾根筋をたどり、902m標高点を目指す。人家の裏山だが笹薮が深い。踏み跡もない。尾根筋もなく、とにかく高い方向へ進むが、そのうちに古い道の跡と思われるところに出た。昔の江戸街道の跡ではないのかと思った。（キャンプ場の方に聞くと、江戸街道は軽トラックなら今でも通れるとのこと。歴史のある街道の峠だから美女峠は見直されていいのではないかと思う。）十分な幅と人が歩くのに無理のない傾斜と曲がり方だ。これをたどって登り、林道に出た。林道の上は広い平地で草薮だが畑として造成されたところだ。ここは林道が分岐しているので、地図と磁石と偵察で確認してから目指すべき方向を決め、歩き始めた。

④畑が広がる、分水嶺というイメージは持てない。

　再び林道が分岐する地点で尾根筋に登る。薮に覆われているが道形があるので、これを行くと広い農地を見渡せるところに出た。足元には農業用らしい建物もある。白山が遠く白い。高山盆地は雲海の下だ。以後しばらくはこの農地沿いに延びる道を行く。途中、野菜畑でカモシカが野菜を食べていたので笛を吹いたり声を出したが遠くにいるためか、こちらを見るだけで、食べ続けていた。「アルプス飛行場」という標識があって、リモコンで飛行機を飛ばしている人がいた。振り返ると雪をまとった穂高や笠岳も見える。

　林道（農道？）を歩き、途中で1027m三角点に立ち寄り、1040m標高点近くで再び尾根筋の薮に入った。間もなく「石光山」という標識があった。今回の登山中、山名があった唯一の山だ。「平成元年10月、与野町敬神会が記念植樹をした」とある。

⑤「石光山」、明確なピークではないが、唯一名前のある山があった。

　この先は深い笹薮が続き、1053m三角点の手前で現在位置の判断がメンバー間で一致せず、いったん林道に降りた。林道から再び尾根筋に入り三角点を確認した。ここから先も国土調査の杭などを目印に進むが、部分的には刈り払いがあるものの笹薮の深いところもあり、尾根筋を間違えてしまい、登りかえしたところもあった。一昨日に宮峠側から歩いた部分にはペナントを着けておいたが、それには気づかず、結局宮峠に来ていた。一昨日と同じバス停でタクシーに乗り、柳瀬谷入り口へ。車を留めさせていただいた畜産農家の方にあいさつし、お礼にリンゴを差し上げた。

　キャンプ場の管理人さんに会ってキャンプ代を支払い、野麦峠に向かった。夕方も遅いので野麦峠の風は冷たかった。川浦で来年3月に登るルートを偵察して一路長野へ。月夜沢まで車道があること、沢は現時点では容易に渡れる地形と水量であること、渡った先の尾根は末端からなら傾斜が緩く十分登れること、が分かった。

リーダー報告

　予定通りのトレースが出来ました。山の名前もない地味な中央分水嶺です。こんな機会がないと行くことはないでしょう。今回の部分は、国土調査が済んでいてその標識杭が目印になった。車道や古い道形もあったが、時々深い笹薮だったり、樹林で視界が利かなかったりで、いつも通りの地図と磁石を見ながらの山歩きだった。

天空遊歩道
105/110 位山三山、大日ヶ岳

中央分水嶺登山 Chuyo Bunsuirei Tozan

■期日／2013年6月10日〜6月13日　■メンバー／L:高見沢, 宮尾

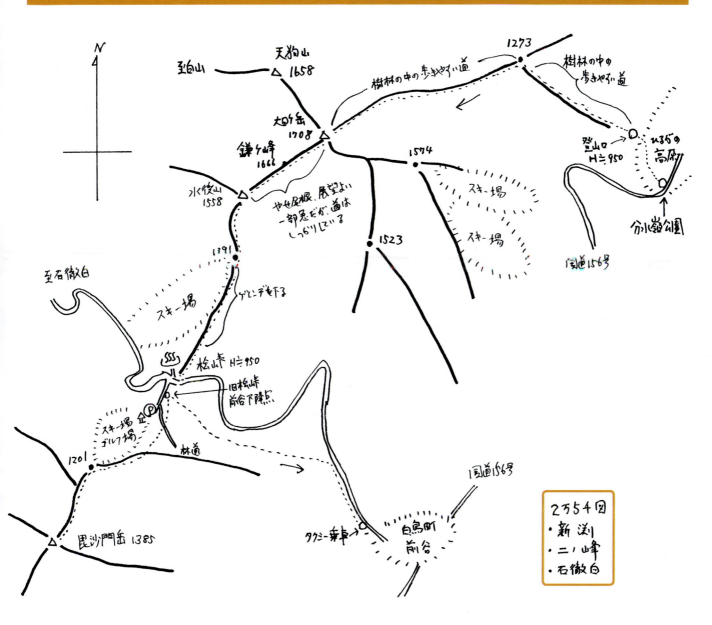

6月10日　曇り、夜は一時雨

長野市【9:20発】🚗 野麦峠【11:25着、11:45発】🚗 高山市高根支所【12:15着、12:40発】🚗 道の駅「飛騨高根工房」で昼食 🚗 美女高原キャンプ場【13:30着、13:40発】🥾 川上岳登山口の県道ゲート手前・工事現場【14:10着、14:40発】🥾 ひるがの高原キャンプ場【16:10着、16:15発】🥾 NAO明野高原キャンプ場【17:00着、テント泊】⛺

　ここ数日、天気予報は晴れたり降ったりめまぐるしく変わったが、大きな崩れはなさそうだ。
　野麦峠は久しぶりだ。お助け小屋の人にここから乗鞍岳への道を聴くと、かつては道があったが、風倒木が多く、途中で1泊を余儀なくされたという人が下ってきたことがあるとのこと。残雪期にきたほうがよさそうだ。南の鎌ヶ峰へも道はないとのこと。
　峠から高山市へは初めての道だ。狭く曲がった山道

247

が続く。

　美女高原キャンプ場はこじんまりした感じだ。地元の方々で運営している。12日に来るかもしれないといったら、当日は定休日だが、連絡をくれれば担当者が来るとのこと。電話番号を交換して、次の偵察地である川上岳登山口へ行く。

　宮川沿いの県道を行くと、法面工事で通行止め。工事現場の担当の方に伺うと、林道ゲートよりも手前で県道のゲートがあり、一般車はそこまでとのこと。12日に川上岳へ登るための偵察に来たと言ったら、せっかく来たのだから、12日の朝8時に来れば林道ゲートまで送ってくれるとのこと。ここでも電話番号を交換して別れた。県道のゲートは予定外だったが、偵察に来てよかった。

　ひるがの高原キャンプ場は学校のキャンプに貸し切りで利用できない。これは予定外だ。管理人さんにNAO明野高原キャンプ場ならキャンプできることを確認していただき、そちらへ行く。遊園地のようなキャンプ場だが、キャンプサイトは松林の中。他には誰もいない。夜間一時雨が降った。

6月11日 高曇り

NAO明野高原キャンプ場【4：30発】🚗…大日ヶ岳登山口【5：00着、車デポ、5：15発】👢…休憩2回…大日ヶ岳【8：05着、8：25発】👢…水後山【9：23着、9：35発】👢…旧桧峠・前谷への下降地点【10：50着、11：20発】👢…休憩1回…毘沙門岳【13：25着、13：55発】👢…旧桧峠・前谷への下降地点【15：05着、15：15発】👢…前谷でタクシーに乗車【16：40】🚗…分水嶺公園【16：55着、17：05発】👢…大日ヶ岳登山口・車デポ地【17：40着、テント泊】⛺

　朝3時起床。今日は行程が長い。雨になるかもしれない。

　大日ヶ岳まで3時間弱。樹間の歩きやすいいいコースだ。紅葉時もいいだろう。途中から晴れ間も出てきた。山頂から見ると白山山頂は雲をかぶっているが、北方は晴れ間が多い。南方は厚い雲。予報どおりだ。

　山頂から水後山までは細い展望のいい稜線だ。道はしっかりしているが急なところもある。標高1391mをすぎるとスキー場のゲレンデを下る。桧峠近くになると再び樹間に入る。

　桧峠からが変な道だ。すぐそばに立派な車道があるのに、東側斜面を上り下りする歩きにくい登山道である。宮尾さんの調査によると、ゴルフ場と何か事情があってこうしたことになったらしい。それにしても不自然だ。（下山してきてわかったが、スキー場の駐車場近くから林道に入ればこんな歩きにくい登山道は通らなくてすむ。）　これでいいのかという不安を持ちながら登山道を行くと、林道に出た。ここに「登山道入口」という標識がある。ここからは普通の登山道になった。よく歩かれている道だ。スキー場の最上部をかすめてしっかりした道が毘沙門岳山頂まで続く。山頂からはかつて西へ道があったらしい痕跡はあるが、藪である。

　下りには、林道からスキー場の駐車場に出て広い車道をくだり、旧桧峠・前谷への下降地点で休憩。ここから前谷までは信者が歩いた信仰の道だ。それなりに整備されている。

　前谷についてからタクシーを呼び、ひるがの高原の分水嶺公園へ。そこから歩いて大日ヶ岳登山口へ。もう時間が遅いし、ここにテントを張る。

6月12日 快晴、午後は一時雨

大日ヶ岳登山口【5：00発】🚗…分水嶺公園【5：05着、5：30発】🚗…道の駅「ななもり清見」【6：23着、7：00発】🚗…川上岳登山口の県道ゲート手前・車デポ【7：35着、7：45発】🚗…林道ゲート【7：55着、8：05発】👢…峠・登山道入口【9：00着、9：10発】👢…水場・宮川源流入口【9：45着、水場往復、10：15発】👢…川上岳【11：15着、11：45発】👢…休憩1回…位山【15：05着、15：25発】👢…水場・天の泉【15：35着、15：45発】👢…苅安峠・道の駅「モンデウス飛騨位山」【17：15着、タクシー乗車、17：25発】🚗…川上岳登山口の県道ゲート手前・車デポ地【17：50着、18：10発】🚗…美女高原キャンプ場【18：45着、テント泊】⛺

248

中央分水嶺登山
Chyuo Bunsuirei Tozan

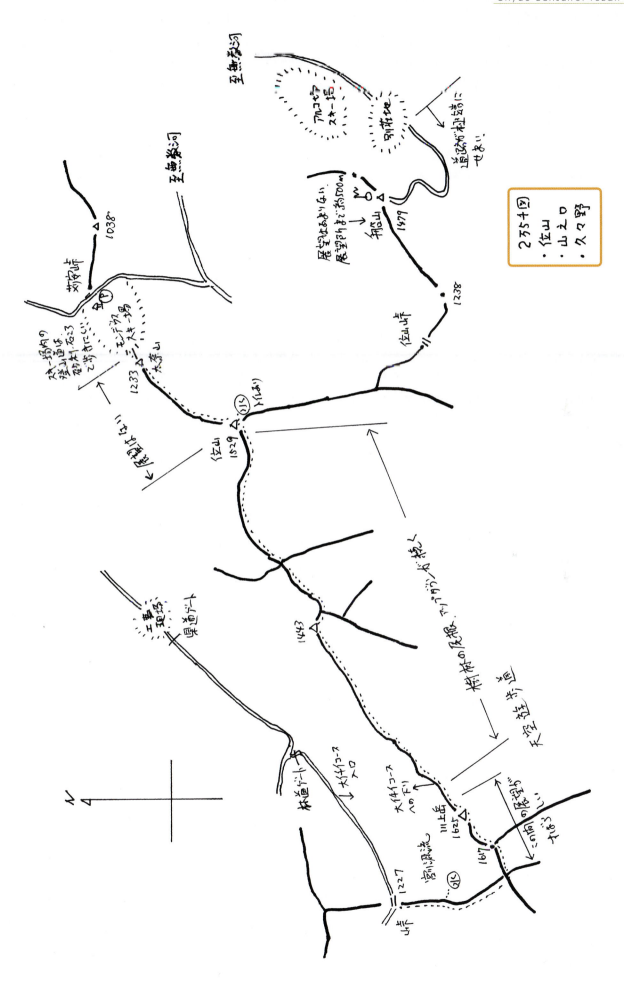

249

朝4時起床。宮川の工事現場に8時までに行かねばならない。途中で時間調整もして、早めに着いた。ゲート前で身支度をしていると、一昨日あった工事会社の方が見えた。早速ゲートを開けて、車に乗せていただき、その先の林道ゲートまで送っていただいた。大感謝だ。

晴れてきて暑い。昨日は水が少し足りなかったので、持っている水を大切にして、林道歩きの途中で湧き水をいっぱい飲む。峠近くの林道脇に立派な登山道入口がある。登山道に入るとしばらくは急な道だが、明るい新緑で気持ちがいい。左方向に川上岳の稜線が見えてくる。宮川の源流へ寄り道し、ここでもたくさん水を飲む。

南西に尾根を分岐する地点から一気に展望が広がった。ここからの展望がすばらしい。稜線は潅木と根曲がり竹で展望は申し分ない。まさに天空遊歩道だ。青い山並みがいい。

山頂は日影がないので暑い。昨日登った大日ヶ岳まで続く分水嶺を眼でたどる。時期を選んでここを歩きたい。

山頂から東は次第に木が多くなる。位山までブナやヒノキの大木が続く長い稜線だ。天候は次第に雲が多くなり、この稜線も霧に覆われるようになってきた。時間の余裕もないので休憩もあまり取らずに位山へ。位山山頂は樹木に覆われていて、展望場所以外では展望が得られない。また、地図や資料の記載と実際の道が違っていて戸惑った。水場・天の泉でも水をいただいた。ここにはトイレもある。雨がやや強くなってきたので、雨具の上着だけ着て下る。長い下りのあとスキー場最上部に出る。ここにもトイレがある。スキー場を下る道は砂利や石ころで歩きにくい。

苅安峠・道の駅「モンデウス飛騨位山」でタクシーを呼び、車に戻る。美女高原キャンプ場へ向かう途中で、キャンプ場の管理人さんから電話が入った。本当に来るのか確認したかったらしい。着いてから電話をすると、私たちのためだけに管理人さんが来て、手続きをしてくれた。雨が降るかもしれないから東屋の下にテントを張ったらどうかといってくれた。安いし気さくなキャンプ場だ。これからも何回かここに来るだろう。

6月13日 晴れ

美女高原キャンプ場【6：00発】 🚗 船山【6：50着、7：05発】 🚗 高山市と木曽町の間の県境・長峰峠 🚗 木曽福島 🚗 洗馬 🚗 松本市新村 🚗 長野市【12：00着】

キャンプ場のすぐ北側が分水嶺の美女峠。かつての江戸街道が通じていた。何の変哲もない狭い峠道だ。いずれここを歩きたい。

地図を頼りに三山の最後の山・船山を目指す。山に入り、途中の別荘地を過ぎると、道幅が極端に狭くなった。対向車があった場合、退避帯までバックするのはかなり厄介だが、幸いそれはなかった。山頂は平坦で、たくさんの大きなアンテナがあり、樹木もあるので展望はいまいちだ。展望台まで500mくらい歩かねばならない。曇り空で高い山は雲をかぶってもいるので展望台へいくのは止め、帰路に着く。

野麦峠への道は良くないし、たまには別の道を行きたいので、木曽へ抜けることにする。県境の長峰峠からは舗装が良くなった。かつて「長野県へ入るととたんに道が悪くなる」と言われたが、逆だ。意外だった。開田高原とその向こうにそびえる御岳の景観は、新緑と残雪で一層新鮮だ。

塩尻の洗馬からは旧道・広域農道に入り、塩尻・松本の市街地を迂回して梓川堤防に出て、長野へ。

リーダー
報告

梅雨時としては天候に恵まれ、計画どおりのトレースができた。川上岳（「かおれだけ」と読む）はお勧めです。まさに天空遊歩道。岐阜県中央部の緩やかな緑の山々。山頭火の「分け入っても分け入っても青い山」を想う。遠くには雪をいただく白山や北アルプス、大きな山体の乗鞍、御岳。林道歩きが長いので気になりますが、川上岳から位山の間は展望もあまりなく、結構つらい。川上岳のみ登るのがいいでしょう。

106 岐阜県中央部の山
西ウレ峠など

■期日／2016年3月19日〜21日　メンバー／L:高見沢、SL:宮尾、M:笠井

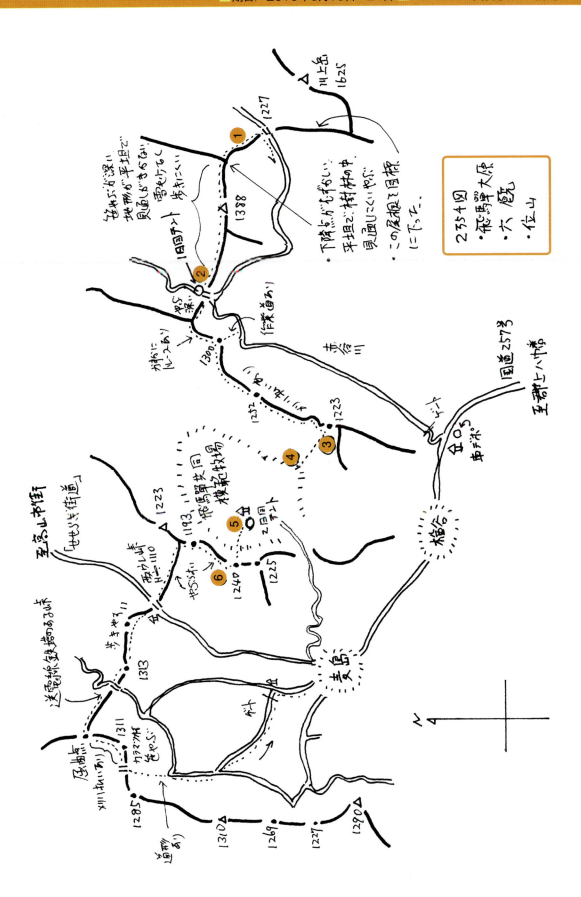

3月19日 曇り

長野市【6:05発】🚗（国道19号）🚗 松本市渚【7:30着、7:35発】🚗 安房トンネル🚗 高山市 🚗 西ウレ峠【9:55着、10:00発】🚗 楢谷・赤谷入り口【10:10着、車をデポ、10:35発】🥾 休憩2回 🥾 林道「宮清見線」峠【13:15着、テント設営】
休憩後偵察・テントサイト【15:15発】🥾 標高点1300m【15:55通過】🥾 林道へ下る 🥾 テントサイト帰着【16:27着】⛺

　天気予報では雨かもしれないと覚悟してきたが、曇り空で、時折薄日も射す。赤谷沿いの林道は「災害復旧工事中」とある。道路の確認がてら、近くの建物にいた方に道路の状況をうかがった。「工事中なので、道路際への駐車は避けた方がいいだろう」とのことだったので、その方にお願いして、広い駐車場の隅に車を止めさせていただいた。

　林道の入り口にはゲートがあり閉まっていたが、土曜日にもかかわらず、災害復旧工事中だった。やはり車を入れなくてよかった。最初、雪はなかったが、標高が上がるに従い、路上にも日当たりの悪いところには積雪があるようになった。雪があるとやはり歩きにくいものだ。

　林道の峠にテントを張り、近くの沢から水を汲んできて休憩。乾いたアスファルトの上だから快適だ。時間があるので、偵察に行く。テントのすぐ横から藪に入った。ヒノキの植林地は下生えが少なく歩きやすいが、広葉樹林のところは、残雪もあり、藪も深い。地形も尾根が入り組んでいるので、地図と磁石で方向を確認しながら行く。幸い、展望はあるので助かる。途中からは古いながら踏み跡らしきものが尾根筋にあるようになった。雪でその踏み跡を見失うこともあったが1300mの標高点まで行った。笠井さんの新しい地図通り、ここから道がある。刈り払いされた林業用作業道らしい。赤いテープや境界見出標も続いている。林道へ下る道もあったので、明日の行程は期待できそうだ。いい偵察になった。

　夜間、北風で寒い。しかし濡れなかったのでよかった。

②林道の峠に張ったテント

3月20日 曇り

テントサイト【6:20発】🥾 最高地点（標高約1390m）【7:50着、8:20頃発】🥾 林道分岐・川上岳登山口【9:37着、9:55発】🥾 テントサイト【11:05着、テント撤収、11:30発】🥾 標高1300mピークへの登り口【12:00着、12:15発】🥾 標高1252mピーク【13:25着、13:40発】🥾 標高1223mピーク【14:40着、14:45発】🥾 牧場東端【15:00着】🥾 牧場管理棟区域【15:35着、テント設営】⛺

①1390mピークから南へ下った藪の中、正面奥に見える尾根を目標に下った。

　今日はまず、テントのすぐ東側の尾根に取りつく。広葉樹林帯だから最初から笹藪が深い。残雪もあり、朝の締まった雪とはいえ時々ズボッと踏み抜く。平坦な尾根で方向を定めにくい。ここでも地図と磁石と目視で方向を確認し、雪のしっかり残っているところを拾いながら行く。平坦な尾根で、樹林が密生していて視界が限られるから現在地がどこか、、どこが下降地点か判断が難しい。下降地点と思われる付近でだいぶ迷った。ようやく向かい側の尾根（川上岳へ登る道のある尾根）を確認でき、それに向かって深い藪を行く。

中央分水嶺登山
Chyuo Bunsuirei Tozan

③1223mピーク付近、もう少しで牧場に着く。

笹と樹林と残雪の中、強引に下って行く。樹林が切れ、潅木になったところで、ようやく正面に目指す尾根の全貌が見え、方向は正しいと安心した。林道近くになってからはっきりした刈り払いの道が現れた。2013年6月に川上岳へ登るために来た峠へ到着。予定より1時間以上遅くなってしまった。峠には、暖冬で雪はまだらにあるのみだ。帰りは林道を辿りテントサイトへ。南斜面の道だから雪はほとんどない。

テントを撤収し、すぐに出発。昨日の続きを歩むべく、1300mピークへの登り口へ。刈り払いされた林業用作業道は間伐のためだろう。樹林を透かして、西側遠方には枯れた草地の牧場が見える。東斜面はヒノキの植林地、西斜面は落葉樹林。その境目を赤いテープや境界見出標が続く。牧場への下降点近くで地形が複雑になるので少し迷ったが、無事牧場の一角に到着、藪から解放された。地図により車道をたどって管理棟区域へ。無人だ。大きな倉庫前のコンクリートの上にテント設営。今日も濡れないテントで助かる。

地図には「竜馬石」という表示があるので見に行ったが、見当たらない。くたびれ損だった。

17時過ぎにトラックが来て牧場の奥の方に行った。戻ってくるのを待ってテントから出て行き、テント設営の事後了解をいただこうと思ったが、雰囲気がよくない。「ここは立ち入り禁止、だめですよ。」と言われて困った。結局、「今日は見なかったことにするが、明日の朝早くから職員が来るから、その前に立ち去るように」と言われた。明朝は6時に出発すると約束して納めてもらった。確かに勝手にテントを張られては困るだろうが、牧場はシーズンオフの時期、山歩きの途中で、迷惑はかけないつもりはあるから、分水嶺歩きの余地を残しておいてほしいと思う。お叱りをいただいたせいか、よく眠れなかった。

④飛騨共同模範牧場東端に着いた。

3月21日 曇りのち晴れ

テントサイト【5:37発】・・・標高1240m地点【6:15通過】・・・標高1193m近く【6:40着、6:50発】・・・西ウレ峠【7:35着、7:50発】・・・標高1320メートル地点・標高1313mピークの西隣【9:00着、9:15発】・・・屈曲地点【9:52着、10:07発】・・・鞍部・標高約1230m【10:30着、10:40発】・・・廃道【10:55到着】・・・林道経由・・・麦島【11:55着、笠井さん車を取りに楢谷へ、12:30笠井さん帰着、12:40発】・・・高山市板倉で昼食休憩・・・松本市渚【15:50着、15:55発】・・・長野市【17:20着】

約束通り、早めに出発。凍結した草地を行くと、シカが何頭か前方を横切って行った。牧場にとっては有害獣だ。

尾根に取りついて、最初は笹薮だったが、稜線に出るとやはり踏み跡らしきものがある。けもの道かもしれないが、針葉樹林だから藪は薄く歩きやすい。ただし地形は入り組んでいるのでここでも地図と磁石と目視で方向を確認しながら行く。西ウレ峠への下降点は慎重に地形を読み、無事到着。朝日の当たる峠で一息入れた。

西ウレ峠からは、最初、遊歩道から入った。途中で尾根へ上がり、以後最高地点

⑤牧場を横切り、正面奥の稜線に登って行くのが分水嶺。

253

⑥1240mピーク付近、藪は薄い。

まで主にヒノキの樹林の中を登る。明瞭な道はないが、藪はないから歩きやすい。普通の登山道と変わりない。山頂手前からは遊歩道がある。最高地点でその遊歩道と別れ、西に続く刈り払いをたどると間もなく峰越の林道に出た。目の前には高い送電線鉄塔がある。時間はあるし刈り払いも期待できるので先へ行くことにした。刈り払いは分水嶺に沿ってつけられている。まるで分水嶺歩きのために付けたようだ。標高約1230mの鞍部で相談し、この先の下降地点まで長いから今日はここまでとした。地図では歩道がこの鞍部の近くまで来ているから下降するにはここだろうと考えたからだ。笹藪と残雪の中を下ること15分くらいで道形に出た。あとは長い林道歩き、残雪があるので歩きにくい。国道のバス停に到着。笠井さんに空身で車を取りに行っていただいた。わずか30分で戻ってきたのには驚いた。

計画より早めに帰宅。携帯電話のバッテリーが切れてしまったので、留守本部への報告は自宅に戻ってからになってしまった。

リーダー報告

雪が少なく、藪に悩まされたところもあるが、刈り払いが続き、歩きやすい部分が多かった。牧場にテントを張り、お叱りを受けてしまったのは心残りだ。中央分水嶺という特別な場所の牧場だから、この展望を一般の人も見られるようになってほしい。

お二人には、名もなく、標高もなく、地味な登山、というより藪漕ぎ、もう少しお付き合いいただきたい。

輪カンジキ、アイゼン、ピッケルは使わなかった。2日目までは曇り、北風で寒かったが、雪は降らなかった。3日目は好天になった。加賀白山が真っ白だった。

庄川の源流域 西ウレ峠の西方尾根〜山中峠 ひるがの高原、見当山

107 109

■期日／2017年4月18日〜21日　■メンバー／L:高見沢、宮尾

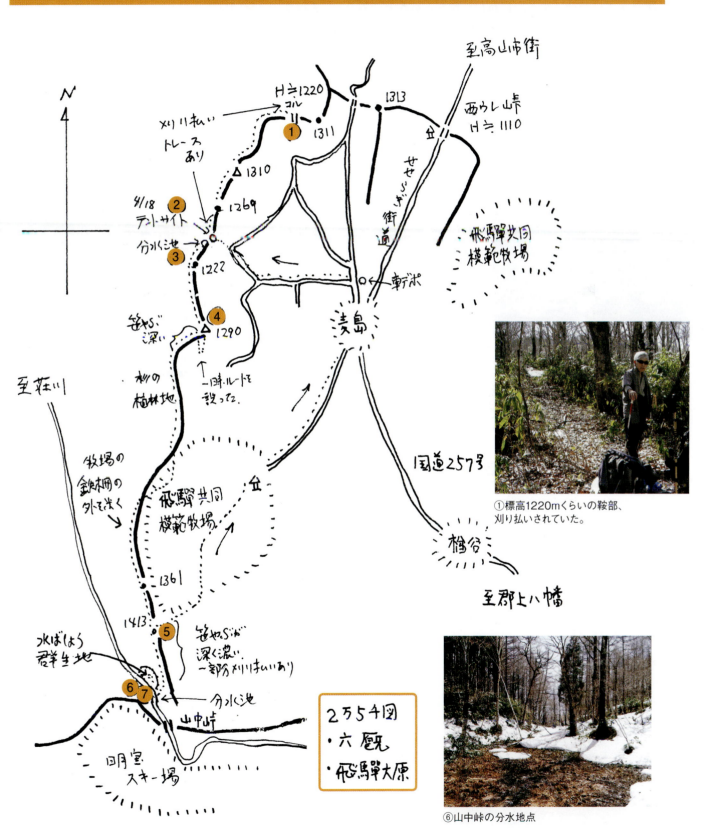

①標高1220mくらいの鞍部、刈り払いされていた。

⑥山中峠の分水地点

4月18日 快晴

長野市【6:08発】🚗（安房峠経由）🚗 高山市板蔵【9:23着、9:38発】🚗 麦島【10:35着、車デポ、11:00発】👞 稜線【12:20着、テント設営、12:50発】👞 昨年3月時に下降した峠【14:32着、14:53発】👞（休憩1回）👞【16:48着】テント泊⛺

　麦島までは順調に来た。しかし、車を止めたところは一つ手前の林道入り口だった。昨年下った時とどこか違うように見えたが、その林道を登り始めて15分くらいし、別の林道が分岐していたので分かった。引き返すのももったいないし、このコースは計画段階で検討したところでもあるので、このまま進んで、稜線に最も近い地点で分水嶺に上がることにした。林道から15分くらいの藪漕ぎで刈り払いのある稜線に出た。

②テントサイト、杉林の中。

　刈り払われた平坦なところにテントを張り、昨年3月時に下降した峠まで往復することにした。稜線は刈り払われていて歩きやすいが、一部不明瞭なところもあるし、刈り払いが分岐していたりするので、絶えず地図と磁石を見ながら稜線を辿った。樹間を通して白山、乗鞍などが見える程度で、展望はあまりない。南には明日歩く予定の牧場が見える。牧場に雪はない。昨年来た峠には、ペナントがやや色あせてはいるもののしっかりついていた。切通しが残っているから、かつては道があったのだろう。

　テントに戻り、水を求めて刈り払い道を辿ってコルへ降りた。標高1220mの鞍部で、まさに分水嶺だった。湿地のような水たまりがあって、西と東にそれぞれ小さい水流が流れ下っていた。人知れぬ分水池だ。

　今日は登る林道を間違えたので、1ピッチほどの行程を明日に送ることになった。夜間、鹿かカモシカか、鳴き声らしきものが聞こえた。

③テントサイトの少し南側にあった天然の分水池、左手奥は太平洋へ、右手前は日本海へ。ここの水を汲んでテントで使った。

4月19日 曇り時々小雨または雪

テントサイト【7:00発】👞 1290m三角点【7:48着、8:05発】👞 模範牧場北端【9:15着、9:35発】👞 牧場南端【10:28着、ザックデポ、10:40発】👞 山中峠【12:10着、12:30発】👞 休憩1回 👞 牧場南端【13:38着、13:55発】👞 麦島バス停【15:15着、デポした車回収、15:42発】🚗 高山市街でカメラ用のSDカード購入🚗 高山IC🚗 ひるがの高原SAスマートIC🚗 立石キャンプ場近く【17:45着】テント泊⛺

④1290mピーク

　朝4時ころから雨が当たりだした。出発を遅らせているうちに晴れ間が出てきたので、1時間遅れで出発。1290m三角点まで刈り払いがあったが、そこからは深い笹藪になった。深く密な笹で前途多難かと思われたが、その藪は次第に粗くなってきた。丈は3メートルくらいだがこれなら何とかなる。1301m標高点のある台地は見事な杉の植林地で、藪のない雪の林内を歩く。植林地の東端を行くと牧場の北端に出た。（杉の植林地には途中でカラマツ林の植林帯が2回あった。こういう植林方法もあるのだ。）

牧場に着いたとき、雲は低く、冷たい西風が強く、しぐれ模様の天候になっていた。途中では牧場の真ん中を横切ったが、基本的には鉄柵の外側を辿り、南端ま

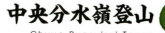
中央分水嶺登山
Chyuo Bunsuirei Tozan

⑤飛騨共同模範牧場の南端

で歩いた。鉄柵が分水嶺をたどって設置されている。
　南端では、必要最小限のものをビニール袋に入れて持っていくことにし、ザックは大きなビニールの袋ですっぽり包んだ。
　1413m標高点の前後は最も深く密な笹薮だった。笹というより竹のように太く丈もある。嫌な予感がする。進む方向を何回も修正しながら悪戦苦闘。明宝スキー場が見えるのでその方向を目印にする。カラマツ植林地の縁に刈り払いが見つかりほっとしたが、その刈り払いも尾根を逸れて下って行く。やむなく再び尾根筋の薮に分け入る。1362m標高点あたりからは残雪が多くなり歩きやすくなった。尾根筋を辿り、無事山中峠到着。水芭蕉群生地の南端が分水地点だ。残雪の中に湿地帯のような水たまりがあり、北と南に水が流れている。昨日の人知れぬ分水池と同じだ。ここでトラブル。写真を撮ろうと思ったら、SDカードの残量がない。スマホをもっていたことを思い出し、そこに写真を収めた。陽射しが戻ってきて気分も明るい。（庄川沿い

の林道は除雪されていない。以前、3月末に来た時は除雪されていてなぜだと思ったものだ。）

⑦分水池。手前は太平洋へ、奥は日本海へ。

　帰りは正味1時間で牧場南端に戻れた。ルートが分かっていることと、深い薮は登りの方がロスは少ないからだと思う。
　牧場内の車道を通らせてもらって麦島帰着。牧場入り口のゲートには「立ち入り禁止」の標示にがあったが、牛のいない時期なのでご容赦ください。
　高山市街でカメラ用のSDカードを購入し、高速道路を使い、立石キャンプ場へ。キャンプ場の管理人さんに聞いたら、連休のオープンまでは利用できないとのこと。時間も遅いので、やむなく少し離れた道脇の空き地にテントを張らせてもらった。

4月20日　快晴のち曇り

テントサイト【5：50発】・・・峠【6：10着、すぐに出発】・・・（休憩2回）・・・見当山【8：45着、9：07発】・・・（分水嶺を逸れ長良川源流側林道へ下る）・・・標高1097m地点近くの林道【10：50着、10：55発】・・・休憩2回・・・ひるがの高原スキー場のある山の三角点【13：28着、13：35発】・・・スキー場北側の山中で迷う・・・国道156号【14：40着】・・・民宿【15：00着】・・・立石キャンプ場近くへデポした車の回収に往復・・・【16時民宿へ帰着】

　昨夜は寒かった。テントは霜で白くなっていた。しかし快晴。テントやシュラフ・コンロは車に収納し、日帰り装備で出発。道路上の雪は、除雪されていないものの、日当たりがいいところは消えていた。峠は2014年3月以来だ。その時は雪の道を一色キャンプ場から1時間以上かけて登ってきたが、今回は雪もなく20分で着いた。さっそく側面の斜面に取りつ

き尾根上に上がった。はっきりした道はないが薮は薄く、歩くのに支障はない。稜線の西側には古い鉄杭が並び、錆びた有刺鉄線が落ちている。かつては牧場か何かだったのか。この先しばらくはこの鉄柵跡が途切れながら続いた。丈のある笹が出てきたり、明るい落葉樹林だったり、ときには深い笹薮が交互に出てきた。標高1290mピークの頂稜と北斜面は深い笹薮だった。

257

この稜線には大きな穴がいくつもある。大きなものは長径5m×短径3m×深さ1・5m。炭焼用だったのか。標高1304mピークで「郡上高原ハイキングコース」という朽ちた標識が転がっていた。踏み跡もはっきりしている。かつてはそういう時代もあったのだ。同じ標識板は見当山への分岐にもあった。

①稜線は藪が薄く、歩きやすい。かつてはハイキングコースだった。

見当山へは、藪に覆われてはいるが、はっきりした踏み跡があった。途中、最新のストックが落ちていたから、訪れる人もいるということ

②見当山山頂、背景は大日ヶ岳

だろう。見当山頂上からは大日岳、白山がよく見える。早春の山頂で少しゆっくりしてから分岐に戻った。分岐からははっきりした踏み跡が期待できたから、大船に乗った気分で下り始めたが、間もなく深い笹がかぶさるようになり、前途に黄信号がともった。

稜線の踏み跡を辿り、標高1268m地点を過ぎ、さらに下るに従い杉林の中の道は判然としなくなってきた。一度登り返し、朽ちた丸太の階段を下って林道に出たが、予定した林道とはどうも違う。目の前の川は右（北）へ流れている。2人で相談したが、位置を特定できないので、この道を下ってみることにした。すると、すぐに「長良川源流」という大きな標識があり、ゴルフ場の一角に出た。下るべき尾根を間違えていたのだ。つくづく藪尾根を下るのは難しいと思う。やむなくゴルフ場内のカート用に舗装された道を通り、標高点1097m地点に来た。「平頭町屋林道」という標識がある。ここまで約1キロ、分水嶺を逸れてしまったのだ。トレースしなおす気力もなく、残念だが、先へ行くことにした。気分は晴れないまま歩き始めた。

農地の脇を通り、次いでゴルフ場の脇を通り、別荘地に入った。別荘地は道路を通らせてもらうしかない。地図を見ながら道を行くが、実地は少し違う。貯水池に出る予定だったが、一向にその道が出てこないので、杉林の中、残雪に足を取られながら堰堤に出た。貯水池の西は牧草地だ。牧草地の脇を歩き、別荘地の入り口を横切り、林を抜けると高速道路の跨線橋だ。「水分橋」という銘板がついているのも分水嶺と何かのかかわりがあると思いたい。橋を渡り再び別荘地だが、ここは廃屋がいくつかあるのみで荒廃している。地図を見て林道を辿り、杉林から三角点を目指して直登する。元は農地だったのだろう、藪となった平地が階段状にあらわれ、最後の斜面を登るとそこがドンピシャ三角点だった。ここまでは順調だったが、ここから彷徨が始まった。

③高速道路をまたぐ橋、その名前も分水嶺を意識したものかも。

④1043mピーク、ここまでは順調だったが…。

地図では、三角点のすぐ南まで林道が来ている。これを目指して南方向（と思っていたのだが）へ歩き始めたが一向に道形が出てこない。ならば西側はスキー場だからそちらへ（西へ向かったものと確信していた）向かうが、これも一向にスキー場に行きあたらない。

（大日ヶ岳のスキー場を遠望し方向を決めていたのだが、すでにこの時点で方角が90度ずれていたらしい。三角点とスキー場の間は100m足らず。スキー場のリフトなどは藪で見えないが、磁石でしっかり方向を確認していれば1時間の彷徨は避けられたかもしれない。）道形を見つけ、これが地図上の林道と思って進むが、どうもおかしい。右往左往し、ともかく道形を辿って行くと途切れてしまう。途中で見つけた別の道形を行くと左右にわかれる。左をたどると行き止る。引き返して右をたどるとこれも行き止る。この山

中央分水嶺登山
Chyuo Bunsuirei Tozan

の周囲は道路に囲まれているから、下って行けばどこかで道に出る。道よりも水流をたどることにし、しばらく下るとはっきりした道が見えてきたのでそこへ行くと、それは送電線の巡視路だった。この送電線は山の西斜面に走っているものだ。巡視路を北へたどると登り基調で、おかしい。引き返し、途中にあった古い舗装道を下る。下り始めてようやく、今いる場所を地図上で確認できた。

降り立った国道は高山市の地籍。車の行きかう中、重い足取りでひるがの高原へ。見つけた最初の民宿で泊めてもらうことにした。民宿で車をお借りして、立石キャンプ場近くへ、デポした車の回収に往復。

今日はいろいろあったが、一安心。明日、計画とは反対方向の分水嶺公園から、今日迷った三角点まで辿ることにした。

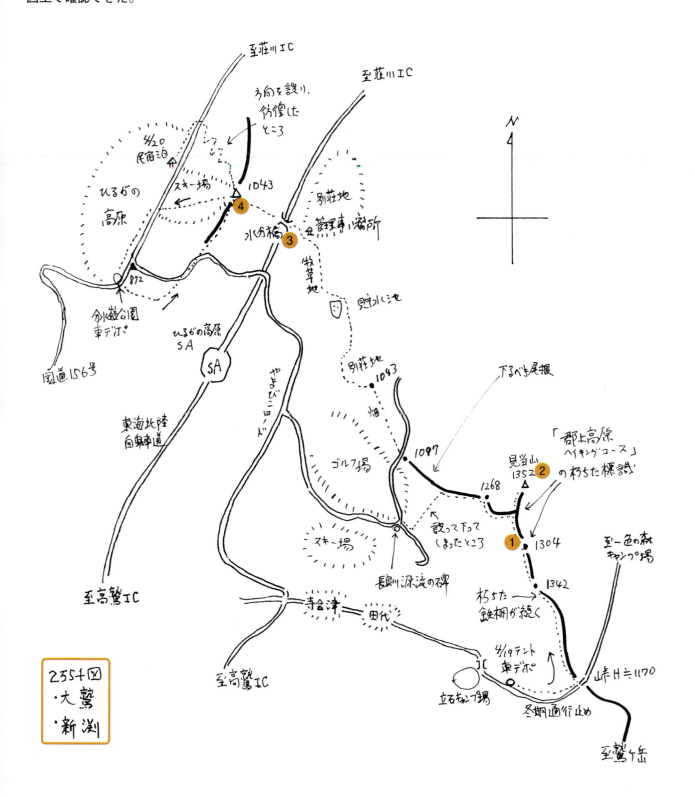

4月21日 快晴

民宿【7:25発】🚗 分水嶺公園【7:30着、7:35発】👣 車道を離れ山林に入る【7:50】👣 ひるがの高原スキー場南端【8:50着】👣 スキー場北端【9:05着、9:10発】👣 三角点【9:20着、9:25発】👣 スキー場を下る 👣 分水嶺公園【10:10着、10:25発】🚗 長滝寺道の駅【10:45着、長滝神社見学、登山道の情報収集、昼食13:00発】🚗 高鷲IC 🚗 高山西IC 🚗 安房峠 🚗 長野市【17:40着】

　分水嶺公園の駐車場に車を置き、地図を見ながら分水嶺をたどる。道路から藪へ、そして再び道路に出て、いよいよ山に登り始める。道はない。深く密な笹藪をかき分けていくと刈り払いがある。縦横に刈り払いされているようなので、時々その刈り払いを使いながら高みを目指す。平板な斜面だからここを狙い通りに下るのは難しいだろう。登って行く刈り払い道を辿ると古い車道跡に出た。朽ちた街灯があるところを見ると、別荘分譲地として造られたらしい。昨日この山の東斜面で見たものと同じ街灯だ。すぐそこはスキー場だった。スキー場の最も高い地点で見回すと山頂部はほとんど平坦地だ。これでは三角点を見つけるのは難しいと思った。それでも三角点をめざし、地図に従い東北方向の藪に入った。少し探し回っているうちに道形があったのでそれを行くと、カヤ原に出た。そこが昨日登ってきたときの最後の平地とはすぐには気付かなかった。目の前に三角点があったが、これも昨日のものとは別の三角点ではないのかと思うほどあっけな

かった。スキー場に戻ってから、今歩いて出てきた道形を見るとその入り口は見分けにくい。また、地図上の道形とは少し方向が違う。スキー場を下り分水嶺公園に戻った。

　今日4日目に計画していた白鳥町の福井県境偵察は、この仕切り直し山行のためできなくなった。白鳥町へいき、長滝寺と長滝神社を見学し、寺と神社について巫女さんと総代さんから資料をいただいたり話を伺った。登山道の情報収集としてこの総代さんと地元のおじさんに福井県へ越える峠道のことをうかがったが、お二人ともそうした道があるとは知らないとのこと。国道の道の駅から見上げると県境の稜線はすぐそこだ。（撮ってきた写真を見ると峠に登って行く沢は雪が残っている。地図上では道があったのだから、通れないことはなさそうだ。）峠への林道を少し登ってみた。自分の目で確かめられないのが残念だが、何とかなりそうに思う。

　岐阜県内の中央分水嶺歩きは当面の目標が終わった。今回、尾根を間違えたり、藪の中でさまよったりで、思うとおりには行かなかった。しかし、平凡な山行報告に終わらなかったことを良しとしたい。まさに太平洋側と日本海側に水が分かれ下るところを発見できたのは幸いだ。人里に近い山では人の営為の歴史を見ることもできた。早春の山歩きはやはり楽しい。（猛烈な笹藪がなければもっと楽しいのだが。）

◆ひるがの高原スキー場の山頂付近で迷った理由　彷徨した場所はひるがの高原スキー場の北隣の斜面

①地図上の林道は、三角点に対して南西方向からすぐそばまで来ているように見えるが、実際は三角点付近では東西に通じていて、東側は元農地と思われる平坦な場所に達していた。

②大日ヶ岳のスキー場は樹間から見えていて、それを遠くの目標方向としていたが、大まかな位置関係から、南西方向にあると考えていた。しかし、実際はほとんど真西に近い位置方向だった。ひるがの高原スキー場から見ると西に正対しているといっていいくらいだった。（これだけで方向が45度狂ってくる。）

③磁石での方向確認をしなかった。この山は周囲をスキー場、道路、ゴルフ場に囲われていて、どの方向に行っても降りられると思っていた。また、南方向へ行けばすぐに林道に出られるとして、大日ヶ岳のスキー場の方向を目安に歩き始めてしまった。

庄川の源流域
108 鷲ヶ岳〜烏帽子岳

■期日／2014年3月24日〜26日　■メンバー／L:高見沢、宮尾

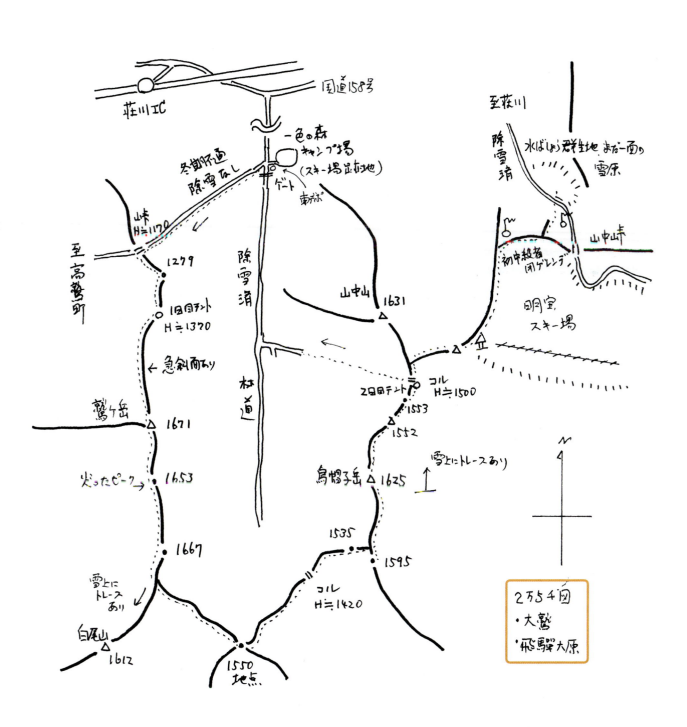

3月24日 快晴

長野市【9：30発】🚗（安房トンネル、750円）🚗 清見IC 🚗（高速道路利用、料金650円）🚗 庄川IC 🚗 一色キャンプ場入口【13：35着、14：05発、ワカン着用】👣 休憩1回 👣 峠【15：35通過）👣 休憩1回 👣 標高1279m峰【16：38着、アイゼン着用、16：50発】👣 テントサイト【1370m付近、17：30着】テント泊⛺

天候はよさそうなので期待していく。事前の装備点検で見つかったコンロの不調も直ったので気分がいい。

一色キャンプ場はスキー場の跡地である。除雪された土場（木材の搬出などに使う広場）がある。そこに止まっていた車のアベックに聞いて場所を確認した。土場の隅に車をデポし、早速、除雪されていない県道をワカンで歩き始めた。峠から尾根に取り付いたが、尾根上の雪が切れている。踏み跡らしきトレースがあるので、薮は気にならないが、ワカンでは歩きにくい。標高1279m峰でアイゼンに換えた。凍結した部分もあるのでこの方が歩きやすい。予定よりはかどったので、17時30分テントサイトを決めた。スノーシューのトレースもある。

夜間も快晴だが、天気予報では明日は雨が降り出しそうだ。携帯電話も通じた。

3月25日 曇り一時晴れ間、後一時小雨

テントサイト【6：00発、アイゼン着用】👣 休憩2回 👣 鷲ヶ岳【7：56着、8：05発】👣 下降点【9：25着、9：40発】👣 途中でアイゼンからワカンへ着用替え 👣 最南峰、標高1550m峰【10：25着、10：35発】👣 最低コル【11：20着、アイゼンへ着用替え、12：00発】👣 烏帽子岳の稜線【13：00着、13：15発】👣 烏帽子岳【13：40通過】👣 休憩1回 👣 1500mコル【15：05着】テント泊⛺

晴れ間はあるが、朝方から次第に雲が多くなっていく。

地図上で気になっていた急斜面は、やはり急で、尾根の左右は岩場になっている。正面の尾根部分だけ木々がありその木の間を縫って登れる。近づいてみて登れることがわかりホッとした。慎重にステップを切ってここを登り一息入れた。

鷲ヶ岳山頂は平凡なピークだが、展望はいい。これからいく烏帽子岳が一色川を挟んで東の対岸にある。今日はどこまでいけるのか。ここから先いくつもアップダウンがあるはずだ。時間がかかるだろうと、早めに出発した。2つ目のポイントは、尖った小ピークであるが、近づいてみると、トレースがある。それを使ってここを通過。アップダウンもそれほどでなく、順調に下降点についた。スノーシューとアイゼンのトレースはここから南西の白尾山方面に向かっている。その

トレースと別れ、最南峰、標高1550m峰を目指す。広い気持ちのいい尾根だ。更に最低コルへ。ここで昼食休憩。ここからは急になるのでアイゼンに換える。急な尾根を登りきったところが烏帽子岳の稜線だ。雲が厚くなり、風もある。しかし順調に来ているし、後はたいしたアップダウンはないので、気は楽だ。烏帽子岳からは別のトレースが現れた。おそらくスキー場からきたものだろう。

14時頃、雨が当たりだした。雨具を着る。最後の小ピークを越えて予定地のコル着。いいテントサイトだ。雨も止んだ。日程に余裕ができたので、明宝スキー場方面への行動は明日にして、今日はここまで。

天気予報を聞くと明日は雨。視界がきけば、山中山を通って、一色スキー場跡地へ直接下れるのに、どうも無理のようだ。夜間、ひるが野高原方面の灯りは見えるが、ここからは携帯は通じない。

中央分水嶺登山
Chyuo Bunsuirei Tozan

3月26日 小雨

テントサイト【5:55発、ワカン着用】→ 明宝スキー場最上部リフト駅【6:30通過】→ 山中峠水芭蕉群生地【7:08着、7:20発】→ 明宝スキー場最上部リフト駅【8:08着、8:15発】→ テントサイト【8:45着、テント撤収、9:20発】→ 除雪された林道【10:20着、ワカンを脱ぐ、10:35発】→ 一色キャンプ場入口【11:35着、11:50発】→ ななもり清見の道の駅【12:55着、昼食、13:30ころ発】→（安房トンネル、750円）→ 長野市【16:40着】

朝から小雨。視界は50m。空身で出発。トレースはあるが、山中山方面との分岐点はわかりにくいのでペナントをつけた。平坦な広い尾根をいくと、霧の中からいきなり大きな建物が現れた。最上部のリフト降り場だ。ここから分水嶺はゲレンデ沿いに下っていく。

計画にはないが、明瞭なのでゲレンデ脇を下る。圧雪車が何回も通る。途中、電波鉄塔を過ぎてからゲレンデを離れ、水芭蕉群生地へ下る。一昨年7月に車で通ったところだ。ここまで高山市側からは除雪されていたのには驚いた。その必要があるとは思えないのに。

帰りの登り返しは結構辛い。リフト降り場で休憩していたら、スキー場のパトロールが来て、これからどこへ行くのか聴かれた。胡散臭いと思われたかもしれない。行動を説明し、納得したようだった。烏帽子岳方面へは行く人はたまにいるとのこと、今年の雪は多くはないが、消えないとのこと。

テント撤収。広い緩やかな沢を下るが、雪が不安定でワカンをはいていても時々すっぽり落ち込む。快適な下りではない。途中から作業道を下るがここも歩きにくい。ちょうど1時間で除雪された林道に出た。こんな奥まで除雪されていたのには再び驚いた。しかしそのおかげで短時間で車まで戻れた。

時間があるので、途中昼食をとり、帰路に着いた。

リーダー報告

直前にストックを装備に追加した。傾斜や尾根の状況により、「輪カン＋ストック」と「ピッケル＋アイゼン」を使い分けた。これが良かった。

昨年の4月に行った人津谷峠〜大辻山（富山県立山）に似た山なので、所要時間を十分に取っておいたが、薮もキノコ雪もなく、はるかにスピーディーにトレースできたので、2日目には3日目の予定地まで歩けた。おかげで、天候の悪化にも容易に対応できたし、予定よりトレースを延ばせた。最後の林道歩きも除雪されていたので早かった。時間的には余裕があった。1日予定を短縮できた。

1週間前までは天気予報では4日間とも好天だったが、次第に下り坂になり、3日目は雨になった。この時期、4日間とも好天というのは難しいようだ。

つぶやき
『南無阿弥陀仏　南無阿弥陀仏　宮本の志う婆さんがその後ろで「死ぐなら夏げ　アブ泣く　蚊泣く　ホタル火灯す　セミお経あげる」とつぶやいていた。（後文略）』

ルート No.111〜115

白山への道
（中央分水嶺から派生）

　2012年3月19日〜21日に福井県と石川県の県境の山々（加賀甲以南の県境）を歩いた。当時私は石川県の県境をトレースしていてその一環としての山行である。加賀ICから加賀市山中真砂に入った。発電所で車を降り、後は雪道を歩いていくのだが、真砂の登山口駐車場にこの一文を記した看板があった。

　前年11月にここに来たときから、登山口にあったこの文が気になっていた。今回、看板はほぼ雪に埋もれ、文を確認するには雪をどけねばならなかった。続きの文は印象に残っていなかったのでそこまでは雪を掘らないし、書き取りもしなかったが、書いた理由が記されていたのだろう。しかし私には、その理由よりも、この文だけで、雪深い山村の実生活の厳しさを突きつけられたようで見過ごせなかった。

　人の行かない山を歩いていると、廃村、廃屋に出会う。全く廃屋となったところもあるし、夏の間だけ畑作業に来ているとうかがえるところもある。時の流れとともに消えていく生活の場には、そこで生業を持ち、生きていた人たちの〔気〕のようなものが漂っているような気がする。

111 石徹白 大日ヶ岳〜丸山

■期日／2013年3月18日〜21日　■メンバー／L:高見沢、宮尾

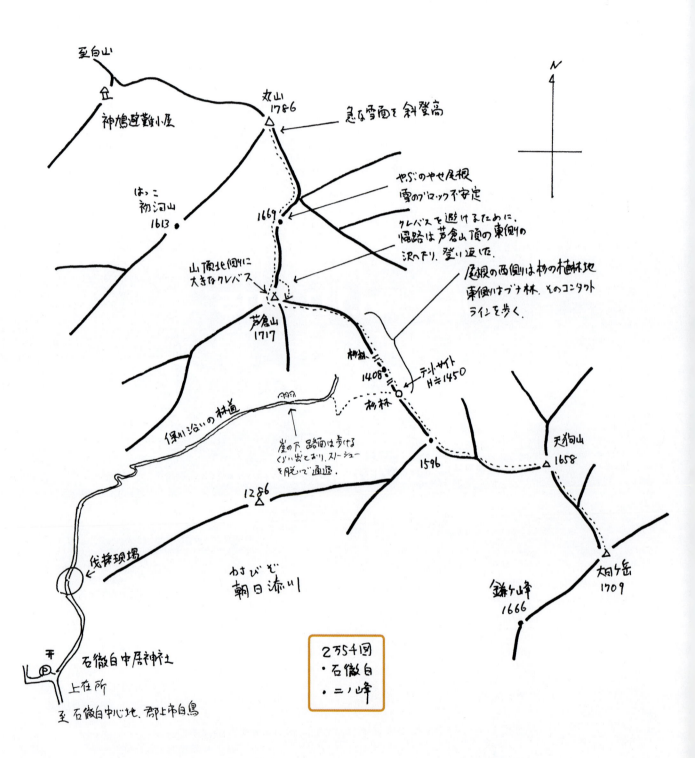

中央分水嶺登山

3月18日 曇りのち雨

長野市【10:30発】🚗 安房トンネル（750円）🚗 飛騨清見IC（高速道路料金1,000円）🚗 高鷲IC 🚗 石徹白 民宿「おしたに」【15:00着】宿泊

　天気予報では大荒れの1日。予定を変更して、今日は麓の民宿泊まりにした。予報どおり午後からは風雨が強くなった。地元の観光協会で教えていただいたとおり、民宿の御主人は、このあたりの山に詳しい。白山の室堂小屋で33年間働いた方だ。大日ヶ岳や願教寺尾根も歩いておられる。早速これからいく尾根の様子を囲炉裏端で伺った。

3月19日 曇りのち快晴

石徹白 民宿「おしたに」【5:55発】🚗 中居神社入口【6:05着、6:26発】👢 スノーシュー装着【6:45】👢 休憩2回 👢 林道が崖下を通過する箇所【9:25着、9:40発】👢 林道を離れコルを目指す【10:35】👢 稜線（1450m付近）【11:25着、テント設営、12:10発】👢 標高1596m地点【12:40】👢 休憩2回 👢 大日ヶ岳【14:35着、15:00発】👢 休憩1回 （テント、16:45着）⛺

　中居神社入口の駐車場で身支度していたら、新潟ナンバーの車が来た。独りで野伏ヶ岳へいくらしい。林道は伐採現場まで除雪済み。伐採現場からスノーシューを使った。地図上で林道が崖下を通過する箇所が気がかりだった。行ったら、確かに崖下の川の縁で、雪のブロックがあるが、うまい具合に路肩が出ていた。スノーシューを脱いでここを通過した。
　最低コルへ行く計画だったが、そちらへいく道よりしっかりした林道があったので、これに入り、一つ南側のコルを目指した。杉林のなかで視界がない。稜線に出たのはコルよりだいぶ上だった。天候はどんどん良くなってきているので、大日ヶ岳を往復すべく出発。輪カンジキで快適な稜線歩きだ。展望は申し分ない。白山は真っ白だ。スキーの跡もある。大日ヶ岳からは岐阜県中央部の平坦な山並みが遠望できる。唯一尖っているのは鷲ヶ岳。次回はここへも行きたい。天狗山まで、とも思っていたが、予想より快調に往復できた。昨日の予定変更の遅れを解消できた。ラッキーだ。天気予報では明日は下り坂。朝から雨かもしれない。

3月20日 快晴

テント【6:00発】👢 最低コル【6:23着、6:30発】👢 休憩1回 👢 芦倉山【7:45】👢 コル【8:10着、8:20発】👢 標高1669mピークを過ぎた地点【9:00着、9:10発】👢 丸山【10:10着、10:25発】👢 休憩1回 👢 帰路は芦倉山の北面を巻く 👢 最低コル【13:08着、13:15発】👢 【テント、13:55着】⛺

　朝、天気は曇り。南には黒く厚い雲。北側の空はいくらか明るく、晴れ間も少しあり、薄日も射す。遠くには目指す丸山が見える。しかし、いつ雨や雪が降り始めるかわからない。降り出したら引き返すつもりで出発。
　芦倉山までは、ブナの広い明るい尾根道だ。地図上では、芦倉山の手前にやせ尾根があるが、行ってみると十分な巾があり問題ない。芦倉山の北面が注意を要する。雪渓が切れ、薮が出ていて、その下にはクレバスが縦に入っている。輪カンジキを脱ぎ、クレバス沿いにバックステップで下る。宮尾さんはアイゼン着用。急なところを通過したところで休憩。
　次は薮の小ピーク。1669mピークは薮ということは記録から知っていた。雪が切れ不安定な雪のブロック

267

と藪で通過に時間がかかった。

　最後の丸山は急な雪面を斜登高。ここも輪カンジキを脱ぎ、キックステップで登る。山頂は細長い。小さな木のプレートに「丸山」とあった。朽ちていて、プレートの向きを正そうとしたら半分に割れてしまった。西方の尾根には昨年泊まった避難小屋の屋根も見える。天候さえ良ければ時間をかけてそこまで往復するかもしれないが、行動時間が長すぎるし、天候が心配だから、ここで引き返す。朝方より雲が厚くなってきている。もう晴れ間も日差しもない。

　芦倉山の北面に着いたころには少し雨が当たり始めた。芦倉山はショートカットすることにした。急斜面を登って下るより、北面の沢に降り、登り返したほうが早いし、安全だと思ったからだ。しかし、沢の雪も腐っていて、登り返しはきつかった。同じようなものだった。

　最低コルからテントまでの登りがつらい。その日の行程は降りで終えたいものだ。

　行動中、雨は時たま当たる程度で済んだ。早く帰ってきてよかった。天気予報どおり、夕方からは風雨が強くなった。

3月21日 快晴

テント【7:30発】→休憩2回→伐採現場【10:13】→中居神社入口【10:35着、11:05発】→道の駅「桜の郷庄川」【12:10着、12:20発】→道の駅「ななもり清見」【12:54着、13:05発】→松本市沢渡【14:10着、14:27発】→長野市【16:10着】

　テントは真冬並みに凍結。外は5センチくらい新雪。しかし快晴。4日間で一番いい天気だ。輪カンジキを履いて下る。林道が崖下を通過するところを過ぎてからスノーシューに替える。伐採現場で聞くと、昨日は3人が大日ヶ岳方面から下ってきたとのこと。稜線にスキーの跡があったように、山スキーのルートもあるようだ。

　帰りは下道を行く。沿道の1100～1300メートルの山並みは、陽光のもと、快適な山歩きができそうだ。雪の状態がベストだ。広葉樹林で明るく歩きやすい。輪カンジキかスノーシューで稜線を歩く最適期だろう。民宿に拠点を置いて、そうした分水嶺登山をしたいものだ。

出発は遅れたが、結果的には当初計画どおりのトレースができた。快適な春山だった。
雪の状態がよく非常に歩きやすかった。スノーシューと輪カンジキ両方携行というのは荷物だ。今回は使い分けたが、登山用のスノーシューがあれば一つで済むかもしれない。
積雪期は、民宿利用の登山が快適だ。無雪期ならキャンプ場利用の登山ということになる。

112 石徹白の大杉～丸山、野伏ヶ岳

■期日／2015年4月29日〜5月1日　■メンバー／L:高見沢、宮尾

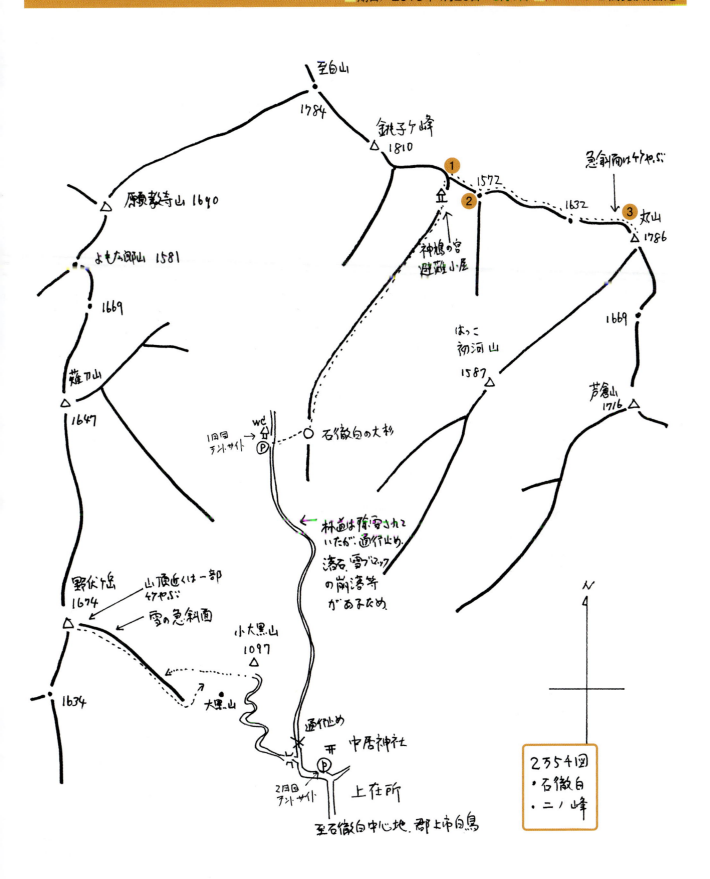

4月29日 快晴のち曇り一時雨

長野市【9時27分発】🚗 高山市・板蔵【12：00着、12：03発】🚗 清見IC 🚗 高鷲IC 🚗 中居神社前駐車場【14：11着、14：40発】👢 休憩1回 👢 石徹白大杉登山口【16：30着、テント設営】⛺

　大杉登山口への道は、入り口で閉鎖されていた。ショベルローダーが道をふさいでいる。これでは歩くしかない。歩き始めて間もなく、年配の男性が下ってきた。大杉登山口まで行ったが、道路は除雪されているものの、登山道は雪が深くて、アイゼンがないとダメとのこと。車道が除雪されているのはありがたい、雪道より歩きやすいからだ。おかげでだいぶ早く登山口に着いた。登山口の休憩舎内にテントを張り、今日の行動はここまでとする。天気予報では午後雨が降る見込みだったが、幸運にも雨が降り出したのは、テントに入ってからだった。1時間ほど雨が降った。ほかに登山者はなく、休憩舎は貸切だ。雨に当たらず、平らなところで一夜を明かせるのはありがたい。

4月30日 快晴

登山口【5：37発】👢 大杉【5：50着、6：00発】👢 休憩1回 👢 神鳩避難小屋【7：55着、8：15発】👢 休憩1回 👢 丸山【10：13着、10：50発】👢 1680mピーク【11：39着、11：50発】👢 神鳩避難小屋【12：20着、13：10発】👢 大杉【14：15着、14：25発】👢 登山口【14：35着、15：40発】👢 休憩1回 👢 中居神社前駐車場【17：30着、テント設営】⛺

　輪カンジキは置いていく。雪は締まっていてツボ足で十分だ。大杉を過ぎてから、雪のため登山道を見失った。雪の斜面を登り尾根上に出ると登山道に合流できた。登山道はとぎれとぎれに雪が消えており、アイゼンも使いにくい。

　神鳩避難小屋は2012年7月に泊まって以来の再訪だ。丸山への稜線は、その時は藪だったが、今日は雪の緩やかな尾根に変わっていて、期待通りだ。丸山山頂への最後の登りは急で、一部笹藪になっていたので、その藪をこいで山頂の稜線に出た。長い頂稜の東端まで行く。2012年3月にここまで来たときにあった木製の割れたプレートがそのまま残っていた。展望は、白山、越前の経ヶ岳、明日登る野伏ヶ岳、2012年3月に登った大日ヶ岳、昨年登った鷲ヶ岳…。これで白山と大日ヶ岳がつながった。岐阜県と長野県の中央分水嶺をトレースすれば、那須岳から白山までがつながるが、それにはあと3年くらいかかりそうだ。味わいながら歩きたいものだ。

①山小屋近くの稜線から丸山を望む。

　時間があるので、小屋で大休憩。小屋に泊まり、春山の醍醐味を満喫したいが、今日は下山する。小屋日誌に、トレースがつながったことを書き、中央分水嶺のことも書き加えた。

　大杉の前で休憩し、大杉の樹勢盛んなころの姿を想像してみた。中居神社の御神木は樹齢1800年とのことだが、幹の直径はその倍以上はある。特別天然記念物にふさわしい大きさだ。登山口に戻り、テントをたたみ、林道歩きを経て、中居神社前駐車場へ。車の隣にテントを張ればクレームを言われるかもしれないと思っていたが、それもなく、一夜を過ごすことができた。ほかにも車が4台来て、いずれも明日野伏ヶ岳へ登るとのこと。車の中で泊まりながら登山をするおじさんたちだった。

②神鳩避難小屋を振り返る。

270

中央分水嶺登山
Chyuo Bunsuirei Tozan

5月1日 快晴

中居神社前駐車場【5:40発】・・・休憩2回・・・野伏ヶ岳【10:02着、10:50発】・・・尾根の末端【11:45着、12:05発】・・・中居神社前駐車場【13:55着、14:45発】・・・高鷲IC・・・清見IC・・・高山市・板蔵・・・安房トンネル・・・長野市【19:14着】

　ほかの人たちがすべて出発してから、登り始めた。最初からスギ林の中の雪道で、結構時間がかかる。トレースがあるのでそれに従うが、途中でショートカットしたいところだ。

　事前の資料とは異なり、トレースはダイレクト尾根の急な側面を直登していく。我々は直登を避け、傾斜の緩いところを斜めに登って尾根上に出た。尾根の方が安全だし、展望がいい。頂上近くは一部雪が消え、竹藪になっていたが、藪漕ぎを少ししただけで山頂に着いた。展望はあらためて言うまでもない。昨日登った丸山が正面にある、南には荒島岳、さらには能郷白山などが見えているとのことだが、私にはわからない。ここでもゆっくり時間を使ってあたりの山を何度も眺め回した。

　下山はスリップしないようにしっかりキックステプを刻んで下る。帰りは、資料通りに尾根の末端へ下り、車道沿いに下った。

　この日の登った人は10人以上いたが多くは単独で、中には長靴、スニーカーだったり、ストックさえない人もいるし、ピッケル持参の人は我々以外に一人いただけだと思う。アイゼンも軽アイゼンだったりして、これでスリップ事故はないのか、大丈夫なのかと心配になった。地元の方は近道もわかっていて、気軽に来ている人もいるようだ。

　駐車場に戻って、一色の森キャンプ場へ電話を入れると、高鷲ICからの峠道は不通とのこと。それでは見当山へアプローチできない。登れないとなると、キャンプ場で1泊する必要もないので、今日中に帰ることにした。留守本部に電話をして、一路長野へ。

③丸山山頂、大日ヶ岳方向の展望。
　右奥は芦倉山

リーダー報告

　好天に恵まれた。これで白山と大日ヶ岳がつながった。予想していたより残雪が多く、多雪地帯なのだと改めて認識した。大杉登山口までは除雪されていたものの通行止めだったが、これは当然だと思う。歩いてみると、路上に大きな落石や倒木、雪のブロックの崩落があり、一般車のみならず、作業車両や歩行者でも要注意だからだ。

　野伏ヶ岳は人気の山らしい。関東、東北の車もあった。そして車で移動しながらあちこちの山を登る同年配の人たち。今までにも会ったが、身軽でいいと思うものの、地図をしっかり読んでいなかったり、装備が心配だったり、事故の無いようにと願っています。

白山山系 美濃禅定道ルート
113 石徹白の大杉～三の峰

■期日／2012年7月15日～17日　■メンバー／L:高見沢、宮尾

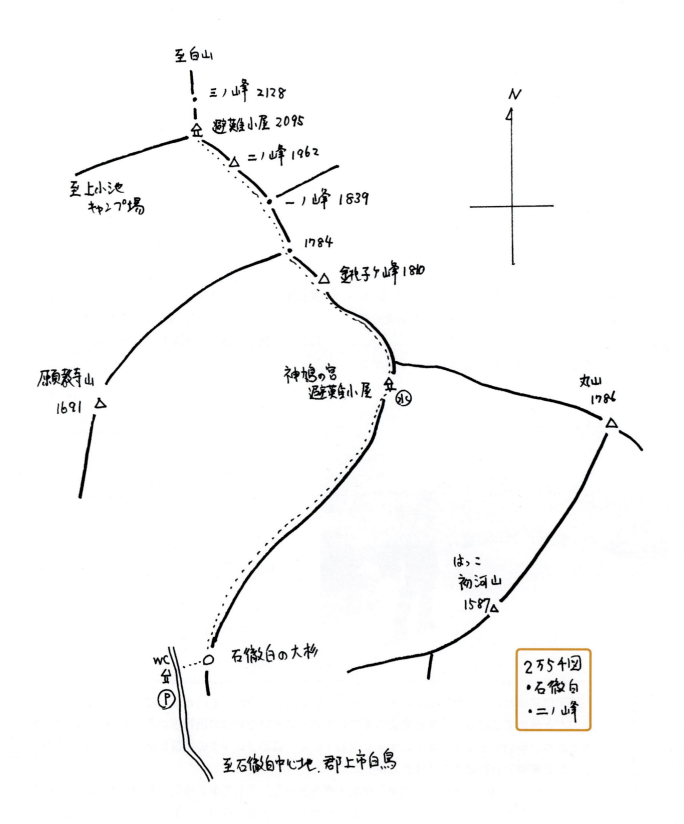

中央分水嶺登山
Chyuo Bunsuirei Tozan

7月15日 曇り時々雨

長野市【6：05発】🚗···安房トンネル🚗···分水嶺刈安峠道の駅「モンデウス飛騨位山」🚗···国道41号宮峠🚗···高山西IC🚗···（料金1,000円）🚗···高鷲IC···石徹白登山口【12：30着、13：00発】👢···神鳩避難小屋【15：15着】小屋の中でテント泊 ⛺

分水嶺の刈安峠では道の駅「モンデウス飛騨位山」で位山と川上岳の資料をいただき、話を伺った。車を使えば簡単にいけそうだ。いずれ電話で更に細かく調べたい。

もう一つの分水嶺「宮峠」は国道41号線の切通しで、車から見た範囲では道はない。

石徹白登山口は駐車場には、10人くらいの中高年のグループがいて天然記念物の大杉までピクニックらしい。大杉から上では誰にも会わなかった。神鳩避難小屋まで歩きやすい整備された道が続く。小屋もきれいだ。時間があるのでゆっくり出来る。

山小屋日誌を見ると、3月末に大日が岳から単独で来た記録がある。5月連休直後に丸山往復の記録もある。長野県千曲市の人の記録もある。大阪方面から、願教寺山往復が何回もある。参考になった。住所も控えさせてもらったので、必要なら手紙で教えていただけるだろう。

残念ながら、ガスのため展望はない。貸切の小屋で泊。夜間一時強い雨。

7月16日 曇り一時雨のち晴れ

小屋【6：00発】👢···一の峰【7：35着、7：45発】👢···三の峰避難小屋【8：55着、宮尾さん三の峰往復、10：20発】👢···一の峰【11：12着、11：20発】👢···銚子が峰【12：05着・12：15発】👢···神鳩避難小屋【12：50着、テント撤収、14：00発】👢···石徹白登山口【15：12着、15：35発】🚗···福井県九頭竜湖経由🚗···道の駅「白鳥」🚗···ひるがの高原キャンプ場【17：30着】テント泊 ⛺

雨模様なので出発を遅らせていたら、登山道の草刈作業の方がみえた。こんなに早い時間から登ってこられたのだ。この方に積雪期のこと、丸山への道のこと、林道の状況、除雪の時期などを伺った。

ガスのため展望はない。霧雨と草露で濡れるので、雨具を着ていく。道は刈り払われていて歩きやすい。ササユリやハクサンチドリなど花も多い。二の峰の登りで先ほどの方が作業中。そこから先は笹が生い茂り、歩きにくい。草刈作業に感謝だ。

三の峰避難小屋近くになって少し雪が残っていた。小屋は20人くらいの登山者で一杯。ほとんどは昨夜ここに泊まったらしい。関西方面からの人たちだ。泉州勤労者山岳会の名が付いたザックもあった。その混雑した小屋の片隅でおとなしく休憩。宮尾さんは三の峰まで往復。

出発近くになって、先ほどの草刈作業の方が到着。早い到着に驚いた。登りに片側だけ刈ってきて、下りは反対側を刈っていくとのこと。

下山中には20人くらいの登山者に会った。石徹白からの登山者も多いのだ。

小屋で山小屋日誌にお礼と稜線トレースの希望を記して下山。丸山へのトレースは断念したので時間がある。通ったことのない石徹白から九頭竜湖への道を通り、今日のキャンプ場探しに、道の駅へ。予定していた「立石キャンプ場」は閉鎖とのこと。ひるがの高原キャンプ場へ行く。明日は分水嶺の山中峠を越え、せせらぎ街道を通ることにした。

キャンプ場はきれいで広い。シャワーもある。今日は5組のみ。広い樹間のテントサイトで泊。

7月17日 曇りのち快晴

ひるがの高原キャンプ場【7:30発】🚗 大日ヶ岳登山口 🚗 分水嶺公園【8:00着、8:10発】🚗 道の駅「桜の郷荘川」🚗（25分）🚗 分水嶺山中峠 🚗 めいほうスキー場 🚗 道の駅「パスカル清見」【9:45着、10:05発】🚗（せせらぎ街道）🚗 分水嶺西ウレ峠【10:20着、10:30発】🚗 高山市・ドライブイン「板蔵」【11:20着・11:43発】🚗 安房トンネル 🚗 長野市【14:20着】

今日は帰るだけ。今後のトレースのために分水嶺をあちこち見ていく。

山中峠では単純なミスのため、ひやりとした。砂利道の悪路で車体の底を石で擦ってしまった。金属片が落ちた音がしたような気がしたので、止めて車体を見たが特に変状はない。車に戻り、発車したらフットブレーキが効かない。サイドブレーキで止めたが、やはりブレーキ系統が壊れてしまったか、と思った。もう一度スターターを回すと今度はフットブレーキも大丈夫。下り道で、スターターをしっかり起動させないまま、車が動き出していたのだ。その前に、横着をせずに、車から出て道路にあった石をどかせばよかった。

せせらぎ街道はきれいなドライブコースだ。西ウレ峠には水とトイレはないが、駐車場と管理棟（無人）がある。いざとなればオートキャンプ可能だ。

松本盆地に出ると梅雨明けのような空だ。暑い。

リーダー報告　丸山への道は完全な藪で断念。その分早めに下山し、いくつかの分水嶺を見てこられたのはよかった。

白山山系
114 白山南縦走路〜赤兎山

■期日／2000年11月3日〜5日　■メンバー／L:高見沢、宮尾

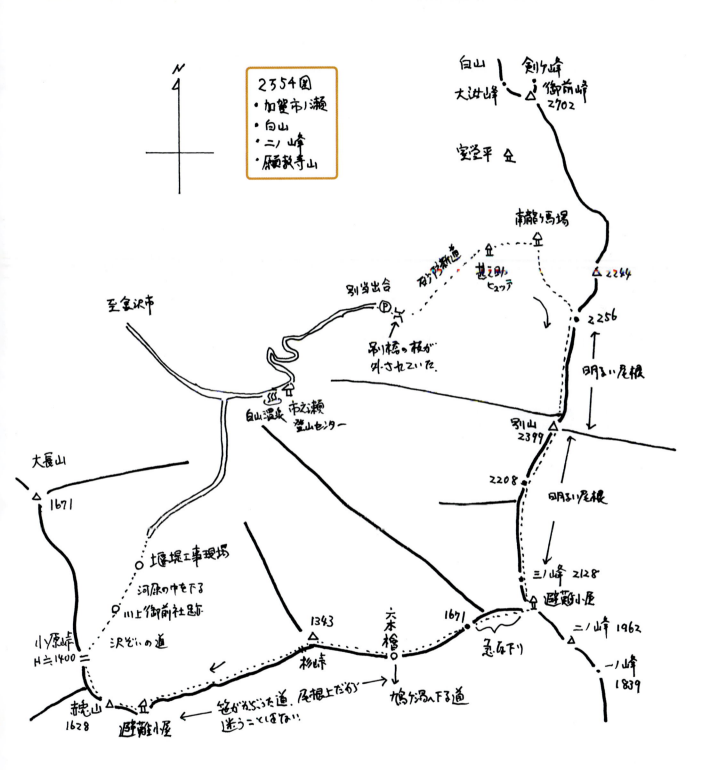

11月3日 曇りのち快晴

長野市【6：10発】🚗（白馬村経由）🚗糸魚川ＩＣ🚗金沢西ＩＣ🚗白山温泉・市之瀬ビジターセンター【11：10着、11：40発】👢休憩1回👢別当出会【13：13着、13：30発】👢休憩3回👢南竜山荘休憩所【16：45着、泊】

明日の好天が期待できるので予定通り出発。

市之瀬ビジターセンターまで５時間、迷うこともなく順調に着いた。別当出会まで車で行くか迷った。4日に下山するという２人連れがあったが、お互いできれば相手の車で別当出会いまで行きたいと考えているので不調。車はここに置き、別当出会いまで６キロを歩くことにした。ビジターセンターの職員に杉峠〜赤兎山〜西俣のコースのことをきいたが、以前に電話で聞いたのと同じで、最後は行ってみなければわからない。

舗装道路を１時間半近くかかって歩いた。車が次々と上がって行くが、１台くらいと待ってくれないものかと内心思っていた。

砂防新道に入ってすぐの吊り橋は板が取り外されていた。手すりもない。残った枠と１ｍ間隔位に残った板を頼りに慎重に渡った。板の取り外しは冬に備えた防護なのだろう。ガスで展望のない上りになった。地図では道路と２回交差するが実際には３回道路に出た。下ってきた人の話では、山頂は快晴とのこと。

甚乃助ヒュッテの少し下で休んだ後、水平歩道への分岐まで１ピッチで登った。ここはちょうど雲の上。雲海が眩しい。別山が青空にすっきり聳えている。好天だ。

南竜山荘やキャンプ場はすでに閉鎖。そのキャンプ場にテントが数張。休憩所は避難小屋と同じで、冬季のために開いていた。すでに先客があり、中にテントを張っていたパーティーもあった。眠る時は我々も小屋の一角にテントを張った。ほかに４パーティー１１人。やはり床の上の方が居心地はいい。日没は16：55、雲海に陽が沈む。

11月4日 快晴、夜になって曇り

南竜山荘休憩所【5：50発】👢2256mピーク【6：50着、7：05発】👢別山【8：18着、8：45発】👢三ノ峰【9：45着、10：05発】👢剣ヶ峰の下【11：03着、11：20発】👢六本桧【11：45通過】👢休憩1回👢杉峠【13：20着、13：40発】👢水を補給【14：20着、14：40発】👢休憩2回👢赤兎山避難小屋【17：10着、泊】

今日は長い行程なので、明るくなると同時に出発。霜柱を踏みながら登る。快晴無風、申し分ない天気だ。白山にも雪は全くない。朝日の中、キツネ色に枯れた草地の稜線を行くのは誠に気分がいい。南竜のキャンプ場から別山を往復する２人パーティーがあり、聞いたら舞鶴から来たとのこと。赤兎山にも関心を寄せていた。この２人とは別山で別れ、南へ下る。御手洗池の近くで、草地に胡坐をかき、一心に読経している男が１人。声をかけるのもはばかられたので、そっと通り過ぎた。

三ノ峰避難小屋も立派な小屋だ。ここからは急な下降になる。笹の中の尾根道をそれこそ一気に700mも降る。下からは次々を登ってくる。陽射しも強くなり暑い。

六本桧は狭い尾根で、大勢の人が休んでいる。ゆったりできないので少し先へ行って大休止。ここから西は藪が出てくる、いよいよだ。犬を連れた年配の男が１人、我々より若い男が１人、杉峠まで行ってみるとのことだったが、年配の人は少し行って引き返し、若い人は杉峠まで行って引き返してきた。若い人は古い地図を持っていて、杉峠から上小池へ下る道があるはずだといっていた。

杉峠からは、白山温泉へ下る道と上小池へ下る道とが確かに残っていた。上小池への道は廃道になって久しいが、白山温泉へ下る道は気を付けて下れば十分に使えると思った。現に１年前の10月に下ったと標識に記されていた。

杉峠を過ぎても藪の状況に変わりはない。笹がか

中央分水嶺登山
Chyuo Bunsuirei Tozan

ぶったり、倒木があるものの、尾根上の道はわかりやすい。プラスチックの杭で整備されている。距離は長いが、特に気をつけるところもない。水を得られるところもあった。冬木立になった今頃が一番いいのかもしれない。

赤兎避難小屋へは最後が登りになる。疲れた体には堪える。夕方になって風が出てきた。うす暗くなる頃ようやく到着。先客が2パーティー4人。立派な小屋だ。昨日同様眠る時はテントを張った。

11月5日 曇りのち晴れ

赤兎山避難小屋【6：00発】・・・小原峠【6：50着、7：05発】・・・川上御前社跡【7：53着、8：10発】・・・砂防堰堤工事【8：45通過】・・・杉峠分岐【9：30着、9：50発】・・・白山温泉・市之瀬ビジターセンター【10：25着、11：00発】・・・金沢西ＩＣ・・・糸魚川ＩＣ・・・白馬村経由・・・長野市【16：30着】

霧のためうす暗い中、歩き始めた。展望のない赤兎山山頂で小休止。昨日あたりはたくさんの登山者がいたことだろう。小原峠に着くころには晴れ間が出てきた。峠は樹林の中にある。標識から北の道に入ると木の祠があり、地蔵さんが祀られている。そばには太い白い杭に「白山禅定道　小原峠　平泉寺壮年会　平成12年10月踏査記念」とある。後で市之瀬ビジターセンターで聞くと「越前禅定道」というべきらしいが、平泉寺のある福井県の人が建てたものらしい。道の入り口はロープで閉ざされているが、しっかりした道がある。

小原峠からの道はペナントやペンキマークがたくさんあり、迷うことはない。刈り払いもある。ただし沢沿いなので歩きやすくはない。濡れた岩を渡ったり、苔むした岩を踏んだり、歩きにくい。小一時間で川上御前社跡に着いた。小広い平地に青銅の大きな祠があり、この道や川上御前社の歴史を説いた看板があった。それによると、昔は白山へのメインルートだったとのこと。それを復活させようと福井・石川両県で協力する方向にあるらしい。

川上御前社跡から10分くらいは山腹を行く。それから河原に降りた。対岸の山腹が大きく崩壊し、広い河原になっているところだ。その中に所々ペンキマークがあるのでそれに従っていくが、増水時には通れない。再び狭くなった河原を行くが何度も流れを渡った。両岸は岩場が多く、ほかにルートはない。

工事中の砂防堰堤があり、道はどうなるかと近づいてみると、水抜き用の穴をくぐって堰堤の下流に抜けるように梯子と板がかかっていた。こんなのは初体験だ。四つん這いでそこをくぐり、重機の並んだ工事現場に出た。誰もいない。後は作業道に沿って下るだけだ。地図より上流まで道が延びていた訳だ。その道を下りながら数えると、堰堤が10基以上あった。

市之瀬ビジターセンターで杉峠以降の道の様子を係員に話した。本日が閉館日とのこと、来年の登山道情報として役立てばありがたい。

帰路はどこかでうどんかラーメンを食べたいと思っていたが、結局、小矢部川ＰＡまで行ってしまった。

> 好天に恵まれ楽しい山歩きができた。下山路の様子に不確実さがあったが、事前に電話で聞いたり、ビジターセンターで聞いたりしていったので、ある程度は期待していた。
> 2日目は予想通り強行軍だったが、水を携行したので気分的には楽だった。途中で水の補給もできた。藪に覆われたとはいえ、やはり尾根道はわかりやすい。並行山行の人たちと少しずつ話す機会があったのも楽しくさせてくれた一因だと思う。山小屋とテントを併用して静かな山歩きが出来そうなところだ。

115 白山山系 白山と北縦走路

■1998年7月18日〜20日　メンバー／L:高見沢、SL:宮尾、M:笠井、小古井、前島

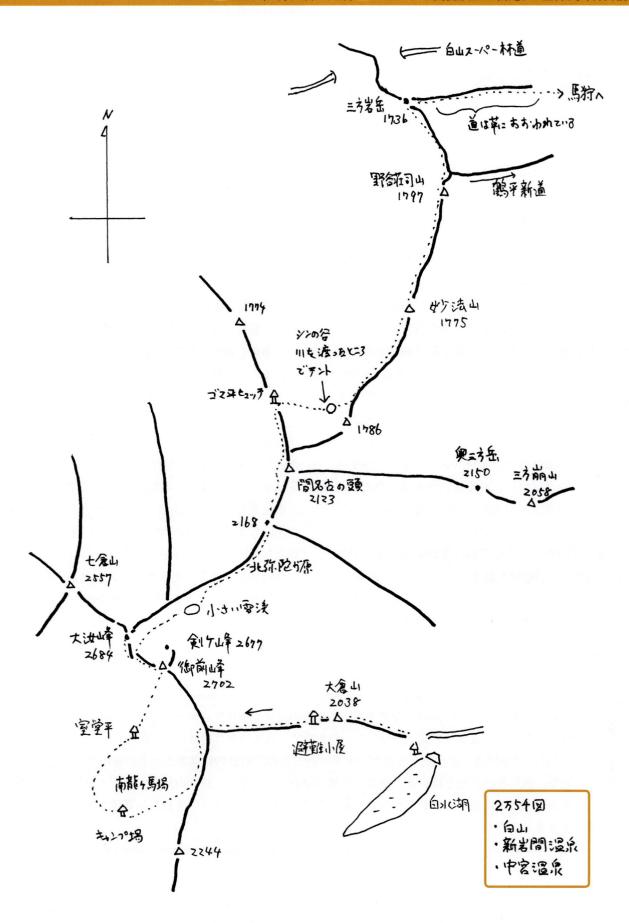

中央分水嶺登山

7月18日 快晴

中野市【4:00発】🚗（長野市で高見沢・宮尾合流、松本市で笠井・前島合流）🚗 大白川ダム登山口【10:45着、11:00発】👢 大倉山避難小屋【13:15通過】👢 南竜ヶ馬場への分岐の少し手前【14:50着、15:10発】👢 南竜ヶ馬場キャンプ場【16:10着】テント泊⛺

　奈川度ダムの手前で渋滞。工事で片側交互通行のためだが、下り車両はごく少ないのだから、もっと合理的な通行規制が出来ないものか。ここを通過するだけで1時間を要した。

　国道158号を経由して大白川ダム登山口へ着いた。駐車場は半分くらいが埋まっていた。駐車場の隣にある鳥居が登り口だ。よく整備された道を行く。大倉山避難小屋は真新しく大きい。すでに大勢の人が入っていたのでもう少し先で休憩。

　南竜ヶ馬場への分岐近くになるとわずかに残った雪渓があり、大勢の人が休んでいた。分岐から左に入り、南竜ヶ馬場へ向かう。草原に入ると花が多い。木道が整備されている。テント場は広いがすでに満杯に近い。貸出テントがたくさんあり、それも予約でいっぱいとのこと。どうにか隙間を見つけてテント設営。小屋からビールを買ってきて乾杯。睡眠不足の上に疲れたのか、夕食後はすぐに就寝。

7月19日 快晴のちガス

南竜ヶ馬場キャンプ場【5:05発】👢 室平【6:20着、6:35発】👢 御前ヶ峰【7:18着、7:50発】👢 大汝峰登り口【8:20着、8:50発】👢 雪渓【9:35着、9:45発】👢 ゴマ平ヒュッテ【13:05着、13:30発】👢 シンの谷【14:20着】テント泊⛺

　トンビ岩コースを登る予定だったが、変更してエコーラインコースを登る。お花畑がたくさんある。室平は大勢の人でにぎやかだ。御前ヶ峰山頂で大休止。お湯を沸かし、コーヒー、ココアをいただく。北アルプスまでよく見える。大汝峰へは、登り口にザックを置いて往復。このころからガスが広がり始めた。

　北縦走コースに入り、峠から急下降。それが終わると雪渓があったので一休み。今年は雪が少ないのだろう、「ビルバオ雪渓」と地図にはあるが、それと思われる場所には全く雪渓がない。以後、ゴマ平ヒュッテへの最後の急下降が始まるまで、小さな起伏の刈り払いされて歩きやすい道が続く。ハイマツの中だったり、池塘があったり、お花畑だったり、下山路として申し分ない道だ。（登りには長くて嫌になるかもしれないが。）尾根上だから展望はいい。ガスが広がってきたが、暑くなくてちょうどいい。間名古の頭は西側を巻き気味に行く。

　ゴマ平ヒュッテには予定より早く着いた。明日のことを考え、今日中に少し先へ進むことにした。小屋はやや古く、泊まってみたいという気はしなかった。雑魚寝なら20人くらいは泊れるだろう。水場は小屋の下の方と、少し戻って北縦走路を5分ほど行ったところにある。後者の方が豊富だろう。

　シンの谷には鉄の橋がある。それを渡ったところで登山道の広いところをテントサイトにした。沢水を使う。着いて間もなく、女性の単独登山者が登ってきた。スーパー林道から7時間かかったとのこと。今日はゴマ平ヒュッテ泊。クマよけに鈴を鳴らしていた。ほかにも登山者が通るかもしれないので、テント設営は16時過ぎまで見合わせ、その間にビールで乾杯。夕食後は速やかに就寝。

279

7月20日 曇りのち一時ガスのち晴れ

シンの谷【5：20発】👞・・妙法山北の1780mピーク【7：50着、8：15発】👞・・三方岩岳【10：10着、10：30発】👞・・白谷河原【12：15着、12：30発】👞・・馬狩【12：47着、13：05発】🚗大白川ダム登山口【14：10着、14：50発】🚗ドライブイン【15：35】🚗高山市板蔵ラーメン【16：50着、17：20発】🚗松本市【20：20着、解散】

歩き始めてすぐに尾根上に出た。刈り払いもここまで。しかし歩きやすい。展望もまずまずだ。少し起伏があるが、尾根道だから気持ちはいい。ガイドブックのコースタイムよりかなり早く行けそうだが、ガスが低くなってきたのが少し気になる。鶴平新道を右に分けて少し行ったところで5人の登山者とすれ違った。妙法山あたりまでは足跡も多いし、昨日の女性の話でも10人くらいいたとのこと。この5人がどこまで行くのか聞かなかったが、軽装だから日帰りだろう。

5時間弱で三方岩岳に着いた。一安心だ。

白谷への道は草に覆われ、冷遇されている。

馬狩の茶屋で電話を借り、タクシーを頼んだ。

（10,650円）。大白川ダム登山口に戻って露天風呂へ。ドライブインで留守本部へ下山の連絡。安房トンネルを過ぎるまでは順調だったが、中の湯を過ぎてから渋滞。例の工事が原因で、10キロ前からノロノロ。この時も対向車はあまりないのだから、有効な車の通行方法がありそうに思う。こんな調子では今日中に長野に帰れるか心配になったが、沢渡を過ぎたあたりから流れがよくなった。信号ではなく、人が立って流れを調整していたのだ。早くからこうすればいいのにと思った。

長野帰着は21時20分、中野市帰着は22時。結局当初通りの時間になってしまった。

リーダー報告

白山の花は確かに豊富だ。北方稜線の弥陀ヶ原ではメンバーから歓声が上がった。ゆるやかな起伏の尾根道を一度歩いてみたらいい。中宮温泉への道は刈り払いを定期的に行っているようで歩きやすかった。ただ、ゴマ平の小屋がイマイチだった。大白川ダムから登ってくる途中の大倉山の避難小屋は真新しかったし、この春に登った大笠山の避難小屋も真新しかったので一層目立った。2日目のテント泊は幕営指定地ではない。長野へ帰る時間とガイドブックの所要時間から見て、少しでも先へ行きたかったからだが、少し気が咎めている。

なお、行き帰りとも安曇村奈川度ダム近くの防災工事のため大渋滞にあった。信号機任せでなく、人が状況を見ながら調整すればどうなのかと思う。

著者 高見沢賢司

1947年3月生、長野市在住
県職員を退職後、縁あってリンゴづくりをしている。
山歩きは20歳代から、今でも年間を通じて20日くらい登
山をしている。中央分水嶺トレースを伸ばすため、福島
県や岐阜県・福井県への登山を継続中。「山の会なが
の」(旧名称:長野勤労者山の会)会員

那須岳と白山を結ぶ
中央分水嶺を歩く 全115ルートの踏破記録
著者　**高見沢　賢司**

2019年9月8日　初版発行
◆制　　作　信濃毎日新聞社
◆印刷所　信毎書籍印刷株式会社
◆製本所　株式会社渋谷文泉閣

©Takamisawa Kenji 2019 Printed in Japan
ISBN978-4-7840-8830-0　C0026

落丁・乱丁本はお取替えします。本書のコピー、スキャン、デジタル化等の無断
複製は著作権法上での例外を除き禁じられています。本書を代行業者等の第
三者に依頼してスキャンやデジタル化することはたとえ個人や家庭内の利用で
も著作権法違反です。